职业教育
师资素养标准

张 鹏　董鹏中　王 伟　⑬著

STANDARD OF TEACHERS'
QUALITY IN VOCATIONAL EDUCATION

社会科学文献出版社
SOCIAL SCIENCES ACADEMIC PRESS (CHINA)

作者简介

张鹏　工学博士，二级教授，吉林工程技术师范学院副院长，教育部新世纪优秀人才，吉林省第3批拔尖创新人才第二批次人选，省有突出贡献的中青年专业技术人才，省教学名师，省级精品课程负责人、优秀教学团队带头人。发表论文50余篇，出版专著2部，获吉林省科学技术进步一等奖、二等奖、三等奖各1项，获吉林省教学成果一等奖1项。

董鹏中　教育学硕士，吉林工程技术师范学院教授。全球职业生涯规划师（GCDF）、全国万名优秀创新创业导师人才库首批入库导师、中国职业技术教育学会德育工作委员会理事、吉林省高校创新创业教学指导委员会委员、吉林省高校创新创业教育联盟副秘书长。长期从事职业教育、思想政治教育、比较教育的研究工作。先后主持、参与"教育部财政部职业院校教师素质提高计划职教师资本科专业培养资源开发项目"等省部级以上课题10余项，主持完成教师教育国家级精品资源共享课"职业生涯规划"。出版《西方现代教育流派》等学术专著4部，发表学术论文10余篇。

王伟　教育学硕士，现任吉林工程技术师范学院教育学专业讲师。主要讲授职业教育学、职业教育课程开发、课程与教学论、教育哲学等课程；主要研究方向为职业教育课程与教学论、新闻出版教育与培训研究；主持国家级科研项目子课题1项、吉林省教育厅"十三五"社会科学研究项目1项；参与完成国家级科研项目1项，参与完成省级教科研课题6项；作为团队核心成员完成教师教育国家级精品资源共享课程"职业教育课程开发"的建设工作，在国家级核心及省级以上学术期刊发表学术论文6篇，主编教师教育国家级精品资源共享课配套教材《职业教育课程开发》1部。

前　言

　　《国家中长期教育改革和发展规划纲要（2010～2020 年)》的发布，标志着我国职业教育改革发展进入加快建设现代职业教育体系、全面提高技能型人才培养质量的新阶段。在 2012 年 9 月召开的全国教师工作会议上，时任总理温家宝同志再次强调指出："职业学校教师队伍建设要以'双师型'教师为重点，完善'双师型'教师培养培训体系，继续实施'职业院校教师素质提高计划'。"（参见《国务院关于加强教师队伍建设的意见》国发〔2012〕41 号)

　　为全面落实全国教育工作会议精神和教育规划纲要，加快建设高素质、专业化的教师队伍，推动职业教育科学发展，教育部明确提出，要以推动教师专业化为引领，以加强"双师型"教师队伍建设为重点，以创新制度和机制为动力，以完善培养培训体系为保障，以实施素质提高计划为抓手，加快建设一支数量充足、素质优良、结构合理、特色鲜明、专兼结合的高素质、专业化中等职业学校教师队伍（参见《教育部关于"十二五"期间加强中等职业学校教师队伍建设的意见》教职成〔2011〕17 号)。同时，为深化教师教育改革，全面提高教师培养质量，建设高素质、专业化教师队伍，教育部提出创新教师教育理念、优化教师教育课程结构、改革课程教学内容等意见，实施《教师教育课程标准（试行)》（参见《教育部关于大力推进教师教育课程改革的意见》教师〔2011〕6 号)。

　　正是在这一背景下，教育部、财政部在"职业院校教师素质提高计划"框架内专门设置了培养资源开发项目，系统开发用于本科专业职教师资培养的培养标准、培养方案、核心课程和特色教材等资源。职教师资培养资源开发项目是支撑职教教师专业化的一项基础性工程，是加强培养培训能力建设的一个关键环节，也是对培养培训基地和职业技术教育研究的一次系统检阅。高质量地开展此项工作，有助于打破一直以来影响培养质量和规范性的一系列瓶颈，系统提升中等职业学校教师培养水平。

　　同时，综观我国职教师资的培养现状，不难发现我国对职教教师的培养课程与普通教师的几乎无异，依然是以教育学、心理学、教学法"老三门"为主，缺乏"职业性"、"师范性"、"学术性"的有机融合。表现在：课程结构不合理，教师专业课程比例偏低，通识教育课程门类单一，多以工具课程和"两课为主"；课程内容理论性过强，脱离中职学校教育实际，很少涉及培养职教师资对具体行业的未来走向分析能力的课程内容；课程实施与管理缺乏规范，针对中职学校的课程标准还未出台，现实多为"满堂灌"教学形式、终结性的教学评价。因此，开发具有职教特色的职教师资素养课程体系，成为当务之急。

　　本书正是教育部、财政部"职业院校教师素质提高计划"培养资源开发项目"职教师资素养培养课程开发"的研究成果，本研究旨在以"双师型"人才为培养目标，构建"校企校联动、教学工结合"的职业技术师范院校人才培养模式（即在职技高师、行业企业、中职学校三方共育下，实现理论教学、企业实践、顶岗实习教育教学一体化，实现职教教师"学术性、职业性、师范性"的三性融合人才培养，建立具有职教特色的教师素养标准体系），在"师德为先、学生为本、能力为重、全面发展、终身学习"的职技高师院校教育教学新理念的引导下，确定职教师资素养培养方案，选择、组织课程内容（开发核心课程和特色教材等），实施设计出的素养培养课程，评价课程实施效果，检验课程设计方案的合理性并对课程进行必要的改进，最后推广课程体系。主要包括以下研究内容。

　　1. 构建职教师资素养标准，为我国职教教师的相关标准制定提供决策依据

　　围绕职业教育信念与师德修养、身体素质和心理健康、文化素养和关键能力三个维度来构建职教师资素养标准，紧密联系我国的国情特点和职教师资培养实际情况提出开发理念、方法、步骤，可为我国职教教师标准政策制定部门提供参考，也可为职教师资培养单位提供理论与实践的参考。

　　2. 制定职教师资素养培养方案，为职技高师院校培养优质职教师资提供现实借鉴

　　以职教教师教育联盟为基础，构建"校企校联动、教学工结合"的职教师资素养培养新模式，建立"校—企—校"协同育人体制机制，有助于打破一直以来影响培养质量和规范性的一系列瓶颈，系统提升职教教师培

养水平，解决高素质教师增量问题，也能够有效引导职教教师培训工作，解决高素质教师的存量问题。

3．开发职教师资素养培养课程体系，为职技高师院校素养课程开发提供有效范例

创新职教师资素养培养课程体系，通过"课程模块＋活动平台"的实施方式，进一步促进教育教学观念转变，引领教学内容和教学方法改革，提高人才培养质量，为职教师资培养院校的素养课程开发提供有效范例。

4．建立职教师资素养评价体系，为职教师资素养培养提供质量保障

通过研究构建职教师资素养培养质量评价指标体系，可以有效检验职教师资素养标准及人才培养方案的可靠性及实用性，对提高职教师资培养院校人才质量，深入开展具有国际视野、中国特色、职教特点的素质教育具有重要的意义。

希望本书的研究成果能够为我国职教师资素养培养、培训工作起到一定的促进以及积极的参考作用，敬请各位专家、学者以及广大读者不吝批评、指正。

著　者

2018 年 2 月 25 日

目 录
contents

217 下篇
职教师资素养标准体系的设计与构建

绪　论

一　研究目的

职业院校教师不仅应具有坚定的教育信念与良好的师德，还要具有丰富的知识基础与扎实的动手操作能力；从教育的目标和能力角度来看，还要具有学会学习、学会工作的方法能力和学会共处、学会做人的社会能力等综合素养。但是，目前对中职教师应该具有哪些素养以及如何培养素养还没有一个准确的说法。研究中职学校教师素养的构成要素和素养标准，制订旨在提升职教教师素养的人才培养方案，明确课程目标、构建课程体系、精选课程内容，科学推动课程实施与管理，构建体现时代特色、符合现实需要的职教师资素养培养课程体系。

二　研究意义

（一）理论意义

其一，探索理论。通过对国际和国内职业教育教师培养理念的比较，对中职教师素养构成的分析、素养标准的制定以及多样化的课程与教学的实际应用，有效地探索职教师资素养培养的新理念、新模式，寻求与教育教学改革、人才培养模式创新和课程建构的有效结合点。其二，检验理论。通过对素质本位课程的建构探究，有效地检验已有课程理论的优点和不足，更好地充实和拓展课程与教学理论，从而有效丰富和完善职教师资培养理论。

（二）现实意义

其一，培养职教师资素养，不仅可以全面提高职教师范生的素养，使其更好地适应中职教师的岗位要求，提升做人做事的修养、提高适应社会的能力、培养可持续发展能力、开发专业发展潜力，还可以提升新任教师的入职培训以及在职教师的职后培训水平；不仅有利于本校的教师教育培养培训工作，还可以给国内相关职教师资素养培训工作提供借鉴。其二，研究职教师资素养标准可以巩固和完善"校—企—校"职教教师教育联盟协同育人的体制，加强职技高师院校、企业以及中职院校的联系，使三方交流更加深入，构建多元主体协同、区域统筹协调、资源互补共享、培养培训一体、系统开放灵活的职教师资人才培养合作平台，突破以往职教师资由高校单一主体培养、封闭教育的格局。

三　国内外现状分析

（一）我国职教教师素养现状

21 世纪以来，在国家的高度重视和推动下，我国职业教育实现了持续快速发展。今后一个时期，在继续扩大办学规模的同时，转变人才培养模式，提高人才培养质量，是职业教育工作的首要任务。教师是教育事业发展的人才基础，是教育改革的实践者和推动力量，是提高教育质量的关键。加强教师队伍建设，提高教师队伍整体素质，已成为当前职业教育工作中一项重要而紧迫的任务。

目前，广大中职教师在教学和管理岗位上，兢兢业业地工作，默默无闻地耕耘，为我国中等职业教育事业的发展做出了巨大贡献。同时我们也应该看到，中职教师的素养距离现代职业教育的发展要求还有一定的差距，通过对吉林省部分地区中职教师的素养调查以及对全国职教师资培训基地（吉林工师）国培学员的素养调查，我们了解到中职教师素养的诸多不足，具体表现如下。

1. 职业信念不强

教育理念"虚知"，对职教教师的地位与作用认识不明确；自我角色认知不全，缺乏成熟的职业行为规范；为人师表尚显不足，还不能成为中职学生尊重的人生导师。

2. 身心素养不高

教师职业精神整体状况良好、生理健康状况较好，但缺乏健身意识，心理健康方面也存在隐忧，存在自卑和依附心理，价值取向有自我化、功利化倾向。理智、智慧、情商和人格魅力尚显不足，还不能成为中职学生信赖的情感沟通者。

3. 知识素养不够

知识结构不合理，学科课程过深、过剩、过专，重专业轻基础，重科学轻人文，重学科知识而轻教育理论；知识储量不足，知识面不宽，人文社科等通识素养和教育教学知识素养需进一步提高，没能成为中职学生喜欢的学识领航员。

4. 职业技能不足

大多缺乏生产实践经验，教育教学脱离实际；创新意识不够，教学反思与课程开发能力薄弱；教育教学科研能力不如人意；教育管理能力和指导学生发展能力不强，尚不能成为中职学生真正的技能帮扶师。

（二）职教师资素养培养现状

自"十一五"规划纲要实施以来，在中央和各地政府的共同推动下，我国职业教育体系不断完善，办学模式不断创新，招生数量和毕业生就业率不断提高，职业教育面临着前所未有的历史发展机遇，驶上了发展的"快车道"。同时，职业教育教师的建设工作也在不断加大力度，国家出台了一系列政策措施，如制定了《关于实施中等职业学校教师素质提高计划的意见》《关于建立中等职业学校教师到企业实践制度的意见》《中等职业学校紧缺专业特聘教师资助项目实施办法》等文件，通过专项资金支持的方式加强职业教育教师的培养培训工作，已基本形成新教师、骨干教师和中职校长培训等多种层次和类型的培养培训体系框架，有力地推动了职业教育教师的培养培训工作。

我国职业教育教师的培养基本上形成了以独立设置的职业技术师范学院、普通高校设立的职业技术教育（师范）学院、全国重点建设的职教师资培养培训基地的培养为主，以普通师范大学和普通高等院校培养、企业培养为补充的培养渠道。

近年来，为落实《国务院关于大力发展职业教育的决定》、积极探索教育教学改革、创新人才培养模式、培养具有"双师"素质的职教师资，一些职技高师院校进行了师资培养教学模式创新。如天津职业技术师范大学的"双证书、一体化"培养模式，吉林工程技术师范学院的"三三＋六三"培养模式,同济大学的"同济模式",西北农林科技大学的"三突出、四双制"培养模式,河北科技师范学院的农科专业双"三三四"培养模式,河南职业技术师范学院"四双工程",山东理工大学的"324"培养模式等。经过多年努力,我国职业教育教师培养模式已基本形成,并取得了一定的成绩,但还有需要改进的地方。

1. 培养目标不到位

我国职业教育教师的培养目标是"双师型"教师,《教育部关于"十二五"期间加强中等职业学校教师队伍建设的意见》要求职业学校"双师型"教师数占专业课教师总数的比例不低于50%,而实际上这一目标远没有实现。

2. 综合素质要求不具体

我国制定的职业教育教师队伍建设目标对学历的要求非常明确,"十二五"期间专任教师学历达标率要超过95%,因此执行起来也比较容易。但对教师综合素质要求的描述都是比较模糊、不具体,缺乏可操作性,标准难以把握的。

3. 相关制度建设没有跟上

我国职业教育教师的制度建设方面还存在一些空白,如职业教育教师专业标准的制定、专门针对职教教师的职业资格证书制度等。另外,我国没有公认的职业教育教师素养标准,导致了职业教育教师素养培养的无目的性和随意性,社会对职业教育教师的认可度不高。

4. 培养方式改革不彻底

虽然我国一些职技高师院校对职教师范生素养培养模式进行了一系列的改革、创新,取得了一定的效果,但是长期以来我国职业教育教师素养的培养模式还大多沿用普通教育教师素养的培养模式,都是以学校本位教育为主,学生大多数时间都在课堂上学习理论,到企业或中职学校实习的机会少且时间都不长。

总之,我国职业教育师资质量不高、素养不高、培养渠道不畅,已经制约了我国职业教育的发展。

(三) 我国职教教师素养培养课程开发现状

尽管我国职教师资培养院校课程改革经历了一个持续推进、多头试点、多模式尝试的发展历程,但由于受到传统观念的惯性作用和不同课程理念的影响，我国职教师资培养课程存在一些弊端或缺陷，这些弊端或缺陷一定程度上影响了我国职教师资培养的质量。具体表现如下。

1. 课程目标定位模糊

首先是"职业性"不鲜明，未能按照职教教师的职业素养要求来组建课程体系，脱离知识的实际应用、职业能力的习得和职业态度的养成。其次是"技术性"不明确，不能自觉、及时将产业和企业的新技术、新工艺、新流程和新方法融入课程与教学中，从而培养出能对接产业发展的"适合"、"顶用"和"胜任"的高素质、高技能职业技术指导人才。最后是"本体性"被忽视，忽视职业教育本质上首先是教育，根本目的是"育人"而非"治器"，是培养集人格健全、全面发展、能力品性于一体的人，在课程构建中往往培养只能满足功利需要的"工具人"。

2. 课程体系结构失衡

其一，课程结构严重失衡，呈现专业课程多、人文课程少，理论课程多、实践课程少，校内课程多、校外课程少的状况，存在通识课、专业基础课和专业课之间的联系不紧密，以及选修课和跨修课选择性不多、灵活性不强等问题，特别是文化基础课和专业课之间缺乏有效的奠基关系或服务关系。其二，课程内容设计过于注重学科和系统，从宏观的整体课程内容设计来看，尊崇通识课、专业基础课和专业课这一传统的"三段式"的课程建构模式。从中观的基础课、专业课和素质拓展各模块课程看，相当多的职教师资培养院校采取的也是大一统的注重学科性和系统性的课程建构模式。从微观的具体课程内容的组织与设计看，过于注重理论知识的陈述与阐释，忽视实践训练内容的选择和编排，大大削弱了学生学习的兴趣。

3. 课程实施方式落后

教师队伍结构不合理导致的知识授受型教学比例过大，传统教育观念导致的教学方法陈旧、形式单一，大多数职业院校的教师尚未摆脱传统的"一张嘴、一本书、一支粉笔"，"老师讲、学生听"的"一言堂""满堂灌"的教学方式，课堂上基本是以传统的讲授为主，学生参与程度很低。虽然目前我国职业教育界在大力倡导"行动导向"、"教学做一体化"、"现代仿真教学"等现代教学方式，然而，所谓的"启发式教学"，表现为"教师问，学生答"，较为肤浅。多数教师使用多媒体只是代替在黑板上板书，导致了低效课堂教学的恶性循环——教师越讲越没意思，学生越听越没味道。

4. 课程评价机制简单

第一，学业测评标准短视而功利，过于在乎学生的及格率与过关率，重视专业课程的考核，忽视通识课和素质拓展课的考核；重视课堂内教学的考核，忽视课外学生活动成效的考核，不利于学生整体素养的提升。第二，评教和评学方式粗放且随意。对教师的教学评价基本上集中在课堂教学的状态上，而对教师的专业实践能力、实习实训示范与指导能力、实际问题解决能力等有所忽视。对学生的学习评价往往集中在知识和技能的掌握上，忽视了对学生学习过程的评价，对学生在学习过程中的态度、情感、价值观等未予以考虑。第三，课程测评主体过于"校本"和"一元"。课程评价的主体基本上还是一元化的，评价基本上还是由职教师资培养院校自身进行，具有典型的"校本性"，即由学院任课教师实施测评，教研室、系部和学院教学督导等业务和职能部门，基本上只对任课教师的测评结果进行检查或认可而已，真正参与职教师资课程评价的相关部门、企业、学生和家长并不多。

除此之外，还存在课程资源配置不当，基础性教学资源配置失衡，开放性教学资源开发不力，岗位性实训资源极为缺乏等状况，不利于职教师资素养的培养。

（四）国外职教教师素养培养现状

国外职教领域对教师素养的培养主要体现在职教教师的培养过程、任职资格以及专业（能力）标准这三方面，虽然没有把教师素养作为一个独立问题加以研究，但是上述三方面处处都透着教师素养培养的方法、手段。在职业教育教师专业发展方面，美、澳、德以及欧盟的教师专业发展方式充分反映了各自不同的职业教育理念，在世界上处于领先地位。

1. 培养过程

美国中等职教教师培养的传统路径是进行四年学士学位的教师准备教育，在一些大学或学院设置通识类、教育类和专业类等三类课程供学生学习。有经验的技术人员必须修完教育课程，顺利通过相应考试，才能取得教师资格。教师的实践经验是学校聘请教师时的一项重要的考核内容。每年假期教师都必须到工厂、企业第一线工作，进行实践，以便跟上科技发展的步伐，提高技术水平。

德国职业院校教师的职前培养分为两个阶段：第一阶段是进入大学教育阶段，学习 4～5 年，选择一个主修专业和一个辅修专业。第一阶段结束时，学生必须参加第一次国家考试。第二阶段是为期两年的教育实习阶段，又称为教育准备阶段，主要在各州所设的教育学院和职业学校进行。其特点是教育学院和教师实习所在的职业学校共同培养职教教师，体现了德国以"双元制"为基础的合作教学组织形式。实习结束时，学生要通过第二次国家考试方可获得教师资格证书。

2. 任职资格要求

美国职业技术教育教师要具有教师资格证书/执照才可任职，可以通过两种途径获得认证，取得基本的从业资格。途径一：通过传统的教师培养模式获得，即通过大学学位课程学习、实习。通常的测试包括基础学术技能、教学原理与教学法、课程内容以及实操考试。途径二：通过基于工作经验的替代模式获得。几乎所有的州都制定了特殊分类，用以评定贸易、工业和保健行业的教师资格，以实际工作经验的年限要求替代对大学学位的要求。

澳大利亚职业教育教师任职资格要求取得职业教育教师四级资格证书。该证书通常是针对新入职教师的硬性要求。要获得该证书，教师必须完成 10 个必修核心能力单元和 2 个选修能力单元（共给出 14 个选修能力单元）。获得证书后，还要先做兼职教师，一般经过 5 年以上的教学实践才能转为正式教师。澳大利亚对职业教育教师的要求是实践经验、技能证书、教育学学士证书三者缺一不可。

德国职业教育教师任职资格要求。职业学校专职教师具有国家公务员身份，其资格要求很严，要通过国家的两次考试。职业学校专职教师的任职资格由各联邦州制定的、适用于本州的《教育教师法》来规定。例如，图林根州 2008 年 3 月 12 日新修订的《教育教师法》指出，成为职业学校文化基础课或专业课专任教师的前提条件是：完全中学毕业或同等学力者；接受过职业教育或在企业工作 1 年以上（也可以在上大学期间利用业余时间，尤其是假期到企业实习）；在大学学习 9 个学期，参加并通过第一阶段国家考试，或具有被承认的高校学位证；进入教师教育学院学习最多 2 年，同时，由学院派往职业学校做实习教师，参加并通过第二阶段国家考试，才取得专职教师资格。

3. 专业（能力）标准

各国对职业教育质量与竞争力的关注将教师推至改革中心，教师被看作影响职业教育改革与发展的核心要素之一。促进教师专业发展以及教师素养提升已成为各国职业教育改革的重要战略。作为促进教师专业发展、提高教育质量的重要举措，教师专业标准研发正成为一种国际趋势。

美国生涯与技术教育教师专业能力标准。美国目前影响力最大也是最具权威性的专门针对生涯与技术教育教师的职业能力标准是由全美专业教学标准委员会（National Board for Professional Teaching Standards，NBPTS）开发的。所有 NBPTS 标准基于对教师专业的 5 个基本观点：教师应对学生学习负责；教师应具备所教授学科的知识，并知道如何进行传授；教师有责任管理和监督学生学习；教师应系统反思其实践并从经验中学习；教师应是学习共同体的成员。生涯与技术教育教师标准是以优秀生涯与技术教育教师的专业实践为分析对象，专业标准涵盖了四大类 13 种专业能力。

澳大利亚职业教育教师核心能力模块。2010 年 5 月，由创新与行业技能委员会（Innovation and Business Industry Skills Council）开发的"培训与教育"培训包（TAE10）发布，取代了原来的"培训与鉴定"培训包（TAA04）。"培训与教育"培训包（Training and Education Training Package）详细规定了职教教师应该具备的授课能力和对学生成绩评价能力的具体要求。"培训与教育"培训包划分的职业教育教师核心能力模块有 7 个：学习设计，培训实施，运行高级学习项目，评价，培训咨询服务，国际教育管理，分析并将持续发展能力应用到学习项目中。此外，培训包还要求教师在培训和评估过程中能识别成人在语言、文字、数学方面的能力需求，并根据个体的能力水平，提供相应的培训和评估。

欧盟职业教育教师专业能力标准框架。欧盟职业培训发展中心（European Center for the Development of Vocational Training）下属的教师与培训师网络（Teacher and Trainer Networking，TTnet）于 2006 年启动了"职业教育与培训专业人员界定"的研究，在对 17 个成员国职业教育相关从业人员进行访谈的基础上，形成了职业教育教师专业能力标准框架，并于 2009 年正式发布。该框架已获得 21 个欧盟成员国的认可。该框架建立了 4 个分析维度，包括管理、教学、专业发展与质量保障、建立人际网络，对每个维度的教师活动以及相应的知识能力要求进行了详细分析。

四　文献综述

（一）概念界定

1. 素养

素养是指人们通过教育、训练，在先天生理条件的基础上通过后天的培养、锻炼、陶冶所获得的品德、学识能力和个性、品格的总和。《现代汉语规范词典》中将"素养"解释为平素的修养。《现代汉语词典》将"素养"解释为平日的修养。《现代汉语辞典》中"素养"的解释为：一是指理论、知识、艺术、思想等方面的一定水平，如理论修养、文学修养等；二是指养成的正确的待人处世态度。《百科全书》对"素养"的解释：一是指修习涵养，见于《汉书·李寻传》："马不伏历，不可以趋道；士不素养，不可以重国。"郭沫若《洪波曲》第八章："他虽然是一位经济学专家，而对于国学却有深湛的素养。"二是指平时所供养，见《后汉书·刘表传》："越有所素养者，使人示之以利，必持众来。"三是指素质与教养，如理论素养。四是指平时所养成的良好习惯，如军事素养。在我国《辞海》中素养是指"经常修习涵养，如艺术素养、文学素养"。这种解释偏重素养的获得过程，表明素养不是一朝一夕所能形成的，而是长期"修习"的结果。英语对"素养"（literacy）的解释则偏重于结果，有两层含义：一层是指有学识、有教养，多用于学者；另一层是指能够阅读、书写，有文化，对象是普通大众。无论从过程还是从结果来看，二者对素养的解释都有动态发展的观点。

依据不同的划分标准，可以把素养划分为不同类型。依据水平的高低，可以把素养分为深层素养和浅层素养。依据主体数量的多少，可以把素养分为个体素养、群体素养或公众素养。依据职业差异，素养可以分为教师素养、学生素养、工人素养和农民素养等。依据应用领域，素养可以分为科学素养、人文素养、信息素养、技术素养、艺术素养等。

2. 教师素养

关于教师素养，不同的时代、不同的阶级都有其不同的要求。中国古代最早的教育专著《学记》对教师素养的要求是"君子既知教之所由兴，又知教之所由废，然后可以为人师也"。孔子对教师的要求是：学而不厌，诲人不倦；以身作则，言传身教；热爱学生，有教无类；不耻下问，知过而改；因材施教，循循善诱。《师说》是唐代教育家韩愈所著，可以说是世界上最早的一篇研究教师问题的专论，其中也曾谈及教师素养问题，"师者，所以传道、授业、解惑也"。如果达到了这三项要求，也就符合了教师的素养要求。《中庸》对教师素养的解释："博学之，审问之，慎思之，明辨之，笃行之。"德国大教育家第斯多惠强调："一个具有渊博的普通和专业知识及高度道德品质的人才可能成为好的教师。"

教师必须具备一定的素养才能胜任教育教学工作，但对教师到底应具备哪些素养，可谓仁者见仁、智者见智，不同时期、不同国家、不同的研究者所持的观点不尽相同。目前理论界对教师素养概念的界定尚无定论，不同专家学者从不同的研究角度对其加以界定。

"教师素养"在学术文献中的解释为：教师为了履行职责、完成教学任务所必备的素质修养，归结起来教师应具备的具体职业素养，分为思想政治素养、道德品行素养、科学文化素养、能力素养和身体心理素养等。1990年上海教育出版社出版的《教育大辞典》中对教师素质和教师修养是这样描述的："教师素质是教师为完成教育、教学任务所应具备的心理和行为品质的基本条件"，"教师修养是指教师在思想、道德品质、文化专业知识、教育、教学能力等方面经过学习和实践而达到的水平"。张念宏（1991）主编的《中国教育百科全书》一书对教师素养这一概念的界定："教师素质指一个合格教师必须具备的素质，除包括先天条件外还包括主要通过学习、专门训练和长期教育实践获得的。这些素质是指身心素质，道德品行素质，政治思想素质，科学文化素质和能力素质。"

纵观教师这一职业发展的历史进程以及在不同时期所应具备的教师素养，我们认为教师素养是指教师为履行教育职责、完成教学任务所应具备的各种素质修养的总和。

3. 课程和课程开发

目前，我国教育界对课程的定义也有多种说法，如："课程即教学科目"、"课程即有计划的教学活动"、"课程即预期的学习结果"、"课程即学习经验"、"课程即社会文化的再生产"、"课程即社会改造"等。本研究采用廖哲勋先生关于课程的定义，即课程是在一定学校的培养目标指导下，由具体的育人目标、学习内容及学习活动方式组成的，具有多层组织结构和育人计划性能、育人信息载体性能的，用以指导学校教育教学活动的育人方案，是学校教育活动的一个组成部分。

课程开发（Curriculum Development）即开发课程，通常包括课程设计、课程编制，有时也与课程编制等同使用。课程开发是指通过需求分析确定课程目标，再根据这一目标选择和组织课程内容、实施课程，进行课程评价、课程修订以及推广课程的活动或过程。

（二）对教师素养结构的研究

1. 关于在职教师的教师素养结构

著名教育家、华东师范大学的叶澜教授主编的《教育学原理》中用饱含理想追求的画笔，描绘出了面向新世纪的教师素养的写意图："对人类的热爱和博大的胸怀，对学生成长的关怀和敬业奉献的崇高精神，良好的文化素养，复合的知识结构，在富有时代精神和科学性的教育理念指导下的教育能力和科研能力，在教育实践中凝聚生成的教育智慧，这就是我们期望的未来教师的理想风采。"

北京师范大学林崇德教授等人对教师的基本素养进行了十多年的研究。他们认为，作为一个教师应具备如下的专业素养：（1）要切实体现教师这一职业的特殊性，反映教师的独特本质；（2）对于教师素养的理解，要有深刻的理论背景，不能由研究者根据个人爱好凭空设计；（3）教学活动是教师工作的中心任务，教师素养的定义必须着眼于教学活动本身；（4）反对元素主义的教师素养观，应将教师素养看成一个系统的结构，其内部包含着复杂的成分；（5）教师的素养是结构和过程的统一，动态性是其精髓；（6）教师素养的定义既能为教育实践和教师培训工作提供理论指导，又具有可操作性。

通过对文献的归纳分析，大多数研究学者认为教师应具备的素养包括思想道德素养、身心素养、知识素养和能力素养四大素养。如欧立红（2006）在多元智能与生物教师素养及教学关系现状调查研究中将教师素养界定为：教师为养成胜任教师职业所需的各种素质而进行的自觉、持续的修习涵养过程及其综合发展水平。它包含两种基本含义：一是指教师为获得职业劳动所需的基本素质所进行的修习涵养活动；二是指教师为胜任职业劳动所应当具备或已经具备的各种素质的综合发展水平。教师素养的内容可具体划分为：思想道德素养、知识素养、能力素养、心理素养、身体素养。

其中部分研究者还将其细分为多种素养，如李立红（2011）在新课改背景下农村地理教师素养的培养研究中将教师素养概念界定为：教师素养，就是教师在教育教学活动中表现出来的，决定其教育教学效果，对学生的身心发展有直接而显著影响的各种素养及其有机结合在一起的能力。作为一名普通意义上的教师，其应具备的基本素养包括：品格素养、知识素养和能力素养。其中，品格素养包括政治素养、师德和师爱；知识素养包括专业知识、相关学科知识和教育科学理论知识，其中专业知识又包括专业基础理论、基本知识和基本技能；能力素养包括课堂教学能力、课外教学能力和教学研究能力。

随着时代的发展，教师素养的内容也日益丰富，信息素养、创新素养、科研素养等其他素养也被纳入教师素养之中。张仁贤（2008）主编的教师十大素养系列丛书，将教师素养划分为人文素养、艺术素养、礼仪素养、心理素养、法律素养、科学素养、技术素养、专业素养、道德素养、理论素养十大素养，分册进行了详细论述。

王建敏（2009）在对高中数学教师素养的研究中，以"教师素养"特指教师通过平日的自主修习、教育培训、教育科研、反思实践而形成的在理论、知识、能力等方面的水准和正确的态度，是以与时俱进的生成性目标来进一步描述的，教师在自身理论、知识、能力等目标方面的达成，应包含教师的个人素养和教师的团队素养两大方面。他将教师的个人素养归为德育素养、知识素养、能力素养、科研素养、合作素养、信息素养、人文素养七个方面。

2. 关于师范生的教师素养结构

张千红（2005）认为，师范生素质结构是指师范生素质的组成部分及其相互联系。由于师范生是教师专业发展的重要阶段，所以教师应具有的素质结构也是师范生应该具有的，从宏观结构上应该包括教育观念、思想道德素质、知识素质、能力素质、身心素质五个方面。关于师范生素质的具体内容要考虑当今社会发展对教育的要求及师范生的个性品质和人格因素，而个性品质、人格因素也必须放在一定的社会背景下才有意义。

杨越明和黎云章（2008）从教师职业思想、知识素质和从师能力素质三个方面来对专科师范生素质的现状展开研究和思考。官晴华、徐强和王贵喜（2009）从政治品德素质、教育理念、业务素质、心理品质、职业道德和心理健康素质六个方面对师范生与非师范生素质的现状进行了比较研究。

本研究提出的"教师素养"着重强调的是师范生通过平日的修习、教育、培养而形成的在品行、知识、能力等方面的水准和正确的态度,包括品行素养、身心素养、知识素养以及能力素养。

(三)对教师素养现状的研究

1. 在职教师的教师素养现状研究

张伟平(2005)在新课程改革背景下对中小学教师的素养展开研究。他指出,近年来,虽然多数中小学教师的教育素养有了很大提高,但是也有相当一部分中小学教师的素养存在严重不足,具体表现为:教育理念"虚知",知识储备不足,教学反思与课程开发意识薄弱,教育教学科研能力不尽如人意等问题。这在很大程度上影响了教育教学质量。

胡峰(2007)通过对语文教师的素养现状进行问卷调查研究,发现一线语文教师在知识、能力、思想品德等方面存在着不同程度的缺失,问题表现在:语文教师对新的课程改革的内容了解不深;对自己的角色认识不全;知识面比较狭窄;读写能力缺失;缺乏创新的能力;缺乏探究的意识;信息意识不强;身心健康令人担忧。

2. 师范生教师素养的现状研究

张千红(2005)认为,当前师范生素质状况不容乐观,普遍存在的问题主要是:第一,专业精神缺乏。敬业和奉献精神不强,对教师的地位与作用认识不明确,专业思想不牢固,教学思想不端正。第二,知识结构不合理。学科课程过深、过剩、过专;重专业轻基础,重科学轻人文;重学科课程知识而轻教育理论课程。第三,教育实践能力差。第四,创新意识不强,科研能力较差。

胡玺丹(2005)通过对生物师范生"教师素质"目标达成度及相关教育现状的调查分析发现:教师职业精神整体状况良好;生理健康现状较好,但缺乏健身意识,心理健康存在问题;人文知识素质和教育教学知识素质需进一步提高,与中学生物教育教学相关的知识需要充实;普通话、英语、计算机知识基础较好,但与教学相关的实践训练不足,实验动手能力逐步提高,但中学生物实验教学能力薄弱。

综上所述,教师素养现状中存在的缺失和不足主要表现为:(1)自我角色认知不全;(2)教育理念滞后;(3)知识结构陈旧,知识储量不

足；（4）与学生的思想交流与沟通不足；（5）科研能力与创新能力不
足；（6）自我反思意识不强。针对师范生而言，教师素养不足则更多地
表现在：（1）专业精神缺乏；（2）知识面窄，知识结构不合理；
（3）教育实践能力不足；（4）社会责任感淡薄；（5）创新意识不强，
科研能力较差；（6）心理健康存在问题，特别是部分女师范生，存在自
卑和依附心理，价值取向有自我化、功利化倾向。

（四）对职教教师素养的研究

目前，关于教师素养的研究大多集中在普通教育领域，在职业教育领
域对这一问题加以研究的文章极其有限，笔者在 CNKI 数据库中以"职业
学校教师素养"为篇名进行检索共查找出两篇文章，又以"职业学校教师
素质"为篇名进行检索共查找出相关文献25篇，由于笔者已经在概念解
析中对教师素质和教师素养做了说明，所以在此教师素质可以等同于教师
素养。笔者又以"职技高师师范生"为主题进行检索，只查找到相关文献
3篇。现在就对上述文献进行简要分析如下。

陶红、王英以惠州商业学校为个案，围绕中等职业学校教师的人文素
养、教育技术素养、职业道德素养展开了调查，揭示出中职学校对教师素
养重视不够、中职教师对教师素养的认识模糊、中职教师素养提高的保障
机制尚未形成等几方面的问题，提出了具体的应对建议。魏德才、王荣珍
借鉴众多同行教学成功的宝贵经验，结合自身在实施德育与技能教育过程
中的感受，把职业学校教师应具备的基本素养归纳为厚德、笃行、博学、
精业。

和震把中等职业学校教师素质分为知识、能力和人格三个结构并
九个维度，并以此为基础展开关于某直辖市中等职业学校教师素质状
况的调查，发现不同特征的教师在知识、能力和人格三个结构上存在
差异，并提出提高中等职业学校教师素质的重要策略。王军站在中等
职业学校上级主管部门的角度，对如何提高中等职业教师素质提出了
自己的一些观点。

还有一些期刊对教育部、财政部的"中等职业学校教师素质提高
计划"的启动、实施以及效果评估情况进行了介绍，对相关领导同志
进行了访谈并对相关会议做了报道，使人们对这一计划以及相关政策
有了进一步的了解。有的职技高师院校为促进师范生更好就业，对职

业学校校长进行问卷调研，探讨当前中等职业学校教师素质需求状况，提出为适应当前中等职业学校教师素质要求，有关高校要对大学毕业生加强师德、秩序意识、诚信、合作精神等职业道德方面的教育，强化以实践动手能力为主的职业技能训练，培养创新意识，提升其职业发展后劲。有的职技高师院校从培养师范生的教育技术能力出发，指出师范生的教育技术能力对我国中等职业技术教育具有重要影响，要建构符合职业教育教学需求的师范生教育技术能力结构和现代教育技术课程内容体系。

（五）对职教教师素养培养课程的研究

对国外的职教教师培养方面的研究也多集中在培养机构和资格要求方面。如陈祝林、徐朔、王建初等编著的《职教师资培养的国际比较》，以比较的视角对国际上多个国家和地区的职业教育教师培养及队伍建设进行了阐述，并指出我国职教师资培养的课程设置问题：目前设置职教师资教育课程的比较通行的做法是按照国家教师资格考试规定的三门课程即教育学（职业教育学）、教育心理学（职业教育心理学）、教学法（专业教学法）安排课程，课时占比大大低于国际通行的教育类课程占总课时的20% ~ 35% 。

为更好地发现我国对职教教师研究内容的不足之处，特对我国的相关研究进行了搜索整理。关于国内相关文献，笔者在中国知网 CNKI 数据库中，以 "职教教师" 为关键词搜索到期刊文献 337 篇，其中核心期刊 151 篇。以 "职教师资" 为关键词，搜索到期刊论文 1099 篇，其中核心文章 481 篇，但是再以 "课程" 为关键词在其结果中进行检索，包括有关职教师资在职培训的研究则共有 26 篇。再以 1999 ~ 2010 年为搜索年限，以 "职教师资" 为关键词，搜索到硕博论文共 26 篇，其中博士论文 2 篇（2007 年和 2009 年各 1 篇）。笔者以 "教师教育" 为关键词进行搜索，结果为优秀硕士学位论文 588 篇，博士学位论文 42 篇，再以关键词 "职业教育" 在其结果中检索，结果只剩下优秀硕士学位论文 6 篇，博士学位论文 1 篇。学位论文中关于职教师资的课程研究，目前只发现 3 篇。其中贾俊刚的硕士学位论文《重点大学职教师资培养特色研究》中建议我国的课程模式由三段式改革为模块式，但由于研究重点不在于此，对课程改革一笔带过。还有贺文瑾的《职教教师教育的反思与建构——基于专业化取向的研究》和李青霞的《高职教师发展研究——中挪比较研究》。由此可见，与普通教师教育的研究状况相比，我国对职教师资培养的研究多集中在2000年以后，这说明这方面的研究已经引起大家的重视，但是关于职教教师教育的课程方面的研究，总体数量上还是偏少，而关于职教教师素养培养的课程研究则可谓凤毛麟角。关于职教教师培养的专著仅有陈祝林、徐朔、王建初等编著的《职教师资培养的国际比较》一部。

（六）我国职教师资培养及研究状况简析

我国不论是关于职业教育师资的培养还是相关研究，相对于国际教育的发展，都表现出一定的滞后性，正如联合国教科文组织职教中心主任鲁伯特·马克林（Rupert Maclean）在2004年的杭州会议上对中国职教师资相关研究的评价：1972年联合国就对职业教育师资有一个国际公约，而今中国谈论的职业教育师资问题与1972年的内容很相似。我国职教师资培养及其研究在深度和广度上也表现出很大的不足。

1. 我国的相关研究多是宏观和中观的研究

相关研究多是指出我国职教师资现状的不足及相关政策建议，或是对国外职业教育发展比较完善的国家职业教育状况的介绍，却很少专注于学校内部的微观研究，比如对职教教师的培养课程和教学法的研究少之又少。

2. 我国关于职教教师培养的研究少且多是理论研究

我国关于职教师资的研究以引介国外经验为主。刘育锋老师在对1996～2000年职业教育的分析中，发现关于职教师资培养的研究只占应用专题研究的6.53%，且相关研究成果不能很好地指导实践。赵志群老师在2006年斯里兰卡会议上指出目前中国的职教教师教育存在已达成的学术共识与职教教师的实践工作相互分割、培养职教教师的课程实施与现代化的职业教育实践相分割的现象。而国外的职教师资培养研究多是实践性研究，如具体到培养微观层面的课程改革，职教师资培养的课程框架实施，且德国、澳大利亚、挪威等国在2004年杭州会议通过职教师资硕士培养课程框架之前，已经做到了在师资培养过程中通过课程将学术性与实践性、师范性与职业性进行有效结合。

3. 职教师资培养课程依然处于条块分割状态

国际上的研究主要集中于如何在教师培养课程中有效地将师范性与职

业性融合，于是更注重对未来教师职业课程开发、设计、组织与评价能力的培养，对相关行业未来趋势的分析与判断能力的培养，以及对不同行业独特的职业教学法的训练。而我国国内的培养课程多是相对独立的专门课程，课程之间的相互交叉联系需要学生自己主动挖掘；主要重视将来教学内容及教学方法的教育，而忽视了课程设计、组织及评价能力等培养课程控制能力的相关内容。

（七）已有研究的局限性及本研究的立足点

从研究数量来说，关于在职教师的教师素养的研究，包括对教师素养概念的探讨、对教师素养现状的调查研究、对教师素养缺失的影响因素的分析、对提升教师素养的对策建议等方面的专著、期刊及硕博论文，数量很多。但对于职教师范生的教师素养以及素养培养课程的研究相对较少，特别是关于职技高师院校师范生教师素养和素养培养课程的研究更少。且大多数研究对教师素养的共性研究较多，未能突出其双师型特色。

综上所述，确定本研究的立足点：首先将关注点放在相关研究不甚多的职技高师院校师范生培养方面，在问卷调查、访谈和观察的基础上加以探究，在理论与实证的结合下使本研究更具说服力与可靠性。其次侧重于职业教育特色，根据中等职业学校用人要求，设计、开发职技高师院校师范生教师素养培养课程体系。

五　研究的方法与技术路线

通过文献查询、人物访谈、问卷调查、DACUM 能力研究、专家咨询等方式，以哲学、管理学、教育学等理论为基础，运用文献综述法、理论综合分析法、调查研究法、比较分析法、实证法等研究方法，进行职教师资素养标准体系研究。我们将项目分为七个阶段：准备研究阶段（文献研究、实地调研、专家座谈、内部开题）、制定职教师资素养标准阶段、制定职教师资素养培养方案阶段、开发课程标准阶段、开发主干课程教材阶段、开发数字化教学资源阶段、制定培养评价指标体系。见职教师资素养标准体系研究技术路线图。

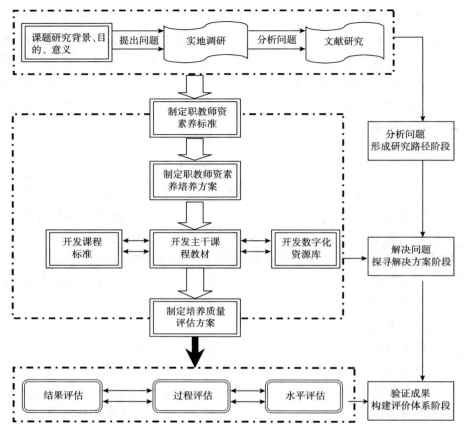

图 1   职教师资素养标准体系研究技术路线

上篇

职教师资素养
标准体系研究

第一章
职教师资素养标准研究

教师是以人影响人、以素质培养素质、以人塑造人、以灵魂塑造灵魂的职业，这就要求教师有较高的综合素质。职业院校教师不仅应具有坚定的教育信念与良好的师德，还要具有扎实的知识基础与动手操作能力；从教育的目标和能力角度来看，还要具有学会学习、学会工作的方法能力和学会共处、学会做人的社会能力等综合素养。但是，目前对中职教师应该具有哪些素养以及如何培养素养还没有一个准确的说法。本章力求从教师素养文献分析、职教师资素养现状、职教教师素养培养国际比较分析等方面对职教师资素养加以全面研究，最后提出职教师资素养的标准。

一　职教师资素养概念的界定

（一）　国外相关研究

国外对教师素养的关注较早，对教师素养的研究由来已久。据《牛津英语大词典》称，率先使用"素养"这个术语的，是 1883 年马萨诸塞州教育委员会发行的教育杂志《新英格兰教育杂志》。"素养"这一术语是伴随公立学校制度的整顿而问世的，意味着学校教育所处置的公共的知识和技能。①在国外相关研究中，20 世纪前西方诸多教育家就从不同角度阐述了对教师的要求。古罗马时代大教育家昆体良提出，教师首先应热爱学生，应以父母般的感情对待学生。西塞罗则提出教师不能滥用体罚，要有同情心、仁爱、谦和。17 世纪捷克大教育家夸美纽斯高度重视教师的作用，他说："教师是太阳底下最光辉的职业。"他是历史上第一个系统研究教育的教育家，在他的教育理论著作《大教学论》中提出了他的教育思想，他指出教师要充分了解自己职业的社会意义，加强品德修养，还把努力提高知识素养看作教师职业道德的基本要求之一。[②]

英国著名教育家洛克十分重视教师的作用，他指出，"要想把一个青年绅士培养成他所应当培养成的那个样子，做导师的人自己应当具有良好的教养，随人、随时、随地都有适当的举止与礼貌，此外还要在学生的年岁需要的范围以内，尽量使他遵守。"[③]

德国大教育家第斯多惠被称为"德国教师的教师"、"全世界教师的教师"。他认为，热爱教师职业是从事教师工作的基本前提，教师工作的主要目的是发展学生的主动性，重要任务是教会学生学习，在知识结构方面强调教师要有一定程度的文化基础知识和专业知识水平，要掌握教育科学的知识和进修的学习材料，在实际能力方面要有敏锐的洞察力和思考能力，在特殊能力方面应该具有娴熟的语言表达能力和出色的教学能力。19世纪中叶俄国著名教育家乌申斯基，被誉为"俄国教师的教师"，他认为如果教育学希望从一切方面去教育人，那么它就必须首先也从一切方面去了解人，一个教育者应当力求了解人，了解他实际上是什么样的，了解他的一切弱点和伟大之处，他的一切日常琐细的需要以及他的一切伟大的精神上的要求，如果一个人只学过几本教育学教科书，并以这些"教育学"书上所看到的规则和训示来指导他的教育活动，但并不研究这些规则和训示所依据的自然现象和人的精神现象，就不能称他为一个教育家。[④]

随着世界各国教育改革的实施，在国外一般也提"教师素养"（quality of teacher）这样的概念，教师素养的提高也越来越成为世界各国教育改革的核心问题。近年来，各国大力倡导提高教师素养，许多国家通过长期的理论与实践研究，普遍认同教师素养的提高能够提高教学质量、促进学生健康发展。

1. 美国

早在20世纪30年代美国学者就试图寻找"真正教师"的特征。现代学者也以各种方法对此进行探索，有的采用实证的手段，通过对优秀教师的个性特征、知识能力、思想品德等方面的调查分析，提炼出优秀教师的素养；美国为了提高教师素养，先后发表了《国家为21世纪的教师做准备》、《明天的教师》等研究报告。[⑤]

1948年至1955年由美国教师协会发起并领导了一个重大的教师研究项目——瑞安斯（Ryans）的教师特征研究，在前后长达7年多的时间内做了近100个项目的研究，研究对象涉及全美1700所学校的6000多名中小学教师。该研究通过课堂观察、因素分析和相关分析，提出了下列九个能产生有效教育或无效教育的教师素养特征：理解、友好、敏感或冷淡、自我中心；负责、有条理、有组织或逃避职责、漫无目的、松懈涣散；善于激励、富于想象、勇于创新或枯燥无味、墨守成规；对待行政管理人员和其他人员的态度；对待学生的态度；对待民主的课堂秩序的态度；持"学问中心"（learning - center）的传统教育观，或持"儿童中心"的开放教育观；言语理解；情感的稳定性。

从瑞安斯的教师特征研究中可以发现，20 世纪中叶美国对教师的要求已经体现出：尊重学生、平等待人、运用现代教育理念指导教学及注重教师的心理、生理等内容。[⑥]美国的西克森米哈利、麦科马克在《教师的影响》中认为"教师的热情和献身精神是使学生进入有意义学习活动的媒介"[⑦]。

如果教师自己看上去是厌倦、冷漠、没有热情的，那么学生就不会相信他们接受的知识是有价值的，如果教师在教学过程中不能愉快地进行教学，就不会实现预期的教学效果。美国 James M. Banner Jr 和 Harold C. Cannon 著，陈廷榔等译的《现代教师与学生必备素质》一书中指出："由于人们对教育过程的解释给予过多的重视，而对教育过程所应担负的责任却着墨不多，所以我们应特别关注那些不仅靠技巧进行教育的教师与生俱来的素质和后天培养的素养。"较系统地阐述了教师要成为一名合格称职的教师，在培养学生素养的过程中，教师自身应具有一些基本素养及其手段。这包括学识、威信、道德、秩序、想象、同情、耐心、性格和快乐。"教师要为学生树立行为榜样，要学生具备的素养必须首先在教师身上体现出来"。[⑧]

有调查表明，教师的素养对学生成绩有非同寻常的影响。强调教师的素养是美国各州政府提升学生成绩的延伸。在马萨诸塞州波士顿和德克萨斯州的调查显示，一些高素质的、合格的老师教出的学生，确实达到了很高的水平；要围绕教师的知识水平、教学基本技能、反思教学实践、行动研究和管理能力等几个方面来展开研究。美国的教育学家将教师素养概括为 7 个方面，分别是：健全的知识、专业的准备、强健的身体、健全的人格、生活的经验、社会的了解、正确的教育哲学。[⑨]

1994 年，美国西密歇根大学知名学者迈克尔·斯克里文（Michael Scriven）教授在综合各方面文献后指出，要成为一名理想的教师，至少需要具备如下五方面的教学素养。第一，学科知识：专业知识，包括备课、选材及评估知识；其他学科知识，包括沟通技巧、学习技巧、电脑技巧等。第二，教学能力：沟通表达能力；管理能力；任教学科设计和改进能力。第三，评估能力：学生评估的知识和能力；设计试卷的能力；评分能力；学生成绩记录及报告。第四，专业修养：专业道德；专业态度；专业发展；为教师专业活动做出服务。第五，对学校及社区的其他责任。⑩

对于师范生的选拔，美国高校在其录取时，一般都要求申请者具有高中毕业文凭，提交高中学习成绩单、教师或校长的举荐信和学业能力倾向测验成绩。在一定程度上可以说是师范生自己选定了教育专业。录取院校根据这些条件，全面考察其知识面、口头表达能力、分析问题的能力以及应变能力等。20世纪80年代以来，为了吸引优秀学生从事教育工作，美国许多州在紧缺的学科领域提供全额奖学金，并为有资格的学生提供低息贷款，如果学生毕业后留在本州任教，可以不还贷款。⑪

2. 英国

英国教育家霍勒教授认为教师职业素养应在一般专业性职业素养的基础上加上特别的要求，在《教师角色》一书中，他对教师的职业素养提出了6条要求：第一，履行重要的社会服务；第二，系统的知识训练；第三，需要持之以恒的理论与实践训练；第四，高度的自主性；第五，经常性的在职进修；第六，团体的伦理规范。⑫

英国课程专家斯腾豪斯在《课程研究与编制导论》一书中提出教师专业素养拓展的关键在于专业自主素养发展的能力，专业素养自主发展有3个途径：通过系统的自学，通过研究其他教师的经验，在教室里检验自己已有的理论。⑬

3. 日本

日本从1947年开始探讨"现代教师形象"。日本当代著名教育家小原国芳撰写的《师道》一书中强调"教师应当有独立、自尊、自敬、自信、自恃的伟大精神，应具有天下一统人物的自豪感，应当努力在真、善、美、体育、劳动等方面全面完善自己，成为'完人式的理想教师'"。皇至道在《人类教师与国民教师》中分析了教师提高职业伦理素养的必要性，并指出"教师的专业性与它的伦理性有深刻的关系"。⑭

4. 德国

德国的师范教育实行严格的"4·2·2"式教师资格证书制度。要想真正获得教师资格，必须达到以下几点：一是经过实习教师——候补教师——助理教师——终身教师 4 个层次；二是 2 次国家考试；三是 2 年的实习，具体时间各州有一定差异。这种教师认证方式在世界上也是不多见的。[15]

5. 澳大利亚

澳大利亚著名教育家斯坦托姆认为教师要具备虚心、反思和实践的精神和品质，他在《怎样成为优秀教师》中指出："请记住，我们都是从错误中学习的……为了学会怎样才能使我们的工作更有成效，我们要试验各种不同的方法、各种不同的教学方式……如果你不进行试验，即使是有可能帮助你改进教学工作的意见，你也永远无法知道是否对你真有帮助。"[16] 国际 21 世纪教育委员会报告《教育——财富蕴藏其中》中指出："无论是教师的入门培训还是在职培训，其主要使命之一是在教师身上发展社会期待于他们的伦理的、智力的和情感的品质，以使他们日后在学生身上培养相同的品质。"[17]

综上所述，美国积极开展了教师素养的相关理论和实践研究，总结教师素养特征，制定优秀教师行为守则，并取得了良好的效果；英国、日本等国家也根据自己的实际国情和教师的实际情况制定了教师素养标准，德国师范教育则实行严格的教师资格证书制度。国外的教师素养研究主要集中于调查研究、标准制定和在职培训等方面，这些研究大多以实证为基础，主要采用问卷调查、访谈、案例分析等研究方法；许多专家学者总结出了一些影响教师素养的因素，并提出了一系列培养教师素养的策略。

我们可以借鉴美国、英国、日本等其他国家适合我国教师素养的相关规定与要求，并从他们培养师范生教师素养的策略中汲取经验，使我国师范生教师素养培养日趋走向完善和成熟。

（二）国内相关研究

我国对教师素养的关注较早。从中国古代最早的教育专著《学记》中的"君子既知教之所由兴，又知教之所由废，然后可以为人师也"，到孔子要求教师学而不厌、诲人不倦、以身作则、言传身教、热爱学生、有教无类、不耻下问、知过而改、因材施教、循循善诱，再到韩愈的"师者，所以传道、授业、解惑也"，无不透露出对教师素养的关注。

但与国外相比，国内学术界有关教师素养的研究起步相对较晚。但随着新课程改革的推进和教师专业发展问题日益受到重视，学术界对教师素养问题的关注度普遍提高，相关研究不断涌现。在中国期刊全文数据库（CNKI）中，1994～2011年与"教师素养"相关的文献总量呈现递增趋势。从检索的数据分析来看，近几年随着课程改革的实施，越来越多的专家和学者，以及教学一线教师、管理者，开始关注教师素养的研究。国内关于教师素养的相关研究从研究内容上讲主要包括对教师素养概念的探讨、对教师素养现状的研究、对教师素养缺失或不足的影响因素的研究以及对提升教师素养对策的研究；从研究对象上来说主要是从整个教师群体的教师素养和具体学科教师的教师素养两个层面展开，其中整个教师群体的教师素养研究中又包含了在职教师和师范生两大群体的教师素养。本文主要从研究内容的角度对已有研究进行归纳总结。

1. 对教师素养概念的探讨

目前理论界对教师素养概念的界定尚无定论，不同专家学者从不同的研究角度对其加以界定。

（1）关于在职教师的教师素养

著名教育家、华东师范大学的叶澜教授主编的《教育学原理》中提到新型教师的基本素养，对教师的整体素养进行了研究阐述。叶澜教授用饱含理想追求的画笔，描绘出了面向21世纪的教师素养的写意图："对人类的热爱和博大的胸怀，对学生成长的关怀和敬业奉献的崇高精神，良好的文化素养，复合的知识结构，在富有时代精神和科学性的教育理念指导下的教育能力和科研能力，在教育实践中凝聚生成的教育智慧，这就是我们期望的未来教师的理想风采。"叶澜教授还指出，教师的专业素养是当代教师质量的集中表现，它应以承认教师职业是一种专业性的职业为前提。首先，未来教师应该具有与时代精神相通的教育理念，并以此作为自己专业行为的基本理性支点；其次，未来教师的专业素养在知识结构上也不同于今日教师，它强调多层复合的结构特征；最后，当今社会赋予未来教师更多的责任和权利，提出更高的要求和期望，教师要胜任就需要新的能力。[18]

北京师范大学林崇德教授等人对教师的基本素养进行了十多年的研究。他们认为，作为一个教师应具备如下的专业素养：首先，要切实体现教师这一职业的特殊性，反映教师的独特本质；其次，对于教师素养的理解，要有深刻的理论背景，不能由研究者根据个人爱好凭空设计；第三，教学活动是教师工作的中心任务，教师素养的定义必须着眼于教学活动本身；第四，反对元素主义的教师素养观，应将教师素养看成一个系统的结构，其内部包含着复杂的成分；第五，教师的素养是结构和过程的统一，动态性是其精髓；第六，教师素养的定义既能为教育实践和教师培训工作提供理论指导，又具有可操作性。在这个基础上，他们根据多年来理论研究和实验研究的结果指出，所谓教师素养，就是教师在教育、教学活动中表现出来的，决定其教育、教学效果，对学生身心发展有直接而显著影响的心理品质的总和。[19]

通过对文献的归纳分析，大多数研究者认为教师应具备的素养包括思想道德素养、知识素养和能力素养三大素养。如张念宏（1991）认为，"教师素质指一个合格教师必须具备的素质，除包括先天条件外还包括主要通过学习、专门训练和长期教育实践获得的。这些素质是指身心素质，道德品行素质，政治思想素质，科学文化素质和能力素质"。[20]

张丹丹（2007）指出，德、才、学、识应是一位教师应该具备的素养，具体说来，它主要应包括人格素养、知识素养和能力素养三个方面。[21]

其中部分研究者还将其细分为多种素养，如李立红（2011）在新课改背景下农村地理教师素养的培养研究中将教师素养概念界定为：教师素养，就是教师在教育教学活动中表现出来的，决定其教育教学效果，对学生的身心发展有直接而显著影响的各种素养及其有机结合在一起的能力。作为一名普通意义上的教师，其应具备的基本素养包括：品格素养、知识素养和能力素养。其中，品格素养包括政治素养、师德和师爱；知识素养包括专业知识、相关学科知识和教育科学理论知识，其中专业知识又包括专业基础理论、基本知识和基本技能；能力素养包括课堂教学能力、课外教学能力和教学研究能力。[22]

有研究学者认为教师素养不仅包括思想道德素养、知识素养和能力素养三大素养，还应涵盖心理素养、身体素养等。如欧立红（2006）在多元智能与生物教师素养及教学关系现状调查研究中将教师素养的概念界定为：教师旨在养成胜任教师职业所需的各种素质而进行的自觉、持续的修习涵养过程及其综合发展水平。它包含两种基本含义：一是指教师为获得职业劳动所需的基本素质所进行的修习涵养活动；二是指教师为胜任职业劳动所应当具备或已经具备的各种素质的综合发展水平。教师素养的内容可具体划分为：思想道德素养、知识素养、能力素养、心理素养、身体素养。[23]

宋建超（2011）在对高中地理教师地理素养现状的研究中指出，教师素养就是指教师为了履行职责，完成教学任务所必备的各种素质修养，以及把这些素质修养有机结合起来更好地服务于教学的品质和能力。他认为教师素养包括思想素养、政治素养、职业道德素养、知识素养、能力素养、身体素养和心理素养等。[24]

随着时代的发展，教师素养的内容也在日益丰富，信息素养、创新素养、科研素养等其他素养也被纳入教师素养之中。张仁贤（2008）主编的教师十大素养系列丛书，将教师素养划分为人文素养、艺术素养、礼仪素养、心理素养、法律素养、科学素养、技术素养、专业素养、道德素养、理论素养十大素养，分册进行了详细论述。王建敏（2009）在高中数学教师素养研究中以"教师素养"特指教师通过平日的自主修习、教育培训、教育科研、反思实践而形成的在理论、知识、能力等方面的水准和正确的态度，是以与时俱进的生成性目标来进一步描述的，教师在自身理论、知识、能力等方面的达成，应包含教师的个人素养和教师的团队素养两大方面。其中将教师的个人素养归为德育素养、知识素养、能力素养、科研素养、合作素养、信息素养、人文素养七个方面。[25]

（2）关于师范生的教师素养

张千红（2005）认为，师范生素质的结构是指师范生素质的组成部分及其相互联系。由于师范生是教师专业发展的重要阶段，所以教师应具有的素质结构也是师范生应该具有的，从宏观结构上应该包括教育观念、思想道德素质、知识素质、能力素质、身心素质五个方面。师范生素质的具体内容要考虑当今社会发展对教育的要求及师范生的个性品质和人格因素，而个性品质、人格因素也必须放在一定的社会背景下才有意义。[26]

杨越明和黎云章（2008）从教师职业思想、知识素质和从师能力素质三个方面来对专科师范生素质的现状展开研究和思考。[27]

官晴华、徐强和王贵喜（2009）从政治品德素质、教育理念、业务素质、心理品质、职业道德和心理健康素质六个方面对师范生与非师范生素质的现状进行了比较研究。[28]

2. 对教师素养现状的研究

（1）在职教师的教师素养现状研究

张伟平（2005）在新课程改革背景下对中小学教师的素养展开研究。

他指出，近年来，虽然多数中小学教师的教育素养有了很大提高，但是也有相当一部分中小学教师的素养存在严重不足，具体表现为：教育理念"虚知"，知识储备不足，教学反思与课程开发意识薄弱，教育教学科研能力不如人意等问题。[29]这在很大程度上影响了教育教学质量。

胡峰（2007）通过对语文教师的素养现状进行问卷调查研究，发现一线语文教师在知识、能力、思想品德等方面存在着不同程度的缺失，问题表现在：语文教师对新的课程改革的内容了解不深，对自己的角色认识不全，知识面比较狭窄，读写能力缺失，缺乏创新能力，缺乏探究的意识，信息意识不强，身心健康状况令人担忧。[30]

（2）师范生教师素养的现状研究

张千红（2005）认为，当前师范生素质状况不容乐观，普遍存在的问题主要是：第一，专业精神缺乏。敬业和奉献精神不强，对教师的地位与作用认识不明确，专业思想不牢固，教学思想不端正。第二，知识结构不合理。学科课程过深、过剩、过专；重专业轻基础，重科学轻人文；重学科课程知识而轻教育理论课程。第三，教育实践能力差。第四，创新意识不强，科研能力较差。[31]

胡玺丹（2005）通过对生物师范生"教师素质"目标达成度及相关教育现状的调查分析发现：教师职业精神整体状况良好；生理健康现状较好，但缺乏健身意识，心理健康存在问题；人文知识素质和教育教学素质需进一步提高，与中学生物教育教学相关的知识需要加强；普通话、英语、计算机基础较好，但与教学相关的实践训练不足，实验动手能力逐步提高，但中学生物实验教学能力薄弱。[32]

综上所述，教师素养现状中存在的缺失和不足主要表现为：自我角色认知不全；教育理念滞后；知识结构陈旧，知识储量不足；与学生的思想交流与沟通不足；科研能力与创新能力不足；自我反思意识不强。针对师范生而言，教师素养不足则更多地表现在：专业精神缺乏；知识面窄，知识结构不合理；教育实践能力不足；社会责任感淡薄；创新意识不强，科研能力较差；心理健康存在问题，特别是部分女师范生，存在自卑和依附心理，价值取向有自我化、功利化倾向。

3. 职业教育领域的相关研究

目前，关于教师素养的研究大多集中在普通教育领域，在职业教育领域对这一问题加以研究的文章极其有限，笔者在CNKI数据库中以"职业学校教师素养"为篇名进行检索共查找出两篇文章,又以"职业学校教师素质"为篇名进行检索共查找出相关文献 25 篇,由于笔者已经在概念解析中对教师素质和教师素养做了说明,所以在此教师素质可以等同于教师素养。笔者又以"职技高师师范生"为主题进行检索,只查找到相关文献3 篇。现在就对上述文献进行简要分析如下。

陶红、王英以惠州商业学校为个案,围绕中等职业学校教师的人文素养、教育技术素养、职业道德素养展开了调查,揭示出中职学校对教师素养重视不够、中职教师对教师素养的认识模糊、中职教师素养提高的保障机制尚未形成等几方面的问题,提出了具体的应对建议[33]。魏德才、王荣珍借鉴众多同行教学成功的宝贵经验,结合自身在实施德育与技能教育过程中的感受,把职业学校教师应具备的基本素养归纳为厚德、笃行、博学、精业[34]。

和震在做了相关研究的基础上,把中等职业学校教师素质分为知识、能力和人格三个结构并九个维度并以此为基础展开关于某直辖市中等职业学校教师素质状况的调查,发现不同特征的教师在知识、能力和人格三个结构上存在差异并提出提高中等职业学校教师素质的重要策略。[35]王军站在中等职业学校上级主管部门的角度,对如何提高中等职业教师素质提出了自己的一些观点。

还有一些期刊对教育部、财政部的"中等职业学校教师素质提高计划"的启动、实施以及效果评估情况进行了介绍,对相关领导同志进行了访谈并对相关会议做了报道,可以说使人们对这一计划以及相关政策有了进一步的了解。

有的职技高师院校为促进师范生更好就业,对职业学校校长进行问卷调研,探讨当前中等职业学校教师素质需求状况,提出为适应当前中等职业学校教师素质要求,有关高校要对大学毕业生加强师德、秩序意识、诚信、合作精神等职业道德方面的教育,强化以实践动手能力为主的职业技能训练,培养创新意识,提升职业发展后劲。[36]

有的职技高师院校从培养师范生的教育技术能力出发,指出师范生的教育技术能力对我国中等职业技术教育具有重要影响,建构了符合职业教育教学需求的师范生教育技术能力结构和现代教育技术课程内容体系。[37]

(三)概念界定

综合上述文献调研,我们认为教师必须具备一定的素养才能胜任教育教学工作，但对教师到底应具备哪些素养，可谓仁者见仁、智者见智，不同时期、不同国家、不同的研究者所持的观点不尽相同。目前理论界对教师素养概念尚无定论，不同专家学者从不同的研究角度对其加以界定。

纵观教师这一职业发展的历史进程以及在不同时期所应具备的教师素养，我们认为教师素养是指教师为履行教育职责完成教学任务所应具备的在品德、学识能力和个性、品格、修养等方面的总和，包括品行素养、身心素养、知识素养以及能力素养。

本研究提出的"职教师资素养"着重强调的是职业教育师范生通过平日的修习、教育、培养而形成的基本素养，是除了专业知识和能力、教师教育知识和能力之外的，在理想信念和师德修养、身体素质和心理素质、文化素养和基础能力等方面表现出来的水准和正确的态度，是以动态的"养成性"目标来规范的职业行为表现。

二　职教师资素养的比较研究

（一）教师专业（能力）标准的比较研究

各国对职业教育质量与竞争力的关注将教师推至改革中心，教师被看作影响职业教育改革与发展的核心要素之一。促进教师专业发展以及教师素养提升已成为各国职业教育改革的重要战略。作为促进教师专业发展、提高教育质量的重要举措，教师专业标准研发正成为一种国际趋势。

美国生涯与技术教育教师专业能力标准。美国目前影响力最大也是最具权威的专门针对生涯与技术教育教师的职业能力标准是由全美专业教学标准委员会（National Board for Professional Teaching Standards，NBPTS）开发的。所有 NBPTS 标准基于对教师专业的 5 个基本观点：教师应对学生学习负责；教师应具备所教授学科的知识，并知道如何进行传授；教师有责任管理和监督学生学习；教师应系统反思其实践并从经验中学习；教师应是学习共同体的成员。生涯与技术教育教师标准的制订是以优秀生涯与技术教育教师的专业实践为分析对象的，专业标准涵盖了四大类 13 种专业能力。

　　澳大利亚职业教育教师核心能力模块。2010 年 5 月，由创新与行业技能委员会（Innovation and Business Industry Skills Council）开发的"培训与教育"培训包（TAE10）发布，取代了原来的"培训与鉴定"培训包（TAA04）。"培训与教育"培训包（Training and Education Training package）详细规定了职教教师应该具备的授课能力和对学生成绩评价能力的具体要求。"培训与教育"培训包划分的职业教育教师核心能力模块有 7 个：学习设计；培训实施；运行高级学习项目；评价；培训咨询服务；国际教育管理；分析并将持续发展能力应用到学习项目中。此外，培训包还要求教师在培训和评估过程中能识别成人在语言、文字、数学方面的能力需求，并根据个体的能力水平，提供相应的培训和评估。

　　欧盟职业教育教师专业能力标准框架。欧盟职业培训发展中心（European Center for the Development of Vocational Training）下属的教师与培训师网络（Teacher and Trainer Networking，TTnet）于 2006 年启动了"职业教育与培训专业人员界定"的研究，在对 17 个成员国职业教育相关从业人员进行访谈的基础上，形成了职业教育教师专业能力标准框架，并于 2009 年正式发布。该框架已获得 21 个欧盟成员国的认可。该框架建立了 4 个分析维度，包括：管理、教学、专业发展与质量保障、建立人际网络，对每个维度的教师活动以及相应的知识能力要求进行了详细分析。

　　从内容上看，上述三份标准都涉及的专业能力要素包括：了解学生、职业领域的知识和能力、设计学习活动、教学实施、评价、教师专业发展。美国标准突出学生发展，因而强化教师在帮助学生向工作和成人角色过渡中的能力，包括工作准备、平衡各种角色、社会发展等方面，帮助学生实现从学习到工作的顺利过渡。澳大利亚和欧盟标准突出教师工作，因而质量保障、管理方面的能力要求在澳大利亚和欧盟的标准中占有相当大的比重。美国和欧盟的标准均非常强调建立合作关系，包括与同事的合作、与社会的合作、与其他教育机构的合作、与家长及社区的合作以及国际交流合作。澳大利亚标准中有两个要素非常值得关注：国际教育管理的能力、开发并培养持续发展的能力，这反映了职业教育的未来发展趋势，扩大国际交流合作和培养绿色技能人。（见表 1 - 1）

表 1 – 1　职业教育教师能力标准要素的比较分析

	美国	澳大利亚	欧盟
了解学生	●	●	●
职业领域的知识和能力	●	●	●
营造高效学习环境	●	●	●
设计学习活动	●	●	●
教学实施	●	●	●
评价	●	●	●
质量保障		●	●
培训咨询服务		●	
帮助学生向工作和成人角色过渡	●		
管理			●
教师专业发展	●	●	●
建立合作关系	●		●
国际交流合作		●	●
开发并培养持续发展能力		●	

（二）中职学生关键能力的比较分析

1. "关键能力"的提出

20 世纪五六十年代，西方一些发达的工业化国家采取了追求经济增长的策略，经济得到了高速的发展。生产的现代化对经济结构和劳动力市场产生了很大的影响：一是工农业生产领域对工人的需求比例下降，而服务行业从业人员的需求比例急剧上升，对科技人员、管理人员的需求显著增长；二是劳动力市场上，电子、化学工业等新兴行业需要的大量懂得新技术的工人供不应求，采掘、纺织等传统的工业部门老企业裁减的大量非熟练工人找不到工作，出现了所谓的"结构性失业"；三是劳动力流动量增大，工种变换增多，对工人的素质提出了更高的要求；四是科学技术和知识更新速度加快，学生在学校学得的知识在就业后的短时间内变得陈旧，降低了新生一代工人的职业适应性，出现了所谓"职业性能力衰退速度加快"的现象。为应对这些变化，一些国际组织以及一些主要工业化国家日益重视对劳动力市场及劳动政策的研究，并对教育政策进行调整。在经济合作与发展组织（OECD）和国际劳工局（ILO）的框架内，德国联邦劳动力市场与职业研究所（Insititutfuer Arbeitsmarkt – und Berufsforschung，简称 IAB）开始对劳动力市场和职业世界的有关热门问题开展研究，其中劳动力的供求关系与教育的策略成为这个机构的一个重要研究领域。在研究的基础上，IAB 的所长梅腾斯于 1972 年向欧盟提交了一份题为《职业适应性研究概览》的报告，第一次运用了"关键能力"（schiuessel qalifikation）的概念，并将关键能力看作"进入日益复杂的和不可预测的世界的工具"，是"促进社会变革的一种策略"。1974 年他又在《关键能力——现代社会的教育使命》一文中对关键能力做了系统的论述。梅腾斯认为职业教育应瞄准四种关键能力。

（1）基本能力（Basis qalifikationen）

这是高于具体专业能力之上的能力，或者说是各种具体的特殊专业能力所具有的共同特性，同时它们又可以自上而下地向特殊专业能力迁移和转化。这些能力包括逻辑性、计划性和连贯性思维。

（2）水平迁移能力（Horizontal qalifikationen）

这是有效地运用信息的能力，也就是说，学习者应该具有信息概念或意识，如信息是什么，如何搜集和获得信息，如何处理信息等。运用信息的目的是扩展知识或保证不同知识领域的水平迁移。

（3）共同的知识原理（Breitenelemente）

这里指的是不同职业或专业领域具有共性的知识和能力，如测量技术、机器维护、劳动安全意识、环境保护意识、计划安排、合作等。

（4）传统的、经久不衰的能力（Vintage — Faktoren）

它强调的是，当职业发生变更，或随着劳动者年龄的变化，劳动者过去所具备的这种能力依然起作用，如社会和法律知识、经济常识、计算机知识、外语、自然科学、历史知识等。梅腾斯认为，教育在关键能力的培养中具有重要的作用，而关键能力的培养应该从学前教育阶段开始一直贯穿到职前和伴随整个职业生涯的教育和培训之中。他的关键能力思想就是要改变"教育内容和方法，以确保全面性和可迁移性"。

2. 关键能力概念的发展

关键能力的概念提出后，被普遍关注并得到进一步发展，能力（competence）的概念在 20 世纪八九十年代被广泛地应用于教育领域，关键能力也成为学校教育学的一个基本概念。与此同时，对关键能力内涵的论述也多种多样。有人做过统计，1974 年关键能力的定义有 12 种，1986 年为

46 种，1988 年达到 78 种，目前已超过 300 种。

近年来，在职业教育中发展关键能力的问题已引起世界范围的关注。在国际上，关键能力（Key Competencies）也被称作核心能力（Core Competeneies）或普通能力（General Competeneies）。在职业教育领域，关键能力是指对劳动者从事任何一种职业都必不可少的跨职业的基本能力。英、美、德、澳大利亚、加拿大等国家都相继提出要把培养关键能力作为职业教育的一个重要目标。

英国的学者认为关键能力至少应该包括六种能力：一是交流的能力，即以多种多样的形式提取、呈现、分析和评价信息的能力；二是解决问题的能力，即确定问题、提出解决问题的方案并付诸实施、检查其实施效果的能力；三是个人的能力，即个人的认知能力和与他人交往、协作的能力；四是计算的能力，即解释、呈现和应用数字材料的能力；五是运用信息技术的能力，即应用信息技术从事一系列日常工作（如文字信息处理、模型设计等）的能力；六是运用现代外国语言的能力，即以书面和口头的形式用外语进行交流的能力。

澳大利亚的学者认为，关键能力是指有效参与正在出现的工作形式和工作组织所必需的能力，是在工作情境中综合应用知识和技能的能力。关键能力包括七个方面的能力：一是搜集、分析、处理意见和信息的能力；二是交流观点和交流信息的能力；三是规划和组织活动的能力；四是在团体中与他人合作共事的能力；五是运用数学思维和技巧的能力；六是解决问题的能力；七是利用新技术的能力。

美国劳工部在其发表的报告中提出了一个人进入劳动市场所必备的五个方面的关键能力：一是理解复杂系统的能力，即分配时间、制定目标和突出重点目标的能力，以及分配经费和准备预算的能力；二是确定所需要的数据并设法获得数据、处理和保存数据的能力；三是作为小组成员参与活动以及与他人交流的能力；四是了解社会、组织和懂得技术系统是如何运行的，并懂得如何操纵它们的能力；五是选择技术的能力以及在工作中应用技术的能力。

德国的学者认为，关键能力是指在所有职业领域都至关重要的能力，但它们并不直接与具体的生产活动和商业活动相联系。关键能力指两方面的能力：一是与个人相关的能力；二是社会和组织能力。与个人相关的能力包括求知欲和创造力、自我革新和独立性、学习能力、责任感、耐挫能力、应变能力、冒险精神。社会和组织能力包括沟通能力、使用能力、分析能力、计划能力、组织能力。

各国学者对关键能力内涵的理解不完全相同，但其实质是一致的，那就是：关键能力具有相通性和可转换性。它不针对具体的职业、岗位，但无论从事哪一种职业都离不开它。像解决实际问题的能力、与他人交流合作的能力、应用技术的能力、计算的能力都是各国学者一致强调的能力。

3. 关键能力在我国的发展

关键能力被引入我国大约是 20 世纪 90 年代。网上可查到的最早的以关键能力为题的专业论文是姜大源的《关键能力——打开成功之门的钥匙》，发表在《教育职业》1996 年第 1 期。此后，我国的教育专家和学者也对关键能力展开了研究。

目前，关于关键能力的专著还未出现，相关的论述散见于近年来出版的职业教育类著作和发表的专业论文中。其研究的范围体现在以下几个方面。

首先，对关键能力产生的背景及概念的介绍。唐以志的《关键能力与职业教育的教学策略》、吴雪萍的《培养关键能力：世界职业教育的新热点》等文章对"关键能力"产生的历史背景和内涵做了比较明确的介绍。一般认为：①关键能力是具体的专业技能和专业知识以外的能力；②关键能力能保证不同知识领域之间的水平迁移；③是不同职业领域具有的共同性的知识和能力；④是一种经久不衰的能力。我国人力资源和社会保障部在制定职业标准时也开发了自己的八项关键能力，被称为核心能力：①交流表达的能力；②与人合作的能力；③信息处理的能力；④教学运算的能力；⑤外语应用的能力；⑥解决问题的能力；⑦创新革新的能力；⑧自我提高的能力。

其次，对培养关键能力的意义及重要性做出论述。赵振普、解爱国、王文龙的《职业素质教育模式实施初探》，王仁清的《职业技术教育应注重学生综合职业能力的培养》，宋奇、刘英的《以"关键能力"为本的职业教育发展趋势》等文章结合我国实际，阐明了在职业教育中培养关键能力的意义，并对如何培养关键能力提出了一些基础性的观点，大致有以下内容：①坚持以德育为基础、以能力为重点、以学生为中心，培养关键能力；②培养学生关键能力意识；③在日常管理中培养学生关键能力；④在教学中培养关键能力；⑤在实践中培养学生关键能力；⑥通过培养学生的自学能力和创新能力来培养学生关键能力。但探讨仅限于提供一种思路，还不具有可行的模式或方案。

再次，对关键能力培养的策略进行了探讨。如蒋乃平主编的《"宽基础、活模块"的理论与实践》、肖化移的《审视高等职业教育的质量与标准》、吴雪萍的《国外职业技术教育研究》等著作，唐以志的《关键能力与职业教育的教学策略》、陈恩润的《论高职教育中学生关键能力的培养》等文章对关键能力的培养提出了一些比较切实的对策：①加强职业教育课程的基础性；②在职业教育各门课程的教学中都注重关键能力的培养；③对课程表要进行创新等。这些探讨对我们实施关键能力培养有一定的启示，但还是缺少系统性和可操作性，尤其是对中等职业教育中如何实施关键能力的培养，论述更显零碎、单薄。

4. 关键能力的内涵

关键能力一词被从西方国家职业教育领域借鉴到我国，并为我国职业教育界所采用，理所当然有其存在及应用的价值。中西方职业教育在文化背景、社会经济发展状况、教育政策及课程模式等方面存在一定的差异，各国学者对关键能力内涵的理解不完全相同，但其基本精神是一致的，那就是：关键能力具有相通性和可转换性。它不针对某种具体的职业、岗位，但无论从事哪一种职业都离不开它。尽管如此，这一概念仍缺乏明确界定，导致其难以找到相应的培养方式和评价方式。本文在这里将从社会需要、经济发展需要、学生个性品质发展需要对关键能力做如下界定：关键能力是超越具体专业能力领域而对职业活动顺利进行，促进职业生计发展，以及实现人的全面发展、终身发展发挥至关重要作用的心理素质、方法能力和社会能力。它与纯粹的、专门的职业技能和知识无直接联系，或者说是超出某一具体职业技能和知识范畴的能力。这种能力不仅属于某种职业，而且是许多职业的共同基础，是一种可迁移的能力。它使劳动者能够在变化的职业环境中重新获得新的职业技能和知识，保证职业活动的顺利进行。这种可迁移的、能够保障劳动者迅速适应岗位变化、对劳动者的未来发展起关键作用的能力就叫关键能力，也可叫跨职业能力或核心能力。它既是具体的专业能力的抽象，也是方法能力和社会能力的进一步发展。

为了更准确地了解各国关键能力的内涵，从而了解我国中等职业学校学生目前需要重点培养的关键能力的基本类型，我们有必要对各国关键能力的基本类型进行分析，见表1-2。

表 1 – 2   各国关键能力的基本类型

我国人社部的核心能力	美国的六项基本技能	英国的核心技能	澳大利亚的关键能力	德国的软能力
与人交流	参与活动以及与他人交流的能力	与他人交往、协作的能力	交流观点和信息的能力	沟通的能力
与人合作			在团队中与他人合作共事的能力	
解决问题		解决问题的能力	解决问题的能力	应变的能力
革新创新	理解系统复杂关系的能力			自我革新、求知欲和创造力
外语应用		运用现代外国语言的能力	理解不同文化的能力	
数字应用	基本的读写算能力	计算的能力	运用数学思维和技巧的能力	
信息处理	获得处理、保存数据的能力	提取、呈现、分析、评价信息的能力	搜集、分析、处理意见和信息的能力	
自我学习				学习技能和思维
	选择技术及应用技术的能力	运用信息技术的能力	利用新技术的能力	使用的能力
	了解社会、组织并懂得如何操纵它们的能力		规划与组织活动的能力	组织和执行任务能力
				独立性和责任感
				耐挫折能力、冒险精神

从各国关键能力的比较可以看出：交流与合作的能力，收集、分析、处理信息的能力，计算的能力，语言表达的能力，解决问题的能力，规划与组织活动的能力，应用科学技术的能力等七项能力是大多数国家都认可的能力，与我国人力资源和社会保障部在职业资格鉴定上开发的 8 种核心能力基本一致。

以上是对国内外关键能力类型进行分析得出的结论，但能力培养的范围与标准除了要考虑社会发展趋势、经济发展需要之外，还应该考虑具体的培养对象。由于本文探讨的是职教师资素养，未来要从事中等职业学校学生关键能力的培养，在此有必要对中等职业学校学生现状进行简单分析：①学生处在未成年时期，生理、心理并未完全成熟，缺乏一定的心理承受能力；②受社会多种价值观的影响，人生观、价值观、职业观也还处在一个模糊的、不稳定的发展阶段；③绝大多数学生属独生子女或"留守子女"（后者在农村中等职业学校尤为普遍），从小娇生惯养，缺乏独立性、责任感与自我管理能力；④中等职业学校学生相对于普遍高中学生在学习成绩、品德修养上都稍逊一筹，再加上社会上对职业教育的歧视心理，导致其自信心不足；⑤学历较低，今后还必须继续学习和培训。针对这样的实际情况，中等职业学校学生还应重点培养其健康的心理素质（包括宽容理解能力、自信心与成功欲、承受困难与挫折的能力等）、自我管理的能力、自主学习能力和社会责任感。

三　职教师资素养现状研究

对职教师资素养状况展开研究，是通过开放式问卷调查和访谈收集主客观资料来进行的，初始预测为四个维度：职业信念与师德、身心健康与成长、职场适应与指导、终身学习与发展。

课题组对调研区域的 11 个中职学校的 150 名教师（有管理者、教辅人员、专业教师）、802 名学生，以及与中职对口相关行业的 5 个企业 80 名工作人员（有一线技术人员、车间负责人、骨干技术人员）进行了开放式问卷调查、访谈调查（问卷调查的内容见附录）。

本部分主要从中职学生特点分析、中职教师工作过程分析、职教师资素养状况调查——以吉林地区中职教师和全国重点职教师资培养培训基地（吉林工师）国培学员为例以及中职学校优秀教师职业素养结构调查等几个方面来说明职教师资素养状况。以上述四个方面作为重点进行研究可以较清楚地说明职教师资素养的现状以及提高职教师资素养的方法。

（一）中职学校学生素养现状

1. 中职学生素养现存问题

（1）思想政治素质有待提升

中职学生大多数思想素质较高，他们拥护党的领导和党的基本路线、方针、政策，关注国内外重大事件，表现出较高的爱国主义热情，在大是大非面前能够与党中央保持一致。平时学习时比较注重政治理论水平的提高，政治理论课课堂认真听讲，积极主动参与党团活动，能够树立马克思主义的世界观、人生观、价值观。但少部分学生政治敏锐性和政治鉴别力不强。不能正确认识、分析社会转型、经济转轨时期，我国政治经济政策调整和完善过程中出现的问题，不能正确认识和分析社会主义的前途命运，不能正确认识坚持马克思主义的指导地位和共产党的领导的重要性；政治理论修养不够扎实，政治理论的学习自觉性不强，不愿意学习政治理论，甚至在政治理论课上看其他书或做与课程不相干的事情，他们对党的历史发展和中国走上社会主义道路的必然性缺乏深刻的理解，有时还表现出认识上的一种摇摆性，容易导致政治热情不足，对政治活动漠不关心，政治观念相对淡薄。中职学生中积极向党组织靠拢并向党组织递交入党申请书的人数总体上不多，即使想加入党也不是出于理想信念，往往带有功利色彩。他们对报纸、杂志、网络上关于重大社会事件的报道缺乏关注热情，表现出政治上的冷漠。有些学生对社会主义核心价值观缺乏认识，对共同理想缺乏坚定信念。大部分学生具有朴素的民族精神和爱国情怀，但是没有将时代发展、社会热点与这种民族精神结合起来，不能深入事件的本质观察、判断，这与年龄、人生阅历、知识储备等因素关系很大。一些学生虽然不了解八荣八耻的内容，但是他们能够辨明基本的荣辱、是非，在正确的思想引领下，能够树立起社会主义荣辱观。

（2）道德意识与道德行为之间存在落差

总体上，中职学生有着良好的道德意识，他们对社会公德、道德规范、职业道德等规范有着深刻且正确的认识，然而在践行这些意识时，其行为存在一定的落差。比如，大部分学生非常赞同"最美妈妈"、"最美教师"、"最美司机"等社会上舍己救人、见义勇为的英勇事迹，然而"遇到类似见义勇为、勇斗歹徒的事件会挺身而出"的学生明显变少。再比如对随地吐痰、攀折花木、闯红灯等，也有部分学生并未持否定态度。我们发现这样的现象：尽管大部分学生对社会主义道德行为规范有着共同的认识，但是在日常生活中经常出现违反这些行为规范的行为。

当前的中职生大多是"90后"，他们中的绝大多数是独生子女，自然在身上会表现出个性、自私、骄横等独生子女身上的不良习气，在家庭关系中，与家人相处融洽、能尽量满足老人合理需求、对父母孝顺的学生占70%

左右，这与他们选择"对义务照顾邻居数十年的行为令人钦佩"和"邻居遇到困难，你会主动帮助"的比例相当。而认为道德修养水平决定一个人一生成就的，以及认为雷锋精神、焦裕禄精神值得弘扬的人数占比高于80%。

道德意识与行为的落差原因一方面可能是受社会的不良风气影响，自我主义、对个人价值的追求、家庭的溺爱等因素导致学生思想观念的混乱；另一方面也出于学校、家庭教育长期对道德修养建设的忽视。片面追求教学质量，轻视道德教育，过度的口号式教育引起了某种程度的"反叛"，因此我们需要反思教育体制，尤其是学生年龄小、就业早的中职教育。

（3）缺少自我管理和塑造自我的能力

中职学生正处于身心发展的重要时期，这个时期的学生会面临身体发育快、情绪波动大等情况，加之这一时期学习任务较重，很多学生觉得生活单调乏味，甚至消极空虚，闲暇之余，不知如何从事有意义的活动。有的学生身心成熟过程中易出现心理问题，比如厌学、厌世、青春期烦恼、过分嫉妒、自卑、过度焦虑、过度恐惧、意志力薄弱以及各种神经症状等，需要为他们建立合理的发泄渠道。而只有半数的学生认为自己是一个善于自我分析、自我管理的人，认为自己是一个善于控制情绪、积极应对挫折的人，因此帮助学生掌握自我管理和自我塑造的能力极为重要。

（4）对终身学习的重要性和必要性缺乏深入的认识和理解

在我国，就读于中职学校的学生绝大多数是当前教育的牺牲品，他们在当前的教育评价体制下被认为是"失败者"，在这样状态下的学生会对学习产生兴趣的很少，因此就很难调动起他们对学习的积极性，更无法使终身学习的理念深入中职学生心里。对于学习能力，不同的学生有着不同的理解，有的学生把学习能力看成分数的高低；有的学生把学习能力理解为知识的数量积累等。对学习能力作用的片面认识，对知识价值的漠视，使很多学生对终身教育、终身学习的理解出现偏差。并且学校教育将"终身教育"放入教学大纲和人才培养目标的仍然是少数，也造成学生对"终身教育"的忽视。

（5）学生需要转变观念，接受现代化的教育理念

中职学生对知识、能力与技巧的渴求度是相当高的，对"知识技能得到拓展"的渴求度达到70%以上，对现代化的教育理念则不关心，对能够运用现代技术也表现出热情不高的态势；在"在中职学校学习后，你是否希望掌握以下知识技能"的问卷中，"具有文字写作能力和语言表达能力"

以 79.52% 的被选率明显高于其他技能被选率，"有解决问题的能力，能够经常反思自己的思想与行为"次之，而选择一贯被认为重要的"外语运用能力"的仅占 46.67%，不足一半，选择"就业信息的搜集与应用"的也明显低于前两者。而在问及是否认为在艺术上有一技之长时，他们普遍认为，具有相关的知识更重要，因为这可以激起他们对艺术的热情，但对于一批被家长逼迫学钢琴、舞蹈等艺术课的"90 后"而言，他们并不认为艺术方面的一技之长有更重要的意义。

"具有创造思维"、"具有创新意识"的被选率仅有 70% 左右，但是对这个选项自我认识的盲目性也干扰着数据的准确度。因为在后面的半数人选择"创业"、去西部和基层以及对"校企合作"认可度达到 70% 左右的数据不能完全印证这些自称具有创新、创造思维的学生数目。无论对于这个飞速发展的时代，还是对于个性十足的"90 后"一代，创造性思维都是不可或缺的，小到关系个别学生的未来，大到关系国家经济的未来发展，而创造性思维的培养，在中职院校中显然是缺位的。

学生对现代化以人为本、以能力为重的教育观念还停留在口号式的认识上，这与长期以来学校教育理念的滞后不无关系，因此加快教育改革、转变人才培养方式迫在眉睫。

2. 形成原因

（1）社会对中职生的歧视

职业教育起步晚，国家和地方投入长期欠缺，造成职业教育先天不足。21 世纪以来，虽然国家实行了发放国家助学金、减免学费等一系列促进职业教育发展的措施，虽然人们也知道职业学校培养的是经济发展所急需的技能型操作工，但整个社会对职业学校还是不能从正面去理解其重要作用和社会地位。社会上相当一部分人以僵化的思想小觑职业教育，看不到职业教育发展的远大前景，认识不到职业教育的重大意义。他们受传统的"学而优则仕"观念的影响，看不起专门培养技术工人的职业教育。在这类人看来，职业学校就是社会大熔炉，什么性质的学生都有。中职生这个年龄段的人特别敏感，因此学生便将内心极度的"自卑"外化为极度的"自尊"，他们就像一只只刺猬，对社会、对家长、对老师充满着敌意，以此来抵御外在的伤害。如此的社会环境，怎能不让学生自暴自弃，"你们都这样看我们，那我们就这样了！""反正就这么差了！"这些话语充分反映了学生的内心。如此心态对学生思想行为产生了非常大的负面影响。

（2）家庭对中职生的忽视

社会如此，家庭亦然。每位家长无一例外地希望自己的子女能如愿考上重点普通高中，只有在万般无奈的情况下，才会想起职业学校。对孩子在哪里上学都无所谓的家长，才会想到职业学校，充其量也是找个地方托管（有不少孩子家长都管不住），只要不出事、不闹事就行。在一些家长的传统思想上，职校更多地与工人挂钩，而大学生则拥有干部身份。特别是目前多数大学进行扩招，只要是稍微想学、有点门路的学生，都可以跨入大学的门槛，教育已从以前的精英教育发展到现在的大众教育，上大学已是再正常不过的事，更不用说中等职业学校的吸引力了。多数家长认为，中职教育是一种较低层次的教育，没有什么发展前途。有些家长甚至认为自己对孩子的责任就是为他们提供生活必需的费用，交学费，而不愿意对孩子进行精神投资，忽略了对孩子的关心。对于学生的学习，家长也很关注，但只是浮于表面，没有从根本上重视。更有甚者，有的家长则把孩子的教育完全交给了学校，对孩子采取放任自流的态度，无视家庭教育。

《中共中央国务院关于深化教育改革，全面推进素质教育的决定》中指出："实施素质教育应当贯穿于幼儿教育、中小学教育、职业教育、成人教育、高等教育等各级各类教育，应当贯穿于学校教育、家庭教育、社会教育等方面。在不同阶段和不同方面应当有不同的内容和重点，相互配合，全面推进。"这说明在不同年龄阶段，家长对孩子进行教育的内容应该是不一样的。中职生在生理、智力、个性及其他心理品质上都日趋成熟，逐渐接近成人水平。但很多家长忽视了此时应该给予孩子的关心和心理疏导，而只是片面地关心孩子的考试成绩。在教育方式上，他们不懂得尊重孩子的个性，只是一味简单说教；或者一味采取粗暴冷漠的管理方式。这样很容易造成孩子的逆反心理，导致很多中职生危险行为的发生。魏克芹对中职生危险行为与家庭功能的调查研究表明，家庭功能与有意伤害、自杀、吸烟等危险行为都有显著的负相关。

（3）学校自身内在的因素

职业高中近期发展较快，许多职业学校都是从普通高中演化而来，演化过程中不可避免会有一些需时间来改变的成分。职校教师中除了一部分专业教师外，大多是从普教教师转化而来。教惯了普通中学学生，面对职高生，开始还真的有些束手无策，精心备课但没人欣赏，久而久之，有的教师对备课也松懈了，认为简单讲讲就行了，反正听的学生也不多；老师的教学模式不科学，有些老师没能完全脱离惯有教学模式，老师在上面讲，学生在下面听；学校硬件跟不上，有些学校是在原有的基础上进行相应的改造，或者是通过扩建逐年添置设备的，布局不合理，设备设施比较落后，且和学生的实习实训不能完全配套，运转不周。即使是易地新建的学校，虽然在硬件方面大为改观，但在软件建设方面存在同样的制约因素。社会经济结构和产业结构不断调整，要求职业教育须具有多层次性。在一种职业一个岗位上干一辈子的现象在目前的经济形势下已成为奢求，同时，社会对专业人才的要求是动态的，近两年可能对机械专业的人才需求多一些，过两年，可能对会计专业的人才需求多一些。但许多中等职业学校缺少对劳动力市场需求状况的准确把握，教育结构层次不尽合理，学校专业设置过窄，培养目标过分单一化，降低了学生对社会的适应能力，令其难以适应经济体制的转轨，进而造成学校培养的毕业生与社会需求脱节。中职学校的专业教师虽然学历层次不低，但大多实践技能比较差；新引进的大学生，因地方政策关系，都属师范类的高职院校的毕业生，基于大学培养机制等原因，他们中间的很多毕业生在专业技能方面的动手能力都比较弱，有的教师甚至连最基本的技能等级证书都没有，即使有部分教师有，但水分也比较大，真让他们走上操作台具体操作，也是无从下手。教学生也是理论多于实践，空谈多于动手。为此，学生对老师也是颇有微词。学校严重缺乏真正的技能型教师。再者，由于教师对职业学校发展无信心，不安心工作，人才外流的现象也较为严重。

（4）学生个体的主观因素

中职生在小学和初中大多没有形成良好的学习习惯，自制力普遍较差，一部分学生在初中后半个阶段基本与学校管理脱节，过早地接触社会，而且受到了一些不良风气的引导，一些学生身上带有一定的"痞子"气息。他们在初中甚至是小学，就是一些因纪律表现、学习成绩等被歧视与被忽视的学生，比较缺乏自信，他们对自己丧失了信心，自感前途渺茫，所以情绪都比较低落，甚至有一些学生还有很强的逆反心理及对抗心理，对自己的人生缺乏规划，缺乏学习的动机和信心。

3. 建议与意见

（1）优化培养中职生的社会环境

教育观念的转变是教育改革的先导，也是发展职业教育的先导。因此，加强对职业教育必然性、重要性及紧迫性的宣传显得尤为重要，要通过宣传，使大家明白我国人口众多，人人上大学是不现实的；当然，也不是只有上了大学才能成为人才。要树立"三百六十行，行行出状元"的人才观。要积极引导学生和家长根据自身的实际制定适合自己的职业生涯发展规划，逐步消除职业教育认识上的偏差，尽快改变"重普轻职"的社会现象，进一步转变就业观念，实现劳动力资源的重新配置和调整，缓解全社会就业压力。对学生来说，只要刻苦钻研，勤奋学习，努力工作，有强烈的责任心，无论在哪行哪业，只要对社会做出自己最大的贡献，就会成为人们尊敬的人才。要将教育的空间扩展到家庭、社区以及工作场所，将教育的时限延续到每个人的一生。教育的价值不再仅是培育少数"精英"，而在于为各种不同才能的人提供不同的发展空间。笔者认为，除了通过加强政策宣传转变观念外，还可以通过开展中等职业学校招生宣传，电视台、报纸等新闻媒体的专题访谈，组织职业学校的优秀毕业生进行巡回演讲等方式加大宣传力度，让社会各界人士明白"技能在身，百业可为"的道理，从而增强人们对中等职业教育重要性的认识。

（2）构建中职学生素养教育管理和评价体系

评价体系是指导职业教育发展的指南与依据。因此，我们需要按照职业学校学生素养教育的内在要求与发展规律调整教育评价体系，通过科学合理和与时俱进的评价体系，指导与推动中职学校学生素养教育健康发展。构建多元评价体系需要我们从原来的传统评价体系中解放出来，需要根据社会发展的实际需要以及学生成长的内在规律，重新确立学生、学校、社会、企业以及家庭诸多要素之间的相互关系。

在建立素养教育的评价体系的过程中一定要注意确立评价指标体系的宗旨和原则。制定评价指标的出发点和归宿是明确中职学生素养教育科学化、规范化的标准及实施要求。在制定评价指标体系过程中，要遵循三大原则：方向性原则、科学性原则、定性与定量评价相结合的原则。素养的评价既要突出中等职业学校的特色，又要体现素养的科学内涵。

（3）打造职教师资力量，发挥师资优势

全面提升职教师资队伍素养，建立职教师资素养培养框架，提升教师的职业信念、师德、教学指导能力、身心和谐水平以及终身学习的能力。特别重视教师的职业理想与道德建设，形成长期的教育机制和监督机制，内外结合，强化教师对中职教育事业的热爱，对本职工作的热情，对学生的关心和爱护。还要特别强化中职学校教师的实践能力，使教师能够与相关企业对接，通过校企合作等形式，让教师掌握先进的操作技能，而不是照本宣科、脱离实际。

中职学校的教师有其特殊使命——直接面向社会培养技术应用性人才。因此，职校教师除具备一般教师应有的基本素质外，还需有一定的职业技能操作水平。即具备中学一级教师以上教师资格，拥有中级工以上技能等级证书。除此之外，"双师型"教师还需具备：一是行业职业道德。即熟悉、遵守相关行业的职业道德，清楚其制定过程，了解其具体内容等，通过身教言传，使学生自觉按照行业职业道德办事，使其具备良好的行业职业道德。二是行业职业素质。"双师型"教师必须了解社会和用人单位对本专业、本工种人才的技能水平要求，注重对学生相关知识的传授及操作技能的培养，并能完成正确的技能操作示范。三是组织管理能力。"双师型"教师要具备指导学生参与行业、企业管理的能力，具备组织学生开展社会实践等的能力。四是协调交往能力。"双师型"教师要具备协调学校、社会、企业间交往的能力。五是创新能力。"双师型"教师要具有独特的创新精神，主动适应新的变化形势，不断提高自己的水平。为此，要加大培训力度，设立教师培训专项经费，实施职业学校教师专业发展规划，大力开展以骨干教师为重点的全员培训，开展校本培训、外送培训、企业实践等多种形式的培训，全面提高教师的实践能力。

（4）完善课程体系，加强第二、三课堂的实效性和针对性

科学地设置职业教育课程，构建合理的教育课程体系，使第二、三课堂教学与第一课堂相互依托、共同促进，课内课外相结合，校内校外活动相结合。第二、三课堂即文化、实践活动必须加强与第一课堂的对接、融合，使文化、实践活动对教学活动产生积极的影响，有利于学风、校风的养成。同时加强文化、实践活动的趣味性和普及性，使更多的学生愿意参加到文化、实践活动中去，发现这些活动带给成长的重要作用，从而更好地引导学生自我教育、自我管理意识的养成，提高他们的自强自立意识，触发学生自觉受教育的思想行为。

（二）中等职业学校教师职业能力

本研究以吉林地区中职学校教师和全国重点建设职教师资培养培训基地（吉林工师）国培学员为对象，围绕中职教师职业能力状况展开了调查，见表1-3。

表 1 – 3　中职教师职业能力调查情况

工作领域	工作任务	职业能力
1. 道德教育	1 – 1 示范职业道德	明确教师的职责及角色任务
		查阅相关职业教育法律法规、政策及相关规章制度
		遵守相关法律、法规、规章制度
	1 – 2 传授职业道德	在教学中融入职业道德和法律法规内容
		指导学生遵守职业道德和法律法规
		评价学生的职业道德表现
	1 – 3 对学生的态度与行为	关爱学生，重视学生身心健康发展，保护学生人身与生命安全
		尊重学生，维护学生合法权益，平等对待每一个学生，采用正确的方式方法引导和教育学生
		信任学生，积极创造条件，促进学生的自主发展
	1 – 4 教育教学态度与行为	树立育人为本、德育为先、能力为重的理念，将学生的知识学习、技能训练与品德养成相结合，重视学生的全面发展
		遵循职业教育规律、技术技能人才成长规律和学生身心发展规律，促进学生职业能力的形成
		营造勇于探索、积极实践、敢于创新的氛围，培养学生的动手能力、人文素养、规范意识和创新意识
		引导学生自主学习、自强自立，养成良好的学习习惯和职业习惯
		结合课程教学并根据学生思想品德和职业道德形成的特点，坚持全员德育思想开展育人和德育活动
	1 – 5 个人修养与行为	富有爱心、责任心，具有让每一个学生都能成为有用之才的坚定信念
		坚持实践导向，身体力行，为人师表，做中教，做中学
		乐观向上、细心耐心，有亲和力
		衣着整洁得体，语言规范健康，举止文明礼貌
		树立诚信意识，培养奉献、守信、守则、守时工作作风

工作领域	工作任务	职业能力
2. 课程开发	2-1 市场需求调研	能通过市场调查结果分析出社会需求
		能通过访谈和问卷等方法了解学生需求，在课程开发中体现学生诉求
		熟悉当前课程资源的现状和存在的问题，明确课程开发关注点
	2-2 课程结构分析	能在完成本专业职业能力与工作任务分析的基础上，经过讨论确定课程设置
		能根据相关原理对工作领域和任务进行合理的归并或拆分，设计专业核心课程和面向基本理论知识、基本技能的课程
		能依据职业能力对课程进行分层，实现课程体系的完全对接
		能根据对任务需求与重要性程度的分析结果确定课程学时
	2-3 课程方案的制定	能通过市场调研分析本专业领域对学生知识和技能的要求，能根据现状确定本专业课程门类及课程门数
		能根据本专业要求，按照一定的标准对各门课程进行排序，明确必修和选修课以及各门课程的学分数，形成课程方案
		能确定课程性质，明确课程目标，能编制课程标准
	2-4 课程内容的选取	能通过分析市场调研结果，并结合本专业学科知识要求和相关技能标准，合理地选择和组织课程内容，编制教材或讲义
		能了解本专业领域的"四新技术"，并将此融入课程内容中
		能根据课程标准和行业技能标准，合理地制订理论与实践教学时间比例，能制订技能训练项目和标准
		能根据专业编写实训实习大纲与实施方案，并制定考核标准
	2-5 课程标准编制	能在对所开发课程的相关问题深入思考的基础之上，确立课程的设计思路（课程设置依据、课程目标定位、课程内容选择标准、项目设计思路等）

续表

工作领域	工作任务	职业能力
2. 课程开发	2-5 课程标准编制	能够依据工作任务分别确定该课程所要求的知识和技能，要求编排清晰，没有遗漏
		能够根据本专业职业素养调查结果，确定其特有的职业素养
	2-6 学习项目设计	能确定项目与工作任务的匹配模式，对项目进行开放性设计
		能根据任务要求和课程教学要求，灵活选择各类项目
		能在综合考虑课程目标、地方经济特色、学生学习兴趣和项目的可操作性等问题的基础之上，选取程序化项目
		能根据课程标准中的"知识和技能要求"确定项目中的知识，做好知识的衔接
	2-7 教学材料开发	能根据项目课程实施需要灵活选择各类教学资源
	2-8 课程评价	能根据课程性质的不同，制定课程的评价原则、评价标准和评价方案
		能采取适当的方法对课程的知识和技能进行评价
		能理解评价原则和评价标准，能培训新任课教师根据评价标准实施评价方案
3. 教学实施	3-1 教学准备	能通过多种渠道和方式了解学情，能根据课程标准和学情，合理地选取和组织教学内容
		能根据学情和教学内容，选取合适的教学方法，能结合以上三个内容进行教学设计
		能撰写教案，制作电子课件等电子教学资料
		能撰写教学日历（年度授课进度计划）
	3-2 课堂教学	能科学地掌控课堂秩序，面对课堂上的突发事件，要有教育机智
		能在课堂教学中，有效地与学生互动交流
		能根据课堂教学的变化，及时调整教学内容和教学方法

续表

工作领域	工作任务	职业能力
3. 教学实施	3-2 课堂教学	能注意课堂教学环节的有效性，提高课堂教学效率
		能及时解答学生的提问或解决实践技能训练中出现的问题，能做好课堂教学、课后作业和课后辅导的有效衔接
		能正确规范地填写课堂教学日志，课后及时进行教学反思
		能根据专业和相关行业技能标准对学生进行模拟技能训练教学
4. 教学评价	4-1 日常教学评价	能根据学生学习的出勤、课堂学习、作业等情况对学生进行平时学习的评价，科学规范地给学生评分和评语
	4-2 理论知识教学评价	能根据课程标准对课程理论知识部分制定科学规范的评价标准和评价方案
		能准确规范地使用评价标准和评价方案对学生理论知识学习结果进行评价
	4-3 实践技能教学评价	能根据课程标准和劳动部门相关技能标准对课程实践技能教学制定科学规范的评价标准和评价方案
		能准确规范地使用评价标准和评价方案对学生实践技能进行评价
		能根据专业为学生选择考取相关的职业资格证书，能把职业资格标准要求融合到技能教学中，并能科学规范地考核
5. 教学管理	5-1 教学及教学档案管理	能正确规范地编制专业教学实施性方案，并在开学前报请教育主管部门
		能正确规范地编制学期进度计划
		能正确规范地填写专业申报书
		能配合教务管理部门做好教学档案资料的归档与管理工作
	5-2 学生管理	能通过多种渠道和方式与学生交流，能根据学生特点开展心理教育和思想教育活动

续表

工作领域	工作任务	职业能力
5. 教学管理	5-2 学生管理	能根据学校工作计划和班级实际情况制定班主任工作计划，并能根据计划独立地开展班级管理工作，认真填写班主任工作手册
		能选拔班干部，组建班委会，能培养学生干部。能组织主题班会，能组织学生参加各级各类教育教学活动
		能帮助班级学生建立良好的班风和学风，能引导学生树立正确的人生观和价值观
		能正确地对学生进行思想品德考核及鉴定、毕业鉴定等工作
		能落实学校的各项规章制度，能对学生进行日常学习生活的管理，能及时对学生的奖惩、资助、升学、休学、复学、退学等异动及推荐就业等提出建议
		能做好班级总结、评优工作，能会同有关部门做好新生报到、入学教育、毕业鉴定、毕业生就业实习指导和毕业离校等工作
	5-3 教学资源及设施管理	能够妥善利用和管理一切可以利用于教育、教学的物质条件、自然条件、社会条件以及媒体条件
		能够将"6S"管理思想应用到学校管理中，提高学校的管理水平和效率
		能建立健全出入库管理制度和收发登记制度，设立规范的入库和出库台账
6. 教研科研	6-1 科研选题	能掌握科研选题的基本标准和具体方法
		能善于反思自己的日常教学活动，根据文献资料、各级各类课题指南、学习和工作经历等进行科研选题
		能认真分析课题的研究价值和可行性，确定研究课题
	6-2 科研实施	能在明确课题研究的中心问题和把握好研究内容的基础之上，正确规范地填写课题申报书
		能组织课题组，规范撰写课题开题报告，做好课题的开题工作
		能在课题立项之后，尽快对研究过程进行详细规划和设计，制订出一个详细的研究实施方案

续表

工作领域	工作任务	职业能力
6. 教研科研	6-2 科研实施	能认真实施计划方案，撰写阶段性研究进展报告，做好课题档案资料管理等工作
	6-3 科研成果呈现	能规范地书写研究报告和研究论文
		能准备好结题申请报告、课题研究的阶段性总结等材料，提交给专家组审阅
7. 实习管理	7-1 实习准备	能掌握科研选题的基本标准和具体方法
		能对顶岗实习学生进行安全意识教育、岗前安全生产教育和培训，保证顶岗实习学生具备必要的安全生产知识和自我保护能力，掌握本岗位的安全操作技能
		能制定指导学生顶岗实习的教学计划、应急预案等
	7-2 企业联系	能熟悉实习企业相关文化、制度要求与相关实习要求
		能与企业相关负责部门及负责人进行沟通和交流，拟定相关实习预案
		能在实习生实习过程中，与企业保持联系，协调处理出现的问题
		能在实习结束后，对实习生实习情况向企业进行反馈交流
	7-3 实习指导	能在实习过程中处理实习生提出的相关理论与实践问题
		能在实习过程中引导学生参加企业相关文化活动以及引导学生熟悉相关企业文化，使学生更好地融入企业
	7-4 实习管理	能建立实习日志，定期检查顶岗实习情况，及时处理顶岗实习中出现的有关问题，确保学生顶岗实习工作的正常秩序
		能与实习单位共同加强顶岗实习过程管理
		能与实习单位一起加强学生在实习期间的住宿管理，保障学生的住宿安全
		能够定期向学校和实习单位报告学生顶岗实习情况，遇到重大问题或突发事件，能及时向学校和实习单位报告

续表

工作领域	工作任务	职业能力
8. 学生服务	8-1 能提供职业指导	向学生介绍专业就业前景
		提供职业选择的建议
		培训学生找工作的技能
	8-2 开展创业教育	在教学中激发学生的创业意识
		帮助学生了解产业发展趋势，引导学生选择创业方向
9. 身心健康	9-1 情感与人格发展	加强个人修养：富有爱心、耐心、细心和责任心，具有平等、宽容、乐观和向上气质，热情开朗、有亲和力
		注重人格养成：勤奋自信、独立自主、正直自律
	9-2 身体健康与调节	促进身体健康发展，锻炼健康体魄，认识体育锻炼的价值，培养体育特长
		培养充沛的体能和精力，适应中职教师工作强度
		具有一定的生理适应力
10. 沟通与合作	10-1 能进行有效沟通	与学生、家长和同事建立沟通关系
		与学生、家长和同事建立长期沟通的渠道
		配合和推动学校与企业、社区建立合作互助的关系，促进校企合作，提供社会服务
		收集、分析师生交流中存在的问题
		制定解决交际障碍的有效措施
	10-2 有效进行团队合作	能与团队成员和谐相处
		能与团队成员协调解决工作中的矛盾
		能有效管理团队
11. 自我发展	11-1 专业发展	能掌握职业背景知识
		能掌握不断更新的行业信息和技能
		能制定个人专业发展规划
		能参加继续教育活动
	11-2 全面发展	掌握通识性知识
		具有通用技能

1. 职教师资基本情况调查（问卷见附录二）

表1-4　职教师资基本情况

单位:%

年龄	人数	所占比例	学历	人数	所占比例	职务	人数	所占比例	职称	人数	所占比例
30岁以下	14	10.2	专科以下	7	5	校级领导	7	5	初级	41	30
31~40岁	41	29.9	本科	130	95	教学管理人员	20	15	中级	55	40
41~50岁	68	49.6	硕士	0	0	班主任	14	10	副高	41	30
50岁以上	14	10.2	博士	0	0	任课教师	96	70	正高	0	0

　　大学毕业直接担任教师的占65.82%，从企业转任教师的占18.45%；从师范类大学毕业的占30.92%，工科大学毕业的占29.79%，高职高专毕业的占19.65%；其中38%的教师大学所学专业为教育学，其余62%的教师在大学学习其他专业。关于教师的教学能力60%认为来源于大学教育，40%来源于同行与自身；20%的教师参与过培训并认为这提高了他们的教学能力。科研能力方面，30%教师认为自身能力一般，70%教师认为自身能力较强；教育理论方面80%教师接受过教育，60%的认为掌握程度一般。

　　认为自身素养非常符合中职学校的要求的占20%，较符合的占70%，一般符合的占10%。在对"大学阶段所接受的教师素养培养对工作影响最大的是什么"问题的回答中，大多数教师选择"知识素养"和"能力素养"，只有两名教师选择"品行素养"，而无人选择"身心素养"。说明大多职校教师不太关注品行素养和身心素养。但关于"中职学校教师应具有哪些素养"问题，绝大多数教师同时选择了"品行素养"、"身心素养"、"知识素养"、"能力素养"，只有少数教师放弃了"品行素养"和"身心素养"。说明大多职校教师对自身应具备的素养结构都有一个清醒的认识。关于"中职教师最重要的素养"问题，回答集中在两个方面，即"能力"与"品行"，说明教师对能力素质和品行素质最关注。这一点和前述结论有一些矛盾。

2. 职教教师素养胜任特征核检 (问卷见附录三)

关于职校教师胜任特征中,多数教师都选择了"责任心"、"反思能力"、"专业知识",其他选择较多的有"技术专长"、"组织管理能力"、"宽容性"、"自信"。可见,职校教师的胜任特征中,能力素质和责任意识是十分重要的。具体如表1-5所示。

表1-5 职教教师素养胜任特征

单位:%

重要性因素	百分比
责任心	62.06
反思能力	61.30
专业知识	56.69
自信	55.81
组织管理能力	53.13
宽容性	43.75
上进心	43.75
沟通技能	43.75
技术专长	43.75
稳定的情绪	42.19
分析性思维	40.63
个人影响力	35.94
团队协作	35.94
尊敬他人	35.94
热情	32.81
公平性	31.25
服务意识	31.25
说服能力	31.25
正直诚实	29.69
自我控制与管理	29.69
理解能力	28.13
明确的发展目标	25.00
社交意识	21.88
遵守规则	21.88
艺术感	21.88

重要性因素	百分比
坚持性	18.75
计划性	18.75
自我评价	18.75
自我教育	18.75
承受力	18.75
客观性	17.19
创造性	17.19
谈判能力	17.19
承诺	15.63
灵活性	14.06
主动性	14.06
领导能力	14.06
毅力	14.06
指挥能力	12.50
决策能力	12.50
适应性	12.50
注重质量	12.50
活力	12.50
捕捉机遇	10.94
培养下属	9.38
公关能力	9.38
接受挑战	9.38
权限意识	9.38
可靠性	7.81
成就欲望	7.81
敏感性	7.81
解释信息的能力	7.81
推理能力	7.81
关注秩序	6.25
冒险性	6.25
信息收集	6.25
创建信任感	6.25

重要性因素	百分比
记忆力	6.25
概念性思维	4.69
批判性思维	4.13
顺从别人	3.13
期望感	3.13
利他行为	3.13

（三）中职教师应具备的素养

1. 现状分析

针对中职教师应该具备的素养情况，本研究对国培学员就品行素养、身心素养、知识素养和教育素养四个方面进行了问卷调研。从调查结果来看，几乎所有教师对问卷中列出的各方面素养都选择了"非常符合"和"比较符合"，没有明显差别。其中，教师认为知识素养、品行素养更为重要。在调研的教师中，认为大学阶段教育所接受的教师素养培养对工作影响最大的因素依次为：知识素养38%，品行素养31%，能力素养26%，身心素养5%。其中，在知识素养中，选择学科专业知识的占40%，选择通识知识的占33%，选择教育科学知识的占27%；在品行素养中，选择职业理念的占42%，选择职业义务的占29%，选择职业行为的占29%；在能力素养中，选择专业能力的占50%，选择基本能力的占29%，选择从师任教能力的占21%；在身心素养中，选择心理素养的占73%，选择身体素养的占27%。

学生对本校教师队伍的总体印象如表1-6所示。

表1-6　中职学生对本校教师总体印象

单位：%

	①满意	②比较满意	③不太满意	④不满意	⑤说不清
（1）教学水平	70	30	0	0	0
（2）学术水平	70	20	10	0	0
（3）学术道德	80	20	0	0	0
（4）人格魅力	80	20	0	0	0

续表

	①满意	②比较满意	③不太满意	④不满意	⑤说不清
（5）敬业精神	100	0	0	0	0
（6）创新精神	60	40	0	0	0
（7）育人意识	90	0	10	0	0

2. 研究结论

（1）目前中职学校教师队伍、学生队伍整体素质较高，但教师的积极性、创造性尚需进一步提高。

（2）职校教师和学生更关注能力素质，特别是创新能力、协作能力、组织活动的能力等方面，同时也认为品行素养十分重要，而对知识素养、身心素养的关注程度相比较低，这与职业学校性质有关。

（3）更应大力加强职业学校教师综合素养的培养，特别是职业道德素养、情感素养、文化素养和艺术素养。知识素养和身心素养作为综合素养的重要组成部分，也必不可少。

3. 存在的问题与建议

（1）问题

本次调研中，调查组通过问卷及与教师的面对面交流、座谈掌握了第一手资料，这些都对继续开展课题研究提供了新的理论思路和实证数据；对于职业学校的现状、困境有了进一步的了解；对培养职业学校教师素养的具体内容有了新的扩充。但调查结果也显示出，中职教师在职业素养方面也存在一些值得思考的问题，主要体现如下。

教师职业教育意识不够清晰。调查显示，大多数教师重视专业基础知识的传授和专业实践技能的培养，指导学生进行系统的专业学习，但是在探索职业教育规律和尊重职教特点方面显得有些不足。

部分教师充分认识了爱岗敬业和教书育人的重要性，但在具体的职业行为方面表现得却不到位。主要体现为：在教学中不考虑行业、企业发展，忽略职业转换，不能遵循职业教育特点进行教学；工作仅停留在满足领导和管理规定上，工作主动性不高；忽视学生的兴趣和需求，不能依据学生的学习情况及时调整教学程序；不能正确和积极评定教学效果；个别教师有职业倦怠表现。

职校教师心理素养亟待提高。即要清楚地认识到自己的弱点和优点，能宽容地对待别人的挑衅行为，能有效地调控自己的情绪等。

（2）建议

建议加强职业学校教师队伍建设。除了专业知识素养、专业能力素养外，更要注重职校教师的品行素养、心理素养、情感素养、文化素养、艺术素养的培养，为推动职业教育发展奠定良好的师资基础。

提高中等职业教育教师的职业地位。中职学校教师从职业地位、职业成就感、职业收入来看，都属于我国教育中的较低阶层。这就要求国家赋予中职教师一定的职业荣誉，在社会上宣传其职业的重要性，从精神和物质层面上充分重视落实中职教师待遇的相关政策，使中职教师充分认识自己所从事的职业的重要性，形成职业荣誉感，从而主动发挥职业素养培育的主渠道作用。

强化中职教师的职业意识培养。通过提升敬业意识，增强教师对职业的认同度和忠诚度；通过培养忠诚意识，增强教师提高职业素养的紧迫感和使命感；通过强化创新意识，激发教师提高教学和科研能力的积极性。以这三个角度为核心，强化教师职业意识，提高其职业素养和职业技能。

规范中职教师的职业行为。通过规范考核机制、拓宽培训机制，逐步规范中职教师的职业行为。规范考核机制主要是对教学环节、经费投入、教师待遇、考核评估、职务评聘、表彰奖励等事项，要做出统一、明确的规定。特别需要建立教育教学测评体系；拓宽培训机制主要是建立和完善有重点、分层次、多形式的培训体系，使培训工作经常化、制度化。大力开展继续教育，提高中职教师的整体素质。组织开展社会实践学习考察活动，使教师进一步了解国情、开阔视野，丰富教学素材。

加强校企联动，提升中职教师的职业技能。通过多种渠道加强中职教师的培养和培训工作，切实提高其教学水平、专业实践能力和科研能力，充分调动中职教师专业学习和教学技能训练的积极性。尤其要通过校企合作的方式，提倡教学做一体化的模式，切实提高教师的职业技能和实践教学能力。

（四）优秀中职教师职业素养结构

职业素养是个内涵较为宽泛的概念。在生活中，我们谈论的职业素养侧重于个人素质或者道德修养。在职场中侧重于职业内在的规范和要求，是在职业过程中表现出来的综合品质，包含职业道德、职业技能、职业行为、职业作风和职业意识等方面。

本研究围绕中等职业院校优秀教师的职业素养展开了综合调查，其目的在于揭示优秀教师职业素养的构成、结构特征及成长、发展的某些规律，为培养中职院校师资力量提供有益的参考与借鉴，同时也为师范生培养课程的确定提供一定素材与依据，这是既富有实践意义，又不乏理论价值的调研课题。

1. 现状分析

有关中职院校优秀教师职业素养的调查，是一个新课题，内涵较多，涉及面广，可供参考的资源较少，本研究拟从现有职业素养状况调查入手，探索其形成的过程与影响因素。

本调查主要分两个阶段。第一阶段，进行较大样本（150 人）调查，着重了解中等职业院校优秀教师职业素养的一般情况，为深入研究做准备；第二阶段，在大样本调查的基础上，采用小样本（50 人）深入调查，以细析中等职业院校优秀教师职业素养的结构特征及其成长、发展规律。

从第一阶段的访谈和数据调查结果中看到，这些教师身上存在不少共同的优秀品质如有正确的信念，热爱学生，对工作认真负责，有较强的上进心与成就欲，有较强的教学能力，有较好的言语表达能力，善于与学生交往，自信心强，有创造性，严于律己等。对这些优秀的品质加以整体联系的考察，并从心理学角度分析，我们认为，它所表现的是教师个性的各个方面。预示优秀教师作为一个特殊的教师群体，可能存在一个相应的独特的职业信念结构，而职业信念结构的核心就是个性。

从第二阶段的访谈和数据调查中看到，从整个个性结构来考察优秀教师职业素养，不仅有助于把优秀教师各种品质特点有机地联系起来，全面反映优秀教师的精神面貌，也有助于更好地联系各种品质的相互关系，揭示优秀教师成长和成才的内在机理。

为此，进一步开展第二阶段调查，通过了解小样本优秀教师的职业信念，主要围绕个性结构，如个性构成的主要因素，对中等职业院校优秀教师成长与发展规律做进一步探讨，小样本调查表格见表 1 - 7、表 1 - 8、表 1 - 9。

表 1-7　中等职业院校优秀教师能力系统分布（多选）

单位：%

系统成分 个性能力	问卷项目	（百分比）
需　要	成就欲	48.98
	才能充分发挥	64.27
理　想	渴望自我出色	45.90
	迫切培养更多人才	58.10
信　念	坚信事业意义与教育价值	57.14
	坚持辛勤劳动会有收获	59.16

表 1-8　中等职业院校优秀教师各种特殊能力分布（多选）

单位：%

各种特殊能力	职前（百分比）	职后（百分比）
对教学内容的处理能力	36.41	69.42
运用教学方法与手段能力	32.59	67.28
教学组织与管理能力	41.36	69.08
语言表达能力	44.20	44.90
教学科研能力	40.35	76.71
教育机智	35.11	69.80
与学生交往能力	54.78	68.47

表 1-9　中等职业院校优秀教师性格的态度特征分布（多选）

单位：%

内　容	职前（百分比）	职后（百分比）
非常热爱教育事业	40.12	38.98
非常热爱自己所任教学科	36.05	37.86
对学生满怀爱心	46.12	58.47
对自己的能力充满自信又虚心请教，精益求精	31.42	39.75

2. 研究结论

通过调查，获得不少有益信息，主要体现在以下两个方面。

（1）有关中等职业院校优秀教师成长规律的调查结果分析。

优秀教师作为教师队伍中的排头兵与带头人，构成一个特殊的教师群体，确实具有一个由一系列优良品质组成的独特的个性结构。其基本特点是，它有以教育、教学活动为定向的高度发展、相互联系、彼此促进的三大系统，由强烈的成就欲、崇高的理想和坚定的信念组成的政治方向明确、道德品质高尚、激励作用远大的动力系统；由各种高超的教育和教学能力和"热爱事业、热爱所教学科、热爱学生"教育态度为核心，并与良好的意志品质及气质组成的特征系统；具有良好的自我调控、自我监控、自我完善的调节系统；正是三大系统群体优势的发挥，为优秀教师出色的教书育人工作提供内在的保证与心理基础。

优秀教师的个性结构形成，在各个阶段上的比例不一样。主要集中在职前训练和职后的教育实践活动中，优秀教师高超的教书育人能力，是个性全面发展的结果。

在优秀教师个性发展过程中，中学时代老师、大学期间的学科学习、社会实践，及职后的教研活动、同事影响、自学进修对个性各方面发展的影响更大些。

中等职业学校优秀教师个性是以稳定性为基本特征的，并有一个不断成熟与完善的过程，职后基本成熟往往需要 10~15 年左右的时间，加强职前教育可有效缩短成熟时间。

（2）对培训方面的启示。

调查结果说明，优秀教师的个性结构的完善及大多数特殊能力是在职后形成的。这是因为在这一阶段，他们一边接触教育实践，一边接受各种因素的影响，也就更容易产生积极的作用以优化职业素养。然而完全让教师自发接受各种因素的影响，其作用与效果是十分有限的，如果完全让教师通过自我实践磨炼、借鉴模仿、刻苦钻研形成并完善优良职业素养，其效率是十分低下的，且往往处于自然起伏状态，缺乏各因素协调作用，有鉴于此，我们认为：建立一套完善的培训模式，结合教科研培养优秀教师的特征系统，并以完善教师自我调控系统为重点，优化优秀教师的职业素养结构是可行与有效的。

（五）对职业教育主管职能部门的访谈

本研究对职业教育主管政府机构工作人员和领导等二十余人展开访谈，了解该地区的教师素养问题。提出的建议概括起来如下。

第一，中职教师要具有高尚的职业道德，献身职教、爱岗敬业、认真负责、理论扎实、操作技巧水平高。建议加强职教师资培训（师德、专业）。

第二，适应社会发展要求，有扎实的理论素养、较强的操作能力和团队合作精神。

第三，掌握教学方法与手段，深化教学改革，引导学生培养创新精神，打造品牌专业，紧贴市场需求。

第四，职业学校对于教师的实践能力的需求较高，对其组织活动的能力要求高，其开拓学生视野的能力有待发展。

第五，职技高师院校应及时调整专业知识结构，加大职教师资的师德素质培养力度，培养适应时代发展要求的高素质人才。

四　职教师资素养标准设计的建议

（一）形成过程

在充分研究教育部在 2013 年 9 月颁布的《中等职业学校教师专业标准（试行）》中的有关内容，比较中外职教教师能力标准、中职学生关键能力以及与"职业院校教师素养提高计划"培养资源开发公共包其他的几个项目充分交流之后，对专家访谈以及前期问卷调研收集到的资料进行归类、整理，选取其中具有代表性、普遍性的内容，根据中职教师的特点，从职业教育的原点出发，选择"调查中职学生特点与需求——了解中职教师的工作程序与要求——梳理优秀中职教师胜任能力"的流程，基于中职教师的工作过程，初步形成考察中职教师素养的具有三个维度、40 个项目的职教师资（面向中职教师）素养标准结构框架，如表1－10 所示。

（二）实证依据

1. 教师的职业境界

中职教师的素养现状对教师素养培养提出更高要求——"经师"。所谓经师是指严肃、严谨、严格地对待教育教学工作，做一个不"误人子弟"的合格的教师。经师是把教师职业作为一种谋生的手段。

从吉林地区中职教师素养调查以及对全国职教师资培养培训基地（吉林工师）国培学员素养调查中，了解到中职教师素养还不能达到职业教育的时代要求，具体表现如下。

（1）职业信念不强。教育理念"虚知"，对职教教师的地位与作用认识不明确；自我角色认知不全，缺乏成熟的职业行为规范；为人师表尚显不足，还不能成为中职学生尊重的人生导师。

（2）身心素养不高。教师职业精神整体状况良好、生理健康现状较好，但缺乏健身意识，心理健康也存在隐忧，存在自卑和依附心理，价值取向有自我化、功利化倾向。理智、智慧、情商和人格魅力尚显不足，还不能成为中职学生信赖的情感沟通者。

（3）知识素养不够。知识结构不合理，学科课程过深、过剩、过专，重专业轻基础，重科学轻人文，重学科知识而轻教育理论；知识储量不足，知识面不宽，人文社科等通识知识素养和教育教学知识素养需进一步提高，没能成为中职学生喜欢的学识领航员。

（4）职业技能不足。大多缺乏生产实践经验，教育教学脱离实际；创新意识不够，教学反思与课程开发能力薄弱；教育教学科研能力不如人意；教育管理能力和指导学生发展能力不强，尚不能成为中职学生真正的技能帮扶师。

2. 教师的专业境界

中职教师的工作对教师职业能力提出较高要求——"能师"。

所谓能师，就是具有教育智慧的专家型、研究型的教师。能师要有深厚的专业功底，有独特的教学艺术和风格，有出色的教学效果，有对教育教学的研究和探索，直至著书立说。能师是把教师职业作为一种专业追求。

通过对长春机械工业学校等中职学校的考察，分析中职教师的工作过程，来理清中职教师的职业能力要求。教师不仅应具有坚定的教育信念与良好的师德，还要具有扎实的知识基础与动手操作能力；从教育的目标和能力角度来看，还要具有学会学习、学会工作的方法和学会共处、学会做人的社会能力等综合素养。

3. 教师的事业境界

中职学生的群体特点对教师素养提出很高要求——"人师"。"人师"为陶冶学生性格的导师，不但要有高深的学问，而且要有伟大的人格和高尚的修养。人师以自身人格的魅力塑造学生的人格，以自己的德、才、情给学生以潜移默化、终身受益的影响和感化。这种境界也是教师完善自我、实现自我、超越自我的境界。人师是把教师职业作为一种事业追求与精神享受。

2012 年教育部发布《中国中等职业学校学生发展与就业报告》,报告显示中职学生的高就业率与社会的低认可率形成很大的反差,这缘于中职学生的综合素质并没得到上下的认可。一是知识基础不牢。对吉林地区中职学校一年级新生文化课学习状况的调查发现,69% 的学生没有达到初中二年级数学应有的水平,72.24% 的学生没有达到初中二年级英语水平,许多学生被认为是"学习的失利者"。二是整体素养不高。学生中有一部分属于父母眼中的"问题孩子"和老师眼中的"问题学生"。家庭背景、学习成绩、成长经历等多种原因使处于青春期的学生心理敏感,容易产生自卑感,易受外界干扰,教育难度大。如何帮助学生学好技能、重铸信心、健康发展,形成正确的世界观、人生观、价值观,是中职教师需要面对的责任和挑战。中职教师只有具有多方面的修养才能担负起"传道、授业、解惑"的重任,才能胜任专业教学、职业指导、社会实践等多种形式和环节的教育活动。同时,中职学校的学生具有多样化的心理问题,这就更要求中职教师在知识、能力教育之外,还要具有道德感染、情感熏陶、文化沟通等素养,使职业教育成为这些学生成才的"熔炉"。

（三）基本内容

素养标准的维度构架基于对中职教师的工作和社会角色的分析,因为一名中职教师具有多重社会角色,面向岗位——做一名职教人,具有职业教育理念和师德修养;面向自身——做一个健康人,具有良好的身心素养与成长能力;面向社会——做一个现代人,具有一定的文化素养及关键能力。职教师资基本素养标准见表 1 - 10。

表 1 - 10　职教师资基本素养标准

维度	领域	基本要求
一、职教信念与师德修养	（一）职业理解与认同	1. 贯彻党和国家教育方针政策,遵守职业教育法律法规。（遵纪守法） 2. 理解职业教育工作的意义,把立德树人作为职业教育的根本任务。（职教理解） 3. 认同中等职业学校教师的专业性、独特性和重要性,爱岗敬业,注重自身专业发展。（职业认同）

维度	领域	基本要求
一、职教信念与师德修养	（二）对学生的态度与行为	4. 关爱学生，重视学生身心健康发展，保护学生人身与生命安全。（爱护学生） 5. 尊重学生，维护学生合法权益，平等对待每一个学生，采用正确的方式方法引导和教育学生。（尊重学生） 6. 信任学生，积极创造条件，促进学生的自主发展。（信任学生）
	（三）教育教学态度与行为	7. 重视学生的全面发展，树立育人为本、德育为先、能力为重的理念，将学生的知识学习、技能训练与品德养成相结合。（教书育人） 8. 促进学生职业能力的形成，遵循职业教育规律、技术技能人才成长规律和学生身心发展规律。（遵循规律） 9. 营造勇于探索、积极实践、敢于创新的氛围，培养学生的动手能力、人文素养、规范意识、质量意识和责任意识。（全面发展） 10. 引导学生自主学习、自强自立，养成良好的学习习惯和职业习惯。（自强自立）
	（四）师德修养与行为	11. 富有爱心、责任心，具有让每一个学生都能成为有用之才的坚定信念。（责任意识） 12. 坚持实践导向，身体力行，为人师表，做中教，做中学。（以身作则） 13. 衣着整洁得体，语言规范健康，举止文明礼貌。（文明礼貌） 14. 坚持四项基本原则，践行社会主义核心价值观，具有公民意识。（政治素质） 15. 树立正确的人生观、世界观、价值观，培养奉献、诚信的职业精神。（思想素质）
二、身体素质和心理素养	（五）身体健康与体能	16. 认识体育锻炼的价值，培养体育特长。（体育锻炼） 17. 培养充沛的体能和精力，具有一定的生理适应力，适应中职教师工作强度。（生理适应）
	（六）心理健康与人格	18. 理智清醒地认识自我。（自我觉察） 19. 善于自我调节情绪，保持平和心态，具备一定的冲突管理能力。（情绪调控） 20. 能够调动指挥自己的情绪，使自己走出生命中的低潮，重新出发。（自我激励） 21. 具有良好社会适应性，磨炼意志、逆境求存、应对挫折，具备压力管理能力。（压力管理） 22. 注重人格品质养成，培养勤奋自信、独立自主、正直自律、乐观向上的品质，细心耐心，富有亲和力。（人格品质）

维度	领域	基本要求
三、文化素养与关键能力	（七）文化素养	23. 培养爱国情感，树立民族自信，形成为实现中华民族伟大复兴的中国梦而不懈努力的共同理想追求。（爱国） 24. 培育集体主义精神和生态文明意识，形成乐于奉献、热心公益慈善的良好风尚。（处世） 25. 自觉弘扬中华民族优秀道德思想，形成良好的道德品质和行为习惯。（修身） 26. 学习相应的人文社会科学和自然科学知识，具有一定的艺术欣赏与表现能力，培养自己的文艺特长。（通识知识） 27. 了解中国经济、社会及教育发展的基本情况。（认知社会） 28. 具有全球视野，能够理解不同的文化。（全球视野）
	（八）关键能力	29. 具有阅读理解能力，培养文字写作能力和语言表达能力。（表达写作） 30. 具有外语运用能力，能够进行必要的国际交流与合作。（外语运用） 31. 能够主动地感受他人的需求，认知他人的情绪。（认知他人） 32. 能够与企业、社区、学校进行职场沟通与交流，培养与同事、学生及家长沟通合作的能力，共同发展。（社会交流） 33. 掌握职业生涯规划与管理的技能，能够为学生提供职业发展指导，指导学生就业与创业。（生涯管理） 34. 能够为学生提供学习和生活方面的心理疏导。（心理疏导） 35. 树立终身学习理念，培养自学能力，养成负责的学习态度和习惯。（自我学习） 36. 培养解决问题和应变的能力，培养组织和执行任务的能力。（解决问题） 37. 具有科学精神，培养创新意识和创造性思维。（创新创造） 38. 培养适应教育现代化的信息技术知识与应用能力，能够应用科技成果。（应用技术） 39. 具有搜集、分析、处理意见和信息的能力。（信息处理） 40. 具有逻辑思维与数字应用能力，能够采集与解读数据、数字运算、结果展示和应用。（数字应用）

第二章
职教师资素养培养方案研究

根据前期研究成果"职教师资素养标准"以及 2013 年教育部颁布的《中等职业学校教师专业标准（试行)》的要求，在多部门的通力配合下，分别从课堂教学（第一课堂）职教师资素养培养状况、校园文化和社会实践活动（第二、三课堂）职教师资素养培养状况以及"信念与师德修养"、"身心培养与成长"、"文化素养与关键能力"等课程群开发方面展开研究活动。

一 职教师资素养培养比较研究

（一）课堂教学（第一课堂）素养培养相关研究

本研究主要通过 ERIC 文献库、联合国职业技术教育与培训中心（UNESCO – UNEVOC)、国际职业教育创新与专业发展（UNIP)、跨国职教教师培训发展（TT – TVET)、欧洲教师教育联盟（ATEE)等网站，搜索关于国际职教师资培养的研究资料，整理分析如下。

欧盟职业培训发展中心（European Centre for the Development of Vocational Training) 的《职业教育专业人员的能力框架》（Competence Framework for VET Professions) 以从业人员手册的形式对职教师资队伍的能力规定、入职培训，以及质量保障方面进行了论述。其 2010 年出版的《公司内实训人员的专业发展机会》（Professional Development Opportunities for In – Company Trainers) 中针对高中阶段的实训人员的资格规定、教育课程以及能力要求等进行全面介绍。

欧洲职业培训发展中心 2002 年出版的《教师及实训人员的能力和专业资格认定》（Validation of Competence and the professionalization of Teachers and Trainers) 中阿克斯胡斯大学学院教授埃伦·布杰克尼斯（Ellen

Bjerknes）的一篇关于挪威的《挪威职教教师的能力资格认定》（Accreditation of vocational teachers' competences in Norway）一文对挪威职教教师的发展历程进行了简单回顾，指出学习过程需遵循的基本原则及主要学习领域，并以阿克斯胡斯大学为例，按照课程实施的先后顺序分析了职教教师教育的主要学习任务及课程开展方式，并列举了挪威国家教育部对专业化能力不足的标准的规定条例。

欧洲培训基地（European Training Foundation）的 2005 年年报《职业教育与培训改革中的教师和实训专业人员及管理人员》（Teachers and Trainers Professionals and Stakeholders in the Reform of Vocational Education and Training）中强调欧盟国家要加强职教教师的理论知识向实践转化的能力，强调职教教师教育与国际接轨。Eurydice 网站的《欧洲教育与培训体系的结构：挪威》（Structures of Education and Training Systems in Europe：Norway）中对高中阶段以及第三阶段的职业教育的教师教育模式、入学要求等进行了描述分析。

国际教育对职教教师教育课程的关注。联合国教科文组织于 2004 年 1 月在德国汉堡召开会议，提议建立国际职教师资硕士课程框架。同年 11 月在杭州召开"联合国教科文组织职业教育教师培养创新创优国际会议"，讨论并通过了"国际职业教育教师师资硕士课程框架"，作为全球范围内硕士学历层次职业教育教师培养的统一基本质量要求，并同意建立联合国国际职业教育创新与专业发展网络平台 UNIP，组织召开国际会议，在网上发表论坛论文，以继续完善和实施硕士教育框架。2006 年 2 月在挪威首都奥斯陆召开国际会议讨论职教师资硕士课程框架在欧洲的实施。职业教育教师教育开始更多地关注从课程层面对教师各种能力的培养，尤其强调对教师的职业专门化和跨学科发展、学习领域的课程开发和职业科学等微观层面的研究。如利勒斯特罗姆（Lillestrom）指出职业科学专业的划分是职教师资硕士课程框架的核心结构，乔吉姆·迪特里希（Joachim Dittrich）提出对职业科学专业的划分要具有开放性和动态意识，要主动关注职业科学的发展与社会经济的发展相适应等。

综上，通过对相关文献的整理分析得出国际职业教育教师的培养具有以下三个方面的特征。

1. 国际职教教师的培养强调职业教育与人力资源的关系

菲利普·戈尔曼（Philip Grollmann）指出全球约 2/3 的合格劳动力相

当于中等职业教育水平，职业教育与培训和人力资源管理被认为是21世纪培养专业劳动者的关键。世界经济科技的发展，要求职业教育培养更多的，具备高素质和专业技能的劳动者，因而要求职业教育教师要更紧密地跟随社会形势，更专业化和跨学科化，并且要有不断创新的精神，不仅在学习深度上要专业化，同时学习宽度上也要求广泛性。要求教师将学术性、专业化和创新精神在教学过程中融合。巴里·霍巴特（Barry Hobart）指出根据人力资源理论，教师/培训师的创新是社会经济不断提高生产力的不可缺少的动力。

2. 职教教师教育课程学习领域的拓展

对教师的培养必须考虑到诸如人口增长与城市化进程的加快、科技创新与劳动力市场的转变、劳动人口的国际化等因素，从而要求职教教师的角色不断转变，教师不再只是信息的传递者，更是课程的设计者、学生的咨询师、教育及资源的管理者、多媒体的操作者，以及职业实践人员。国际上关于职前职教教师的专业化能力的培养主要集中于以下四个领域的课程学习。

（1）职业领域的知识及其相关课程的学习。如对该职业发展进程的学习与评价，分析本地劳动力市场的能力的培养等。

（2）专业工作过程的分析、设计和组织能力的培养。职业学科中这一领域的学习尤为重要。

（3）职业教育过程的学习。

（4）对培训实践课程的分析、设计与评价。

3. 对职教教师的培养更注重在微观层面的行动及其研究

国际有关研究在步入21世纪以后，尤其是在2004年以后开始在全球范围内关注职教教师教育的课程，强调培养职教教师有别于培养普通教师的特殊性，加强教师属性与专业属性之间的联系与融合。对教师不仅要培养其理论素养，更注重培养其实践能力，以及培养其对课程计划的控制能力。

（二）文化实践活动（第二、三课堂）培养课程体系开发状况的相关研究

1. 国内文化实践活动（第二、三课堂）培养课程体系开发状况的相关研究

首先，在以校园文化与实践活动为载体的情况下，国内职业院校师资素养培养缺乏系统的理论支持。国内职业院校第二、三课堂因其特有的作用和地位被传统划归为思想阵地，容易与学校的教学中心脱离，被学校育人系统边缘化。长期以来，国内职业院校第二、三课堂活动仅仅以德育学科为理论基础，虽然德育学科理论在不断地丰富完善，思想政治教育也取得了显著的成绩，但第二、三课堂在"纯粹"的德育面孔下存在影响力弱、时效性差、投入多产出少等问题，这造成第二、三课堂定位不准确，没有与第一课堂有效衔接。

其次，培养体系内容随意化，缺乏统一的指导性的书籍。课程是学生认识客观世界和建构人格的重要教育中介，目前的第二、三课堂在系统化的背景下进行建设，要求培养系统内容与各类活动相结合，学生必须参与到第二、三课堂活动中。这让广大师生形成了一个误区，即活动越多培养体系的建设就越好，学校、院系、班级、社团、个人都在绞尽脑汁地设计和开展"丰富多彩"的活动，产生了大量与培养体系的培养目标不相吻合、质量低下的活动，降低了学生对第二、三课堂活动的参与积极性。这种情况的出现与国内职业院校长期缺乏统一的指导性的培养体系密切相关。只有在科学与统一的培养目标的指导下，职业院校的第二、三课堂活动才能够更紧密地贴近职业教育的第一课堂教学内容，有针对性地将第一课堂教育教学继续深化和加强，从而形成第一、二、三课堂的良性循环和可持续发展。

再次，培养体系内容表层化，仅停留在摸索阶段。国内职业院校第二、三课堂通过长期的建设和发展，其内容、功能和效果虽然已经有较大改进和完善，学生逐渐在第二、三课堂活动的策划、组织和实施过程中担当主角，主体地位有所突出，但仍然缺乏有效的指导，第二、三课堂往往停留在自娱自乐和各自为政的层面。培养体系的培养内容停留在表层，没有深入地与第一课堂相互联系，对于培养体系的研究还停留在摸索阶段，相关的理论研究还不够充足。

最后，培养体系的评价机制主观化。目前的第二、三课堂在课程化实施过程中虎头蛇尾的现象较为突出，在培养体系的策划、实施过程中花费大量的物力，尽量保证培养体系的顺利实施，但大多数情况下培养体系以活动为载体，活动的结束标志着培养环节完成，往往最后仅凭着个人感觉或者相关影响力对培养体系有一个感性的评价，至于对培养体系的影响范围和力度，对学生个体素养能力提高的程度等方面研究则不够重视，对培养体系的评价机制缺乏合理科学的评价主体、评价内容和评价标准。

2. 国外文化实践活动（第二、三课堂）培养课程体系开发状况的相关研究

世界上许多发达国家在第二、三课堂育人培养方面具有悠久的历史，积累了丰富的研究经验，形成了各自鲜明的培养特色和传统，更以第二、三课堂为活动载体促进了职业教育学生素养培养的不断深化和提高，总结这些国家职业教育办学经验和职教师资培养特色，从中汲取经验，融会贯通，能够进一步促进我国职教第二、三课堂的建设和发展。

（1）美国

在美国各州的课程标准中，没有统一的"第二、三课堂"课程，但各州都设计了具体的、不同类型的综合实践性活动的课程。以校园文化和社会实践活动为载体的美国职业教育素养培养更加尊重学生校园文化活动的主体地位，更加注重大学多元文化的交叉与融合，及更加强调和重视对学生创新和实践能力的培养。其培养体系主要涵盖内容如下。

自然与社会研究（Studies of science，Technology and Society，即STS）。"科学、技术、社会"是美国具有综合性和实践性的课程，它包括自然研究与社会研究两大方面。因而这种课程包含"自然探究"、"社会科"或"社会学习"等方面。社会研究或社会科的基本学习活动方式是主题探究式的，从自然现象、社会经济、政治、文化、环境、职业等领域确定不同的主题，通过调查研究和问题研讨的方式来进行学习，一方面使学生获得探究能力，另一方面，增强学生的探究能力、科学精神，以及社会责任感和综合的社会实践能力。社会研究类的综合实践活动课从主题设计，到学习活动方式，都具有强烈的研究性和反思性实践的特征。

设计学习（Project or Design Learning，简称PDL）。这种课程是一种应用性学习的课程，与课题的研究性学习相比较，设计学习更强调学生的自主设计和实践操作，如综合艺术设计、应用设计、产品设计、活动设计等等，强调对学生生活中的现实问题的解决。

社会参与性学习（social participating learning）。社会参与性学习的重点在于参与社会生活领域，接触社会现实，注重开展各种社会参与性的活动，如社区服务（包括参与养老院活动、社会公益性活动等）、社会调查、考察与访问（包括访问政府首脑或地方政府官员等）。

（2）英国

英国现代职业教育培养体系起步于 20 世纪 70 年代。在英国政府和社会教育机构的大力推动下，到 21 世纪初，英国职业教育一改其落后面貌，形成了被国际职业教育界推崇的现代职业教育体系。这一体系已经成为帮助英国提升技术创新能力、国际竞争力的重要推动力量。丘吉尔政府颁布的《1944 年教育法案》成为英国职业教育的基本法，确立了英国三轨制的教育体系，将中学教育分为文法中学、技术中学和现代中学三类，这是英国政府第一次明确职业教育是教育体系的重要组成部分。如今，英国现代职业教育体系中的国家职业认证制和现代学徒制成为我国现代职业教育改革中被广泛借鉴的成功经验。英国现代职业教育培养体系由四个主要部分构成，包括完善的法律保障体系、高效实用的现代学徒制教育体系（Modern Apprenticeship）、遍布全国的职业教育中心（Centres of Vocational Excellence）和先进的国家职业资格认证体系（NVQs & GNVQs）。

在现代职业教育培养体系下的英国，非常重视具有民族传统特性的校园文化与社会实践活动等对学生素养培养的影响。例如，英国著名的牛津大学以其导师制、学院制和师生讨论、学生俱乐部、体育活动、节目仪式等文化传统，培养了一代又一代富有自学能力、独立思考精神、自我负责精神与人格全面发展的学者。英国职业技术学院在传授学生等级技能的同时，也将一些基本技能纳入了全国性职业教育培养的框架之内，如学生的社会交往能力、数字应用技能、技术处理能力、独立分析和解决问题能力、学生自觉学习和自我表现的能力、与人合作能力等等。

（3）德国

说到德国的职业教育素养培养，不得不提它的"双元制"职业教育模式。这是一种针对中学毕业生的社会实践活动模式，由企业和学校合作开展，为期 3 年或 3 年半。根据要求，学生除在校学习外，还要到企业接受相应的实践技能培训，保证他们在就业之前就具有相应的技术水平和职业素养。职业教育期满后，同一行业的学生参加由德国工商协会组织的全德统一资格考试，考试合格即可获得德国各州均承认的证书。在德国工商协会的官方网站上可查到不同地区、不同行业历年的考试成绩，为企业挑选人才提供参考。而德国企业也同样参与高校教育，不仅指导高等职业学校的整个实践教学过程，对教学成果进行评价和考核，还为实践教学提供经费等。

（4）日本

第一，重视实践活动。日本特别重视培养学生的创新精神、人生实践能力和科学创造能力。日本开展的"体验性教育"、"学社融合计划"，为素质教育实施开辟了新的途径。这种"体验性教育"，一是要求学生承担一定的家务劳动；二是要求学生定期参加社会公益劳动或简单的生产劳动；三是让学生"上山下乡"，安排学生到生活条件差的岛屿、农村等边远的地方去劳动锻炼，接受劳动教育及集体主义、民情民俗、热爱大自然的教育；四是通过组织学生在大自然环境中过有规律的集体住宿生活，使其获得平时在学校生活中无法得到的某种体验。

"学社融合计划"，旨在重组、调和学校和社会教育各自应负的责任，创建有利于青少年身心健康、个性教育、创新精神和实践能力发展的教育环境。各地开展的野外教育活动有冒险计划、环境学习计划、科学学习计划、区域文化学习计划、恢复精神计划、身心健康计划等，内容丰富多彩。这些活动为培养学生的创新精神、增强实践的能力开辟了一条全新的途径。

第二，同类院校活动。日本高职教育专门开设特别教育讲座以达到陶冶学生情操、扩大学生视野的目的。日本产业技术短期大学为了陶冶学生情操，努力培养学员成为自我创造精神饱满、富有研究心而且视野开阔、富有教养的社会成员。各类讲座的目的有，通过社会科学、人文科学等有关讲座，增强学员社会观念，培养遵守公共秩序的优良习俗；通过文学、美术、音乐等讲座进行情操教育；通过人际关系、劳资关系讲座，培养一线管理人员的气质；通过国际关系讲座，培养国际意识；通过小组讲座与学生自治会活动，培养创造性见解及协调性、指导性；通过保健卫生讲座及体育比赛，培养学员健康的身心与开朗的性格等。

二　中国职教师资素养培养现状研究

（一）课堂教学（第一课堂）素养培养开展状况

本研究对我国八所长期从事职业技术师范本科教育的院校进行了

实地走访和调研，对其人才培养模式和素养培养课程设置情况进行了系统梳理和比较。我国职业技术师范教育院校的人才培养模式如表 2 - 1 所示。

表 2 - 1　我国职业技术师范教育院校的人才培养模式

国内同类院校	培养模式
天津职业技术师范大学	实行"双证书"制，培养"一体化"职教师资的人才培养新模式，始终秉承"动手脑、全面发展"的办学理念，坚持为全国培养高素质职教师资的办学定位
河北科技师范学院	以"敏学　修身　乐业　创新"为校训，致力于培养大学生综合素质和创新精神
广东技术师范学院	以"面向职教，服务职教，引领职教"为办学定位，致力于培养高素质职教师资和应用型高级专门人才
江西科技师范大学	始终坚持服务职教的办学方向，创新职教师资培养模式，形成了立足江西、面向全国、培养职教师资的鲜明办学特色
江苏理工学院（原江苏技术师范学院）	按照"做强做特应用型人才培养，做精做优职教师资培养培训"的办学思路，着力培养适应经济社会发展需要的应用型高级专门人才和既能从事理论教学，又能从事实践教学的"双能型"职教师资
安徽科技学院	形成了"知识结构优、实践能力强、敬业精神强、创新创业意识强"的"一优三强"人才培养特色
河南科技学院	突出实践性教学环节，创造性构建了在全国颇具影响的"双师型素质、双基地建设、双技能训练、双证书制度"的"四双"工程人才培养模式，实施了职教师资培养的"双岗实习、置换培训"实习新模式，开展了"专业 + 专项 + 专证"和"学科 + 专业 + 基地 + 公司 + 农户（企业）"的人才培养模式创新实践
吉林工程技术师范学院	形成了职技高师教育、高等工程教育、高等技术教育"三位一体"，职教教师培养与培训"双重支撑"的办学格局。在办学属性上，坚持学术性、职业性和师范性的"三性"统一；在办学特色上，打造"双师"型师资队伍，培养"双师"型人才，突出创新能力与实际操作能力的培养与训练，使学生既有师能又有技能

我国职业技术师范教育院校职教师资素养培养课程设置情况如表 2 - 2 所示。

由上述调查分析发现，目前我国大学生职教师资素养培养主要存在三个方面的问题。

表 2 - 2   我国职业技术师范教育院校职教师资素养培养课程设置情况

国内同类院校	理论教学	实践教学
天津职业技术师范大学	思想道德修养与法律基础 毛泽东思想和中国特色社会主义理论体系概论 形势与政策 当代国际关系 马克思主义基本原理 中国近代史纲要 就业指导 职业生涯与规划	职业技能训练 大学生创新培养行动计划 各种设计、实探活动 军事训练 思想政治理论课实践 专业实习 社会实践 公益劳动
河北科技师范学院	马克思主义基本原理 思想道德修养与法律基础 毛泽东思想和中国特色社会主义理论体系概论 形势与政策 中国近代史纲要 人文社科类选修课 自然科学类选修课 职业生涯准备与规划 创业与就业指导	革命传统教育 马克思主义世界观教育 社会主义荣辱观教育 国情教育 认识实习 毕业教育 普通话 专业技能训练 科研技能训练
广东技术师范学院	思想道德修养与法律基础 马克思主义基本原理 中国近代史纲要 毛泽东思想和中国特色社会主义理论体系概论 形势与政策 就业指导 职业生涯与规划 大学生心理健康教育 教师口语技能	军事教育 公益劳动 实训 技能考证 教师教学技能实训 社会实践（假期进行） 教师教学技能实训 三笔字训练
江西科技师范大学	形势政策 省情教育 马克思主义基本原理 思想道德修养与法律基础 中国近现代史纲要 毛泽东思想和中国特色社会主义理论体系概论	军事训练 入学教育 教育调研 科研技能训练 数据库系统设计 网络实验

续表

国内同类院校	理论教学	实践教学
江西科技师范大学	创新创业教育概论 就业指导 学业指导	创新创业实践 教学技能实训 毕业教育
江苏理工学院（原江苏技术师范学院）	马克思主义基本原理 思想道德修养与法律基础 中国近现代史纲要 毛泽东思想和中国特色社会主义理论体系概论 教师口语技能 教师教学技能实训 三笔字训练	教师教学技能实训 社会实践（假期进行） 教育实习 军事教育 公益劳动
安徽科技学院	中国近现代史纲要 思想道德修养与法律基础 马克思主义基本原理 毛泽东思想和中国特色社会主义理论体系概论 思想道德修养与法律基础 马克思主义基本原理 形势与政策 个性化拓展课程模块	社会实践等 入学教育 军训 公益劳动
河南科技学院	思想道德修养与法律基础 马克思主义基本原理 中国近代史纲要 形势与政策 毛泽东思想和中国特色社会主义理论体系概论 多媒体课件制作	信息化教学设计 网络教学资源的获取 教学素材处理 多媒体 CAI 课件制作 军事教育 公益劳动
吉林工程技术师范学院	职业生涯规划 创业基础 企业文化与 CI 策划 行业调研与工作分析 SYB（创办你的企业）培训 教育测量与评价 思想道德修养与法律基础 马克思主义基本原理	思想政治理论课实践 创业基础实践 认识实习 社会实践 公益劳动 技能培训及职业资格证书 学术成果 科学研究

国内同类院校	理论教学	实践教学
吉林工程技术师范学院	中国近代史纲要 形势与政策 毛泽东思想和中国特色社会主义理论体系概论	优秀论文 微格实习

1. 职教师资素养偏重于专项培养，综合培养略显不足

为提升大学生职教师资素养，一些学者仁者见仁，一些高校也在实践中采纳了一些意见。概括起来主要有以下几种培养途径：①成立相关的职能部门协助大学生职教师资素养的培养，如以就业指导部门为基础成立大学生职业发展中心，并开设相应的课程，及时向大学生提供职业生涯规划指导、相应的职业能力与应聘技巧的培训。②增加大学生实践教学环节。应届本科毕业生的实践教学时间原则上不少于 1 年。各高校各专业也都根据本专业的实际情况设置了相应的实践环节。如实验、生产实习、社会调查、教育实习、微格教学毕业实习、毕业设计、社会实践活动等。目前，社会各界都基本达成共识，认为实践教学环节是培养大学生动手能力和相应工作经验的主要途径，通过有组织、有计划、有目的地引导大学生深入实际、深入中职学校，提高其全面素质和能力。③采用校－校合作的形式。校－校合作是指高校与中职学校的合作关系。高校与中职学校加强在教学实践与人才培养方面的合作，双方互相支持、互相渗透、双向介入、优势互补、资源互用、利益共享，既能发挥学校和中职学校的各自优势，又能共同培养社会与市场需要的职教师资，是高校与中职学校双赢的模式之一。

以上几种途径都是一种专项培养模式，即在培养内容上偏重教师技能与相应的职业体验。职教师资素养的内在含义表明它是一种综合素养，不能简单地通过职业技能培训获得。

2. 职教师资素养培养偏重于显性职业素养，隐性素养培养略显不足

职教师资素养培养偏教师技能等显性职业素养培养，教育信念与责任等隐性素养培养略显不足。职教师资素养由显性职教师资素养和隐性职教师资素养共同构成。"素质冰山"理论认为，个体的素质就像水中漂浮的一座冰山，"水上部分"的知识、技能仅仅代表表层的特征，不能区分绩效优劣；"水下部分"的动机、特质、态度、责任心才是决定人行为的关键因素，可以鉴别绩效优秀者和一般者。职教师资的素养也可以看成一座冰山：冰山浮在水面以上的只有八分之一，代表大学生的形象、资质、知识和教师技能等方面，是人们看得见的、显性的职教师资素养，这些可以通过各种学历证书、职业证书来证明，或者通过专业考试来验证。而冰山隐藏在水面以下的部分占整体的八分之七，代表职教师资的职业意识、职业道德、职业作风和职业态度等方面，是人们看不见的、隐性的职教师资素养。由此可见，大部分的职教师资素养是看不见的，但正是这八分之七的隐性职教师资素养决定、支撑着外在的显性素养。显性师资素养是隐性师资素养的外在表现。在职教师资素养培养中，往往由于显性素质的培养易于考核和体现，且受实用主义和社会风气等影响，人们往往注重显性职教师资素养培养的投入，相反，对隐藏在水下部分的职业意识、职业道德、职业作风和职业态度等则相对忽视。

3. 职教师资素养培养目标偏重于就业率提升，对教育整体价值的关注略显不足

政府、高校、社会性各层面对职教师资素养培养的广泛关注主要源于大学生就业难。因此普通本科阶段的教育模式和培养目标要重新定位，从"精英化"理论研究型人才的培养向"大众化"应用实践性人才转变。很多大学生参加过相关职业培训后，专业技能和职业素养有了很大的提高，这大大提高了应届毕业生的就业率。从高等教育的终极价值来说，教育不能把受教育者仅仅作为手段和有用的工具来培养，而首先必须把他们作为一个完整而内在丰富的职业人来培养。

（二）校园文化与社会实践活动（第二、三课堂）开展状况

在党和政府的重视下，校园文化建设得到全面深入的发展。文化素质教育得以大力推进，扩大了其覆盖面和影响力。高校校园文化建设更加注重营造浓厚的人文氛围。根据《中共中央国务院关于进一步加强和改进大学生思想政治教育的意见》（简称"16号文件"）提出的"贴近实际、贴近生活、贴近学生"的原则，高校校园文化和社会实践从硬件和软件两方面全方位推进着。积极开展各种校园文化和社会实践活动，一方面要关注社会，积极参与各种社会活动，让学生在活动中了解、认识社会，组织大学生积极参与文化科技卫生"三下乡"，科教、文体、法律、卫生"四进社区"活动，并把它们作为大学生参加社会实践的有效载体，鼓励大学生

利用寒暑假等时间开展"三下乡"和"四进社区"活动，锻炼自己的能力，提升自身的素质。另一方面要关注大学生自身。针对大学生面临的学习、就业、经济、情感等压力普遍大、心理矛盾突出的问题，从解决他们的实际问题着手，联合社会力量，采取措施，开展扶贫济困、就业指导、勤工助学、心理咨询等活动，给予学生人文关怀。同时要大力鼓励学生社团的发展，通过学生会、团委、爱心社等社团组织，引导学生在各种社团活动中，学会自行管理、自我教育、自我发展，从而发挥其主体性的作用。目前第二、三课堂基本覆盖了学校的整个教学过程，服务于绝大部分的学生。丰富的教学资源与有趣的课程吸引着大多数学生，使他们对于第二、三课堂具有强烈的需求意识。

国内职业教育师范院校具有良好的校园环境，校区建设设备齐整、功能完善，各学校注重人文素养培养。在文化实践活动上，已形成较为完备的组织机制。第二、三课堂都形成了由主管校领导牵头、相关部门参加的组织机制，指导和协调第二、三课堂的开展。这种做法为确保第二、三课堂教育顺利进行起到了重要的组织保证作用。

各高校基本从思想政治与道德素养、文化艺术与身心发展、学术科技与创新就业、社团活动与社会工作、社会实践与志愿服务、技能培训与其他六大模块开展第二、三课堂，能够将拓展训练与创新活动放在第二、三课堂的突出位置，发挥了第二、三课堂良好的育人功能。依托学生社团，发挥其组织活动快捷、容易的优势，开展文化讲座、创新教育系列讲座、技能培训、实践锻炼、设计竞赛、观摩欣赏等活动（见表2-3至表2-10）。

对八所从事职技师范教育院校的学生、教师展开问卷调查（发放问卷800份，收回789份，收回率98.6%），并对高校的管理干部展开访谈，通过比较各校第二、三课堂的开展情况，认为主要存在以下问题。

1. 各类活动比例不均衡

学校在第二、三课堂开展文化实践活动时，都会组织六大类别的活动，一类是思想政治与道德素养，二类是文化艺术与身心发展，三类是学术科技与创新创业，四类是社团活动与社会工作，五类是社会实践与志愿服务，六类是技能培训与其他。第一、二、四、五类活动能够占学校校园文化实践活动的一半以上，而三、六类活动明显不足。而培养大学生创新精神正是国家对职业教育的期望和要求，特别是中职学校对能够熟练掌握前沿技术的人才求贤若渴。另外，身心发展对学生人格发展至关重要，近年频繁的不良事件很大程度上是由心理问题引发的。因此必须补齐短板，加大学术科技、创新创业、技能培训、身心发展类活动的力度。

表2－3　天津职业技术师范大学"第二、三课堂"活动情况

活动类别	活动名称	活动功能
思想政治与道德素养	廉政话剧《巧遇阳台》；"中国梦·我的梦"诗歌朗诵演讲比赛；毕业季系列活动〔1. 传唱我校《毕业歌（2013版）》；2. 评选"最喜爱的老师"；3. 举办未就业毕业生专场招聘会；4. 我们一起"话精彩、说遗憾"；5. 征集"致青春"毕业影像；6. 招募、选聘"校友联络大使"；7. 为"学无涯"爱心助学书屋捐赠图书；8. 给未来的"新舍友"留封信；9. "毕业季"专题广播；10. 毕业生座谈会；11. 欢送毕业生大型文艺晚会；12. 欢送赴西部、基层就业毕业生；13. 举行庄重热烈的毕业典礼；14. "留下一间整洁宿舍"活动〕；大学生感恩、诚信、励志教育系列活动（1. "诚信、感恩、励志"主题宣传短语征集；2. "继承先烈遗志、无悔青春誓言"烈士陵园祭扫；3. "感恩于心、诚信于行、励志成才"微电影展播展评；4. "心怀感恩、励志成才"征文评选；5. 毕业生助学贷款诚信还款推动会；6. 第二届"自强楷模"大学生年度人物评选；7. "寄语青春、放飞希望"家长寄语；8. "弘扬美德、至诚你我"学院主题实践）；情系雅安地震救灾活动；烈士陵园祭扫活动；光盘倡议；手机报；"强素质、塑形象、秀风采"系列活动；微博大赛	加强廉洁文化建设、学风建设、道德文化建设，促进良好的校园风气形成，提高大学生思想道德水平
文化艺术与身心发展	阳光体育冬季长跑；安全月活动；"防灾减灾"系列活动；田径运动会；女子足球赛；女生节；关爱女生系列讲座；大学生心理文化节（心理健康图片展、青春祈愿、心灵快递、心理大讲堂、心理沙龙、心理剧大赛等）；读书节系列活动（二手书资源分享、cnki进校园、"高雅艺术进校园"之歌剧电影赏析）；校园实景版昆曲《牡丹亭·游园惊梦》；模拟联合国大会	聘请名师启发学生人生思考，培养学生拼搏精神和意志品质，提高了处置突发火灾事件能力。加强校园心理文化建设
学术科技与创新创业	天职十大讲堂；聘请客座教授做学术报告；"新伟祥"科技节（科技作品展、机器人大赛、十大科技精英评选）；企业经营模拟大赛；网络新媒体文化节；举办了"高等学校工程训练中心师资专场招聘会"；泰达企业专场招聘会；贵州省中高等职业院校专业教师招聘专场；春季专场招聘会；二级分院开展座谈会、讲座、招聘会；校友联络大使聘任会；"中国梦·成功梦"杰出校友论坛；校友杯大学生创业大赛；"创新杯"电子设计竞赛	引导学生确立清晰的职业生涯规划，全面提高创业就业技能水平，培养、发觉创新型、实用型、复合型人才。广泛联系校友及企业，增加就业机会

续表

活动类别	活动名称	活动功能
社团活动与社会工作	大学生艺术团舞蹈专场"舞动的梦想";春晖助学团爱心助学;"衣衣情深"爱心超市为自闭症患儿捐物、户外超市活动、为藏族林芝地区贫困藏民捐衣物;艺术团参加天津市文艺展演、天津市学生舞蹈艺术节;北斗星校园网站负责信息工作;十佳社团评选;社团文化节	社团活动展示了大学生风采与魅力,爱心支教,爱心奉献,回馈社会,传递正能量
社会实践与志愿服务	组织博士研究生到天津滨海新区实地调研;举办勤工助学招聘会;义务植树;开通"8890"学生服务热线,组织学生服务热线接线志愿者,参观天津市"8890"家庭服务网络中心	走出课堂到实践中去学习
技能培训与其他	技能展示月系列活动(教师基本功大赛、书法大赛);大学生英语演讲竞赛;卓越师资班首届"卓越杯"规范字书写大赛;首届免费师范生师范技能提升系列活动(师范技能提升大讲堂、"我的家乡美"风采展示大赛、"书我风华"硬笔书法大赛、"我的教师梦"主题演讲比赛四项内容);五四表彰;十佳大学生、十佳团员和"十大优秀团支部标兵"的评选活动	锻炼学生专业技能,加强师范技能训练,具备较高的竞技水平和团队协作意识

表 2-4　河北科技师范学院"第二、三课堂"活动情况

活动类别	活动名称	活动功能
思想政治与道德素养	"爱祖国,颂党恩"主题征文;精品团日活动公开答辩会;毛泽东诗词鉴赏会;学生规章制度知识竞赛;建立校园文明督导;"美丽中国梦,多彩国庆节"师生书画、摄影作品展;"七·一"表彰暨大讨论活动总结大会;"真情杯"无偿献血知识竞赛;校级学生干部专题培训班;五四表彰大会暨团校团干部培训班;"我的中国梦"主题演讲比赛;"心系雅安,科师在行动"	深化"中国梦",创建文明的校园文化
文化艺术与身心发展	校园达人秀;国旗护卫队成立仪式暨纪念"一二·九"运动万米接力长跑活动;纪念毛泽东诞辰120周年文艺演出活动;"高雅艺术进校园"活动;篮球赛;学生体质工作健康测试;"倡导网络文明新风"活动;"金话筒"主持人大赛暨大学生艺术团主持人选拔赛;"节能减排,让校园美好,让世界微笑"活动;纪念《在延安文艺座谈会上的讲话》发表71周年艺术交流音乐会;春季田径运动会	发挥艺术教育的作用,令职教生强健体魄,培养坚强意志
学术科技与创新创业	学术讲座;"启明星万名大学生就业能力提升计划"培训班;校园招聘会;"求职精英模拟招聘会";"青春大讲堂"创业面对面讲座;大学生创业先锋培训班	提升学生就业能力,实现大学生高质量就业

活动类别	活动名称	活动功能
社团活动与社会工作	社团文化节；参加河北省大学生艺术展演；向驻村帮扶南董庄村捐建文化广场	展示青春风采，爱心奉献
社会实践与志愿服务	"三下乡"表彰大会；驻村帮扶南董庄村义务支教和社会实践调查；成立大学生旅游服务社会实践中心寒假社会实践活动；大学生志愿服务西部志愿者欢送会	提高大学生的综合素质和社会竞争力
技能培训与其他	职业素质大讲堂系列讲座；"启梦科师——英语周"；消防安全知识巡讲活动	提高专业技能

表 2-5 河南科技学院"第二、三课堂"活动情况

活动类别	活动名称	活动功能
思想政治与道德素养	"喜迎党代会 再创新辉煌"书画展；国家奖学金助学贷款发放仪式暨表彰大会；"诚信校园行"辩论赛；"道德讲堂"活动；新生升国旗仪式；新生入学教育活动；开展贷款毕业生家访活动；"我的中国梦"主题演讲比赛；开展"我们的节日——清明节"活动	加强诚信教育，培养良好精神风貌
文化艺术与身心发展	"情暖寒冬日，温馨冬至节"包饺子活动；学生冬季长跑比赛；"喜迎党代会 青春跟党走"大学生文化艺术月作品展；校园安全知识讲座；"美丽校园"摄影大赛；吉尼斯挑战赛；"青春之约"校园歌手大赛活动；"描绘青春、勾画梦想"校园涂鸦大赛；"喜迎党代会，共谋'心'发展"心理情景剧比赛；以"放飞梦想，伴你成长"为主题的大型心理健康教育主题宣传活动（活动内容包括现场心理咨询与测量、心理图书杂志展览、沙盘游戏、房树人绘画、小丑哈哈镜展等）；"我的青春梦想"诗歌朗诵大赛；"我爱我家"宿舍内务技能大赛；"传递正能量 唱响中国梦"合唱比赛；大学生篮球赛和啦啦操比赛；迎新晚会；"我们的节日·中秋节"主题系列活动；新生安全教育；开展系列活动欢送毕业生；春季田径运动会；开展"创建美丽校园，争做文明学生"文明礼貌月活动；校园安全意识教育（"消除结核 远离艾滋"）	弘扬传统文化，促进大学生德、智、体、美全面发展，丰富了学生的校园生活，展现了大学生的青春风采
学术科技与创新创业	学术交流报告会；邀请校外名师做报告；"北斗讲坛"；毕业生首场就业双向选择洽谈会；机电工程类毕业生双向选择洽谈会；师范类毕业生双向选择洽谈会	多渠道拓宽就业市场，通过电话、网络、实地走访等方式有针对性地邀请用人单位来校招聘优秀毕业生，促进学生充分就业、高质量就业

活动类别	活动名称	活动功能
社团活动与社会工作	学生社团招新活动；组织参加"世界水日"、"中国水周"宣传活动	丰富了广大青年学生的校园文化生活，在开发大学生潜能，提升其创造力和综合素质方面也起到了积极的推动作用
社会实践与志愿服务	学雷锋志愿服务队到新乡社会福利院；大学生暑期社会实践活动；"我爱美丽校园"志愿服务活动；组织参与新乡市"告别中国式过马路"志愿劝导活动；开展学雷锋志愿服务活动	向社会提供服务，提高自身的工作能力，培养吃苦耐劳的精神
技能培训与其他	大学生职业生涯规划大赛；大学生英语演讲比赛；"三笔字"大赛；"我生活的精彩瞬间"校园 PPT 大赛；外语文化节；信息技术文化节	推进教学研究型大学建设、提高师范技能

表 2-6　安徽科技学院"第二、三课堂"活动情况

活动类别	活动名称	活动功能
思想政治与道德素养	"一月一专题"主题班会教育；"诚信·文明"主题教育；"我的中国梦"主题征文活动；诚信教育月；还款政策说明会；感恩母亲节活动；主题教育开展情况座谈会；青春畅想中国梦；学习十八大，共筑中国梦；校干部学习党的重要讲话	进一步增强师生的理想信念，坚定了道路自信、理论自信、制度自信。加强诚信教育、感恩教育
文化艺术与身心发展	以"美丽新世界，健康'心'生活"为主题的"新生适应周"系列活动；"5·25"心理活动月；心理剧大赛；大学生宿舍人际关系心理健康讲座；毕业纪念册设计方案征集活动；校学生会拓展训练；趣味运动会；魅力男主厨评选；女生节系列活动	加强学生心理健康、人际关系教育，培养综合素质
学术科技与创新创业	学术报告；创业座谈、招聘会	促进就业
社团活动与社会工作	英语协会举办英语角；校学生会迎新；记者团演讲比赛	提高综合素质
社会实践与志愿服务	志愿服务老年大学	参与社会服务
技能培训与其他	营销策划大赛；英语大赛	提高专业能力

表 2 - 7 江西科技师范大学"第二、三课堂"活动情况

活动类别	活动名称	活动功能
思想政治与道德素养	"更名大学，我心所向，拒绝围观，行动为上"主题团日活动；"考研自习室名人名言张贴"主题团日活动；"学生干部基本礼仪"；心理保健员培训班	进一步规范学生的行为礼节，提升综合素质和整体能力，凝聚团组织力量
文化艺术与身心发展	干部培训系列课程之"团体心理辅导"；心理素质拓展大赛；"健康心理，你我同行"个性成果展示；"阳光之星"心理健康形象大使评选；"心海拾贝"心理文化交流会	进一步提高我校大学生心理素质，塑造学生阳光心态，培养学生的团队精神，激发学生努力拼搏，提高大学生心理健康水平，丰富学生的课余生活和校园文化
学术科技与创新创业	大学生学术科技节；"青春没有失败"学生创业文化推广	进一步繁荣校园学术科技文化，引导本校青年学生积极参与课外学术科技活动，培养大学生的科学精神，增强学生的科技意识和创新意识，培养学生的科学研究和实践操作能力
社团活动与社会工作	组织学生干事观看微电影；新闻写作培训课程；"重温革命历程，传承红军精神"团日活动；"魅力校园·文学同行"社团文化交流会	积极引导学生树立正确的人生观、价值观和传递"心"的力量、营造积极向上的校园文化氛围，提高我校学子文学能力等
社会实践与志愿服务	2013 年暑期"三下乡"社会实践服务活动；"鄱阳红"大学生骨干培训班"科普知识宣传"服务队和建筑工程学院"防震减灾"宣讲；"益暖中华"——谷歌杯中国大学生公益创意大赛	进一步提升大学生责任意识，培养学生的环保意识和创新意识，进一步丰富大学生的课余文化生活等
技能培训与其他	办公软件培训课；photoshop 培训课	进一步提高校学生会新干事对办公软件的操作能力，提升各部门的工作水平和综合素质，提高学生会成员新闻写作能力，培养更多人才，为今后学生工作提供更多的便利

表 2-8   江苏理工学院"第二、三课堂"活动情况

活动类别	活动名称	活动功能
思想政治与道德素养	"与信仰对话,党史报告进校园"活动;"缅怀革命先烈"主题教育活动;十佳团日活动"道德讲坛开讲啦"活动;"青马工程"开班典礼	让同学们辨析为人之德、为公民之德、为学之德、为业之德、为党员之德,努力做到以心立德、以学立德、以行立德、以功立德,引导青年学生"学党史,树理想信念"
文化艺术与身心发展	"凌波好声音"校园歌手大赛;"戏剧放飞梦想"话剧大赛;纪念汶川地震话剧专场演出	在大学生中广泛开展"中国梦"的宣传引导工作,密切联系青年、塑造积极向上的校园文化精神,活跃校园文化气氛,展现了当代大学生积极向上的风貌,提高学生综合素质和艺术修养
学术科技与创新创业	青年创业大讲堂;大学生课外科技文化活动成果展;科技作品竞赛;动漫大赛;电子文化周;数学建模大赛;学生科技成果展;"创新杯"学生学术科技作品竞赛;军事模拟对抗活动	基于"培养科学精神,培育创新人才"目标,紧密联系不同类型的学生,构建了以科技作品竞赛为重点、以科技节为主体的科技创新活动体系
社团活动与社会工作	"校园之星"现场答辩会;"生命有限,爱心无限"无偿献血知识讲座	呼吁广大师生关心国家大事从自身做起,积极利用各种平台,开阔视野,成为一名有理想、有践行的中国梦拼搏者
社会实践与志愿服务	"走进西仓桥,心愿微分享";"遏制艾滋"宣传活动;"爱心妈妈"助困我校学子活动	为深入学习贯彻党的十八大和团的十七大会议精神,落实中央八项、省委十项规定,以开展党的群众路线教育实践活动为契机,进一步密切团组织与青年的关系
技能培训与其他	江苏省大学生创新创业训练计划项目中期辅导培训;高校大学生网络征文大赛	内涵丰富、形式多样的课外科技文化活动,已成为提升学生综合素质、培养学生的创新精神、提高学生的实践能力、促进学生全面发展的重要途径

表 2－9 广东技术师范学院"第二、三课堂"活动情况

活动类别	活动名称	活动功能
思想政治与道德素养	电子与信息学院在白云校区召开学风建设主题班会；中山大学郭丽教授作幸福专题讲座	加深青年大学生对爱国主义精神的理解，使其不怕困难、继承传统、勤奋学习、刻苦锻炼
文化艺术与身心发展	辩论赛；班际篮球赛	使学生学会用"艺术的心"去看待事物、解决问题，珍惜机会、勇于挑战，在校园文化艺术节的舞台上，挥洒青春激情，展示人文风采，传承民族文化，为建设和谐校园文化贡献智慧与力量
学术科技与创新创业	著名语言学家游汝杰教授的讲座；李晓兰关于就业指导的系列讲座；"挑战杯"大赛	培养学生的科技创新能力、团结合作精神；进一步激发学生创新、创意、创业的热情，增强大学生自主创业的信心和能力
社团活动与社会工作	广东大中专学生校园十大歌手大赛；"律色广师 文明校园"主题系列活动之校园随手拍活动	陶冶情操，培养高雅情趣
社会实践与志愿服务	校学生会博爱队——红色之旅，探寻革命印迹（社会实践）；校学生会敬老院慰问活动	促进大学生了解社会、了解国情、奉献社会、锻炼毅力、培养品格
技能培训与其他	政法学院开展模拟公务员面试活动	通过活动发现具有创新精神和实践能力的优秀创业人才，为未来青年企业家提供展示创意的平台

表 2－10 吉林工程技术师范学院"第二、三课堂"活动情况

活动类别	活动名称	活动功能
思想政治与道德素养	校学生"两会"观看"十八大"宣传片；"骨干培训"国学展堂；"中国梦·西部情"道德大讲堂活动	提高广大青年的思想政治素养，启发广大青年争先创新、无私奉献、提高自身素质，教育和引导广大青年发奋学习、锐意进取
文化艺术与身心发展	"五月墨飘香 爱心正传递"活动；"青春社联 勇往直前"素质拓展活动；校学生会辩论赛等活动	让同学们充分发掘和认识自身潜能，张扬学生个性，发挥学生特长，培养学生的合作精神，增强集体荣誉感，丰富校园文化内涵，提升办学理念

活动类别	活动名称	活动功能
学术科技与创新创业	"爱生活"知识竞赛；外语协会"炫我ABC"外语节；创业计划大赛；机器人大赛；"挑战杯"中国大学生创业计划竞赛；长春市科技创新大赛	给大学生提供良好的学习平台，培养学生对科学技术的浓厚兴趣，加强人文艺术素质教育，培养大学生的创新能力
社团活动与社会工作	"雷锋精神伴我成长"征文活动；"我的中国梦"主题演讲；爱她，就SHOW出来——母亲节活动；梦想合唱团；"这个夏天我们在一起"音乐会；校园吉尼斯；趣味运动会；全国大学生公益文化艺术大赛	培养学生综合能力，提高其综合素质，培养大学生逻辑思维能力，提高大学生的人格与修养，丰富校园文化
社会实践与志愿服务	清雪活动；电脑义务维修、维护活动；协助交通志愿活动；失物招领活动；文明就餐、节约能源之"光盘"行动；"地球一小时"活动；长春市大中学生暑期社会实践与志愿服务活动	促进大学生了解社会、了解国情、奉献社会、锻炼毅力、培养品格
技能培训与其他	知识产权专题讲座；"希望杯"师能大赛等活动；技能展示月；长春市"文明杯"评比；五四表彰	培养在校大学生科研创新和实践动手能力，加强大学生的实践创新能力和专业基础能力，提高学生的综合能力

2. 教师和学生的重视和参与程度不够

调查显示，学生对第二、三课堂重视程度达到 65.8%，相对而言，教师不重视第二、三课堂的比例较高，存在认识不到位的现象，选择"重视"的仅占 40.6%。总体上，学生和教师对第二、三课堂的重视程度不够，应该加强对第二、三课堂重要性的宣传，使更多的教师和学生认识到第二、三课堂在引导学生成长、加强思想教育方面的重要性。在问学生"你参加过第二、三课堂活动"时，53.4% 的学生选择"较少、有时"，29.5% 的学生选择"经常"，选择"极少"和"从不"的占 5.5%、6.8%，因此，对第二、三课堂活动的全面性需要更加重视，让大部分甚至全部学生加入第二、三课堂活动，是提高第二、三课堂实效性和针对性的关键性问题。就教师而言，教师对第二、三课堂活动的重视程度也有待提高，虽然大部分教师是重视第二、三课堂的，但是比例明显不够。在调查教师"参加过第二、三课堂活动"的情况时，选择"经常"的占

35.9％，"较少，有时"的占 10.9％，说明教师参加第二、三课堂的机会不多。

3. 制度规范程度不够

高校对第二、三课堂重要性认识不足，第二、三课堂育人功能完全发挥受到阻碍。不少教师对待第二、三课堂的态度不端正，不能正确认识第二、三课堂的重要意义，很多教师偶尔去或者很少去参加第二、三课堂教育。很多教师即使参加，也把第二、三课堂看作硬性任务或被动任务，没有理解第二、三课堂的真正内涵。

4. 管理机制不健全

目前，第二、三课堂还处于大学第一课堂之外，特别是处于大学教育之外的现象时有存在。和第一课堂相比，第二、三课堂在管理机制、手段上还不完备，还没有系统化、规范化。第二、三课堂的目标、内容、绩效评价、监督还没有形成体系，还很不完善。第二、三课堂没有利用自身教育资源形成自己的特色，没有形成有利于教育的体系。

5. 第二、三课堂存在与第一课堂脱节现象

通过调查分析可得知，目前把第二、三课堂列入教学计划的高校很少，特别是在高校扩招后，随着办学规模的扩大、学生数量的激增，教学设施出现了不足，出现了第一课堂与第二、三课堂相互争夺时间和设施的现象。出现这一问题后，学校要首先保障的是第一课堂，这给第二、三课堂发展带来的消极作用显而易见，使第二、三课堂的育人功能无法充分地体现出来。

6. 物质投入欠缺

高校经费的投入首先是满足第一课堂的需求。在经济发达的省份高校经费充足时，会拨出一部分经费投入第二、三课堂建设中去；但相比之下，一些经济欠发达的省份的高校第二、三课堂的投入就很少，甚至一些高校学生的活动场所都缺少。虽然许多高校有"学生活动中心"、"科技创新馆"等场地，但都是尽可能地简单、节省，以致第二、三课堂的大量活动在开展过程中只能借用场地或者在第一课堂的课余开展，给第二、三课堂带来了不便，挫伤学生开展第二、三课堂活动的积极性。很多高校对第二、三课堂没有设立专项经费，或者压缩其经费，使第二、三课堂开展起来面临着经费困扰。

7. 第二、三课堂评价体系不够完善

通过调查，我们发现各高校在第二、三课堂的建设阵地上做出了较为突出的成绩，形成了各具特色、内容形式丰富多彩的格局，但是研究表明对第二、三课堂的开展没有较为科学的评价体系，而评价体系是制订与调整第二、三课堂计划的科学依据，否则高校开展第二、三课堂教育容易产生盲目性、随意性，难以兼顾各项培养标准，出现各方面能力培养不均衡、不全面的现象（见表 2 - 11）。通过各种活动、各种途径加强对学生的培养，必须要靠科学的评价体系来衡量活动效果。为此，必须建立大学第二、三课堂的评价体系，对学生能力培养、训练的全过程进行跟踪调查。

表 2 - 11 国内同类院校"第二、三课堂"活动倾向

单位：项/年

学校名称 \ 分类	思想政治与道德素养	文化艺术与身心发展	学术科技与创新创业	社团活动与社会工作	社会实践与志愿服务	技能培训与其他
天津职业技术师范大学	76	34	39	13	7	32
河北科技师范学院	21	23	31	4	12	12
河南科技学院	72	25	77	2	5	4
安徽科技学院	36	13	10	11	2	7
江西科技师范大学	7	5	1	10	12	5
江苏理工学院	5	5	3	7	3	4
广东技术师范学院	2	2	3	3	2	1
吉林工程技术师范学院	5	20	9	34	27	4

三 职教师资素养培养方案设计的建议

（一）开展现代全面的课堂教学（第一课堂）

课堂教学是职教师资素养培养的便捷、有效途径。原因有三：一是课堂是大学生接受教育、提升素质的主要场所。高等学校的人才培养，就其内容而言，也可称为"专业教育"。尽管目前高等教育改革更强调基础的宽厚，主张"专业"的淡化，但一定程度的专门化永远是高等教育的一个基本特点。高级专门人才的培养，其主要途径就是教学。课程则是教学活动中内容和实施过程的统一，因而是实现教育目的的手段。课程的设置合

理与否，课程质量的高低，其实施是否有效，都直接关系到高级专门人才培养的质量。因此课程居于教育的核心，是教育的"心脏"，课堂教学的好坏直接关系到大学生整体素质的提高。加强课堂教学，提升职教师资素养是当前高等职业院校教育的必然选择。二是课堂教学是职教师资素养培养的有效经济途径。从提升职教师资素养教育的具体途径来看，几乎都是利用课外时间进行的"业余教育"，存在的主要问题：一是经费问题，二是管理问题，在课程安排上会碰到更多的麻烦，三是教育目标问题。实际经验的学习往往与系统学习之间没有任何关联，与学科专业关系不大，致使职教师资素养教育失去了学科专业这一最有力的依靠，学子们激情有余而内功不足，从而忽视最终的教育目标。而充分发挥专业课对职教师资素养培养的作用，可以节省大量资金，可以适用于所有大学生，也可以缓解理论学习与实践经验培养之间的时间冲突。为此，受社会发展和人、财、物等因素的制约，完全脱离校园和专业课接受实践教学、职业训练的模式对当前高等教育来说仅仅是美好的设想，基于课堂本身和学校可发展能力来探索实践性教学仍将是当前及今后较长时间内提高职教师资素养的主要途径和现实选择。三是课堂教学为职教师资素养培养提供更广泛的途径。目前来说，高等职业师范院校提升职教师资素养的途径主要侧重于两方面。一是通过讲座的形式向学生传授职业生涯规划及求职技巧等，二是强调增加各个专业的实践教学环节。这两种主要形式通常情况下要么流于形式，要么仅有少部分学生接受了相关的指导，其影响力很小，大部分学生游离于职业素养教育之外。而充分发挥大学课堂对职教师资素养的培养作用，其适用面将包括每一个大学生。

1. 课堂教学素养培养的基础——课程设置

目前，我国对职教师资素养的培养较少，虽然各职业院校开设了涵盖各个学科门类的选修课，但课程整体规划不完善，课程体系较为杂乱。同时，各学校的教师和学生并不重视选修课，选修课的课程质量不如专业课；很多学生抱着修学分的态度对待选修课，没有真正地从选修课中学到知识和技能。课程作为高等教育实施人才培养计划的最重要一环，承担着实践教学理念的重要任务。大学生素养的培养离不开课程的作用。然而，我国大部分职业院校缺乏系统的素养培养课程。

（1）构建素养培养课程体系，为加强学生素养培养提供学习平台

按照素养培养标准，开设素养培养必修课、选修课，除由国家统一规

定的有利于塑造大学生完整人格和正确价值观的共同核心课程外，各学校根据自身特色确定素养培养必修课、选修课，在教学内容上注意学科的交叉和融合，推进素养培养课程的校本化和人本化，使各方面素养知识相得益彰。

（2）设置素养培养课程群，为提高学生素养提供学习资源

依据前期研究成果，将职教师资素养标准分为四个维度：即教育信念与责任、职场适应与指导、身心培养与成长、人文素养和社会能力。分别按这四个维度，设置四个课程群，每个课程群各由若干课程构成。

（3）发挥实践教学在素养培养中的作用

素养的养成离不开实训和实践，这是因为：第一，实训和实践是素养形成的动力，为学生提供新的认识对象、认识工具、认识方式；第二，学生在实践中获得关于素养的感性认识，经过反复积累，上升到理性认识，形成较为系统的素养。职业院校要根据自己的现有资源上好实训和实践课。开展校内实训和实践时可以构建仿真的实训环境，让学生接受训练和熏陶；校外实践可直接深入企业、学校等一线，让学生身临其境去体会和感悟。

2. 课堂教学素养培养的要务——创新教学方法

（1）采用任务驱动、项目导向的教学模式

按任务驱动、项目导向的教学模式实施项目化课程，设计教学难度层层推进的若干课程项目，按"资讯、计划、决策、实施、检查、评价"的工作过程组织教学活动，融"教、学、做"于一体，让学生在完成项目中开展自主学习与探究，在解决问题中提高能力和素质，从而有序地实现教学目标。

（2）建设"教、学、做"一体化的实习实训场所

按照任务驱动、项目导向的教学模式，优化现有实践教学资源，系统化改建扩建现有实验实训室；新建融"教、学、做"于一体的"理实一体化"实验实训场所；制定校内外实习实训基地管理、运行和保障机制，深入推进制度建设。

（3）通过"两课"教育，培养学生素养

"两课"教学以理想信念教育为核心，以爱国主义教育为重点，以基本道德规范为基础，以大学生全面发展为目标。因此，"两课"教学要与

时俱进，贴近实际、贴近生活、贴近学生，有针对性地对学生进行素养培养，把"两课"教育工作融入学生的整个学业指导中，贯穿于整个素养培养过程。

（4）以专业教学过程为平台，渗透素养培养

专业课程教学的主要任务不仅是教会学生有关专业的基础知识、教会学生解决专业问题的能力，更应该是教育学生如何做人。也就是说，既要会做事，也要会做人，甚至后者比前者更重要。所以专业课教师在教学过程中应该把素养教育渗透到课堂教学的整个过程，将专业教育与素养教育有机结合。

3. 课堂教学素养培养的保障——考核和评价体系建设

（1）理论课程素养培养的考核和评价体系

考核是对人的知识、智力、能力、个性和品德的测定，具有评定功能、诊断和反馈功能、教育功能和激励功能，课程考核评价是检验教学效果、改善课程设计、完善教学过程、提高教学质量的重要手段。因此，必须建立符合人才培养需要的、多元化的课程考核评价体系，促进学生形成高尚的人格、良好的职业道德素质以及自我发展能力，成为全面发展的高素质人才。下面结合职业教育与师范教育的特点，构建职教师资素养培养（第一课堂）课程考核与评价体系。

①评价主体多元化

教师评价。这是传统的考评方式，是教师对其指导的教学班的学生进行考核评价。这种评价方式过于单一，评价主体较少，缺乏一定的客观性。

学生自评。面对新的环境、新的形势，采取学生自评与教师评价有机结合的考评方式更为行之有效。学生通过自我评价，可以认识到自身不足，对自己进行更为深刻的剖析，形成有效的自我约束机制，进而在一定程度上提高实践活动的质量。学生的自我评价，在一定程度上约束着教师，促使教师不断地对评价结果进行深刻反思，以进一步保证最终的评价结果的公正、客观、科学、切合实际。

社会评价。职教师资培养院校还应该引进企业一线专家和中职学校教师参与教学的评价。应该清楚地认识到，对职业能力的评价不应该只停留在在校期间的学习阶段，职业教育教师的培养水平需要社会和职业学校的认可，因此，社会评价是非常重要的一个组成部分。

②评价维度多元化

从素养标准四个维度进行多元评价。

教育信念与责任。主要包括对职业教育的理解与认识、教育态度与行为（职业价值观）及对学生的态度与行为（职业责任感）。

职场适应与指导。主要包括职场认知与交流、指导学生就业与创业和职业生涯规划与管理。

身心培养与成长。主要包括情感与人格发展、情商与社会适应和身体健康与调节。

人文素养和社会能力。主要包括文化修养和思维方法。

③评价形式多元化

加强考核方式的改革，建立多样化的考试方式及配套的机制保障。教学注重全过程的学习，评价形式多样化，可采用考勤（学习态度）、课堂讨论经（学习方法、能力）、平时作业（理解、记忆等）、参与科研（进展性思维）、笔试（记忆、分析、总结、归纳）等，促进学生全面学习提高。

在考试方式的运用上，从发展学生多种能力的角度考虑，改变期末考试闭卷笔试"一统天下"的局面。应根据不同课程的性质、特点和评价要求，积极探索多校化的学业考试方式，灵活运用笔试、口试、闭卷、开卷、撰写小论文和实验操作等多种形式，以科学地评价学生的综合素质和创新能力。

在成绩评定上，应调整权重，增加平时学习的考核比重。调动学生课程学习的积极性、主动性，发展学生多种能力素质。课堂教学（第一课堂）课程考核综合评价如表 2－12 所示。

表 2－12　理论课程考核综合评价

单位：%

考核项目	综合素质	平时测验	课堂表现	期末考试	创新能力
权重	10	20	10	60	加 5～10 分

④评价方法多元化

发展性评价与终结性评价相结合。"关注学生的发展，促进学生的发展"，对学生的评价不再是终结性的一次评价，而是注重对学生发展性的评价，重视对学生过去、现在的考察，以促进学生未来的发展；而且，强调对学生多方面能力的评价，不只看分数；重视学生的学习过程、解决问题的过程，及时反馈信息，以促进学生的未来发展为目标来进行评价。

定性评价与定量评价相结合。要保证考评的公正、客观，对学生的评价既要有量的要求，更要有质的要求，做到定量评价与定性评价的紧密结合。

（2）实践教学素养培养的考核和评价体系

实践教学是职教师资培养过程中的重要内容。实践教学主要目的是培养职业教育教师的技术应用能力和实践素质，对教师形成职业岗位能力和职业教学特色、提高教学质量具有非常重要的意义，是师资培养院校教学工作中不可缺失的重要组成部分。

实践教学考核的实质就是检验学生的实践能力、检查教师的教学水平及实践教学的综合成效。构建科学、合理的实践教学考核评价体系，对于提高学生的学习积极性、保证教学效果评价的公正、促进教学质量进一步提高、培养高素质人才具有重要的意义。建立、健全科学、规范的考评体系主要从以下几个方面着手。

①过程性评价与终结性评价相结合，丰富实践教学考核内容

现阶段高校实践教学改革的重要目标之一，就是转移评价重心，重视教学过程，实现过程性评价与终结性评价的有机结合。也就是说，教师在对学生的评价中，真正做到既考核评价学生实践的结果，也重视评价学生的实践全过程。

所谓过程性评价，就是对学生在实践活动过程中的具体表现进行综合评价，主要针对实践课题的价值、参与实践活动的态度及情感、在实践活动中的收获、师生之间的交流情况等。

所谓终结性评价，即教师对学生的实践过程和实践结果做总的评价，主要依据的是实践报告的质量、实践手册的具体填写，还包括过程性评价的结果。过程性评价与终结性评价有机结合，才能真正有效地发挥出评价的诊断和激励功能。

考核内容职业化。将职业教育教师的准入制度引入职业实践能力的评价体系，借鉴德国、澳大利亚等职业教育发达国家将职业资格标准纳入专业人才培养方案当中，能够激励学生在学校期间及时掌握与所学专业相关的技术，积极主动地进行职业资格能力方面的学习，进一步培养实践动手能力和创新能力，使人才培养质量更贴近行业企业的实际需要。

②定性评价与定量评价相结合，完善实践考核标准

要保证考评的公正、客观，对学生的评价既要有量的要求，更要有质的要求，做到定量评价与定性评价的紧密结合。在量的要求上，做到规范学生实践课程的学时、填写实践报告的最低字数、规范实践报告的格式、严格上交报告的时间；在质的要求上，考察实践活动选题的质量、参与实践活动的态度和情感、实践过程中的收获、实践报告的真实度和质量，以及填写实践手册的质量。对学生实践活动成绩的考评，应不断围绕这些质量要求开展，坚持定性评价和定量评价的有效结合。

完善实践考核标准，应充分考虑对学生实践活动的具体质量要求，并结合学生在实践过程中的具体表现和完成实践报告的情况，综合评定学生的实践活动成绩，制订"优秀、良好、中等、及格、不及格"等五个不同的等级。

③教师、学生、社会多主体考评相结合，优化实践考核方法

传统的考评方式是教师对其指导下的实践教学班的学生进行考核评价。这种评价方式过于单一，评价主体较少，缺乏一定的客观性。面对新的环境、新的形势，采取学生自评与教师评价有机结合的考评方式更为行之有效，改变以往单一、固定的考评模式，不断扩展考评的方式方法。学生通过自我评价，可以认识到自身不足，对自己进行更为深刻的剖析，形成有效的自我约束机制，进而在一定程度上提高实践活动的质量。学生的自我评价，在一定程度上约束着教师，促使教师不断地对评价结果进行深刻反思，以进一步保证最终的评价结果的公正、客观、科学、切合实际。

教学主管部门定期或不定期抽查学生的实践活动和实践报告，并以此为依据评定学生实践活动的成绩和教师教学活动。通过这种抽查方式，可以有效查看实践教学要求的落实情况。

职教师资培养院校还应该引进企业一线专家参与实践教学的评价。应该清楚地认识到，对职业能力的评价不应该只停留在在校期间的学习上，职业教育教师的培养水平需要社会和职业学校的认可，因此，在职业能力的实践评价体系中，社会评价是非常重要的一个组成部分。企业一线专家可以通过担任校内外实训指导教师和参与多种职业竞赛评价等方式进行评价。

总之，职教师资培养中的实践环节关系到整个职业教育的发展，是当前职业教育中的核心问题。我们应该从观念上改变对实践教学的不正确认识，大力支持职业教育，完善职教师资培养中的实践教学管理和评估，培养出优秀的职教师资人才。

（二）开展兼容互补的校园文化和社会实践活动（第二、三课堂）

第二、三课堂在高校人才培养及教学科研改革中起到了重要的作用。第二、三课堂活动是第一课堂活动的延伸、拓宽和补充，两者密不可分。

第一，开展第二、三课堂活动有利于深化高校的教学改革。高校课堂教学按大纲要求都是从中等水平学生出发的，缺乏对学生个性的引导和培养，并且课堂教学内容理论性较强，需要进行较多的文化实践活动来帮助消化理解。教师将教学内容在三个课堂交叉呈现，这样既可以优化课程结构，又可调动学生学习的积极性、主动性。

第二，开展第二、三课堂活动有利于深化高校的科研创新。引导高校科研课题转入第二、三课堂，让学生参与科研，既为科研工作注入活力和新生力量，又能引导学生把所学理论直接运用于实践，激发他们的想象力和创造力。

第三，开展第二、三课堂有利于促进大学生思想政治教育。将思想政治教育贯穿在第二、三课堂活动进行，有利于打破思想封闭教育模式，摆脱思想政治教育从传统的理论到理论的单纯说教方式，使理论与实践较好地结合，最主要的是有助于思想政治工作者掌握学生思想动态，适时调整思政方法，不断强化思想政治教育的渗透力。

第四，开展第二、三课堂活动有利于激发学生学习兴趣，有利于学生的个性化培养。在活动中，师生的主动与被动角色发生转变，学生由原来第一课堂中的受教育者、被动地接受，转变为主要的参与者、受益者。教师由原来是主动者、传授者转变为路径和方法的指导者，使因材施教的效果更明显、方法更突出。文化实践活动会将学生带入"发现问题——解决问题——再发现问题——再解决问题"的过程，形成学生探索式、研究式良性循环的学习，有效激发了学生的学习兴趣。

第五，开展第二、三课堂有利于学生形成合理的知识结构。高校第一课堂教学中普遍存在着知识更新缓慢、教学方法单一化、学科方向不明确、专业过细过窄等问题，造成了学生的知识结构不尽合理。第二、三课堂活动，以其内容的多样性、形式的灵活性，为学科、专业相互渗透、相互促进发展提供了便利条件，在学生形成合理的知识结构方面发挥着重要作用，有利于学生的成长成才。

第六，开展第二、三课堂有利于培育大学生的竞争力与合作意识。大学生在第二、三课堂中以活动成功为中心、以提高素质为宗旨、以培育友谊为原则，检验自我、充实自我、实现自我，达到身心的全面发展，健全大学生的人格。让参与者在享受成功时去体会团结的力量，体会合作的力量，体会合力是成功的重要保障。

第七，开展第二、三课堂有利于学生实践能力和创新精神培养。第二课堂注重于实践能力培养，注重于学生思想品德教育的提升，注重于科学文化教育的提高，注重于学生创新精神的培养，更注重于把对学生的创新教育与创新能力培养转化成为学生的思想素质，转化成为学生服务社会的能力，使学生得到长期的持续的发展。

第八，开展第二、三课堂有利于增强大学生就业创业能力。通过第二课堂的机会，让学生接触社会的机会增多，丰富社会阅历能为学生自主创业打下良好的基础。

因此，明确第二、三课堂的作用，将第二、三课堂纳入教学培养方案。作为高校人才培养环节的补充与延伸，第二、三课堂应与第一课堂有机结合，互为补充与衔接，共同列入高校整体教学体系中，统一管理，统一设计教学体系。

1. 教材内容与课程设置

通过调查研究，重新整合调查问卷中已有的第二、三课堂教学内容，进行 3 个维度、8 个领域、40 个基本要求的系统划分，如表 2 – 13。

表 2 – 13　职教师资素养培养标准

3 维度	8 领域	40 基本要求
职教信念与师德修养	职教信念	遵纪守法、职教认知、职业认同
	学生观	爱护学生、尊重学生、信任学生
	教育观	立德树人、遵循规律、全面发展、自主自立
	教师观	责任意识、为人师表、文明礼貌、政治素质、思想素质
身心素质和心理素养	身心健康	体育锻炼、生理适应
	心理健康	自我察觉、情绪调控、自我激励、压力管理、人格品质
文化素养和关键能力	文化素养	爱国、处事、修身、通识知识、全球视野、认知社会
	关键能力	表达写作、外语运用、认知他人、交流合作、生涯管理、心理疏导、自我学习、解决问题、应用技术、创新创造、信息处理、数字应用

（1）职教信念与师德修养

在这一维度内容中，为培养职教师资职教信念、学生观、教育观、教师观，以实施四类活动作为素质拓展平台。

①思想政治类与道德修养类

活动一，"青马"工程。立足党、团支部，通过党、团日活动或支部以其他形式组织的政治理论学习为平台，从培养中国特色社会主义事业战略高度推进"青马"工程的实施；用一元化的指导思想来统领多元化的社会思想，才能引领大学生健康成长；培养大学生坚定的理想信仰，巩固和扩大党长期执政的青年基础。

活动二，名家讲堂。通过国学展演、道德大讲堂等形式使学生感受国学魅力、提升自身道德修养，实现省身养德、自修三观。

活动三，树新风系列活动。响应中央号召，鼓励大学生从自身做起，积极践行"光盘行动"、"低碳绿色行动"、"学雷锋行动"，争做合格的新时代青年。

活动四，诚信教育系列活动。助学贷款征文、诚信教育观影展等。

②社会实践类与志愿服务类

活动一，寒暑期社会实践。利用假期走进社会，调研社会问题，服务社会基层，在提升自身综合素质的前提下，提升大学生社会责任感及使命感。

活动二，爱心志愿服务。由自己或与其他学生共同组织，有计划地通过亲自服务、募集爱心、团队协作等方式，以爱心公益为前提，服务于社会群体或个人。常规形式有探望孤寡老人、关爱残疾儿童、走进社区等。当下社会志愿服务平台较多，例如春运志愿者、东博会志愿者、亚冬会志愿者等。

（2）身体素质和心理素养

在这一维度内容中，为促进职教教师身体健康、心理健康，以实施四类活动作为素质拓展平台，分别如下。

①文体艺术类与身心发展类

活动一，文艺会演。以校园事件为契机（如欢迎新生、欢送毕业生、校庆等）开展各色各样的文艺会演、舞蹈大赛、歌唱比赛等，锻炼学生文艺特长。

活动二，艺术展演。以摄影展、书画展、音乐会等活动展现学生艺术造诣。

活动三，校园文化。寝室是学生每天休息的地方，安全是每名学生在校期间要时刻注意的。开设寝室文化节、安全教育展等活动是丰富校园文化的重要一环。

活动四，心理文化系列活动。可以"5·25"为契机组织"心理活动月"系列活动，通过心理情景剧、心理沙龙等形式宣传心理健康重要知识，使在校学生重视心理健康，并通过心理情况排查、心理咨询师现场咨询等方式实现在校学生心理素质全面提升。

活动五，球类运动会。现今高校体育设施逐渐在完善，球类比赛已不局限于足球，已形成足球、排球、篮球、羽毛球、乒乓球、桌球等多个球类项目。

活动六，田径运动会。各学校普遍开办春、秋季运动会，为全面提高学生综合素质，多数学校选择开设"红旗接力赛"、"定向越野"等竞赛项目。

②社团活动类与社会工作类

活动一，社团巡礼。大学生艺术团巡演、相声小品大赛、卡拉 OK 大赛、"百团大战"展示等。

活动二，协会自办活动。如英语协会开设英语角、英语沙龙类活动，轮滑协会举办轮滑大赛等。

活动三，素质拓展系列活动。辩论赛、演讲比赛、主持人大赛等。

活动四，社会工作。学生通过兼职、实习等形式加入社会行为中来，并完成资信证书记录。

（3）文化素养和关键能力

在这一维度内容中，为培养职教师资文化素养及关键能力，以实施四类活动作为素质拓展平台，分别如下。

①创新创业类与技术培训类

活动一，国家、省、市级比赛。"挑战杯"创业计划大赛、省市创新创业大赛、数学建模、机器人大赛、沙盘模拟企业经营、各专业创新大赛等。

活动二，大学生创业园。提供大学生创业场地、设立大学生创业基金、成立大学生创业孵化基地。

活动三，职业发展类活动：在校内外开展职场技能培训，如办公软件培训、社交礼仪培训、模拟面试、师能培训、职业生涯规划、职场模拟演练等。

活动四，技术培训类。职业等级证书的认定与发放。

活动五，校企合作培养。校外企业实习、企业家论坛等。

②科学技术类与其他

活动一，爱国主义教育活动。以纪念五四运动及"一二·九"运动作为回顾历史契机，开展红色影片赏析、话剧表演、文艺会演、评优表彰、主题征文、主题演讲等。

活动二，教学成果展。技能实训比赛、学科竞赛、沙盘演练等。

活动三，学术报告。校内外名家/名师讲坛、企业家进校园、科学研究学术报告等。

2. 第二、三课堂实施建议

（1）定位清晰准确

每一个学生活动组织都有各自的特点，在平时的相关活动中，学生对不同的组织单位已经有一个初步的印象和心理定位。不同组织如果能够清楚地了解自身在学生心中的定位，并"因势利导"，组织符合学生预期的活动，则不仅活动的参与度会提高，效果会改善，组织本身在学生心中的好感度也会提升，活动重复举办的概率也会下降，学生可以更加明确和有针对性地参加活动，保证活动的效果。

（2）保证宣传质量

具体来说，在活动的举办时间方面，需要考虑到学生的实际情况。比如，尽量选择周末、晚上等时间段，给活动人员的召集提供更好的保障。从问卷调查和访谈中，可以明显发现活动宣传的重要性。从对活动的影响因素作用大小排序来看，活动口碑、从众效应、活动宣传、活动福利、活动时间和场地等因素对活动的参与情况均有积极的影响，而这些影响因素都是通过活动组织者的宣传将信息传达给受众的。当前的活动宣传方式具体可以归纳为网络信息等虚拟宣传和横幅、海报等实物宣传两大形式。在信息时代，以网络为代表的各种新型媒体和信息技术早已进入学生日常生活当中，成为广大青年学子沟通交流、获取信息和丰富生活的便利工具，也已成为课外活动不可或缺的运行载体和支撑手段。因此，要充分利用网络这一广阔平台，开创传统课外活动与新媒体相结合的新方式。

（3）推动形式创新

随着社会发展趋向多元化，第二课堂形式应该加快创新的脚步。越来越多的活动参与者已经不仅仅满足于观众这一单一角色，而更多要求充分地参与体验。在活动中，务必要充分发挥活动参与者的主体性作用，在活动中尽力营造轻松自由的氛围，增加互动，让他们意识到自己才是参与活动的主体。尊重参与者的主体性地位，将为活动的顺利开展和参与者之间的充分交流奠定良好的基调。

（4）打造品牌活动

随着校园生活越来越丰富多彩，学生活动也越来越多，因此活动的组织者必须更加注重活动的质量，而不是数量。在具体内容上，活动最好能更加契合学生的需要，满足活动参与者的实际需求。需要注意的是不要过多进行主观臆测，数据显示，很多刻板经验与实际情况不相符合。在打造组织的品牌活动时，要尽可能科学化、系统化、精细化。同时，在访谈过程中，课题组意识到，在具体筹办过程中，组织者要时刻提醒自己以服务好活动参与者为前提，不要将官僚气、功利心带到活动中来，要在学生心中树立良好的活动及主办方形象。

3. 构建评价机制

（1）学生评价

对参加文化实践活动的学生发给《素养拓展证书》，以客观记录的方式进行评价。证书由学校统一颁发，由学生本人提出拟填内容，团支部及院系学团组织在审查属实后统一填写并认证。学校教务、学团部门在学生毕业时予以认证。

（2）指导教师考核

每学期对指导教师从德能勤绩四个方面进行一次全面性的评估，指导教师评估考核等级为优秀、合格及不合格。经评估合格、能胜任工作的教师，按实际情况发放相应课时酬金。经考核，若有未完成工作量者、不胜任者不再续聘。将指导教师考核结果作为聘任、职称晋升、津贴发放、奖励等评定的依据。

（3）育人效果跟踪评价

畅通信息反馈。从每次活动的开展，到活动结束，都要有一个信息反馈或表达的渠道，及时化解出现的问题；活动结束后，要有一个系统性的总结，形成档案式管理，其文字成果应汇编成册以便进行经验交流或供后续活动借鉴。对学生在第二、三课堂活动中的能力、素质、经验等方面的提高及其对后续发展的影响，要进行及时有效的跟踪评价，构建育人跟踪评价体系。

4. 构建激励机制

（1）与领导奖升挂钩

高校在第二课堂建设中应充分调动领导层面的积极性、主动性，通过评价体系，把第二课堂开展工作分出层次，分出等级，把这些与领导的晋升、奖金等挂钩，作为年终考核的重要指标来抓。

（2）与教师的薪金挂钩

可考虑一二三课堂同酬管理，充分调动教师参与第二、三课堂活动的积极性。把第二、三课工作量量化管理后，要注意将过程性激励与结果性激励相结合进行考评，其成果应与第一课堂教学成果等同，在评优、评先、年终考核、晋升时应给予制度内的承认。

（3）与学生各项评比奖励挂钩

第二课堂建设中学生是否主动参与直接关系到第二、三课堂活动的进展。应在坚持学生考核与质量监控的基础上，把学生的参与情况及取得的效果与学生的奖学金、评优选先、组织发展等挂钩，以保证第二、三课堂中学生参与的深度和广度。

总之，第一课堂以其标准化、专业化和集中化的教学，主要解决学生的专业认知、专业能力问题；但第一课堂在培养学生的科学精神、团结协作精神、科研创新能力等方面却作用有限，需要第二、三课堂活动的积极配合。因此，在制订第二、三课堂培养计划时必须明确第二、三课堂培养计划要以第一课堂培养计划为参考和依据，对第一课堂的课程调整状况不断进行探究，切实实现第二、三课堂对第一课堂的补充和延伸。

5. 构建第二、三课堂管理机制

（1）形成第二、三课堂领导机构

建立健全灵活高效管理机构，实施第二、三课堂"一把手工程"领导体制。建立校院系三级或院系二级领导体制，学校（院）党委书记负总责，学院（系）党总支书记负全责，形成一把手亲自抓、分管领导具体抓、主管部门重点抓、全校教师人人抓，层层落实的"四抓一落实"工作体制，并在机构中设立专管部门，明确职责，分片划块，由学校的教学部门统一组织管理，统一规范操作，统一量化考核，统一调配学校资源，保证人、财、物的有效供给,保障活动开展得丰富多彩、科学而有序。

(2)形成第二、三课堂活动体系

第二、三课堂活动体系设计以训练基本方法、基本技能,培养知识综合运用能力为主要目标,以思想政治与道德修养、科学技术与创新创业、文体艺术与身心发展、社团活动与技能培训等第二课堂活动为主体,以学生社会实践、志愿服务、社会工作等第三课堂活动为辅助,构建平台化、层次化、系统化的文化实践活动体系。

(3)形成第二、三课堂活动管理体系

对第二、三课堂的活动体系进行科学而规范的设计,使第二、三课堂活动的开展更具有方向性和针对性。第二、三课堂活动可选择由必修的培训体系和选修的活动体系两大平台构成。第一,必修的培训体系,可选择由学生思想政治、道德修养、科学技术、创新创业、身心发展、技能培训、社会实践等七类活动平台构成。第二,选修的活动课程体系,可选择文体艺术、社团活动、志愿服务、社会工作等四类平台。无论是必修还是选修,学校都要在活动的时间、地点、内容等方面做到统一协调,共同组织实施。特别是要根据活动性质、课时量计划、活动目标等进行有针对性的安排,制定实施方案。应像对待第一课堂教学一样看待第二、三课堂,加强日常管理和实效性考评,采用标准化管理。学生必须有相应的第二、三课堂学分才能毕业,参与者计算课时和学分,对获奖者或者表现突出者按适当的课时和学分奖励,统一纳入人才培养体系进行考评,但考核形式可以而且应当多样化。

6. 构建第二、三课堂保障机制

(1)制度保障

学生参加第二、三课堂活动理应成为大学生在校学习安排的重要组成部分,学校应该形成专门的制度规范第二、三课堂育人活动。例如:学校关于开展第二、三课堂的暂行规定。同时,将学生活动成绩纳入学籍管理,把活动课程以数量计分的方式固定起来,达标的准许正常毕业,达不到要求的学生不能正常毕业。学校对于学生第二、三课堂活动应该有明确的学分比例要求,可以采用7学分制,即必修活动由7学分构成,也是由七个平台活动学分构成,在选修上采用自主选择2学分。针对全体学生设置7学分,按学生参加第二课堂教育活动次数的多少给予学分评定,每学期可获得1学分,每个学生必须完成7学分,选修上也必须达到2学分才能毕业。

（2）资金场所保障

资金方面，要争取社会的赞助、政府的财政支持、学校的专项经费拨款等，以专项的形式划拨到二级教学单位，二级教学单位可根据专业特点或实际需要进行经费调整，学校应成立专职部门负责监管经费使用情况。

场所可以是校内文化实践活动基地，或通过校企合作形式借用社会场所。基地的建设与使用原则应遵循多元化、先进性、多样性、动态合作、互惠互利、资源共享、双向受益等原则，保证文化实践活动场所的设施和条件。

（3）人力保障

要提高第二课堂的质量，就需要配备一支师德高尚、理论扎实、善于创新、结构合理的师资队伍。尤其需要具有较高文化和专业理论水平，有较强的教学、科研能力，并且有广博的专业基础知识、熟练的专业实践技能、一定的组织生产经营和科技推广能力的"双师型"教师。指导教师负有参与第二课堂的建设和管理，制定其发展规划，指导学生课外活动的职责。指导教师的产生，采用双向选择的原则，并对聘任进行一定的聘期界定，聘期一过，自动解除合约。

第三章
职教师资素养培养课程开发研究

根据前期研究成果"职教师资素养标准"以及"职教师资素养培养方案"的要求，在多部门的通力配合下，我们分别对"职业教育道德与法律"、"体育特长培养"、"心理素质拓展训练"、"中华优秀传统文化"、"表达与写作"、"市场、职场、就业与创业"、"职业生涯规划与指导"、"艺术特长培养"、"数据应用与思维方法"等素养培养课程开发情况展开研究，分别从职教师资素养培养课程开发现状、教师素养培养课程开发文献分析、职教教师素养培养课程开发国际比较分析、素养培养教材及数字化资源建设等方面对职教师资素养培养课程开发加以全面研究，最后提出职教师资素养培养核心课程标准。

一　职教师资素养培养课程开发比较研究

（一）"职业教育道德与法律"课程开发状况相关研究

1. 国内"职业教育道德与法律"课程开发状况的相关研究

目前，关于职教师资"职业教育道德与法律"素质的研究并不多。从查阅的文献情况来看，学界对该问题的研究主要集中在以下几个方面：

一是目前我国职教师资素质的现状及问题。学界普遍认为当前我国职业教育教师整体素质还有待提高。郑州铁路职业技术学院石磊认为，虽然我国早在1995年就对职业教育教师实行了教师资格认证制度，但根据相关调查，我国职教师资素质并不乐观：一方面，教师资格尚未达标；另一方面，师资结构性矛盾突出。此外，师资缺口较大。更多的学者从专业能力方面论述了当前职教师资素质存在的问题，而很少谈到其"职业教育道德与法律"素质存在的不足。

二是职教师资应具备哪些基本素质。天津职业技术师范大学杨金梅认为，职教师资应具备良好的思想道德素质、专业技术素质、科学文化素质。其中，思想道德素质是一种特殊的素质，是人们"进行精神活动和实践活动的特定品质"，它包括政治观、人生观、道德观三个方面，它们是有机统一体。教师要用自己的人格教育影响学生，就要有正确的人生观、价值观，具有严谨、求实、刻苦、勤奋的科学态度和热情、开朗、和谐、宽容的性格，有较高的品德修养。教师还要具备崇高的职业道德，热爱职教事业，有高度的事业心与责任感，努力钻研业务，不断提高教育教学水平，做到自尊、自爱、自强。江苏常州技术师范学院戴连福认为，思想品德素质是职教师资的根本素质，文化素质是职教师资的基础素质，职业素质是职教师资的核心素质。四川宜宾学院顾兴梁认为，职业教育学校的专业教师既要能进行理论教学，也要能进行实践教学，这是职业教育的内在要求。在职教师资素质结构的认识问题上，人们更侧重于专业技能和科学文化知识，而较少谈到"职业教育道德与法律"素质，这是不应该的。

三是职教师资素质培养存在的问题。职教教师质量是决定职业教育办学质量和人才培养质量的核心要素，而教师职前培养又是影响职教师资质量的关键一环。在职业教育日益关注内涵发展、注重质量提升的大背景下，职教师资培养已成为当前一个亟待关注的问题。从当前职教师资培养的实践来看，院校培养已成为职前职教师资培养的主要路径。这些院校包括独立设置的职技高师院校、一部分综合大学、普通师范大学以及一些工科院校。培养职教师资的院校数明显处于弱势，仅就人才培养的数量而言，职教师资培养院校的职教师资培养能力是有限的。吉林农业大学王靖会、王朝辉、王贵等认为，我国职教师资分为专职教师和兼职教师两类。专职教师主要由大中专院校培养，兼职教师中一部分来自大中专院校，一部分由工矿企业调入。从当前职教师资培养状况来看，主要存在知识结构单一、教师观念落后、实践能力不足、兼职教师短缺、激励机制缺乏等问题。

四是职教师资素质培养模式的构建。吉林工程技术师范学院王建华教授认为，现代科学方法论中，模式方法是一种重要的研究方法，用模式的方法分析问题，简化问题，有助于解决一些过程较复杂的问题。从职教师资人才培养模式的目标定位来看，"双师型"的培养目标已经成为共识，但学生专业实践能力不足的问题仍普遍存在。从机构维度来看，我国职教师资人才培养属于封闭式、定向型的模式，在培养阶段维度上属于普通高等教育与专业培训整合的模式。根据国际师范教育的发展趋势以及我国现阶段的国情与教情，职教师资人才培养模式改革创新应坚持以职技高师院校为主体的发展方向，构建以强化专业实践能力为核心的人才培养模式。华东师范大学贺文瑾认为，建构专业化取向的职教教师教育既是必要的，也是可能的：职教教师教育是世界职业教育共同关注的视域，理性认识我国职教教师教育发展取向，需要借鉴国外发达国家职教教师教育的有益经验，实现文化与制度间的"视域融合"；专业化取向是我国职教教师教育发展的必然选择。杨金梅认为，职教师资的培养与培训是一项系统工程，需要进一步完善体制，形成一套完整有效的培养与培训体系。要根据职教师资现状，采取脱岗与在岗培训相结合，国内培训、跨区域合作培训与出国进修相结合等方式，组织有针对性的培训。特别是要广开渠道，突出特色，培养优秀的后备职业教育教师。要增加师资培训的经费投入。石磊认为，职业技术师范教育不同于一般的师范教育，对职业教育教师的素质和能力要求也有别于其他类型的教师。从师范教育到职教教师教育意味着重要的制度转型。研究职教教师教育是时代发展的呼唤与回应，一体化的职教教师教育体系、整合化的职教教师教育结构、本土化的职教教师教育制度是专业化取向职教教师教育的基本架构。王靖会等认为，加强职教师资队伍建设，应突出"两化"，规范培养途径；强调"双证"，实行聘任制度；强化终身学习，实行培训制度；坚持"能力本位"，实行激励制度。

2. 国外"职业教育道德与法律"课程开发状况的相关研究

纵观国外职教师资培养，我们发现，国外发达国家大多设置专门性与综合性相结合的职教教师教育机构。如在日本，文化课教师一般由普通高等院校或师范院校培养。专业课教师主要来自两个渠道：一种是来自一般高等学校，或这些学校内设立的可以授予职教教师资格文凭的教育学院，如学生在工科院校取得学士学位后，再到师范院校教育系或教育学院或职业教育培训单位进行教育理论学习及生产、教育实习，经考试合格后获得任教资格。此外，日本还在 7 所国立大学的工学院里设置工业教员的培养课程，进行有计划地培养。另一种是来自专门设立的技术师范院校或技术教育学院，如日本职业能力开发大学，专门为中等职校培养专业课教师和生产实习课教师。职教最为发达的德国，已经建立了一个科学、完善的职教师资培养培训和继续教育体系，其培养渠道主要包括两个方面：一是在综合性大学中设技术师范学院或系，培养职业学校专职教师，学制 4～5 年，它的入学条件比普通本科大学还要严格，既要求完全中学毕业（13 年级），又要求经过"双元制"职业培训并至少从业半年以上。二是在技术大学中设置教育学院。学员必须通过两次国家资格考试，即学完规定课程，通过第一次国家考试；毕业后在对口企业进行一年半的教育实习后，通过第二次国家考试，这样才能取得职教教师资格。要求专业课教师必须具有大学毕业水平，同时持有资格证书，实习指导教师（师傅）必须从职业学校毕业，具有两年以上的实践经验，同时须经师傅学校培训获得有关证书。

国外众多发达国家建立了完善、多层次的职教师资学位证书体系。如澳大利亚高等教育学院，职教师资培养学位证书制度包括：教育证书，学制一年，招收非教育专业大学本科毕业生；特殊教育证书，学制一年，招收大学本科毕业生；教育学士学位，学制四年；教育硕士学位，学制两年。在大学，职教师资培养学位证书制度包括：教育证书，学制一年，招收已取得文理科非教育学位的本科生；单科教育证书，如教育管理证书、音乐教育证书、教育技术证书等，学制一年，招收本科毕业生；教育学士学位，学制四年；教育硕士学位，学制两年；博士学位。

众多发达国家都强调职教教师教育教学素养的形成。如澳大利亚对职教师资的要求，除必须具有丰富的专业知识外，还必须具有从事跨学科的教学能力、特殊教育能力、环境教育能力、运用现代教育信息能力、编写教学计划能力、讲授理论课和指导学生实践的能力。在教育教学能力培养过程中，教育实习环节受到特别的重视。德国在职教师资培养的第二阶段，即预备实习期间，实习教师不仅要在职业学校兼课，还要去教师进修学院学习教育学、心理学等方面的课程。通过各种各样的教学活动，把教育学、心理学、方法学以及学科知识结合起来，培养他们的基本素质。同样，实践课教师也必须有足够的科技知识并对他们负责的培训工作有足够的了解，也要具备教育学、心理学知识和教学技能。美国教师的教学培训通常由大学或学院提供。学校教师完成四年制学士课程或获得第一学位后，再参加由大学举办的一年制课程，获得教育硕士文凭后才有资格成为教师。继续教育教师不要求接受任何形式的教学培训，但雇主会鼓励他们进修一些可以获得继续教育教师证书的课程。大部分教育机构，包括大学给教员提供培训模块，旨在提高教学技巧，多数职教教师会参加某种形式的教学培训。英国要求职业学校教师必须取得适当的教学资格，教师与讲师的教学培训通常由大学或学院提供。学校教师要在完成四年制学士课程或获得第一学位后，再参加由大学举办的一年制课程，获得教育硕士文凭后才有资格成为教师。

另外，国外的"三段融合""三方参与"的培养训练模式对我国的职教师资教育与培训具有很大的借鉴意义。所谓"三段融合"，就是将原来职前、职后分离的两段式培养模式变为职前培养、入职辅导、职后提高三段融合的培养模式；所谓"三方参与"，就是充分整合大学、职业学校和企业三方的资源，融合三者特色，积极推进职教教师培养的社会化。

（二）"体育特长培养"课程开发状况相关研究

1. 国内体育特长培养课程开发状况相关研究

目前，我国高校体育作为高校教学体系中的重要组成部分，在培养体魄强健、能力全面的高素质人才方面起到很重要的作用。然而，从学校体育的现状来看，高校学子们的体质健康状况总体水平呈下降趋势，表现为亚健康状态，体虚、易疲劳、情绪不稳定等，形成这种现象的原因，除客观因素以外，传统的高校体育教学在目标实现程度方面低也是个重要原因。为此，我们希望通过解析与思考，为加快高校体育教学科学化进程，促进人才全面培养等，找到一些理论的依据。

（1）教师对体育教学指导思想不明确。目前高校体育教学大都以"增强学生体魄"和"掌握运动技能"作为体育教学的指导思想，体育理论知识教学比重太小，教师把教会学生某一种体育技能作为工作的重点。没有把提高体育锻炼意识贯穿在教学过程的始终，高校体育工作出现了教学没有生机，学生没有活力的现象。

（2）学生对参与体育教学态度不端正。学生普遍存在"重文轻体"思想，进入大学后，随着年龄增长，运动懈怠的心理突现，认为体育教学是辅课、配角，在体育场上无非是跑、投、跳，还不如坐下来多看些书，把文化课上好才是最重要；部分学生长期沉迷网络，对参加体育活动态度反感；部分学生怕脏、怕累，对许多教学内容不感兴趣，没能形成正确的体育运动观念。

（3）体育课教学形式有待进一步规范。目前，高校体育课的教学大体分为以下几种形式：一是按体育专项教学，多数老师认为这样有利于学生对基础运动技术的掌握，从而能为体育锻炼奠定一些专项的基础功底；二是不分年级教学，认为这样有利于培养体育骨干，学生间可以相互带动，有利于体育教学过程的顺利进行；三是分男女班教学，多数老师认为这样便于分层次教学和学生管理，从而有利于教员进行分类指导。传统的体育教学模式仍是讲解、示范、练习的传统三部曲，学生一般只能被动练习，扼制了部分学生的个性发展，从而让学生厌倦体育教学。

（4）调查显示，现今体育课程教学内容较为统一，教师、学生没有选择，教法呆板、不灵活，缺乏职业特点，缺乏现代教学思想，对教育功能的作用认识不足，教学内容多，过分强调竞技项目，缺乏兴趣内容，不能充分调动学生学习兴趣和锻炼身体的积极性，与健康第一的指导思想不一致。课堂教学片面强调统一，过分强调服从、规律、知识和队形。缺少多样性、灵活性、个性化。缺少学生的选择性、主动性、兴趣性的教学内容，教学是以灌输式为主的权威化教学态度的单边教学，不利于学生兴趣、爱的发展。

2. 国外体育特长培养课程开发状况相关研究

随着国家社会经济的发展、人民生活水平的提高，健康的身体、强健的体魄越来越成为人们提高生活质量的关键，体育锻炼成为现代生活中重要的一部分。作为培养终身体育的一个重要阶段，对学生影响极为深远的高校体育也被提升到了一个新的高度。

虽然近年来我国高校体育改革取得了可喜的进展，但与发达国家相比依然存在诸多不足之处，如何促进学生的全面发展，把大学生培养成合格的人才是高校体育教师和高校领导必须认真考虑的问题。日、美、俄等国家的经济、文化、科技、教育遥遥领先于发展中国家，主要得益于国家对教育发展的重视，而作为高校教育重要组成部分的高校体育，在经济社会发展中也起着举足轻重的作用，分析学习发达国家先进的教学模式、方法，对于我国高校摆脱旧的教学体制的束缚、满足学生发展需要、服务于终身体育、实现个人的协调发展起着至关重要的作用。

美国是世界强国，各项法规体系都较为健全，高校体育教育经过一个多世纪的发展，也形成了较为完善的体系，取得了较为显著的成就，服务于美国经济社会，并进一步推动美国社会经济的不断发展。

美国高校体育并没有统一的教学大纲和要求，也没有规定必修的课程。美国高校开设的体育课程项目繁多，教学内容不拘泥于形式，并没有指定的教材，由于学生可自行选择运动项目和教师，体育课形式非常多样，如果条件许可，学生甚至可以背着旅行包去爬山、野营。美国高校注重学生体育理论的掌握和体育意识的培养，如学生可以选择学习一些运动生理、体育常识、个人卫生、急救等理论知识。这样可以充分发挥学生的自主创新能力。

通过借鉴和学习发达国家高校体育教学的经验，结合我国的国情和大学生的实际，可以让学生自己探索问题、发现问题并解决问题，通过体育运动来挖掘学生的潜力，从而达到"终身体育"的目的，用体育来推动学生其他方面的发展，从而更好地使学生全面协调发展，在娱乐中提高身体素质。

（三）"心理素养拓展训练"课程开发状况相关研究

1. 国内心理素养拓展训练课程开发状况相关研究

（1）国内心理拓展训练课程相关研究

拓展训练在我国是个新兴事物，1995 年从香港引入中国大陆。尽管拓展训练已经在校外的培训界被运用得如火如荼，并取得不错的效果，但是有关它的科研论文却不是很多。近几年来，已有高校的体育界人士和各领域的学者开始了这方面的研究。

2004 年，北京师范大学体育学院的毛振明、王长权的专著《学校心理拓展训练》介绍了拓展训练所运用的一些理论基础，并重点介绍了可以在高校开展的活动项目。北京大学的钱永健老师在他的专著《拓展训练——挑战自我熔炼团队》中介绍：拓展训练从创建之初就与学校结下了不解之缘。从 2002 年起，北京大学就率先将拓展训练作为一门课程引入学校，深受学生的喜爱。此后，许多高校也设立了不同形式的拓展训练课程。

常建宝（2007）认为，素质拓展训练能彻底改变传统的大学生心理健康教育重理论、轻体验，重形式、轻结果，重说教、轻行为的现状。崔凤斧、周建伟（2010）指出，心理素质拓展训练有利于提高大学新生的心理素质，使其更快地适应大学生活。季宵晶（2010）认为，在高职院校中开展素质拓展训练可以增强大学生的自信心和进取心；在行为训练中进一步养成良好的学习与生活习惯，激发学习的潜能；培养良好的生理和心理素质，克服娇气和惰性，磨炼意志和毅力；启发和增进创造力和想象力，在实践中锻炼学生的独立生活能力。

洪晓波（2011）亦认为，拓展训练不仅仅是身体上的训练，活动的目标更注重于参与者的心理素质提升，拓展训练活动所采用的活动方式更有计划性和针对性。

（2）国内心理健康教育课程相关研究

近些年来，我国学者对大学生心理健康教育进行了广泛而深入的研究。含有"大学生心理健康教育"语句的文献在"中国知网——CNKI系列数据库"（1994~2011）中多达2421条。其中有关心理健康教育课程研究的文献相对较少。用"大学生心理健康教育课程"为关键词，笔者只检索到57篇文献。通过文献分析后发现我国学者对大学生心理健康教育课程建设的研究分为两个层面：一是心理健康教育课程的理论研究，二是心理健康教育课程的实施实践研究。

①心理健康教育课程建设理论的研究

第一，对课程目标的研究。任何一门课程的建设，最基础、最重要的都是对课程目标的明晰和确立。通过对文献资料的分析，我们可以发现，大学生心理健康教育课程的目标也不是一成不变的，它经历了一系列的探索之后逐渐清晰并愈发科学准确。这点我们可以从课程名称的变化中看出。武汉大学教授师领早在1999年就专门撰文讨论了心理健康教育课程的名称问题，他对"心理卫生学"、"心理卫生和咨询"、"心理卫生和心理健康"、"健康心理学"等当时几个常见易混淆的课程名称进行了分析和鉴别，通过比较，他认为对于非心理学专业的学生来说，"心理卫生和心理健康"最合适。当时研究界提出的心理健康教育的目的是预防和矫治各种精神疾病以及适应不良行为，保持和促进个人与社会的心理健康。我们可以看出心理健康教育课程最初的目标更多是对障碍性心理进行关注，矫治性、治疗性意味明显。这说明初期的心理健康课程是为解决少数大学生心理问题而设置的。

随着课程研究的深入，学者们对心理健康教育课程的认识不断全面深入，大学生心理健康教育课程这个名称得到越来越多人的认可。兰州大学周玲和刘佛军在一九九九年第六届全国大学生心理咨询学术会议上，撰文指出"大学生心理健康教育的教学目的应从预防心理问题的产生向促进身心健康、完善人格和开发潜能转变"。长沙理工大学政治与行政学院心理学教研室廖湘蓉副教授通过对课程教学目标、课程内容、教学方法进行探讨，认为大学生心理健康教育课程的教学目的是提高大学生整体心理素质，解决他们所面临的发展性问题，增强大学生自我心理教育能力，从而增强社会适应性，开发潜能，使他们能超越自我，实现自我。通过这些学者的探究，我们可以发现，大学生心理健康教育课程的目标已经逐步转向发展性目标了，而且大学生心理健康教育课程的发展性目标得到了越来越多人的认可。人们也正是在这个清晰正确的目标下开始探索课程的其他具体问题。

第二，对课程内容的研究。如果说课程目标是基础，那么课程内容则是载体，这一问题更具体，更具灵活性、时效性。2004 年，南京大学心理健康教育与研究中心主任桑志芹教授曾指出高校应建立"一套有系统、有针对性的分类型、分层次的心理健康教育课程"。2007 年，潘柳燕等提出构建大学生心教课程体系的原则，并对课程体系进行了整体构建。他们将心教课程分为狭义课程和广义课程。狭义课程只指大学生心理健康教育这门课，广义心教课程则是一个课程群，它以心教课程为核心，包含隐性课程在内，这个课程群具有"开放性，可以不断补充、壮大、完善"。总结学者们的研究内容，我们可以得出，学者们都强调课程内容的设置要遵循学生的心理特点，注重他们的心理需求，并且课程内容应涵盖大学生活的全过程、重要活动，内容的选择也应具有阶段性、灵活性。

第三，对课程评价的研究。课程评价对于课程建设来说有调整反馈功能，它对完善课程建设的每一个环节都有重要作用。我国至今没有建立起一套操作性强、科学规范的心理健康教育课程评价体系，这使心理健康教育活动课程评价成为课程建设中最为薄弱的环节。2006 年，杨民和杨立红认为，当前高校大学生心理健康教育课程的教学实效性低，应建立一种以"自我反思性评价"为核心的评价体系。

②关于课程实施实践层面的研究

第一，对教学模式的探索和总结。2004 年，结合中国矿业大学心理健康教育课程的开展，段鑫星等学者总结出心教课程的教学经验，以网络为依托，实践"1+5"教学法，即"课堂讲授+新概念作业+心理影片+心理测试+网上辅导+学年论文"。这种教学模式符合大学生的接受方式，简约迅速，因此对其他高校进行课程建设有借鉴意义。高艳玲（2006）认为，大学生心理健康教育课程的教学方法应包括案例分析法、讨论分析法、行为训练法、启发式教学法、心理测试法和心理调查法等。学者们越来越强调教学模式和教学方法的多样化，例如教师应综合运用心理测试、心理素质训练、个别咨询和团体辅导等手段，通过情景模拟、冥想技术、心理剧表演等形式，模拟大学生在实际生活中会遇到的各种心理冲突和心理问题，在课堂上学习、锻炼处理这些问题的实际技能。

第二，对课堂教学方法的探究。教育方法是影响课程目标实现、课程内容展现的重要手段，对这一问题的研究，我国学者开始得较晚。先后有学者探讨团体咨询、绘画自我分析法、角色扮演技术在大学生心理健康教育课程中的应用。进行教学方法探究的多为教学一线教师，他们不仅自己学习了这样的心理技术和方法，还将所学的心理咨询技术方法运用在教学实践中，而且还将在教学中进行的尝试和探索总结成积极深入的教学方法，我们心理健康教育课程建设缺少的就是这种一线教师的宝贵经验。

2. 国外心理素养拓展训练课程开发状况相关研究

（1）国外心理拓展训练课程相关研究

拓展训练源于国外，关于拓展训练的研究在国外尤其是美国和英国，已经有 30 多年的历史，已有大量的专著和文献。如尼可·汉利（Nick Hanley）等在《户外游憩的新经济学》一书中，从经济学角度讨论了山脉（攀岩和攀登运动）、森林、河流、海洋等几种户外运动的需求和价值评价模式和方法；而罗伯特·曼宁（Robert E. Manning）在《户外游憩研究：满意度的探索和研究》一书中，专门对户外游憩参与过程以及参与满意度进行了详细的阐述。从已有的国外文献资料中我们发现，众多发达国家在学校中广泛开展了拓展训练，其中团队素质拓展训练比较普遍，如在美国体育课程的安排中，就有与拓展训练较为一致的教学项目：天梯、独木桥、断桥和空中单杠等。此外，美国的体育教学中，身体语言、信任背摔、攀岩等也经常是拓展训练基本的培训项目。在日本，中小学也大都开设了类似的课程，并且许多校外专业素质拓展培训公司也是以各类学校为依托进行素质拓展培训。韩国、新加坡，也把拓展训练以各种不同的方式引入平常的学校教育之中。

（2）国外心理健康教育课程相关研究

在国外学校心理健康教育的研究中，存在两种基本取向：人格主义取向和自然主义取向（Personalistic and Naturalistic）。根据人格主义的理论，学校心理健康教育是由于这一领域的一些组织者、领导者的灵感、勇气和活动而得以发展的；相反，自然主义认为学校心理健康教育之所以发展是社会、法律、政治、经济和文化条件促成的。笔者认为，这两方面作用都不可否认，但不能过分夸大某一方面的作用。学校心理健康教育不是纯粹地从心理学、教育学按照严格逻辑发展出来的，而是为满足学校教育实践和学生发展的客观需要被创造出来的。从总体上来看，心理健康教育是心理学、教育学等与教育实践有机结合的产物，是理论满足客观需要的结果，教育实践的客观要求是学校心理健康教育发展的首要条件。

（四）"中华优秀传统文化"课程开发状况相关研究

1. 国内中华优秀传统文化课程开发状况相关研究

关于传统文化与大学文化素养教育的文献资料以及专著有很多，在中国期刊网、万方数据库、维普等中进行查找，发现相关期刊文献有 70 余篇，博硕士论文有 9 篇，然后再以相关文字"传统文化"和"传承"为关键词在数据库中进行查找，发现相关期刊文献有 50 多篇，硕士论文有 5篇。可见学术界对于传统文化融入教育的研究还是比较多的，但主要是围绕以下三方面：一是对传统文化的保护与传承的研究；二是对课程内容融入传统文化的研究；三是对学校教育中传统文化传承的研究。

首先，对传统文化的保护与传承的研究。学术界有很多学者将传承传统文化的重任寄于素养教育中，他们希望通过加大素养教育，尤其是语文素养教育，增加传统文化的比重，达到文化推广和传承的效果。例如，张明佐 2012 年在《中学政治》中发表了《传统文化的继承——教学反思》，该篇论文主要论述教育工作者应该如何正确地对待传统文化，并对教育缺失传统文化的现象进行了批判，提出利用教学作为媒介来传承传统文化的创新性想法。左新蕾 2008 年在《现代语文》上发表论文《以"拿来"促新生——对传统文化与语文教育现代化的思考》，在这篇文章中笔者提出我们既要继承我国优秀传统文化，又要对我国传统文化进行批判性认识，并善于将传统文化与新的文化进行有机融合，笔者建议，现代人才的培养都应秉承"传统文化的新生"这样的观念。梁衡 2002 年在《前线》上发表的论文《先进文化与传统文化谈》、焦英魁的《作文教学中传统文化的导入》、孙业锋的《多元文化与传统文化教育》……这些论文对于传统文化继承都做了比较详细的阐述，并提出了多种传承传统文化的方法，其中以教育为媒介来传承传统文化的方法最有效，所以笔者从中看出了教育是传承传统文化的重要途径。

其次，对课程内容融入传统文化的研究。对于这部分内容的研究主要采用了案例调查的方法，其中以传统文化融入语文教育中的应用居多，这种研究方法有助于研究课题的推广和实践。例如：东北师范大学张怀宇的硕士论文《高中语文教学中渗透传统文化教育的实践与思考》，主要介绍一些通过语文教育进行传统文化传承的方法，并将其研究成果在上海市第八中学进行实践，证明了传统文化引进中小学语文教学的可行性。还有朱信留的《传承文化激活课堂——浅谈中国传统文化对语文教学的影响》，辽宁师范大学刘慧的硕士论文《论中学语文与传统文化教学》、郑爱峰的《在语文教学中渗透传统文化》等，这些文章从不同的角度论述了语文教育引进传统文化的可行性，建议必须通过教师管理、行政干预等手段对语文教育中的传统文化进行严格筛选，旨在利用传统文化影响学生人生观、价值观的同时，又不让学生陷入老套迂腐的思想怪圈里。虽然很多学者对于传统文化引进语文教育表示出了肯定，但也意识到了传统文化对学生身心影响的重要性，但是有利的论证却没有，只是简单地对传统文化进行阐述，而没说明哪些传统文化适合于语文课堂，所以笔者认为从文化传播角度，研究传统文化引进语文教育的方式能够有效弥补这一不足。

最后，对学校教育中传统文化传承的研究。这类文献从宏观的教育角度谈到传统文化的传承问题，他们认为教育能够在很大程度上对我国优秀传统文化起到传承的效果。例如：武汉理工大学廖赛娟的硕士论文《传统文化在现代大学中的教育价值及其实现》就强调了传统文化在大学教育中的重要性，提出我们必须重新确定传统文化在现代大学中的教育价值，并应有效防止传统文化在教育中的缺失。任永辉 2009 年在《益阳职业技术学院学报》上发表的《传统文化与大学生人文素质教育》中说道："随社会的进步和科学技术的发展，社会对人的素质的要求也不断提高，高校应积极引导大学生自觉从传统文化中汲取营养，丰富自己的精神世界，培养良好的人文精神。"中央民族大学黄家锦的硕士论文《学校教育视野中的民族传统文化传承研究》及安俊秀、靳宇倡的《网络文化与传统文化的相互教育关系》等都对学校教育中传统文化的地位表示了肯定，他们建议在学校教育中加强传统文化教育，利用传统文化教育来培养学生正确的人生观和价值观。

关于传统文化与素养教育的专著中，目前尚未有专门研究传统文化在素养教育中传承的专著，有关传统文化与社会主义核心价值观的专著也比较少。在素养教育中融入传统文化的专著可以追溯到 1936 年，当时的教育部再次修正了《课程标准》，即《修正中学国文课程标准》，也说到无论初级中学还是高级中学，都应把对民族文化的继承和民族精神的发扬放在首位。2003 年《普通高中语文课程标准》（实验）在"语文课程基本理念"部分指出："高中语文课程必须充分发挥自身的优势，弘扬和培育民族精神，使学生受到优秀文化的熏陶，塑造热爱祖国和中华文明、献身人类进步事业的精神品格，形成健康美好的情感和奋发向上的人生态度。"其"课程目标"也明确指出："通过阅读和鉴赏，深化热爱祖国语文的感情，体会中华文化的博大精深、源远流长，陶冶性情，追求高尚情趣，提高道德修养。"但目前研究在大学素养教育中融入传统文化的专著比较少，主要观点有：第一，中国优秀传统文化的继承与发展，不能仅仅停留在对文化的知识性介绍上，而更应做当下意义与价值的阐释；第二，中华优秀传统文化对培养学生对国家的认同感、自豪感具有重要的作用，因此应诉诸培养学生的情感认同；第三，中华优秀传统文化当下的传播问题与对策研究；第四，中华优秀传统文化教育与社会主义核心价值观问题。

2. 国外中华优秀传统文化课程开发状况相关研究

有关中华优秀传统文化课程开发在国外相关研究中不多见，我们只好从文化教学的视角切入，对对外汉语中的文化教学课程开展情况进行综述。

关于文化教学，许多国外学者也展开了相关的研究。这些研究大体上分为两个方面。第一是关于第二语言教学中的文化教学研究，这个第二语言不一定是汉语；第二是关于汉语的文化教学研究。我们首先来看第一方面的研究。由于世界各国关于第二语言文化教学的研究众多，难以一一列举，本文主要对美国的二语文化教学研究情况进行介绍。文化在语言教学中的作用被正式受到关注，可以追溯到 1953 年的密歇根大学"通过学习外语了解文化"讲座。1960 年外语教学东北会议将"文化教学"选定为当年会议的主题，*Culture in Language Learning* 一书作为会议报告同年出版。1972 年和 1988 年，东北会议又举行了第二次和第三次以文化教学为主题的研讨会。第二次会议就文化教学对于外语教学和学习者具有重要意义这一观点达成共识。第三次会议则探讨了如何在课堂中将语言和文化有机地结合起来，并发表了会议论文集 *Towards a New Integration of Language and Culture*（Singer man，1988），反映了当时文化教学的研究成果。另外，美国的一些教育机构，比如 NDEA 和 MLA 都纷纷资助和组织文化教学的研究和实践项目。

　　许多外语教学工作者和学者也对文化教学进行了研究。Hall 在他的三本书：*The Silent Language*（1959），*The Hidden Dimension*（1966），*Beyond Culture*（1976）中从不同角度论证了外语教学中文化教学的重要性，为文化教学的具体实施提供了宝贵资料。Brooks（1968）则强调，文化教学应当贯穿于整个外语教学的过程，并提出学生在不同的学习阶段应有不同的重点和教学方法。从外语教学的第一天起，学习者就应该接受相关文化的教育。可以利用各种实物在教室里建立一个文化岛。到了第二阶段可以使用文学作品。到了第三阶段则需要进行系统的文化教学，教学内容应包括：象征、价值观、权威、秩序、仪式、友爱、荣誉、幽默、美丽和精神。他所提出的这些观点至今仍对我们有很大的启发意义。近年来还有研究证明文化具有动态发展的特点。Robinson（1996）认为文化不仅存在于文化成果和文化形式中，而且也反映在人们使用文化的过程中。Kramsch（1993）也提出：仅仅向学生介绍文化事实是不可能达到跨文化交际和跨文化理解的目的的。必须让学生从认知、情感和行为等多方面去理解和感受目的文化的特点。还有学者将外语学习者的文化适应过程分为不同的阶段。莱文等（*Levine Mddman*，1982）把这一过程分为五个阶段：蜜月阶段、文化冲击阶段、初步适应阶段、孤独阶段和融合阶段。了解这一过程对于学生调整心态、调动学习积极性是很有帮助的。Moran（2009）用"文化冰山"说明，文化观念的大部分是隐性的，少部分是显性的。而隐性的这部分恰恰是我们在文化教学中应该重视的。他还突破性地将社会变迁也认定是文化学习的结果，这是对教育的社会取向和个人取向的综合。这一研究告诉我们，外语教学中的文化教学不仅是外语课堂上的事情，也是整个社会变迁的一部分。这就需要我们从社会发展的高度来规范外语教学中的文化教学。另外，美国的文化教学研究也取得了一些具有实践意义的成果。比如 1999 年美国教育部确定了外语教学的全国标准，即前面所提到的 5C 标准，确立了文化的核心地位。美国汉语 AP（大学预科汉语）课程大纲也体现了一定的文化内容。

　　我们再来了解一下海外关于汉语文化教学的研究情况。进行这方面研究的大多是国外的汉学家或者是长期居住或旅居国外的华人学者。比如王海燕（日本）的《汉语教学与中国文化传播同时并进——大阪府日中友好协会附属大阪中国语学院情况介绍》、李侠的《先驱之举：澳大利亚的汉语和中国文化教学》等，介绍了国外汉语教学的有关情况和经验，其中也涉及文化教学的因素。另外，美国也有一些幼儿园和小学开展了沉浸式中文课程（immersion），孩子用半天的时间沉浸在全中文的环境中，用中文学习同年龄段的各种英文课程，而且参加一些具有中国特色的游戏活动或是参观华人社区。这也是某种意义上对于文化教学的尝试。总体来看，国外的文化教学研究主要集中在文化教学定位和观念、跨文化交际、课程标准和大纲、教学实践等方面。虽然其中的大部分文化教学研究是关于第二语言教学的，专门针对汉语文化教学的研究还很有限。但是他山之石，可以攻玉，这并不妨碍我们对它们进行吸收和借鉴。

在对以往的研究成果进行分析后发现，要在教育中传承传统文化已经成为人们的共识。大家在为什么传承和怎样传承这两个问题上进行了探讨，并取得了一定的成果，也对在素养教育中传承传统文化的研究有一定的借鉴意义和现实价值。但是各家对传承传统文化的意义论述得很粗疏，对传承的方法尤其是如何在大学素养教育中传承传统文化的方法论述得过于笼统，有些研究时代性不强，能够将社会主义核心价值观与中国优秀传统文化紧密结合、融入大学素养教育中的研究不足。因此中华优秀传统文化课程开发研究对于大学素养教育体系、教育内容和教育方法都有很重要的价值和意义。

（五）"表达与写作"课程开发状况相关研究

适用于提高学生的口语表达能力和写作能力。开设本课程的主要目的是使学生了解口语表达与写作的基本知识，使学生具有清晰、准确的口语表达能力和写作一般应用文体的能力，能够在工作中将表达与写作的技能转化为具体工作需要。写作作为"经国之大业，不朽之盛事"，自古以来，就在人类信息传递、思想交流等方面发挥着重要的纽带作用。随着时代的发展，应用文写作在社会生活中的作用更是越来越大，使用越来越频繁。

语言表达能力是现代人才必备的基本素质之一。应认识到说话在我们的工作、日常生活中的重要地位；认识到说话的技巧和提高说话技巧的必要性与紧迫性。现代社会，由于经济的迅猛发展，人们之间的交往日益频繁，语言表达能力的重要性也日益增强，好口才越来越被认为是现代人应必备的能力。作为现代人，我们不仅要有新的思想和见解，也要在别人面前很好地表达出来；不仅要用自己的行为为社会做贡献，也要用自己的语言去感染、说服别人。

教育作为一种人性的培养活动，从来都以人性的全面发展为内容，这也是现阶段我们全面实施素质教育的内涵。语文教学中培养学生听说读写的能力是教育的目标，而学生的习作就是学生综合语文素质的充分体现。北京教育丛书《多读书勤练笔重写字》，便是这探索海洋中瑰丽的浪花。它站在一定的理论高度，指出了当今语文教学中存在的种种弊端，并针对弊端进行改革和探索。

1. 文献查阅

对相关文献进行梳理发现，以往的研究成果主要从以下几个方面来研究"表达与写作"教育问题。

第一，以"表达"与"写作"为核心内容的课程，其教学要以实际操作为主要方法，并尽量把概念知识与课堂任务等融入实践操作中，实现理论与实践一体化教学。

第二，激发学生对中国语言的热爱和兴趣，能够在日常生活中发现不正确发音，及时改正。

第三，表达与写作当下的传播问题与对策研究。

第四，鼓励学生与人交往，增强表现自我的信心与能力。

第五，在教学过程中，要创设工作情景，同时应加强实践训练，使学生掌握表达与写作的要求和方法。

2. 会议研讨

通过会议，我们认识到说话在我们的工作、日常生活中的重要地位；认识到说话的技巧和提高说话技巧的必要性与紧迫性。语言表达能力是现代人才必备的基本素质之一。同样写作能力是当代大学生必备的基本能力，也是大学生综合素质的突出表现，受到传统教育观念、传统教学模式、社会环境和学生自身因素的影响。

（六）"市场、职场、就业与创业"课程开发状况相关研究

1. 文件学习

近年来，大学生就业难问题日益凸显，成为关乎学生成才成长、家庭

生活幸福、社会安全稳定、国家长治久安的重大课题，是社会各界关注的焦点，是党和国家高度重视的热点和高校工作的难点。大学生就业难是多种因素共同影响、相互制约、集中爆发的结果，其中一个突出问题和矛盾是市场需求与毕业生求职之间信息不对称、对接不顺畅，导致大学生摩擦性失业。解决这个问题，是高校破解大学生就业难的责任和使命，也是高校破解大学生就业难的可为与能为之处。为此，党和国家对高校毕业生职业、就业、创业咨询指导服务工作给予了高度重视并大力推动。

国家层面，自20世纪90年代以来中国高校毕业生就业体制经历了两次重大变革。一次是为适应国家从计划经济到市场经济过渡，我国从政府指令性计划分配向"市场导向、毕业生与用人单位双向选择"转变。另一次是在坚持发挥市场基础性作用的同时，突出强化政府积极促进就业的职能，转变为"市场导向、政府调控、学校推荐、学生与用人单位双向选择"的高校毕业生就业体制和机制。与两次重大变革相伴随的是毕业生就业咨询指导工作也在不断走向系统、深入，尤其是进入21世纪以来，国家更是对大学生就业咨询指导工作进行了大力推动和系统完善。教育部结合就业工作新形势与新任务，工作重心实行了三个转移，一是从侧重全面推动就业工作转移到更加重视解决重点、难点问题；二是从侧重改善教育外部就业制度环境转移到更加重视教育内涵建设；三是从侧重政府强化管理转移到更加注重就业服务，全面提高公共就业服务水平。基于此，教育部结合《国务院办公厅关于切实做好2007年普通高等学校毕业生就业工作的通知》（国办发〔2007〕26号）对高等院校提出"将就业指导课程纳入教学计划"要求，下发了《大学生职业发展与就业指导课程教学要求》（教高厅〔2007〕7号），明确了就业指导课程的教学目标、内容和方法、管理和评估，使高校大学生就业指导工作在就业形势日趋严峻的背景下发挥越来越重要的作用。2009年1月，国务院发布了《国务院办公厅关于加强普通高等学校毕业生就业工作通知》（国办发〔2009〕3号），对高等院校进一步提出"强化高校毕业生就业服务和就业指导"的要求。国家高度重视大学生就业指导工作，切实加强对高校就业指导工作的力度。国家出台的文件是纲领性文件，没有也不可能设计针对每一类高等院校或者每一所高校完全适用的大学生就业指导模型，这就需要各类高等院校设计适合本校实际情况的就业咨询指导模式与方法体系。

全国各类高校、一线就业工作者密切结合国家文件要求与同行积极探索，引入国外大学生就业指导先进理论，对我国高校大学生就业指导工作进行研究，呈现百花齐放的繁荣局面。目前国内关于大学生就业指导的研究论文与著作数量较多，呈逐年上升趋势，内容不断拓展，研究逐渐深入。

2. 文献分析

我们通过对国内外就业指导课实施情况进行分析、总结，借鉴国外成熟的职业生涯发展理论以及课程有效性理论进行研究，通过对发表的论著进行梳理，为本次调查寻找理论支撑和突破口。并查找政策文献、理论文献、经验文献等，充分利用图书馆和互联网的信息资源，以及平时就业教学和指导工作中搜集的相关资料，认真阅读有关书籍和报刊，并对其进行进一步整理分析，使之充分运用于本研究中。

（七）"职业生涯规划与指导"课程开发状况相关研究

1. 国内职业生涯规划与指导课程开发状况相关研究

（1）关于课程开发的价值取向与模式选择研究

在课程开发的价值取向上，不同学者提出了不同的思路，有人主张从社会需求出发，如李芳（2010）强调应关注当前大学毕业生就业买方市场的背景，以增强就业指导课程的适时性和实效性，万维维（2006）认为终身学习时代我国高校职业指导课程的构建要坚持以社会需求为导向的指导思想；也有人主张从学生需求出发，黄艳芳（2006）提出要以以学生为中心的课程观、能力为本位的质量观、个性化、自主学习的教学观、发展性评价的考试观设计职业指导课程标准；还有人主张从课程的特征与属性出发，王建农（2008）认为作为经验课程，职业生涯规划和就业指导课程不需要传统式的教科书（学生教材），要避免滑向传统课程建设的轨道。当然，更不乏学者倡导应兼顾多方面需求，李蓉（2002）认为职业指导课程开发应关照两个维度，从学生发展的维度看，应遵循主体的参与性、个性的多样性、自我的完整性等原则，从课程发展的维度看，应遵循课程的生成性、课程的可选择性、课程的综合性等原则。张志华（2008）指出，在课程论视野下，要构建科学合理的职业生涯开发与辅导体系，就必须同时考虑学科本位、学生本位和社会本位三个基点，兼顾三个侧面，即文化遗产的体系、社会的需求以及学习者的特点。

关于课程开发的模式选择，崔智涛（2009）、陈丽（2010）认为可以借鉴目标模式、过程模式和情境模式的思路，在实际开发中综合考虑具体情况，合理选择。至于课程开发的具体方法，诸多学者也进行了有益的探索，陈丹（2010）等采用自编的《职业指导课程需求调查问卷》，对职业院校学生关于职业指导课程的需求内容、授课方式、开课形式、开课时间与课时、系列课程模块、学习目的、教师类型、教材类型、考核方式等进行了系统调查，并据此对课程建设提出相应建议。山东中医药高等专科学校史梅副教授主持的《职业生涯规划与就业》采用以工作过程为导向的课程开发方法，总结出"34368"课程开发模式。第一个"3"是指市场调研、人才培养模式论证和课程开发三个阶段，解决课程载体的选择、课程内容的重构、课程标准的制订等问题。"4"是指课程开发的四个工作环节，即召开"头脑风暴"会议，对职业行动领域进行开发分析，归纳出职业行动领域分析表，对典型工作任务进行"加工"。第二个"3"是指三个转换，即从工作任务到行动领域、从行动领域（典型工作任务）到学习领域、从学习领域到学习情境的转换。"6"是围绕学生职业生涯设计、求职策略、职场素质等涉及学生就业的重要因素，制定教学项目，将课程内容设计为6大模块，从而达到培养学生"8"种能力的目的。

（2）关于课程目标定位研究

关于课程目标定位的依据，研究者们主要强调可以立足职业素养养成、胜任力的形成、后现代观要求、应用型人才培养等角度。对于职业指导课程目标的层次定位，顾雪英（2001）认为高校职业指导建立有层次的、蕴含不同任务的目标更符合我国的实情。她将高校职业指导目标分为了结式就业、和谐性就业、发展性就业等初、中、高三级。在目标的具体内容上，《大学生职业发展与就业指导课程教学要求的通知》指出，态度、观念的转变和技能的获得比知识的掌握重要，态度、观念的改变是课程教学的核心。研究者们亦从学生个性健全、适应力增强、职业素养提高等维度进行了阐述，如杨国龙（2009）将职业指导课程界定为"综合素质教育"课程，并据此确立以学生实践活动为中心，以学生获得体验、领悟为课程目标。陈丽（2010）通过对我国高校课程价值取向的历史嬗变的介绍，以及影响课程价值取向的因素的分析，提出了我国高校职业生涯辅导课程的价值追求：协助学生规划职业生涯，促进学生生涯发展；提升学生综合素质，帮助学生满足社会需求；强化学生专业技能，融合专业教育和生涯辅导。

（3）关于课程内容安排研究

结合课程内容建设，学者们尝试对职业生涯辅导课程体系进行了多样化的构建。陈宁教授主持的《大学生职业发展与就业指导》，形成了"1 + 4 + X"的课程体系，即以一门必修课（《大学生职业发展与就业指导》）为主、四门选修课（《心理健康教育课程》《生涯规划》《就业指导》《创业基础》）为支撑、文化素质类讲座（科普系列、哲学社科系列、艺术体育系列）与课程实训等为补充的课程体系。万维维（2006）等从大课程观视角出发将职业指导课程分为实践课程、活动课程、基础课程、环境课程四个部分。宋志海（2009）在辽宁省高校就业指导课程体系建设中倡导形成包括基础课程、拓展课程、实战课程、网络课程在内的课程结构。

在课程内容的具体选择上，《大学生职业发展与就业指导课程教学要求的通知》将教学内容界定为 6 个部分，即建立生涯与职业意识、职业发展规划、提高就业能力、求职过程指导、职业适应与发展、创业教育。一些实践工作者也结合自身职业生涯辅导的实践，对课程内容的取舍提出了建议。张霞珍、许玉柏（2010）提出可在就业指导课程中引入关键能力的概念，进一步加强毕业生关键能力的培养。田力（2008）通过职业指导课程的目标与人文精神教育的核心内涵进行比较，指出在职业指导课程中渗透人文精神教育是必要和重要的。檀剑（2010）以"能力本位"为基本价值，以技能为"体"，以态度和知识为"两翼"，构建出"一体两翼"的教学内容体系。齐齐哈尔职业学院将自身开发的 STS（School to Society）课程更名为 STC（School to Career），试图实现职业指导课程从关注就业层面向关注个体生涯发展转变。

至于课程内容的组织，有学者以年级为划分标准，强调对不同的年级辅导不同的内容，如孟赞（2008）认为大一应对学生进行职业生涯规划教育，大二应该进行综合素质培养，大三时开展就业指导，陈家琚（2008）主张大学一年级开设择业指导课，二年级开设创业指导课，三年级开设就业指导课。亦有学者按入学时、学习中、毕业前划分，如周文辉（2006）认为职业指导全程可以分为入门教育、综合教育、就业教育三个阶段进行。

（4）关于课程实施策略研究

学者们所谈及的职业生涯辅导课程实施策略包含讲授法、案例分析、小组讨论、模拟练习、职业心理测评、社会实践、比赛（如职业生涯规划大赛和创业大赛)、基地实习等,韩玉(2006)对相关策略进行了总结,将其概括为讲授式、引导发现式、范例教学式、动作技能式、情景模拟式。在常规做法的基础上,有学者提出了一些富有创新性的策略,如陈钧(2007)提出可以借鉴讲授法和活动参与法,形成辅导"工作坊",通过案例导入新知识,经过理论解读与活动课的演练、模拟应用,从而实现知识迁移并转化为能力;檀剑(2010)建议注重立体化教材的建设,将纸质教材、电子教材、幻灯、电教片、网络教材和实物有机地融为一体,重视加大课程信息量,提高学生的感性认识,从而提高教学质量和教学效果。

(5)关于课程效果评价研究

学者们大多主张采用过程评价与结果评价相结合的方式考查学生学习职业生涯辅导课程的效果,高洁静(2010)在调查的基础上指出,上海高校中学生职业发展课程评价方式主要以期末考试为主。这种考核评估方式虽然能考查学生对某些知识的掌握情况,并且省时经济,但就大学生职业发展课程而言却存在不少弊端:忽视了对学生学习过程、学生发展的评价,忽视了学生这一评价主体,忽视了评价的反馈、激励功能,认为运用档案袋评价、表现性评价、观察法评价等真实性评价的方法可以改变学生的角色,使他们从一个被动的受试者成为评价活动的主体。

在评价的具体做法中,学者们也是各出奇招。如徐宾主张平时成绩占10%,侧重考查遵守规则、沟通能力、责任意识、表达能力、自我控制、持久性、自省、抗挫折等一般职业能力;项目作业占40%,以项目组的形式完成专题作业;期末考试占50%,完成一份十年职业生涯规划书。黄艳芳(2007)编制了职业指导课程学生能力分析表,为制定能力测评目标提供了主要依据,并在此基础上建立了以能力为本的课程考核体系。金蕾夜、杜嘉(2005)以选修清华大学"职业生涯规划"课(2003年春季学期)195名学生的课程总结报告为研究对象,采用内容分析方法,一方面总结了大学生在课程干预之前真实的"职业成熟状态",另一方面对课程干预效果进行了评估。

2. 国外职业生涯规划与指导课程开发状况相关研究

在一百多年的职业生涯辅导理论发展进程中,先后出现了多家理论流派,他们从不同立场、不同角度对职业生涯辅导的目的、内容、模式等进行了论述,为职业院校职业生涯辅导课程的开发与实施提供了坚实的理论基础。从弗兰克·帕森斯(Frank Parsons)特质因素理论、霍兰德(John

L'Holland）职业类型匹配理论的创立到罗欧（Anne Roe）需要理论、博丁（Bordin）心理动力理论的提出，职业生涯辅导的目标实现了从注重人职匹配、人尽其才到职业满足的拓展；萨伯（Donald E. Super）、施恩（Edgar H. Schin）、金斯伯格（Eli Ginzberg）、格林豪斯（J-H. Greenhaus）等各自职业生涯发展阶段理论的形成，使得人们逐步认识到职业发展在个人生活中是一个连续的长期的过程，职业选择不是个人面临择业时的单一事件，而是一个发展过程，从而推动了职业生涯辅导时空上的拓展以及过程上的延伸，从特定时期的静态事件转变成为贯穿个体一生的动态过程；罗杰斯（Carl Ransom Rogers）的来访者中心理论基于对当事人的人本关怀，强调来访者的自我调整、自我成长和自我实现，引致了职业生涯辅导在实施模式上由以专家为中心的指导模式向以当事人为中心的辅导模式的转变；伽列特（H. Gelatt）和乔普森（D. Jepsen）所倡导的职业决策理论的诞生，激起了人们对特质因素理论的反思，人们逐步意识到个体不能有效地做出决策，主要原因不是当事人缺乏个人或职业信息，而是缺乏有系统的、有步骤的职业决策方法，因而职业生涯辅导工作的主要任务应是培养和增进当事人的决策能力，由此，职业生涯辅导工作内容得到了进一步的丰富，帮助当事人学会选择、学会决策，成为一项新的使命。

进入 21 世纪以来，诸多的学者更是直接针对学校职业生涯辅导课程展开了研究。贵查德（Jean Guichard）（2001）将培育学生良好个性、增强其职业适应性作为学校生涯教育的重要目标，认为"学校的功能就在于开发与塑造学生的个性，使每一位青年人能够形成特定的人格、确立自己的生涯目标并促使它们得以实现，所有这些就是学校生涯教育的追求"。在课程编制方法上，丹尼尔·坦纳（Daniel Tanner）（2006）等指出，"作为课程编制手段的活动或工作分析法存在一种危险的缺陷，它着眼于最低水平的目标——只要求做出机械反应的目标，而忽视了要求具有较高水平的思维过程的目标"，强调"不能用活动或工作分析来简单地涵盖课程目标的全部内容"。

关于学校职业生涯辅导课程内容，针对劳动力市场不确定性增加、职业方式趋多元、从业人员职业岗位调整加快局面的出现，不少学者认为帮助个体设计完美人生之路、建构理想职业生涯成为新时期职业生涯辅导的主要任务。为此，辅导的关键是要使学生学会分析、加工、利用信息，"不仅要帮助他们针对眼前面临的困惑做出即时决策，还要使之了解决策方法与程序，承担决策的责任，为其终身学习和职业发展奠定基础"。

随着职业生涯辅导实践的展开，瓦兹（Watts）（2001）认为欧盟国家诸多学校在课程实施策略上也面临着相应的挑战与考验。如职业生涯辅导内容究竟是整合到学科课程中，还是作为独立内容专门教学？前者有助于发挥全体人员参与职业生涯辅导的积极性，但由于学科性质不同，相应的内容在学科课堂中只能被"灌输"，同时，鉴于不同学科的认知规则不同，要使全体教师真正参与到职业生涯辅导中来，也会遇到一定的困难。而后者将职业生涯辅导作为一门独立的课程施教，目前亦遭遇许多难题，如教师的角色需要从学科课程知识的权威者转变为学生学习活动的策划者与协调者、学生总体上缺乏学习该课程的动力、部分学生基于功利的考虑更重视学科课程的学习、一些学生之所以学习职业生涯辅导课程也只是希望得到高分、教师在课堂中容易遇到诸多纪律问题等。

对于学校职业生涯辅导效果的评价，尽管自职业指导面世以来，几乎每一个倡导者都宣称它具有不少益处，但马贵瑞（Maguire）（2003）等学者指出，如果进一步深究就会发现过去关于职业指导效果的描述，实际上都是基于构想的理论评价。我们很难找到职业指导与这些后果之间的内在作用机制，也很难将职业指导与其他因素的影响区别开来。一些研究者另辟蹊径，试图运用实证方法评价职业指导的作用。他们借助观察、访谈、问卷调查、个案分析等手段，获取大量统计数据，力求为评价职业指导工作提供更有说服力的依据。但是，这种实证方法的应用也并非完全可行：职业指导工作应贯穿于个体的一生，有时其效果并非立竿见影，甚至有些后果是无形的，是难以衡量的；在某些情况下，可能找不到控制组或对照组与实验组进行对比研究，因为剥夺任何人接受职业指导的权利都是不道德的。从发展趋势看，人们认为今后要进一步延长效果考察的周期，要将衡量的指标从对显性数据的追求转为对观念、态度、精神等的关注。

综观上述国内外研究，可以得出如下几点结论。

第一，西方国家作为职业指导的发源与先行国家，围绕学校职业生涯辅导课程开发在目标定位、内容组织等方面已提出诸多独到的见解，相关研究结论可以为我所借鉴，同时，随着研究的深入，我们在课程实施、课程评价方案制定中遭遇到许多理论与实践困惑，这些也可能是今后需要进一步探讨的课题。

第二，与理论研究相比，就业指导观念在我国教育实践中还有一定的市场，关于职场适应与指导类课程名称目前尚存在多种提法，众多关于大学生职业指导模式的介绍、经验总结还停留在人职匹配理论阶段，这些都表明从指导到辅导、从职业到生涯、从能力到素养的理念转变还未能真正到位。

第三，近年来我国已经逐步重视生涯发展理论的研究，并开始探索相关理论在学校教育中的应用，但总体上仍主要停留于倡导与呼吁阶段，并没有系统论证生涯发展理论应用的合理性和必然性，尤其缺乏针对职业学生生涯发展特征的系统研究。局部关于职业生涯辅导实践的探索，思路与做法多有重复、雷同，特色性、独创性研究不够充分、不够深入。

第四，在课程观研究上，尽管当代研究视角有所拓展，但仍主要集中于就课程论课程，从教育社会学、教育哲学、教育心理学等层面对职业生涯辅导课程性质、功能定位、开发理念等进行探索与挖掘的研究不多。

第五，由于课程开发程序的缺失或不够规范，我国在职业生涯辅导课程目标定位、内容组织、课程评价等方面的研究结论主观性、随意性较强，系统性、层次性、可操作性相对薄弱。各环节之间内在逻辑关系照应不够，大多研究仅仅着眼于某一环节内容的探究，研究的立意不够高远、结论的说服力不够充分。

第六，在课程实施层面，尚没有找到将职业生涯辅导融入全方位育人体系的有效路径，在实践中容易造成职业生涯辅导与专业教育、与文化素质教育的游离和割裂，致使职业生涯辅导陷入无本之木、无源之水的尴尬境地。

（八）"艺术特长培养"课程开发状况相关研究

1. 国内艺术特长培养课程开发状况相关研究

近年来，国内很多学者对高校公共艺术特长教育的有关问题进行了深入研究与探索。安徽建筑工业学院查玲在《艺术特长教育在大学生素质教育中的作用》一文中提出，艺术特长教育是培养全面发展人才和大学生素质教育不可缺少的重要手段。庞海芎在《公共艺术特长教育的功能及其实现途径》中指出，大学的公共艺术课程担负着提高大学生艺术修养、培养创新思维、陶冶情操等任务。衢州学院黄昌海在《充分认识艺术特长教育在普通高校中的现实作用与深远意义》中指出，公共艺术特长教育是促进大学生全面和谐发展的重要内容，艺术特长教育在普通高校中具有重要的现实作用与深远的历史意义。金玺铎在《高校公共艺术特长教育价值探究》中重点阐述了高校公共艺术特长教育对其他学科学习的促进价值，并提出在教育教学的过程中不仅要追求艺术的"本体"价值，而且还要重视挖掘艺术特长教育的"外沿"价值，只有这样才符合高校公共艺术特长教育的根本要求。西南大学教育管理硕士程征明在硕士毕业论文《综合性大学公共艺术特长教育的现状、问题与对策研究》中详细地阐述了综合性大学实施公共艺术特长教育的意义、现状、主要问题及对策。

从目前来看，通识教育理念背景下的高校公共艺术特长教育课程研究十分缺乏。山东大学曾繁仁教授在《现代中西高校公共艺术特长教育比较研究》一书中，引入了《通识教育红皮书》、《视觉艺术报告》、《论哈佛学院通识教育》等一系列重要文献，并运用到自己的理论中。南京大学陈晓燕将通识教育理念与公共艺术特长教育联系起来，在《通识教育理念下高校公共艺术特长教育的实践创新》一文中，提出通识教育作为提倡"通"、"宽"、"全"的人本教育理念，与艺术特长教育的理念相契合，通识教育理念能够指导普通高校建立完善的公共艺术特长教育体系，打造丰富的艺术类课程，开展具有创新意义的教学实践。公共艺术特长教育在高校，特别是在一些知名理工科大学取得了令人瞩目的成果。但是，高校如何真正实现公共艺术特长教育，如何真正促进学生全面发展还存在很多理论和实践方面的困难。因此，高校公共艺术特长教育任重而道远。

2. 国外艺术特长培养课程开发状况相关研究

古希腊哲学家柏拉图最早在其著作《理想国》中提出将音乐教育作为教育之本的思想，这可以说是艺术特长教育的萌芽。18世纪，德国美学家席勒首次系统提出审美教育和艺术特长教育的概念，并把审美教育作为专门的理论来进行研究。20世纪，西方学术界对艺术特长教育的研究发展得很快，一个重要表现就是很多高校非常重视开设艺术特长教育课程，注重培养学生的艺术素养。1994年，美国颁布《艺术特长教育国家标准》，提出艺术特长教育的对象为全体学生，不论其背景、天赋，都有权享有艺术特长教育，必须保证每一个学生艺术学习的资源和条件。在英国，从政府主管部门的管理到学校的教育教学实施，都体现出对学校艺术特长教育普及化的重视程度。如国际一流的剑桥大学，已将艺术渗透到其他各个学科进行教学，并把艺术作为检查、评估教学质量的重要部分，大学则以短期培训班的形式开设艺术课来满足艺术爱好者的需求。法、德等国也都将艺术特长教育作为评估教学质量的一个重要内容，比如，伦敦大学共有五个学院开设各种艺术课程供学生选择。在国外，从小学到大学，艺术特长教育已形成了较为完整的体系，在学校教育中的地位得到了真正确立。限于文献的局限性，我们对国外高校公共艺术特长教育的研究尚不深入，有待改进。

（九）"数据应用与思维方法"课程开发状况相关研究

1. 国内外数据应用课程开发状况相关研究

当前，许多国家的政府和国际组织都认识到了大数据的重要作用，纷纷将开发利用大数据作为夺取新一轮竞争制高点的重要抓手，实施大数据战略。

（1）美国政府将大数据视为强化美国竞争力的关键因素之一，把大数据研究和生产计划提高到国家战略层面。2012 年 3 月 29 日，奥巴马政府宣布投资 2 亿美元启动《大数据研究和发展计划》，希望增强收集海量数据、分析萃取信息的能力。以美国科学与技术政策办公室（OSTP）为主，国土安全部、美国国家科学基金会、国防部、美国国家安全局、能源部等已经开始了与民间企业或大学开展与多项大数据相关的各种研究开发活动。美国政府为之拨出超过 2 亿美元的研究开发预算经费。奥巴马指出，通过提高从大型复杂的数字数据集中提取知识和观点的能力，能帮助美国加快在科学与工程中发展的步伐，改变教学研究，加强国家安全。据悉，美国国防部已经在积极部署大数据行动，利用海量数据挖掘高价值情报，提高快速响应能力，实现决策自动化。而美国中央情报局通过利用大数据技术，将分析搜集数据的时间由 63 天缩减到 27 分钟。2012 年 5 月美国数字政府战略发布，提出要通过协调化的方式，所有部门共同提高收集、储存、保留、管理、分析和共享海量数据所需核心技术的先进性，并形成合力；扩大大数据技术开发和应用所需人才的供给。以信息和客户为中心，改变联邦政府工作方式，为美国民众提供更优的公共服务。

（2）英国商业、创新和技能部在 2013 年初宣布，注资 6 亿英镑发展 8 类高新技术，其中对大数据的投资即达 1.89 亿英镑。负责科技事务的国务大臣戴维·威利茨说，政府将在计算基础设施方面投入巨资，加强数据采集和分析，这也将吸引企业在这一领域的投资，从而在数据革命中占得先机。英国在大数据方面的战略举措有：在本届议会期满前，开放有关交通运输、天气和健康方面的核心公共数据库，并在五年内投资 1000 万英镑建立世界上首个"开放数据研究所"；政府将与出版行业等共同尽早实现对得到公共资助产生的科研成果的免费访问，英国皇家学会也在考虑如何改进科研数据在研究团体及其他用户间的共享和披露；英国研究理事会将投资 200 万英镑建立一个公众可通过网络检索的"科研门户"。通过大数据技术使用，优化政府部门的日常运行和刺激公共机构的生产力，可以为英国政府节省 130 亿至 220 亿英镑；减少福利系统中的诈骗行为和错误数量将为英国政府节省 10 亿至 30 亿英镑；有效地追收逃税漏税将为英国政府节省 20 亿至 80 亿英镑。通过合理、高效地使用大数据技术，英国政府每年可节省约 330 亿英镑，相当于英国每人每年节省约 500 英镑。

（3）法国政府为促进大数据领域的发展，以培养新兴企业、软件制造商、工程师、信息系统设计师等为目标，开展一系列的投资计划。法国政府在其发布的《数字化路线图》中表示，将大力支持"大数据"在内的战略性高新技术，法国软件编辑联盟曾号召政府部门和私人企业共同合作，投入 3 亿欧元资金用于推动大数据领域的发展。法国生产振兴部部长 Arnaud Montebourg、数字经济部副部长 Fleur Pellerin 和投资委员 Louis Gallois 在第二届巴黎大数据大会结束后的第二天共同宣布了将投入 1150 万欧元用于支持 7 个未来投资项目。这足以证明法国政府对于大数据领域发展的重视。法国政府投资这些项目的目的在于"通过发展创新性解决方案，并将其用于实践，来促进法国在大数据领域的发展"。众所周知，法国在数学和统计学领域具有独一无二的优势。

（4）为了提高信息通信领域的国际竞争力、培育新产业，同时应用信息通信技术应对抗灾救灾和核电站事故等社会性问题，日本总务省于 2012年 7 月新发布"活跃 ICT 日本"新综合战略，今后日本的 ICT 战略方向备受关注。其中最受关注的是其大数据政策（从各种各样类型的数据中，快速获得有价值信息的能力），日本正在针对大数据推广的现状、发展动向、面临问题等进行探讨，以期对解决社会公共问题做出贡献。2013 年 6 月，安倍内阁正式公布了新 IT 战略——"创建最尖端 IT 国家宣言"。"宣言"全面阐述了 2013～2020 年以发展开放公共数据和大数据为核心的日本新 IT国家战略，提出要把日本建设成为一个具有"世界最高水准的广泛运用信息产业技术的社会"。

（5）在重视科技发展的印度，大数据技术也已成为信息技术行业的

"下一个大事件"，目前，不仅印度的小公司纷纷涉足大数据市场淘金，一些外包行业巨头也开始进军大数据市场，试图从中分得一杯羹。2012 年，印度全国软件与服务企业协会预计，印度大数据行业规模在 3 年内将达到 12 亿美元，是目前规模的 6 倍，同时也是全球大数据行业平均增长速度的两倍。印度毫无疑问是美国亦步亦趋的好学生。2012 年初，印度联邦内阁批准了国家数据共享和开放政策。在数据开放方面，印度效仿美国政府的做法，制定了一个一站式政府数据门户网站 data. gov. cn，把政府收集的所有非涉密数据集中起来，包括全国的人口、经济和社会信息。

（6）争夺新一轮技术革命制高点的战役已经打响，中国政府在美国提出《大数据研究和发展计划》的 2012 年也批复了《"十二五"国家政务信息化建设工程规划》，总投资额估计在几百亿元，专门有人口、法人、空间、宏观经济和文化五大资源库的五大建设工程。我国的开放、共享和智能的大数据时代已经来临！2012 年 8 月，国务院制定了促进信息消费扩大内需的文件，推动商业企业加快信息基础设施演进升级，增强信息产品供给能力，形成行业联盟，制定行业标准，构建大数据产业链，促进创新链与产业链有效对接。同时，构建大数据研究平台，整合创新资源，实施"专项计划"，突破关键技术。大力推进国家发改委和中科院基础研究大数据服务平台应用示范项目，广东率先启动大数据战略推动政府转型，北京正积极探索政府公布大数据供社会开发，上海也启动大数据研发三年行动计划。

（7）当前，在政府部门数据对外开放，由企业系统分析大数据进行投资经营方面，上海无疑是先行一步。2014 年 5 月 15 日，上海市推动各级政府部门将数据对外开放，并鼓励社会对其进行加工和运用。根据上海市经信委印发的《2014 年度上海市政府数据资源向社会开放工作计划》，目前已确定 190 项数据内容作为 2014 年重点开放领域，涵盖 28 个市级部门，涉及公共安全、公共服务、交通服务、教育科技、产业发展、金融服务、能源环境、健康卫生、文化娱乐等 11 个领域。其中市场监管类数据和交通数据资源的开放将成为重点，这些与市民息息相关的信息查询届时将完全开放。这意味着企业运用大数据在上海"掘金"的时代已来临，企业投资与上海民生相关的产业如交通运输、餐饮等，可以不再"盲人摸象"。在立足国家战略和产业政策推动大数据收集和分析技术快速发展的同时，我们也应清醒地认识到避免数据垄断和保护数据安全的重要性，及早开展相关法律法规的探讨和研究。

伴随着大数据时代的来临，世界各国对数据的重视提到了前所未有的高度。套上大数据的光环后，原本那些存放在服务器上平淡无奇的陈年旧数一夜之间身价倍增。按照世界经济论坛报告的观点，"大数据为新财富，价值堪比石油"。正如大数据之父维克托所预测，"虽然数据还没有被列入企业的资产负债表，但这只是一个时间问题。"今天的国家将大数据视为国家战略，并且在实施上也已经进入企业战略层面，这种认识已经远远超出当年的信息化战略。我们上面介绍了许多国外的动态，最后自然也要落脚到本国，思考本国可能采取的发展道路。2014 年 2 月 27 日，中央网络安全和信息化领导小组宣告成立，组长习近平指出，没有网络安全就没有国家安全，没有信息化就没有现代化。建设网络强国，要有自己的技术，有过硬的技术；要有丰富全面的信息服务，繁荣发展的网络文化；要有良好的信息基础设施，形成实力雄厚的信息经济；要有高素质的网络安全和信息化人才队伍；要积极开展双边、多边的互联网国际交流合作。这也说明目前我们没有自己的过硬技术，网络文化有待提升，基础设施还是太差，人才队伍素质跟不上需求，也没有可靠的盟友，信息经济实力太弱。

2. 国内外思维方法课程开发状况相关研究

美国是最早将创造问题作为一门科学来研究的国家。1936 年，美国通用电气公司首先将"创造工程"课程在其职工范围内开设。1941 年，美国 BBDO 广告公司经理奥斯本出版了《思考的方法》一书，首创"智力激励法"（Brain Storming）；1953 年他又出版了《创造性想象》，对创造性思维进行了有益的探索。1943 年，德国心理学家马克斯·韦特海默在美国出版了《创造性思维》，该书是世界上第一部专门研究创造性思维的著作。1948 年，美国麻省理工学院第一个开设了《创造性开发》课程；1954 年美国创立了"创造性教育基金会"。日本自 1955 年开始进行创新思维和创造研究，引起了高度关注。20 世纪 70 年代，日本的创造学研究水平就已经超越美国。日本成立了许多创造学会、创造性研究会、创造工程研究所等组织。有部分学者认为，对创新思维和创造研究的特别关注是第二次世界大战后日本经济腾飞的重要原因之一。从 20 世纪 60 年代起，苏联开始对创新思维及创造问题研究与普及，逐步建立、普及了多种形式的发明创造学校，建立了全国性的学术组织，制定了《发明解题程序大纲》。在大学，开设了"技术创造原理"、"科学研究原理"等课程，成立了"大学生设计局"，有多达 10 万名的学生参加。20 世纪 70 到 80 年代出版了《发明创造心理学》、《创造学是一门精密的科学》、《发明家用创造学原理》等学术著作。法国、英国、加拿大、德国、保加利亚、波兰、匈牙利等 40 多个国家开展了创造问题的研究与普及。创新思维和创造研究正成为国际学术界的研究热点。各种关于创新思维、创造学的专著大量涌现。创新思维和创造的研究热潮，正在由发达国家向发展中国家逐步扩散，并成为现代科学技术革命的重要内容。创造性思维是一个广阔的领域，国外对创造性思维的研究成果丰富。概括国外学者对创造性思维的研究，主要有以下几种观点。心理动力学观点：这种观点认为，创造思维来源于意识领域与无意识领域之间的张力。弗洛伊德认为，作家和艺术家以社会能够接受的方式来表达他们的无意识的愿望，从而产生创造性的产品。这种无意识的愿望涉及财富、权力、地位、荣誉或爱（Vemon，1970）。对著名发明家的个案研究进一步证明了这种观点。库贝（1958）和克力斯（1952）等人发展了心理动力学的观点。库贝认为，介于意识与无意识之间的潜意识是创造力的真正来源，因为这些思想是模糊的、松散的，但却是可解释的。与弗洛伊德不同，库贝认为无意识的冲突实际上对创造性思维起副作用，因为它们导致了固定的重复的思想。认知的观点：此种观点认为，思维能力和知识是创造活动的基础。吉尔福特认为，创造思维特别涉及心理能力中的发散思维。发散思维是对一个问题产生多种不同答案的智力操作能力。但许多研究者强调，创造力除了发散思维外，还有许多其他方面的能力，如问题定义技能（Getzels 等，1976）、知觉高校学生创新思维培养体系研究 4 能力（Schachtel，1976；Smith 和 Carlsson，1990）、归纳技能（Holland 等，1986）和顿悟技能（Finke 等，1992）。近来，认知研究采用了个案研究、计算机模拟和实验室研究等多种方法来探索与创新性相关的各种能力。社会心理学观点：这种观点认为，创造力的来源与社会文化环境人格特征和动机变量有关。如阿玛贝尔（1968）、巴龙（1969）和达德克（1991）等人认为，具有创造性的人具有创造性人格特质。这些特质包括自信、对复杂性感兴趣、独立判断、有美感和冒险性。根据马斯洛的观点，勇敢、胆大、自发性、自我接纳、自由和其他特质，会促使一个人实现他的全部潜能。当代对创造性思维的研究融合以往的观点，认为创造性思维研究理论既要考虑个体认知因素，也要重视人格和环境因素。美国心理学家斯腾伯格和鲁巴特（1991）根据信息加工的观点，通过问题解决的实验研究发现与创造性思维的发生有关的六种因素。

（1）智力：一些理论研究和实验工作报告表明智力是创造活动最重要的因素。与创造力有关的智力能力有：发现问题的能力，明确问题的能力，表征问题的能力，策略的选择能力，有效评估的能力和作为创造作业的基本水平的顿悟和发散思维技能。

（2）知识：知识指有关的经验体验、知识结构。知识给创造性思维提供加工的信息，帮助创造者了解他在某个领域中所处的位置。知识使人识别问题、懂得问题的性质，阻止人去重复老观念，帮助人产生高质量的成果，帮助人发现和利用出现的机会，还可以帮助人将认知资源集中于产生新的观念。

（3）思维习惯：思维方式与个性特征的相互作用产生思维习惯。两个人可能具有同等的智力水平，但在如何把能力运用在工作上则会有所不同。

（4）人格特征：个人人格特征对创造力的发挥有着重要影响。它能有效运用认知成分将稍纵即逝的想法转变成真实的成果。

研究发现，有 5 种品质与创造性的发生有密切关系：对模糊的容忍力；坚持性；对新体验的开放性；渴望成长；冒险性。

（5）动机：动机为创造性的目的提供认知成分的驱动力。动机对创造性发挥作用的关键是它影响了一个人对任务的注意方式。

（6）环境：环境可以提供有助于新观念形成的物理的或社会的条件，可以激发一个人运用与创造性有关的认知能力。

斯腾伯格特别指出，这六种要素只有经过有效的组合才有可能使思维产生创造性成果。

国内创新思维研究现状：自 1980 年以来，《科学画报》、《北京科技报》、《未来与发展》、《现代化》等陆续刊登了大量介绍国外有关创新思维的文章；《实用创造学与方法论》、《创造与技法》等许多综合性著作相继出版。《发明与革新》（1984）、《思维科学通讯》（1984）、《思维科学》（1985）、《创造与人才》（1985）等刊物陆续创办。中国创造学会筹委会（1983）、山西社科院思维科学研究所（1984）、中国发明协会（1985）、中国现代设计法研究会（1985）等创新思维研究组织相继成立。社会各界开始关注创新思维和创造，我国的创新思维探索研究开始起步。自二十世纪八十年代中期开始，我国的创新思维研究进入到一个新的层次。学者刘益东对 1980～1994 年国内报刊发表的有关创新思维的论文进行了统计，较重要的论文有 266 篇（以中国人民大学书报中心全文收录为准），其中介绍性文章 119 篇，研究论文 147 篇。到 1994 年，国内已正式出版译著 40 多部、研究专著 20 多部。主要研究专著有：《关于思维科学》（钱学森，1986），《思维发展心理学》（朱智贤、林崇德，1986），《科学发现的逻辑》（张士嵘，1986），《灵感学引论》（陶伯华、朱亚燕，1987），《人工论提纲——创造的哲学》（李伯聪，1988），《思维数学引论》（孟凯韬，1991），《易与人类思维》（张祥平，1992），《相似论》（张光鉴，1992），《对称—整合思维模式》（周守仁，1993），《认知科学与广义进化论》（赵南元，1994）。同时，有关创新思维的综述性、普及性著作和丛书也相继出版，如"思维科学丛书"，"人与创造丛书"等。其中，1986 年，我国专门研究思维科学的学者刘奎林发表了一篇颇有影响力的论文《灵感发生论新探》。该文对灵感的本质、灵感的特征和灵感的诱发等问题做了较深入的探索，并力图在 80 年代国际上已取得的科学成就（特别是脑科学、心理学与现代物理学等方面的成就）的基础上，对灵感发生的机制做出比较科学的论证。值得注意的是，该文提出了一种称之为"潜意识推论"的理论，并运用这种理论建立起"灵感发生模型"。由于该文作者刘奎林认为灵感思维"居于创造思维过程中的重要位置"，因此我们也可以把刘奎林提出的"灵感发生模型"看作是创造性思维模型。由于该模型是建立在"潜意识推论"的理论基础上，所以也可以称之为基于潜意识推论的创造性思维模型。这是迄今为止，在国内外有关文献中所能看到的关于创造性思维研究比较完整、比较有说服力的模型。20 世纪 90 年代以后各领域关于创造性思维代表性成果著作明显增多，比如何克抗主编的《创造性思维理论——DC 模型的建构与论证》一书提出了创造性思维的内外双循环模型，傅世侠与罗玲玲的《科学创造方法论》（2000）从方法论的角度对创造性思维进行了研究。刘仲林编著的《中国创造学概论》提出"阳刚"思维和"阴柔"思维。阳刚思维遵循形式逻辑规律，主要推理方法为演绎法和归纳法；阴柔思维遵循审美逻辑规律，主要推理方法为类比法和臻美法，对创造性思维研究提出了新观点。我国学术界对创造和创新思维的研究热潮日益高涨，虽然比西方国家起步晚，但发展速度却非常快。一方面，对西方国家先进思维科学思想观点的吸收和消化在不断深入；另一方面，结合我国实际情况的创新思维科学研究在不断壮大。我国的创新思维研究在短短近 20 年间已经取得一定进展，但我们仍然必须看到其中存在的问题：

国外的科研成果引进速度慢。这主要反映在两个方面：一是对国外的经典著作翻译速度慢，40 多部译著几乎都是 1985 年以后才出版的；二是对国外的最新研究成果介绍及借鉴较少，仅从参考文献的构成就可以清楚地看到这一点。

研究方法和工具缺少创新。信息论、脑科学等科技前沿领域的最新研究成果较少反映在国内创新思维领域的研究成果中。如何定量研究创新思维，一直是国内学界需要解决的问题。

纯思辨性论述多，实验性研究相对较少。根据刘益东的统计，在创新思维领域的 147 篇研究高校学生创新思维培养体系研究论文中，涉及实验工作的仅有 18 篇，只占 12.2%。

泛泛的论述多，深入具体的探索较少。许多文章题目很大，但内容空洞。深入具体的研究少，具有实践指导价值的探索更少。

将教育学与创新思维进行联系时，学生要么从宏观上寻找创新思维的教育规律，要么专注于教学中取得的创新思维培养经验，在研究创新思维本质及发生过程基础上探讨大学生创新思维培养的很少。

国外高校创新教育给予的启示：

创新教育的实施是 21 世纪我国高等教育发展的必然趋势。联合国教科文组织曾指出："科学技术的时代意味着：知识在不断地变革，革新在不断地进行。教育应较少地致力于传递和储存知识……而应该更努力追求获得知识的方法，即学会如何学习。"该组织还提出，"二十一世纪是创造教育的世纪"。21 世纪人才最重要的素质就是创新素质，在科学技术高速发展的今天，教育的地位、功能及作用都有了新的变化。以往我们通常只看到了教育的选拔功能和政治功能，而忽略了教育的社会功能和经济功能。在当前时代背景下，综合国力竞争日益突出，而综合国力竞争归根到底是人才竞争，而人才竞争基础必然在教育。随着全球经济一体化的不断推进，为适应时代发展的需要，我国作为 WTO 的一分子关键是要培养出大批知识创新和技术创新的人才。因此，作为培养高级技术人才重要基地的高校必须实施创新教育。

营造良好的创新教育环境。培养创新精神、创新能力及创新意识需要环境的熏陶和潜移默化的影响。创新人格的成长与创新思维的形成，有赖于长期的综合性的陶冶与熏染，而民主、自由、和谐、安全的学习环境是创新素质培育的基础，可以推动人格的自由发展，推动思维的活跃与激荡，进而推动创新才能的迸发。学校应该提倡学术自由、思想活跃、百花齐放、百家争鸣，鼓励风格个性化与多样化，培养标新立异、敢为人先的勇气，创设多学科相互交流的环境，创造各学派不同学术观点争鸣的条件，形成师生在学术上自由讨论的氛围，激发其创新意识。在这一点，国外一流高校都很重视营造自由、民主及宽松的氛围，鼓励冒险、宽容失败，鼓励学生树立创新的自信等，这无疑给了我们很多启迪。

改革现行的教育制度。现在我国的教育处在一个人人可以指责、人人可以评论的阶段，说明社会对教育改革有非常紧迫的期待，我们的教育陷入了非常艰难的改革困境。而要走出教育改革困境亟待教育思想大解放。我国教育改革的根本目标，主要是解决四个问题，一是改变学生的学习内容，从统一到选择；二是改变学生的学习方式，从书本到实践；三是改变学生的学习时空，从学校到家庭和社会；四是改变学生的学习状态，从被动到主动，从无兴趣到有兴趣。"课堂教育中心情结"不解除，创新人才的真正培养就无法起步。我们教育界有一种根深蒂固的课堂教学中心情节，似乎除了上课做作业外其他都不是教育，似乎不上课就不是学习。这种情况下，学校教育包办越来越多，离真正的现代教育就越来越远，对教育的危害就越来越大。如果学校教育不回到生活，不重视实践，我们的课程改革就注定要失败，我们对创新人才培养的期盼就注定无法实现。我们要放弃圈养的方式，让学生回到家庭教育、社会教育。

创新教育教学模式。第一，在培养目标上，要从培养"乖"学生转变为培养能够多角度灵活思维、探究欲强和创造力丰富、世界观和人生观科学、综合运用知识能力强、社会责任感和道德感好的人。第二，改革课程体系与教学内容，加强基础与通识课程教育，增设综合性课程，自然科学和社会科学之间要相互渗透，使文科的学生学习理工科的基础知识，理工科学生提高人文学科的素养，打破学科界限，加强各学科间的横向联系。同时为扩大学生知识面，可以实现资源共享，学生可以选择自己喜欢的第二专业进行辅修，成绩合格后可由学校授予辅修第二专业证书。第三，在教学方法方面，教师要改变过去"单向灌输"的教学方法，因材施教，使教学更具有启发性和引导性，由"以教师为中心"变为"以学生为主体"，由"师道尊严"变为"民主和谐"，由"知识传授"变为"合作探讨"，由"注重知识的量"变为"注重知识的质"，由"封闭式"变为"开放式"，由"注重结果"变为"注重过程"，由"强调学会"变为"强调会学"，由"注重记忆"变为"注重思维"，由"以本为本"变为"以人为本"。培养学生的创新意识与创新能力，教师必须首先坚持教学民主，在课堂内营造一个平等、民主、充满信任的教学氛围，鼓励学生张扬个性，标新立异，让学生自主参与，毫无顾忌地表达自己的想法和创意，发挥其主动性和创造性，释放巨大的学习潜能。在教学中，教师大胆放手，给学生充足的时间，让学生成为学习的主角，成为知识的主动探索者。当然实现这种新型的师生关系的前提是要彻底改变教师教学的评价指标，使教师能最大限度地进行自主教学。

重视实践教学，增强创新能力。科学方法掌握和学生能力培养只有依靠学生自身的实践。培养学生的科技创新能力，首先要把教学和研究紧密结合起来，促使学生能够尽早参与科学科研活动。教学与科研相结合是培养学生创新能力的根本途径，这是国外许多著名高校的成功经验。大学生参与科学研究，即便是做一些外围工作，同样也可以受到科研氛围、创新意识的熏陶与鼓励，还能够学到许多科研方法。国内的高校在教学过程中通常比较重视传授理论知识，对于实践教学环节往往容易忽视，这对学生的创新意识、创新能力及实际应用能力造成了严重束缚，所以，需要加快教学改革，努力加强实践教学环节，增强见习课、讨论课、实验课在课程计划中的作用，及时更新这部分课程内容，加大学时数，让学生在这些实践教学环节中学会动手动脑，这样既能解决现代化社会生产生活中的许多实际问题，又能提高学生实际动手操作的能力。在这一点，我国部分高校已有一些成功经验。例如清华大学创立了"清华大学——东方意德实验室"，为该校学生提供了一个优良的科技创新环境，这既促使科技创新成果较快地转化为生产力，又提高了学生的实践动手能力，同时也为企业的新产品开发提供了专业技术支持和保障。另外，上海市农行为上海理工大学金融专业捐赠资金建造了国内第一个模拟银行教学实验室，这大大缩短了金融理论教学与实践的距离，提高了学生的金融素质和应用能力。

丰富多彩的课余社团活动。国外的高校学生团体只要不与法律及学校的规章制度相冲突，学校一般不干涉。各种社团办得非常有特色，而且实现了自我管理、自我教育、自我发展及自我约束的良好育人效果，促进了学生领导能力、工作能力及创新能力的锻炼和提升。

二　职教师资素养培养课程开发现状研究

(一)"职业教育道德与法律（职教信念与师德)"课程开发情况

良好的师资队伍是职业教育的主体力量，为全面了解职业教育师资队伍建设的现状，我们结合经济社会发展需要，深入探讨职教师资应具备的基本素养，特别是"职教信念与师德"方面应具备的素养，为推进职教师资队伍建设，更好地发挥职业教育的社会功能做好准备。

通过研究，我们希望把握国内培养职教师资的同类院校"职教信念与师德"素质培养课程开设情况，了解国内外相关职教师资"职业教育道德与法律"素质培养课程设置情况，总结好的做法，分析存在的问题，经过科学论证，制定一套科学合理的职教师资"职业教育道德与法律"素质培养课程体系。同时，针对课程体系开发课程标准，编写相关教材，构建网络教育资源，最终纳入职技高师院校人才培养方案中。

1. 现状分析

本研究主要针对华北地区职技高师院校和中职校展开，具体调研情况见表 3 - 1。

表 3 - 1　调研时间、地点、对象及形式

时间	地点	调研学校	调研方式	座谈参加人
5 月 12 日	河北秦皇岛	河北科技师范学院	座谈 问卷（教师 + 师范生） 搜集人才培养方案	教务处、思政部、学工部、团委等领导、教师，共 6 人
5 月 13 日	天津	天津职业技术师范大学	座谈 问卷（教师 + 师范生） 搜集人才培养方案	教务处、社科部、学工部、团委等领导、教师，共 5 人

时间	地点	调研学校	调研方式	座谈参加人
5月14日上午	天津大港	天津大港职成教中心	领导访谈 教师座谈 问卷（教师）	校领导、教师，共11人
5月14日下午	天津汉沽	天津汉沽职业中专	领导访谈 教师座谈 问卷（教师）	校领导、教师，共13人
5月15日	天津塘沽	天津塘沽第一职业中专	领导访谈 教师座谈 问卷（教师）	校领导、教师，共12人
5月16日	河南新乡	河南科技学院	座谈 问卷（教师+师范生） 搜集人才培养方案	教务处、马克思主义学院、学工部、教科学院等领导，共7人

通过实地调研以及认真分析，我们有如下发现。

（1）职教师资"职教信念与师德"素养现状、问题及面临的挑战

①现状与问题

通过对天津职业技术师范大学、河北科技师范学院、河南科技学院、吉林工程技术师范学院四所职技高师院校以及吉林辽源第一职业高中、天津大港职成教中心、天津汉沽职业中专、天津塘沽第一职业中专四所中职校的调研，我们发现，目前职校师资素养状况整体良好，表现为：

具有正确的教育信念和良好的职业道德，能够做到教书育人，为人师表；能够了解、掌握并遵守职业教育的法律法规；能从职业岗位需要和学生发展需要出发，掌握职校生的身心发展规律，坚持以学生为中心开展教育教学活动；能够结合职业教育发展需要，主动发展自身，全面提高自身素养；能够主动探究中职生身心发展规律，从实际出发，创新思想政治教育的方法和手段。

但是，通过调研我们也发现，职教师资素养还存在一些问题，主要表现为：

第一，对国家职教政策理解得还不够深入，一些职校教师职业教育理念落后，对职业教育法规不了解。

第二，部分教师存在职业倦怠，面对职校学生群体信心不足。

第三，因职业教育在社会中的认可度较低，少数教师存在自卑心理。

第四，一些教师心理素养水平较低，心理学知识欠缺，特别是不了解职校生学生的身心发展规律，导致教育方式简单、粗暴，效果不理想。

第五，一些教师与学生沟通能力较差，影响职业教育的效果。

②职教师资"职教信念与师德"素养问题的成因

通过问卷调查和座谈、访谈，我们发现导致目前职教师资"职教信念与师德"素养存在问题的主要原因有以下几个方面：

第一，社会普遍对职业教育认可度不高使职校教师产生自卑心理。目前，虽然国家十分注重发展职业教育，但社会的认可度、学生的认可度、家长的认可度都不高，很多人对职业教育仍存偏见。这对职校教师造成很大的心理负担。因此，要求职教师资具备良好的职业教育理念、心理素养和较强的抗压能力。

第二，学生群体年龄结构、素质结构等方面的变化给职校教师带来巨大的心理压力。如今，职校生是最为复杂的学生群体，从年龄上看，从12岁到18岁不等，且多为义务教育淘汰下来的学生，这是事实。面对这样的学生群体，要求教师心理素养要好、抗压能力要强，对学生心理发展规律要了解。要提升学生管理能力，掌握管理技巧。职教师资教育实习应提前，教师提前介入中职教育，了解中职教育。

第三，职业教育大环境发生变化，既让职校教师看到了希望，也使他们产生了强大的精神压力。目前，国家越来越重视职业教育，国家政策层面的大环境很好，未来职业教育发展前景光明，这对职教师资素养提出了更高的要求，职教师资必须不断提升自我发展能力，做好个人职业规划。

第四，科技与社会进步，既促进职校教师发展自我，又使部分教师特别是老教师产生心理负担。如今，科学技术日新月异，社会发展一日千里，职教师资作为职业教育的主体力量，职业教育面临的挑战就是职教师资面临的挑战。因此，职教教师应不断提升自我发展素养，树立终身学习观念，培养终身学习能力。

（2）职教师资"职教信念与师德"素质培养中存在的主要问题

通过对天津职业技术师范大学、河北科技师范学院、河南科技学院、吉林工程技术师范学院四所职技高师院校调查研究我们发现，职教师资"职教信念与责任"素质培养存在以下两个问题：

①职教师资"职教信念与责任"素养培养课程体系不健全

目前，国内职教师资培养重点建设基地有几十所，是职教师资人才培养的主体。虽然各职教师资培养院校都重视人才"教育信念与责任"素质的培养，但在课程体系方面还不够完善。这主要表现为：

一是受学分、学时等限制，各职技高师院校本科阶段只开设了《思想政治理论课》、《职业生涯规划》、《就业与指导》等5门必修课程，且学时学分大多没有达到中宣部、教育部规定的标准。另外，未从职业教育道德与法律等角度开设相应的课程，也缺少职业教育素养培养的相关课程，导致学生对职业教育认识和理解不足，难以形成教育信念与责任意识。

二是个别院校开设了《创新理念与创新思维》等通识教育课程，但仅作为选修课程设置，且与职业教育联系不够紧密，效果不够理想。

②职技高师院校对学生"职教信念与师德"素质培养的重视程度普遍不够

受大环境的影响，职技高师院校对职教师范专业学生的"职教信念与师德"素质培养的重视程度不够，导致课程开设不足，二课堂、三课堂具有针对性的活动开展得较少，实践教学环节的安排及效果不理想。

2. 研究结论

（1）在职教师资理想信念与师德素养方面，还存在一定的缺失，特别是职教信念、育人观念、个人理念三个方面。

（2）当前职教师资培养中，"职业教育道德与法律"素质培养的课程体系不够科学、完善，课程实施的保障体系和运行机制不健全，各职技高师院校基本上按思政课内容体系培养，至多是将教材体系转化为教学体系，在教学方法拓展、实践教学、职教师资素养方面还缺少创新。

（3）在国家大力发展职业教育和社会矛盾日益凸显的新社会历史时期，开发好职教师资"教育信念与师德"素质培养的课程体系更为重要，直接关系到未来职业教育的成败。

根据中职学校的反馈意见，部分职业学校教师对职业教育认识不足，职教法规知识欠缺，职业理想淡漠，缺少协作意识和能力，进而在职业教育实践中表现平平，难以收到良好的效果。在访谈、咨询以及问卷调查中，有的中职学校领导建议在职教师资培养中，重点加强师德素质培养，这是最为关键的素质，为此，可开设相应的课程，采取科学、合理的教学模式，培养职教师资的核心素质。

（二）"体育特长培养"课程开发状况

本研究于 2014 年 7 月针对西南地区，2015 年 1 月针对华东地区职技高师院校开展调研。具体调研情况见表 3-2、表 3-3。

一是在广西调研的每所学校分别召开座谈会，参加人员有体育学院领导、骨干教师和学生，座谈内容是体育课程教学的做法和经验；

二是搜集四所职技高师院校相关教学计划、教学大纲，全面掌握各职技高师院校人才培养方案。

与此同时，调研组又到上海参加全国工科院体育工作年会，对部分院校的体育教学内容和现状进行了调研。调研方式一是开展领导访谈；二是召开教师座谈会，向教师了解体育课程开展的相关情况，听取教师意见和建议。

表 3-2 调研时间、地点、对象及形式

时间	地点	调研学校	调研方式	座谈参加人
2014 年 7 月 12 日	广西桂林	广西师范大学	座谈 搜集人才培养方案和教学大纲	体育学院领导、骨干教师及学生，共 7 人
2014 年 7 月 14 日	广西玉林	玉林师范学院	座谈 搜集人才培养方案	体育学院领导、骨干教师，共 4 人
2014 年 7 月 17 日	广西宜州	河池学院	领导访谈 教师座谈	体育教师和学生，共 5 人
2014 年 7 月 18 日	广西钦州	钦州学院	领导访谈 教师座谈	体育部领导、教师，共 6 人

表 3-3 调研时间、地点、对象及形式

时间	地点	调研学校	调研方式	座谈参加人
2015 年 1 月	上海	上海大学	座谈 搜集人才培养方案和教学大纲	体育学院领导、骨干教师及学生，共 7 人
2015 年 1 月	上海	上海师范大学	座谈 搜集人才培养方案	体育学院领导、骨干教师，共 4 人
2015 年 1 月	上海	广州工业大学	领导访谈 教师座谈	体育教师和学生，共 5 人

1. 现状分析

（1）现在职技高师院校体育课程存在的主要问题

①教师对体育教学指导思想不明确。目前高校体育教学的指导思想大都以"增强学生体魄"和"掌握运动技能"作为体育教学的指导思想，体育理论知识教学比例太小，教师把教会学生某一种体育技能作为工作的重点，没有把提高体育锻炼意识贯穿于教学过程的始终，高校体育工作出现了教学没有生机、学生没有活力的倾向。

②学生对参与体育教学态度不端正。学生普遍存在"重文轻体"思想，进入大学后，随着年龄增长，运动懈怠的心理凸显，认为体育教学是辅课、配角，在体育场上无非是跑、投、跳，还不如坐下来多看些书，把文化课上好才最重要；部分学生长期沉迷网络，对参加体育活动态度反感；部分学生怕脏、怕累，对许多教学内容不感兴趣，没能形成正确的体育运动观念。

③体育课教学形式有待进一步规范。目前，高校体育课的教学大体分为以下几种形式，一是按体育专项教学，多数认为这样有利于学生对基础运动技术的掌握，从而能为体育锻炼奠定一些专项的基础功底；二是不分年级教学，认为这样有利于培养体育骨干，学生间可以相互带动，有利于体育教学过程的顺利进行；三是分男女班教学，多数认为这样便于分层次教学和学生管理，从而有利于教师进行分类指导。传统的体育教学模式仍是讲解、示范、练习的传统三部曲，学生一般只能被动练习，抹杀了部分学生的个性发展，从而使学生厌倦体育教学。

（2）对于职技高师院校体育课程的建议

①加强体育基础理论教学，树立新型体育教学观。高校体育指导思想要与当前社会的发展适应，以加强培养体育意识、激发参与体育运动兴趣、体现学生才能为目标。把教育的重点放在培养体育智能即运用体育知识能力上。从课程设置、教学内容上，更加强调增强体质和锻炼身体方法，有针对性地让学生在掌握运动知识的基础上，提高自我锻炼的意识，让学生终身受益。

②改进教学方法，激发学生参与学习的热情。在实践课的教材选择上，首先考虑要具有健身性价值，学生易于掌握、实效性强、与社会体育较易衔接。在教学方法和手段的采用上，要克服过去僵硬的填鸭式教学，要以理施教，用科学的道理来教育学生，丰富学生科学锻

炼知识。在教学实施过程中，既要充分发挥教师的主导作用，使学生尽快地掌握技术动作，又要充分发挥学生的主体作用，激发学生参与体育教学的兴趣，注意发挥他们的个性，教育学生把刻苦锻炼作为磨炼自身意志的过程。

③提高体育教师素质，着力改善教学设施。当前教学经费投入不足和体育场馆设施老化是高校体育工作的难题。体育教师队伍的整体素质和教学质量是制约高校体育改革的重要因素。当前知识更新速度快，一些边缘学科和交叉学科迅猛发展，只有不断提高体育教师素质，才能在培养高素质学生方面发挥作用。因此，要注重骨干教师引进与培养工作，鼓励体育教师自主提高教学能力。

④营造校园体育文化氛围。实践证明，体育课外活动对增强他们健康意识和培养课堂教学兴趣有很大的帮助。通过竞赛、专题和征文演讲等多种体育类别的形式，进一步培养学生的锻炼习惯和意识，提高体育的文化素养，增强学生素质和健康水平。

2. 研究结论

《体育课程教学指导纲要》明确指出，体育课程的基本目标是：运动参与、运动技能、身体健康、心理健康、社会适应。在这个基础上不同类型的学校根据自身情况和特点，因人而异，因专业而异来确定高等师范院校职业教育人才培养体育教学的教学目标。体育是高等职业教育的重要组成部分，是衡量育人质量的重要标准。贯彻党的教育方针、全面推进素质教育和健康教育，体育有着不可替代的作用。在高等职业教育中应更加注重体育教育，这是培养目标决定的。高等职业教育要培养实践技术技能现代化，复杂程度、复合型程度较高的高等职业技术性人才。体育运动技能的形成具有娱乐性、协作性、规范性等特征，它对劳动技能的形成有很好的帮助作用。体育运动的集体项目讲究配合，通过它可以培养学生的协作精神，而体育运动严格的游戏规则可以使学生养成遵守秩序和职业道德规范的作用。在体育运动过程中运动量较大，这也可以培养学生坚持不懈的精神等。

高校体育教育将不断改革深化，体育教学也要不断创新和完善，"终身体育、全民健身"等思潮的涌动给高校体育教学发展带来了良好契机，作为从事体育教学的一员要审视和珍惜自己的工作，努力在体育人才培养、体育教学等方面，大胆创新，多做有意义的尝试，为尽快建立起高校体育改革的科学体系和高校体育工作取得新的发展与突破做出自己的贡献。

（三）"心理素养拓展训练"课程开展状况

本次调查，旨在通过实地调研、深入访谈等方式，了解中职学校具体情况，找到职教师资心理素质拓展训练可借鉴的有效途径和切实可行的做法。

1. 现状分析

本次调研三地共发放问卷 310 份，教师调研问卷共发放 100 份，回收 96 份，回收率为 96%；学生调研问卷共发放 210 份，收回 198 份，回收率为 94%；访问中职校领导、教师共 40 人（见表 3-4）。通过对调研问卷和访谈记录的整理，调研组做出以下分析。

（1）教师身心素养现状

表 3-4　教师身心素养现状调查

维度/领域	基本要求	比例（%）	
情感与人格发展	个人修养	75.23	
	人格养成	74.36	
	认识自我	70.48	
情商与社会适应	自我调节能力	81.32	
	人际沟通能力	73.33	
	社会适应性	80.57	
	团队合作	80.32	
	社交礼仪	80.56	
	能否进行心理疏导	75.00	25%不能确定

通过访谈和问卷调查，调研学校的老师在情感与人格发展方面，75.23%的教师注重个人修养，74.36%的教师注重人格养成，70.48%的教师对自己有一个清醒的认识。在情商与社会适应方面，81.32%自我调节能力很强，73.33%人际沟通能力很强，80.57%社会适应性很强，80.32%具有很强的团队合作能力，80.56%具有很好的社交礼仪，75%能进行心理疏导，25%的教师不能确定。其中，青岛调研组的问卷分析数据不容乐观，在对教师的"情感与人格发展问卷"分析的过程中，调研组发现：只有

52.5%的教师注重个人修养，只有49.5%的教师注重人格养成，也只有57.5%的教师对自己有一个清醒的认识，这可能与山东人口密集、就业和学习压力大及地方固有的个性特点相关。

（2）教师应具备的身心素养

通过对管理者和教师的访谈，我们认为当前教师应具备的身心素养有责任心、耐心、良心，能控制自己的情绪，与学生心灵沟通，善于发现学生的优点，鼓励学生。团队合作能力强，尤其是抗挫折能力要强，善于调节自己。

（3）学生身心素养现状

通过访谈，调研的中职学校的生源中接近三分之二来自农村，单亲家庭和留守孩子比较多；三分之一来自城市。在这些学校中，四川有两所要招收一部分少数民族的学生。因此，学生生源素质不高，最典型的特点是行为习惯比较差，但适应能力很强。问卷调查主要了解学生个人修养、人格养成、认识自我、自我调节、人际沟通、社会适应性、团队合作、社交礼仪和心理疏导等方面的情况。调查结果显示，80.32%的学生注重个人修养，70.56%的学生注重人格养成，71.29%的学生对自己有一个清醒的认识，79.69%的学生自我调节能力很强，80.32%的学生人际沟通能力很强，75.84%的学生社会适应性很强，77.41%的学生具有很强的团队合作能力，75.52%的学生具有很好的社交礼仪，26%的学生经常参加心理疏导，54.8%的学生很少参加心理疏导，19.2%的学生不参加心理疏导。其中，青岛调研组的问卷分析数据还是不容乐观，在对学生的"情感与人格发展问卷"分析的过程中，调研组发现：只有48.4%的学生注重个人修养，只有41.2%的学生注重人格养成，也只有47.1%的学生对自己有一个清醒的认识，这可能与中职学生现实压力大（工作、升学、社会偏见）有关。

（4）学校针对教师和学生身心素养提高采取的措施和途径

通过访谈得知，各学校都非常重视教师身心素养的提高，并采取多种途径和措施落实到实践。针对教师身心素养提高采取的途径是参加各种校内外的培训以及对教师进行心理辅导。培训的内容各学校各有侧重。如成都财贸职高，所有老师都参加过成都市教育系统针对所有老师进行的相关培训。而且学校规定除极特殊情况外，所有任课教师都要担当班主任，所有的班主任都通过成都市教师心理健康培训，并取得相应的资格证书。邀请校外培训专家针对工作方法，对学生的教育和个人心理等方面进行培训，效果很好。在校内，组建名师工作室，运用传帮带的方式，集中最优秀的力量培养年轻教师，通过教师对教师的咨询，共同解决疑难问题。其他两所学校也都有相关培训，但培训的次数、内容和方式都较成都财贸职高有差距。

针对学生采取的方式和途径有：①全方位管理。各学校都有完善的管理制度，如泸州江阳职高针对教师和学生管理有 28 项制度。并把管理与日常生活、活动等密切联系起来，三所学校都实行军事化管理。②教学中的渗透和各种活动的组织和开展。如德育课、激情广场、百家讲坛、周末舞会、技能月、德育活动、社团活动、班会等。其中泸州江阳职高在学生行为习惯养成方面进行了打造准员工品牌特色项目研究。通过管理制度、校本教材、育人队伍和修炼基地四个方面，运用企业式管理理念进行班级管理，培养准员工学生。其中行为习惯养成计划有 18 项活动，具体包括爱国卫生教育、安全教育、法制故事演讲、感恩教育、生命教育、征文比赛、森林防火进校园、学生表彰、运动会、法制宣传、国旗下的演讲、建立科技德育基地、礼仪操比赛、校园文化艺术节、军训、阳光体育大课间活动、节能低碳活动、安全疏散训练等。又如，上海市工程技术管理学校、上海市城市科技职业技术学校、上海信息技术学校、山东平阴县职业教育中心、四川省宜宾市南溪职业技术学校、四川省凉山州职业技术学校、兰州理工中专、宁夏隆德职业中学中，除了开设心理健康教育课程（每所学校 30~50 学时不等）外，校园心理健康教育活动形式各异，比如，心理咨询、心理测评软件、跷跷板、模拟家庭咨询、心理咨询、团体游戏、音乐疗法、学生社团、心理游戏、宣泄等，全校活动或讲座等，这些活动全校师生共同参与，生动丰富又有色彩，应用性、时效性都很强，对于学生身心素养的培养起到了很大的影响，可谓一举多得。

（5）中职学校心理健康课以及心理辅导现状

上海调研组参观和访谈的 8 所中职学校中，6 所为国家级重点中职学校。六所国家级重点中职学校中，上海信息技术学校、上海市城市科技职业技术学校、上海市工程技术管理学校这 3 所学校用于学生心理健康的工作场所面积很大，分别为 1000 平方米、600 平方米、900 平方米，而非国家级重点中职学校的学校用于心理健康工作的场地要么没有要么面积很小，只有几十平方米。

成都调研组调研的 3 所学校中，只有 1 所学校开设心理健康课。另两所学校设有心理咨询室。没有开设心理健康课的原因有：教师人手不足、自身水平不够。学生思想深处不认可这种机构，认为如果去咨询，会引起别人对自己的误解，怕遭到同学的歧视。如果学生有问题，教师单独谈话、辅导，所以认为设不设这种课没有太大区别。

通过调研，说明中职学校教师对自身应具备的身心素养都有一个清醒的认识。但是在面对压力等方面，仍有一部分教师不能进行有效排解和疏导。学生身心素养总体不错，但仍有 54.8% 的学生很少参加心理疏导，19.2% 的学生不参加心理疏导。因此，学校有必要在心理健康教育方面加大力度，积极创建心理咨询室，进行心理健康教育课程的开发和培养专门从事心理健康教育的教师。

2. 研究结论

（1）树立职教师生身心培养的意识

20 世纪 90 年代初，西班牙就已实行 1 所幼儿园配备 1 名心理老师的制度。而我国教育部 2012 年才提出每所中小学（包括中职学校）必须配备 1 名心理老师的号召。

（2）加强师生身心培养并落到实处

在访谈中，多数教师和领导回答心理健康教育内容丰富、形式多样，但在对中职学校师生进行问卷调查（不记名回答）后，他们的回答是：85% 以上的学生回答未经过真正的心理健康教育，90% 的班主任及任课教师从未给学生做过心理辅导。重点与非重点中职学校对心理健康教育的重视程度是截然不同的，越优秀的中职学校越重视学生身心培养。如何促进普通中职学校发展心理健康教育成为亟待解决的一个课题。

（3）让学生学会建立心理档案

所谓心理档案就是关于心理状况的动态、客观记录，心理档案可以真实地记录和反映学生的心理健康情况和个性心理特点。中职生心理档案应当和学籍档案一样自入校起就已建立，同时它应当具有更强的保密性和专业性。心理档案要包括学生的基本信息、心理咨询记录、每学年的心理测验结果、教师同学等对学生的印象等内容，以便学校和教师以及心理咨询人员对学生心理状况的变化有较为全面的了解。

（4）开设心理辅导活动课

开设心理辅导活动课是我国目前对于未来的职教师资实施心理健康教

育的主要形式之一。《心理辅导活动课设计》作为应用心理学课程，将为职教师范生今后养成良好素养、身心健康成长奠定良好的基础。这种课程设计注重体验式课堂的教学模式。

（5）开展心理健康咨询和心理辅导

除了应当对学生进行心理宣传和教育外，还要加强对学生的心理健康咨询和辅导工作。应当积极创造条件对所有学生，通过心理行为训练、团体辅导、个别面询、电话咨询、书信咨询、网络咨询等形式，有针对性地向学生提供及时的心理健康指导。如果发现学生的心理存在疾病或者隐患，应当及时安排学生到专业机构治疗。要做好这方面的工作，我们需引进从事心理研究和青少年心理健康教育的专业人才，专门为学生开展心理辅导和咨询。

（6）加强学生自我调适能力的指导

中职生存在心理障碍最为重要的原因之一就是对心理冲突的自我调适能力不强、调适方法不当。针对中职生的特点，在对其进行心理调适、尽心指导时，应坚持这样几个原则：由学会知识到学会学习；建立真实的自信；学会与他人相处；学会健康地去"爱"；做好成功走向社会的准备。

（四）"中华优秀传统文化"课程开发状况的调查与分析

中高职院校在人才培养方面也应该符合时代的要求和特点，适应学生长远发展的特点，对职教师资的文化素养提出更高的要求。为此，课题组分别对中职教师、中职学生、文化学专家学者、中华优秀传统文化课程等进行了调研（见表3-5）。

表3-5　调研进度

时　间	调研项目
2014 年 3 月 16 日~2014 年 5 月 10 日	设计、发放、分析调查问卷
2014 年 5 月 20 日~2014 年 5 月 23 日	对上海大学、复旦大学、中国传媒大学、同济大学、北京大学访谈
2014 年 10 月 21 日~2014 年 10 月 30 日	对广东技术师范学院、江苏科技师范大学、暨南大学访谈
2014 年 11 月 3 日~2014 年 11 月 15 日	对东北师范大学、吉林大学访谈

1. 现状分析

（1）专家、学者及中职院校一线管理者就弘扬传统文化达成共识

问询者对设置弘扬中国优秀传统文化的课程十分认同。上海大学学者郝一民认为："中国小说、诗歌、散文、戏剧，甚至是新闻学都要建构自己的理论批评体系，而到目前为止，戏剧和新闻理论批评体系都是在西方话语体系下进行的，不能满足中国相关批评体系的发展和完善，因此，对于中国理论批评体系的吸收和借鉴带有紧迫性。在这个意义上讲，大学生了解、学习中国优秀的传统文化带有重要的理论和实践意义。"

上海大学学者郑涵也表示了相同的意见，但他同时也对学习中国优秀传统文化的方式和结果表示出担忧，他说："中国优秀传统文化是十分深厚而复杂的，仅仅通过通识教育能否达到预期的目的是值得怀疑的。而且，中国优秀传统文化是博大精深的，要将这种宏大的文化融入典型的对象中，才能在有限的课堂上完成较高质量的教学任务。"

葛红兵认为，"中华优秀传统文化是一种文化范畴，不能直接作为一个个体的文化现象来研究，而应该形成具体可感的对象。正如现在我做的创意文化写作，其实际意义就是要通过一种文化产品，将中国优秀文化融入其中，通过文化产品的传播实现中国优秀文化基因的传播。"

从以上三位专家学者的谈论中我们可以看出，在大学生中开设中华优秀传统文化的普及教育是可行的，而且是传承中华文明所急需的方式，同时，也是培养学生民族自尊心、自信心的重要方式。在中职院校开设的中华优秀传统文化通识教育需要将中华优秀传统文化转型为大学生可感、可操作的具体对象，而不能简单地讲授知识性信息。

中职院校的教师与管理者更关注实践层面的意义与价值。徐渭林主任告诉我们，是否经过思想教育，学生的表现是不同的。因此，他告诉我们，进行中华优秀传统文化教育是非常必要的。江苏高级技术学校曾组织过一次唐诗诵读比赛，赛后班级的秩序都有所改善，"这也许就是优秀文化的魅力吧！"徐渭林告诉我们。他还说："中华优秀传统文化的通识教育，就可以通过选读学习诸子百家经典、唐诗、宋词、元曲等来实现。虽然缺乏制度、知识、艺术等方面内涵，但诸子百家经典及后来的文学样式代表了中国优秀文化的精神价值。"

（2）调查问卷分析

主要是对吉林工程技术师范学院、江苏高级技师学校、东辉职业技术

学校、南通高等专科学校进行的随机问卷调查。发放问卷 3000 份，有效问卷 2880 份。问卷调查中，学生对"中国传统文化"兴趣程度是：兴趣相当高的占 9.7%，兴趣比较高的占 37.7%，兴趣高的占 45%，三者相加共占有 92.4%。对"中国传统文化"兴趣低和相当低的，两者相加仅占 7.6%，也就是说绝大多数的学生对中国传统文化抱有学习的兴趣。在被问及"您希望通过中国传统文化课程了解中华民族博大精深的文化，增强民族自豪感，从而得到良好的人文素质教育吗"时，98.2% 的学生回答"希望"，回答"不希望"的仅占 1.8%。从问卷调查来看，选择开设"中国传统文化"的学生比例相对较高，其次是"文学欣赏"。其中开过《中国历史文化》课程的计算机应用专业的学生选择"中国传统文化"的比例高出了另外两个没有开设过此类课程的专业学生的选择。

（3）中华优秀传统文化精品课程调研分析

考察国家精品课程资源网站中《中国传统文化》课程，共计 13 门，从课程性质和目标、教学内容、教学实施几个方面比较，可以看出：

从课程性质来看，13 门课程全部是文化素养教育课程，其中 12 门为学校公共必修课，1 门为专业基础课；从课程宗旨和目的来看，主要目的是吸收中国文化和中国文明的优秀成果，介绍中国悠久历史，中国物质文明、制度文明和精神文明成就，中华民族创造历史、推动历史前进的人文精神和科学精神，提高学生的人文素养，培养学生的爱国主义情操和建设社会主义现代化的历史使命感和责任心，培养有理想、有道德、有文化、有纪律、有创新精神的合格人才。

从课程教学内容来看，大多数学校以中国哲学精神、中国历史精神、中国思想文化、中国宗教文化为主，兼及政治制度、文学艺术、科学技术、社会生活等多方面内容。力求全面、准确地反映中国传统文化的主要内容，同时立足社会现实和先进文化建设，揭示中国传统文化与现代化关系。从课程实施情况来看，2/3 的学校课程学时设置为 32 至 40 学时，1/3 的学校课程开设了课程群或设置拓展课程，1/4 的学校课程设置实践教学环节，并建设了人文素质教育基地。

从各学校的课程开设情况来看，主要特点是内容全面，注重体系完整，偏向理论教学。这种情况并不适合职技高师院校的学生。职技高师院校主要培养应用型学生，学生的专业课程学习、技能培训、企业合作、工学结合等占去大部分的时间，学生的人文素质培养只能抓住一些核心领域。针对这种情况，中国传统文化课程不能面面俱到，必须选择能影响其人生观、世界观和价值观的内容，同时又能对他们将来到中职学校从事教学工作有益的方式开设，可以通过典籍的分析解读、案例的演示、礼仪的训练、实践演练等环节提高学生学习兴趣，激发学习热情，提高学习效率和效果，提升表达能力。

（4）中华优秀传统文化教材调研分析

文化是多元的，传统文化博大精深，从哪个角度、用什么方式、选取什么内容构建教材体系是课程组深入研究的问题。根据实地考察和研讨，目前，各高校采用的和图书市场上销售的中华传统文化教材，主要情况可以从三个方面来分析：

一是教材结构的设计，绝大多数教材选取传统理论教材的编写方式，以文化的定义为绪论，各章节讲哲学、宗教、伦理道德、礼仪制度、衣食住行、文学艺术、天文历法、科学技术、教育科举等，面面俱到，体系宏大精深。

二是教材内容的取舍，多是选择对精神文化、制度文化、行为文化、器物文化等内容进行叙述和说明，把中华优秀传统文化精神作为讲述内容和对象，而不重视学生的体验和感悟。

三是讲述方式，多重视全面介绍，引经据典，考究传统文化学说、思想和流派，重视理论高度和哲学深度的挖掘，强调思维周密、逻辑严谨。

（五）"表达与写作"课程开发状况的调查与分析

"表达与写作"课程具有丰富的内容，包括口语交际、知识体系、写作方式等，成为中国乃至国际学者不断研究的宝藏。

但专家、学者研究的成果并不适合大学生直接学习。一方面，研究成果的艰深难以为大学生所接受；另一方面，课时的有限性不适合较深、较难的内容。所以培养大学生口语流利与顺利写作，成为大学素质教育与培养的重要问题。

带着这样的问题，课题组对国内 3 所中职院校学生进行调研，对所获信息进行了搜集和整理，历时半年之久。

1. 现状分析

（1）3000 份调研问卷的整理情况

3000 份调研问卷主要是对高等专科学校进行的随机问卷调查，对问卷的分析表明，大多数的学生对于写作是了解的，但深入了解的却是少数，大多数对于表达与写作不感兴趣，只有少数人对写作表示喜欢。

（2）会议分析

通过会议，课题组认识到语言表达在工作、日常生活中的重要地位；认识到语言表达的技巧和提高语言表达技巧的必要性与紧迫性。语言表达能力是现代人才必备的基本素质之一。同样写作能力是当代大学生必备的基本能力，也是大学生综合素质的突出表现，受到传统教育观念、传统教学模式、社会环境和学生自身因素的影响。

2. 研究结论

第一，加强师资队伍的建设，定期召开研讨会，进行交流与纠错，以便提升教师业务水平和思想觉悟。

第二，制定适合中职院校开设的通识教材，将表达与写作核心内容融入基本的教学过程中。同时也要将内容介绍详细。

第三，丰富课程形式，努力实现课堂、实训与实践相结合的立体课堂，使学生深刻理解、体会课堂授课内容。

第四，应让学生读写结合，既要使学生注意自己的写作，同时口语表达也不能落下，使学生表达与写作均衡发展。

（六）"市场、职场、就业与创业"课程开发状况

从理论、实证和实践三个层面深入开展递进研究，通过理论研究，明晰问题意识并揭示出问题的破解方向，在理论研究的基础上，按照已经掌握的问题和破解方向编制问卷并开展调查（见表3-6），找出职业师范毕业生就业、创业的现状、问题和成因，同时揭示大学生就业指导教育的基础和优势。在理论和实证的基础上，以吉林省高等本科院校以及全国职技高师院校为例，提出构建适应当代就业趋势的大学生就业指导教育的对策。

1. 现状分析

（1）调查分析

采用现场发放调查问卷或通过电子邮件发送调查问卷等方式对吉林省内及其他几所外省职业院校的近1000名师生进行了调研。面向高年级学生发放调查问卷1000份，共回收调查问卷906份，其中面向学校职业生涯辅导工作管理人员或教师发放调查问卷33份，回收30份，通过对调查问卷的整理，课题组做出下列分析：

表 3 - 6　问卷法及访谈法一览

调研对象	调研方法	调研内容	备　注
长春工业大学、长春师范大学、白城师范学院三所普通师范学校的学生	实地走访电话访谈调查问卷	1. 目前学校开展的就业指导课程形式 2. 就业指导类课程对于学生的帮助	了解普通院校就业指导课程开展的形式
天津职业技术师范学院以及上海技术师范学院两所职业技术师范院校的学生，就业指导中心教师、授课教师、校长	电子邮件调查问卷电话访谈	1. 目前学校的师资力量 2. 目前就业指导课程的开展情况 3. 目前学校的教材使用情况	了解职业师范类院校就业指导课程的开展情况，课程的开展是否对大学生的就业产生帮助
长春汽车工业高等专科学校、吉林电子信息职业技术学院、长春职业技术学院三所高职高专院校学生	实地走访调查问卷	1. 了解大学生对就业指导课程的认知度 2. 调查大学生喜欢什么样的就业指导课程	了解高职院校学生对于就业指导课程的需求
吉林省就业指导中心管理人员及吉林工程技术师范学院就业指导科科长，校长	电话访谈实地走访调查问卷	1. 就业指导类课程对于学生的帮助 2. 目前的就业形式等问题	了解目前的就业形势以便更好地开展就业指导课程

①调查问卷问题梳理

a. 学校开展大学生就业指导课程内容不够丰富

就业指导课程体系初步形成，但其内容不够丰富。通过调查问卷了解到，在"你所在的大学的就业指导课程是哪种？"问题中，选择就业指导课程讲座的占55%，选择与就业指导课程小组讨论的占18%，选择参加社会企业实践的占10%，选择利用专业 HR 授课任务的占9%，说明传统的课堂教学方法对学生已失去吸引力，而他们更注重同用人单位的交流经验，也渴望得到与就业指导老师一对一交流的机会。但是目前欠缺具有专业水平的就业指导教师；就业指导课程内容缺乏针对性，不同专业的学生使用相同的教材、案例；而校外专家讲座安排得较少，缺少目标明确、分阶段、有步骤的合理规划。

b. 缺乏有效引导，规范程度不够

就业指导课程中应该及时发布用工市场信息，拓展毕业生就业市场。

课题组通过调查问卷了解到，在"你期望通过哪种途径找工作？"问题中，选择校园的招聘会或人才交流会的占 45.15%，选择学校、导师推荐的占 28.45%，选择家人朋友的占 15.16%，选网络的占 11.06%。从结果看出，学生还是比较信赖与学校有合作关系的用人单位，而且校园招聘会能为学生提供大量与学院学生专业能力相对较适合的岗位，让学生有更多选择的余地。

c. 学生对就业指导教育的重要性认识不够，缺乏对自己职业生涯的具体规划

通过调研来看，学生认为：就业指导教育所讲授的求职、择业的方法、技巧等是纸上谈兵，实践中无法运用；就业指导课不是专业课，和其他个别课程一样属于"豆芽"课，学了到社会上也无法体现出它的价值，可上可不上；就业指导课在大四才开设，是"临时抱佛脚"，只解决就业的临时问题没有长远的意义和价值，等等（见表3-7）。因而学生对就业指导教育课不重视。

表3-7 走访学校一览

单位:%

学校名称 ＼ 想法	认为是纸上谈兵无法在实践中运用	认为不是专业课无价值	课程是在大四才开设
天津职业技术师范大学	70	35	21
长春工业大学	46	23	14
长春汽车工业高等专科学校	72	37	23
长春师范学院	36	13	10
白城师范学院	10	5	3
吉林电子信息职业技术学院	10	5	3
长春职业技术学院	20	10	6

d. 大学生就业指导教育机制不完善，机构不健全

目前，高校都普遍开设了就业指导课，但机制不完善、机构不健全，通过对全国几所职业院校学生的问卷调查结果显示，60%的职业院校未建立就业指导教研室，就业指导课教研活动基本上不开展且经费投入不到位，必要的办公设备和资料严重缺乏；职业院校就业指导课教育对象以大四学生为主，没有贯穿到整个大学教育之中，教学课时得不到保障，很多

高校不足 20 学时；使用的教材都是自编的，各自为政，质量较差，还没有一本全国或省市统编教材等。

②课程建设内容现状

a. 就业指导课程内容空泛、指导性不强

就业指导课程内容多以政策、技巧、信息为主，多数就业指导课还停留在应试指导的理念层面。

b. 教师不注重课堂上与同学的互动

课程实施多以课堂教学为主，教师说教多、师生互动少、很少通过实践环节来提高学生对就业的认识和相关技能。

c. 就业指导课注重共性化指导，缺乏个性化指导

大多数高校开设的就业指导课主要讲授课本内容并主要由做学生工作的人员担任教学工作，无法将就业指导与专业结合起来进行，更不要说提供职业生涯设计等个性化指导。

d. 开设就业指导课的指导思想存在偏差

很多高校开设就业指导课的目的只是为了提高就业率，而不是为了给大学生的职业发展提供必要的指导和帮助。主要表现为：注重择业教育，忽视敬业教育；注重择业技巧，忽视职业素养；注重就业教育，忽视创业教育；等等。

e. 就业指导课形式单一，缺乏系统观念

高校就业指导课的进行主要集中在高年级，临阵磨枪，而低年级学生却很少得到就业方面的指导，使学生缺乏全程化、个性化的培训、咨询与信息反馈。

f. 就业指导课师资力量薄弱

目前高校就业指导课教师专业化程度不高，大多由就业主管部门工作人员、院系负责学生工作的书记和辅导员担任，他们有一定的实践经验，但缺乏系统的理论学习和专门培训，日常事务性的工作较多，对课程的设置、规范、建设思考研究不够，难以保障就业指导课的效果。

g. 就业指导课覆盖面窄

多数学校还没有专门的教研室。受师资力量、教学时数、学分、场地等限制，目前各高校的就业指导课多为选修课，选修的学生数量有限。有的学校仅举办几场就业指导讲座、报告，其覆盖面和影响力较小。

③根据问卷调查产生问题的原因分析

a. 就业指导教师专业化程度不高

目前高校就业指导工作已经不单单是就业指导，而是正朝着职业生涯规划、人生导航等方面发展。就业指导教师缺乏社会学、心理学、教育学、人力资源管理学等专业背景和专业知识，实战经验不足，缺乏系统、连贯的就业指导培训等，诸多原因导致就业指导工作中通常存在一些错误的指导方法。比如有的教师不调查、不研究，照本宣科，书上有什么就讲什么，宣教多实训少；对人才市场的预测、就业信息的搜集与处理、单位用人标准的分析、就业心理障碍的消除、职业生涯规划、创业知识的指导等环节重视不够；有些专业课教师不注重对学生基础素质的培养，认为只要学生把专业学好了就能就业。

b. 就业指导机构及其运行机制尚不健全

校方认识到就业指导工作的重要性，就业指导机构设置及人员配备不断完善，但就业指导工作的运行机制不健全，出现了如就业指导方式陈旧单一、内容缺乏针对性、安排缺乏全程化、参与人员缺乏全员化、就业情况反馈系统不健全等一系列问题。有相当部分的高职教师对就业指导工作的全员化、全程化重视程度不够，认为就业指导只是校领导、就业指导中心、辅导员、院系里的就业联络员的事情，与一般教师关系不大，没有把就业与日常专业课教育教学工作相结合，忽视了对学生在职业道德、就业观念、创业意识等方面的教育；就业指导课程的内容缺乏以职业生涯规划与发展理论为基础的全方位指导，最终影响了就业指导的实际效果。

c. 就业指导教育师资队伍建设薄弱

目前，很多高校就业指导教育师资队伍建设薄弱，表现在师资数量上严重不足，从事就业指导教育的教师人数的增长速度远远低于学生的增长速度，如根据重庆市教委的统计，2003届毕业生人数44506人，比2001届毕业生24587人增加了81%，而从事就业指导教育的专、兼职教师2003年为160人，比2001年的111人增加了44.1%，教师的增长速度低于学生的增长速度，致使就业指导教育的很多工作无法有效开展。从质量上看，很多高校还没有一支专职化的就业指导教育教师队伍，大多是兼职或临时性的，且从事就业指导教育的教师的素质和其他专业课和基础课的教师相比，学历层次普遍不高，执教能力偏低，科研能力不强，就业实践经验缺乏。同时，学校对教师的培训、进修、学习和提高重视也不够。由于教师队伍建设薄弱，严重影响了教育质量的提高。所以，尽管很多高校开设了就业指导教育课，但收效十分有限。

d. 就业指导教育在教育方式上落后

当前，在大学生就业指导教育过程中所使用的方法比较简单，对学生往往采用"填鸭式""灌输式""照本宣科"的单向课堂教学方式，形式单一，很少开展参观学习、模拟演练以及个别咨询等。如目前很多高校大学生就业指导教育，基本上是以教师为中心的群体性的灌输方式组织教学，讲什么、以什么方式进行都由教师决定，完全不顾学生的感受，学生听也得听，不听也得听，很少开展个体答疑解惑。事实上，在就业过程中，学生遇到的矛盾和问题很多，这些都需要向老师请教，需要老师进行具体的教育引导。由于强制性的灌输缺乏个别指导，大学生在就业过程中遇到的矛盾和问题得不到及时的引导和化解，导致个别大学生在遇到问题时采取过激行为。

④根据教材问题产生的原因进行分析

a. 高校就业指导课程体系建设不完善

（a）教学课时少。按《大学生职业发展与就业指导课程教学要求》规定，"各高校要依据自身情况制订具体教学计划，分年级设立相应学分，建议本课程安排学时不少于 38 学时。"一般高校将就业指导集中设置在大三学年的下学期，有的甚至设置在大四学年上学期，而且课时远远达不到最低要求，满足不了学生的需求。同时，职业生涯规划、职业素养提升、创业教育等重要内容在学生即将离校步入社会，发生角色转变前讲授似乎为时已晚。

（b）教学内容缺失。就业指导课程体系中包括"职业生涯与发展规划""职业素养提升"和"就业指导"三个主要环节。由于受开设时间和课时的限制，教学内容往往被压缩、删减，实践环节被取消，学校只给学生讲授"就业指导"部分，内容也多以就业政策、就业技巧为主，其他重要内容常以"职业生涯大赛""考研辅导""专家讲座"等形式代替。同时，在对教材的使用上也不规范。要对大学生就业指导起到实质性的效果，就必须要有系统的、科学的就业指导教材作保证。目前，很多高校没有统一的教材，上课教师自己从网上下载一些文章、统计数据等材料去授课，致使大学生就业指导方面的材料种类繁多，良莠不齐。没有系统的、规范的、有针对性的、实效性的教材。

（c）教学形式单一。当前绝大多数高校的就业指导层次偏低，教学模式落后，多采用团体辅导、集中授课的教学模式，不能为不同专业、不同层次的学生提供更专业、更细化、更个性化的就业指导。

b. 高校缺乏就业指导师资队伍建设

大学生就业指导最终要在专业教师指导下完成。新形势下，就业指导教师不仅需要掌握就业政策、就业技巧，同时还需要掌握教育学、心理学、管理学、社会学等多门学科知识。由于我国大学生就业指导起步较晚，专业教师缺乏。目前，高校从事就业指导的教师大多来源于学校就业指导机构、基层学生工作部门和政务部门，多为兼职教师，专业教师极少。部分教师仅仅接受一两次有关培训，他们对学生就业和就业管理工作的要点掌握得比较好，但从就业指导的专业角度来说，这些教师缺少专业技能培训和业务知识，人员素质参差不齐，无论是在占有信息方面，还是在知识储备方面均难以达到从事就业指导课应有的水平。由于兼职教师平时要忙于自己本职工作，无暇提高就业指导课业务水平，备课时间有限，导致教学质量下降。在教学过程中，流于形式化，教学方法单一，教学内容空洞，偏重理论指导，忽视实践能力的培养。同时，基层学生工作人员队伍的不稳定性又直接导致了就业指导教师队伍的不稳定。就业指导专业人员的严重匮乏和素质不高，严重影响了大学生就业指导课程的开展。

c. 大学生忽视就业指导课程

由于高校就业指导课程质量不高、教学目的不明确等因素，直接导致了学生对就业指导课的轻视，失去了学习的兴趣，学习重点依旧是放在专业课、外语、计算机上。很多学生始终把就业指导课认为是思想政治课、形势教育课。就业指导课堂变成了"自习课"，成为逃课的首选目标。社会转型期普遍存在的浮躁心态、急功近利的思想，某些社会舆论的不正确导向，以及社会上存在的一些消极现象、社会腐败等问题导致学生不能树立正确的择业观念。例如，就业竞争还存在一些不公正的现象，往往要通过"托关系、走门子"才能就业；部分用人单位在招聘时，只注重学生的专业课成绩等，都会使学生轻视就业指导在大学期间及对其职业未来发展的作用。

（七）"职业规划与指导"课程开展状况

本研究除采用了常规的文献法、比较法对国内外职业院校职业指导课程开发的基本理念与举措进行总结与梳理外，还针对研究任务、研究内容采用了问卷调查、作品分析、专家咨询、座谈研讨以及实地调研等方法对国内"职业规划与指导"课程的开展情况做了大量的研究工作。

1. 现状分析

（1）课程开发与实施外部环境日益改善

职业生涯辅导课程的开发与实施离不开社会各界的支持与配合。除各级人大、政府先后出台了多项法律法规支持职业院校开展职业生涯辅导工作、开设相关课程外，社会、学校开展的职业生涯规划活动日趋增多，为职业院校开展职业生涯教育营造了浓厚的文化氛围。职业生涯辅导已经发展成为一个新兴产业，相关的咨询公司、网站逐渐创立，职业生涯规划师、职业指导师资格证书的申报与认定工作已经启动，《职业指导人员国家职业标准（试行）》已颁布，2010 年面向高校教师的职业生涯发展与规划硕士班在北京师范大学开班，一批经过专门培训的专业化专、兼职师资队伍初步形成。旨在进一步普及大学生职业生涯规划知识，提高大学生就业、创业技能与实践能力，促进大学生就业、创业的首届全国大学生职业生涯规划大赛已于 2009 年启动，共有 24 个省市 1000 余所高校 70 万名学生参与了此次比赛，该大赛正逐渐成为中国大学校文化的龙头活动之一。对相关课题的研究工作有序展开，全国教育科学研究"十一五"规划、"十二五"规划项目先后将"毕业生就业质量跟踪"、"就业指导服务体系创新"、"大学生创业教育研究"、"职业教育学生核心能力培养"等内容列入课题指南，一批博硕士研究生也围绕职业生涯辅导课程的理念设计、价值追求、内容建构、模式选择、网络资源开发等不同侧重点进行了深入研究，为相关课程的有效开发与付诸实施奠定了厚实的理论基础，提供了方向引领。

（2）课程资源得以逐步开发与积累

许多高校积极探索并努力开展职业生涯辅导课程建设，一批高级别精品课程也相继开设，据国家精品课程资源网显示，目前，国家级精品课程主要有上海商学院陈敏教授主持的《职业发展规划与设计》，柳州职业技术学院张翔副教授主持的《就业与创业》；省级精品课程有北海职业学院林旺兴副教授主持的《大学生职业发展与就业指导》以及山东中医药高等专科学校史梅老师主持的《职业生涯规划与就业》等。与课程相关的诸多教材与读本也陆续出版，教育部高校学生司、全国高校学生信息咨询与就业指导中心和高等教育出版社联合组建的"大学生就业教学资源建设"课题组编写出了国内第一套分专业就业指导教材，江苏省教育科学研究院马成荣研究员组织编写了职业专业入门丛书，为职业院校实施职业生涯辅导课程提供了可资借鉴的参考与依据。

此外，《中国大学生就业》《成才与就业》杂志，《上海人才市场报》《北京人才市场报》等报纸，中华英才网、一苇网，包括相关高校、相关教育主管部门、教育科研机构等网站内的职业指导、生涯辅导专栏内容，以及已经开发的《江苏大学生职业规划系统》，中国教育电视台一套的《职来职往》节目，全国大学生就业公共服务立体化平台等均为职业院校学生学习职业生涯辅导课程提供了相对丰富的学习资源。

（3）课程实施得以广泛推进

目前我国职业院校职业生涯辅导课程主要分为两类：一类是前文所述由教育部全国高等学校学生信息咨询与就业指导中心联合推出的"全国大学生就业指导卫星专网"大型讲座活动外，另一类则是学校开设的必修课或选修课，课程名为"职业发展指导""职业生涯规划与就业指导""职业生涯规划与管理""大学生职业发展规划"等，往往由专业教师或从事学生工作、就业工作的相关人员授课。

根据笔者所组织的对吉林、江苏、河南三省33所职业院校的调查，97%的学校已经开设职业生涯辅导相关课程，未正式设课的院校也有相关活动安排，如采用讲座、个体咨询等。在已开设课程的高校中，42.9%的学校达到教育部规定的不低于38学时的课时标准，93.75%的学校把该课程作为公共必修课，65.6%的学校已经实行了全程职业指导，从学生入学到毕业前都有职业发展与就业指导教育课在教学过程中，除常规的讲授法、讨论法、案例分析法、情景模拟法外，通过组织学生参加职业生涯规划大赛、创业设计大赛、礼仪大赛等系列比赛，提高学生的学习兴趣，寓教于赛、以赛促学、以赛促教的赛场教学法；借助头脑风暴、角色扮演等开发学生思维能力，促进团队合作意识形成的互动游戏法；鼓励学生走访人才市场，亲身体验就业竞争压力，加强与用人单位沟通交流的社会调查法等一些富有课程特色、适应职业院校学生特点的教学方法也在探索之中。同时，职业测评与咨询活动、多样化的职业实践、校园文化项目、学生同辈教育、专业见习实习等亦成为课程实施方法的重要补充。

（4）课程质量得到初步认可

经过近几年的努力，职业生涯辅导课程实施效果得以初步显现、课程质量得到初步认可。在笔者所组织的对 33 所院校的调查显示，90.5% 的学校认为，通过实施职业生涯辅导课程，学生的竞争力得到了提升，88.1% 的学校认为学生强化了职业规划的意识，76.2% 的学校反映学生的就业心态良好，73.8% 的学校认为该课程有效提高了学生的就业率，31% 的学校反映学风有明显好转，学生对该课程教学效果的满意率达到 87.5%。

2. 研究结论

尽管在多方面的共同努力下，职业生涯辅导课程开发与实施取得初步成效，形成了较好的局面，但对照课程应有功能、对照课程规范要求，依然存在多方面问题与不足，具体表现在以下几点。

（1）课程推进的环境与条件需要改进

首先，职业生涯辅导课程外在需求不够旺盛。多年来计划经济体制的推行，使得职业生涯教育理念的社会根基薄弱，总体上，国民还缺乏主动开展生涯规划的意识，少数学生还存在"等、靠、要"的思想，家长和学生对职业生涯辅导需求不够强烈。就职业院校而言，基于当前"跨越式"发展的背景，在办学理念中也存在不同程度的急功近利倾向，少数院校关注更多的是"进口"，而对"出口"的重视不够，投入不多。这在一定程度上制约了职业生涯辅导课程的效果，降低了其对师生的吸引力。

其次，职业生涯辅导课程起点有待提高。国外的实践经验表明，中小学时期是学生职业意识的萌芽阶段，尽早对中小学生开展生涯教育，有助于激发他们的职业规划意识，使之从小更有意识、更加主动地了解和认识自我及职业世界，从而对职业院校专业的选择有更为理性、更为科学的判断，对自身的未来有更为明智的设计。

尽管我国早在 1994 年就出台了《普通中学职业指导纲要（试行）》等有关文件，但长期来，中小学相关活动与课程并未能得以切实推进，中小学生的职业生涯规划意识与能力并未得到有效培养，这也在一定程度上影响了职业院校职业生涯辅导课程开发与实施的起点与高度。

再次，职业生涯辅导课程实施条件需要建设。具体表现在：

一是师资队伍建设任重道远。迄今为止，我国尚未设立高校职业指导人员的专业标准，尚未能形成较为系统的职业生涯辅导教师培养、培训体系，其职称评定、福利待遇、评先评优等问题还没有从根本上得到制度上的规范与保障，教师自身职业生涯发展空间需要大力拓展。部分职业院校相关人员流动频繁，不同程度地存在青黄不接、业务不规范、工作缺乏连续性等问题，队伍的专业化和职业化水平较低。

二是服务体系不够健全。我国在职业测评工具开发、设施建设等方面的资金投入总体不足，相关硬件条件不"硬"。教育主管部门大多没有专门机构和管理人员负责组织、协调职业生涯教育，对学校职业生涯辅导的督导、评估及管理制度尚未健全，对职业院校的职业生涯辅导课程体系的构建缺乏具体的要求。地方政府职能部门有关社会发展规划、人才预测与需求信息的发布机制尚待建立，社会职业指导和咨询机构与职业院校学生管理部门、职业生涯辅导课程实施单位之间合作的诸多路径尚未打通，用人单位、师生代表等多主体参与学校职业生涯辅导课程开发的平台尚未全面搭建。

三是理论研究亟待深化。如前文所述，我国职业生涯辅导发展历史研究、国内外比较研究、职业发展规律研究以及职业生涯辅导技术与过程研究等仍十分薄弱，这与今天职业教育的地位、与社会对职业生涯辅导工作的迫切要求相比很不相称。培养理论研究人才、充实理论研究队伍，立足当前职业世界新的形势与要求，加强职业生涯辅导理论的研究，势在必行。

（2）课程资源建设需要加强

目前职业生涯辅导课程积累的相关资源相当有限。有关精品课程资源共享、推广不够，对学生职业生涯规划、生涯决策、创业典型等方面案例梳理不多，有关学生职业兴趣、职业成熟度、职业能力等方面测试工具针对性不强，具有示范作用的生涯规划书模板较为鲜见，可供学生课外阅读的职业生涯辅导杂志为数不多，职业生涯咨询案例尚需积累，辅助师生教学的音像资源及供教师教学参考的相关资料亦需开发。在相关网络建设方面，笔者分别从东部、中部、西部三类地区抽取了包含国家、省级示范院校在内的30所职业院校（详见附录十五），对其职业生涯辅导类网页、网站建设进行了考察。结果显示，在30所学校中有27所（占90%）建有独立的职业生涯辅导类网页或网站，但这些网页的名称大都冠以"就业"两字，其栏目设置主要集中在就业信息、政策介绍、就业指导这三个方面，其具体内容主要局限于面向毕业生发布需求信息、传授求职技巧等，在网页、网站中设计职业生涯规划栏目、面向全体学生提供生涯教育内容的学校为数极少，网络资源的浏览量、更新率亦不够理想。

教科书作为课程资源的主要载体，同样需要进一步的建设。笔者随机对 30 本大学生职业生涯辅导类教科书内容进行了抽样分析（详见附录十四），总体上可以看到不少教科书在内容上都力求有所突破、有所创新，形成了个性化的教科书风格。但也发现由于对职业生涯辅导的内涵、本质把握不够准确，部分教科书在内容上尚存在以下问题：

①内容体系不尽合理

将职业生涯辅导等同于单纯的思想政治教育，以狭窄的毕业生专业思想教育代替职业生涯教育；或将职业生涯辅导等同于政策宣传，侧重于各种就业政策、就业制度的介绍；或将职业生涯辅导等同于技巧普及，满足于材料准备与求职面试方法与技巧的描述。而对职业生涯辅导的"全程性、全面性"突出不够，对学生的学业、生活、休闲与"成人"辅导覆盖不够，对学生适应组织文化需求重视不够，没有做到从生涯的高度引领学生全面规划自身的学业、生活、事业等。

②读者群针对性不强

职业院校学生与普通中等学校学生、与社会求职人员在身心特点、学习需求、学习过程等方面既有共性，亦有区别。不少教科书基于市场营销的考虑，力求照顾到多方面读者人群的需要，同时面向大学生、面向求职人员而写，尽管可能有着良好的经济效益，但读者针对性不强，总体上相对缺乏针对职业院校学生这一特定人群所编写的教科书，教科书的"亲切感"、吸引力不强。

③对方法论关注不够

根据对 30 本教科书的初步统计，其中只有 14 本（占 47%）注意到认识自我方法的介绍，有 5 本（占 17%）注意到认识职业世界方法的陈述，大多数教科书虽然在职业生涯规划程序上阐述得非常详尽，但对于如何进行生涯决策，面对各种动机冲突、价值异同如何取舍，涉及极少，对于怎样根据生涯目标提升自我能力与素养，在方法论层面的介绍亦是浅尝辄止。这些都将在一定程度上制约职业生涯辅导课程应有功能的充分发挥，学生通过阅读教科书更多地只能在知识领域有所长进，而在终身发展、自我管理与自我教育能力培养方面收获不多。特别是当今时代，职业世界瞬息万变，产业、行业结构调整加快，社会对从业者素养要求不断提高，对学生而言，如果自身不能掌握有效的认知职业世界的方法，及时把握时代发展与社会进步的脉搏，而只是囿于教材对外部世界的描述与判断，则很难成为时代的"弄潮儿"。

④价值引领不多

尽管在人本主义理念下要尊重学生的主体地位与允许多元化价值观的存在，但作为社会主义教育的重要组成部分，职业教育要培养合格的社会主义事业建设者和接班人，在职业生涯辅导课程中就必须对学生的人生观与世界观、对其核心价值观进行引领与教育。何为成功？何为幸福？如何看待学习、生活、事业中的名利？如何对待各种困难与挫折？如何理解职场潜规则？如何处理适应组织文化与弘扬自身个性的关系？如何看待自我需求与社会需求？如何处理个人成长与组织利益、国家利益的关系？等等。纵览相关教科书，对这些问题有意识地进行回答，并直接或间接地对学生进行引导的，总体上比较欠缺。

（3）课程实施方式需要完善

职业生涯辅导课程实施方式从广义上看，既包括职业教育，亦包括职业援助，由于专业师资队伍的缺乏，少数学校职业生涯辅导工作重心仍放在收集、存储、提供、发布职业信息，组织招聘活动，协办人才交流会，负责毕业生的就业派遣相关事宜以及办理相关手续等方面，而较少能以职业生涯教育的理念与思路引导学生、帮助学生，不能着眼于学生的终身发展与全面发展。职业生涯辅导课程作为一种体验式课程，体验式或训练式的教学方式还未被广泛和熟练地应用于课堂，在教学过程中过于依赖职业测评、知识传授，缺乏对行业、企业、职业的系统探索，与学生实际学习生活相游离，缺乏学生喜闻乐见的深度指导内容与形式。这种季节快餐、短期促销的教育方式并非完全意义上的职业生涯教育。同时，在课堂教学之外，针对学生个别问题与困惑，开展的职业咨询、个别辅导尚未能制度化、正常化，个性化教育体现不够。

（4）课程评价方案需要探讨

受学科课程评价理念与方式的影响，职业生涯辅导课程评价还存在多方面的不足，在评价主体上，目前仍主要局限于教师单方面的评价，教师的专业性、主观性以及信息的不对称性直接影响评价的结果，学生自我评价以及社会用人单位的反馈均显薄弱；在评价内容上，仍主要以学生的知识掌握为重点，对学生职业观念的转变、职业情意的提升、择业决策能力的养成等方面的评价覆盖不够；在评价方式上，更多地倾向于结果评价、定量评价、纸笔测试,对学生学习过程、言行表现进行定性分析的不多;在评价视域上,主要评判课程的短期效率与效果,忽视课程长期效益的分析,主要关注课程对个体的影响,忽视课程对企业人力资源开发、对社会发展所做贡献的衡量。这些评价误区对职业生涯辅导课程产生了诸多负面导向,只有及时纠正,方可"指挥"课程健康持续发展。

(5)课程实施成效需要提高

在学习职业生涯辅导课程后,部分学生对该课程并不满意,一些人甚至认为"部分高校就业指导课成摆设"。为进一步全面了解课程实施效果,笔者选取了30件职业院校学生职业生涯规划课件(详见附录十六)作为分析对象,对照第二届全国大学生职业生涯规划大赛的评分指标进行衡量,发现其中存在诸多问题,如自我分析不够清晰、全面、深入、客观,自我评估理论、模型应用不够恰当,对目标行业发展前景及现状了解不够清晰、翔实,对目标职位的工作职责、任职条件等的分析过于笼统,缺乏针对性、可评估、可借鉴性,职业目标确定和发展路径设计过于理想,可执行、可实现性不够,行动计划可操作性不强,备选方案的设计与主路径缺乏关联性,跨度过大,文字表达用词不当、内容安排顺序不对、形式上过于花哨,这些都说明职业院校学生在职业生涯规划理念、思路及能力等方面均存在不足。此外,笔者对30篇有关职业院校职场适应与指导类课程开发与实施状况调研报告类文章(详见附录十七)的整理,总体上也显示出学生对课程的满意度不高,在课程内容、实施方式、结果评价、队伍建设等方面都提出了改进的愿望。

(八)"艺术特长培养"课程开发状况的调查与分析

本研究通过访谈法、问卷法以及实地调查法等方式,通过对相关学生、教师以及有关院校领导的访谈、问卷资料、对学生社会实践创新能力培养在确定的范围内进行实地考察,并搜集大量资料统计分析,从而探讨学生社会实践创新能力培养的可行性,以准确地说明高校艺术特长教育课程的开课状况、教学内容、课外活动、师资队伍及科学研究等方面的现状。

1. 现状分析

通过大量的研究,笔者认为,艺术特长生在美育实践作用中的理论思考包括:普通高校培养特长生存在的困难和问题、艺术特长生自身存在的问题及其解决、特长生在美育实践中的重要地位三个方面。

艺术特长生有效地促进了普通高校艺术教育的发展，促进大学校园文化的建设，促进人的整体综合素质的提高。这三个促进对人在社会中的发展有着极其深远的作用。

（1）普通高校培养特长生存在的困难和问题

普通高校近些年来培养的艺术特长生，在推动整个大学生的素质教育，建设和丰富校园文化方面的成绩是喜人的，贡献也是有目共睹的。但同时，我们也必须看到现阶段普通高校培养的特长生方面仍存在着困难和问题：

能够通过高考的学生，由于必须将精力大量地集中于高考文化课的准备中，其练习特长方面的时间被大量占用，造成进校后专业水平不升反降，与艺术社团指导教师要求的选拔标准具有一定差距。

由于选修的特长生们在学校是属于文、理等各个院系，如果没有学分和其他方面的学校政策倾斜，在基础不如其他同学的前提下，为了保证其学业的顺利完成，他们必须投入比其他学生更多的时间和精力到文化课程的学习当中，势必会影响到学校艺术社团的排练和演出，从而造成学校资源的浪费，同时也影响到各类艺术社团的正常运作。

训练问题。从音乐方面看首先集中反映在音准上，这也是业余的学生艺术社团带有的普遍性问题。其次是要加强声部的训练，声部练习不仅能够解决技术上的演奏（唱）问题，确定弓法指法、气口问题，还能调节好声部人数比例，更为重要的是明确本声部在整个乐曲中所处的位置。舞蹈方面身体柔韧度训练、动作协调问题，美术方面对色彩的感觉等问题，都给训练带来一定的难度。

预备队员的问题。学生乐团、合唱团和舞蹈团的一个不可回避的特点就是学生流动性大。将队员们培养成最佳状态时，学生却即将毕业了，一批批的主干力量离开了团队。不少老师为此而惋惜和无奈，但这也是学生社团公认的普遍性规律。要使团队常年不衰永远保持最佳状态，预备队员的补充就成为各个社团生命之树常青的关键。

要保证特长生的来源，解决好学生流动性问题也是非常重要的。教师要熟悉队员们毕业的时间。对即将缺少的音乐、美术、舞蹈种类的学员，应尽快在新生入学时就优先考虑，这样就能保证各个团队"后继有人"。

（2）艺术特长生自身存在的问题及其解决

特长生是对于一般意义上的学生而言，该学生（或该群体）比一般的同龄学生多一些知识和能力。具有特长的学生，除了极个别的是天赋的因素外，更多的是与同龄人相比，较早地接触了相关的训练（甚至是专门的训练），使得某些能力得到了系统性的开发和培养。

广义上讲，特长生是在新时期为推进素质教育，具备一定艺术特长，并在招生中也基本符合入学条件的一部分特定的学生。狭义上讲，普通高校为活跃校园文化生活，推进学校素质教育，培养使之具有艺术特长的学生。

先做合格的大学生，再做艺术特长生。从普通高校艺术特长生的发展方向来看，他们首先应是一名普通高校的大学生，其次是在艺术领域具有突出才能的特长生。按理来说，艺术特长生应该在其他基础素质较好的基础上再具有艺术特长才是可取的。倘若艺术特长生在艺术素质上不尽如人意，那也就辜负了这个名称的含义；但若是为了使艺术才能突出而牺牲了学业成绩，那同样是违背了艺术特长生这一名称的初衷。因此，一个合格的艺术特长生应该是不仅综合素质强，而且艺术素质特出的特别人才，而不是只拥有艺术素质的人才。

在这里我们还必须清楚地知道对艺术特长生的教育与普通艺术教育之间是有区别的，尽管艺术特长生培养并不都以造就艺术专门人才为首要任务，但其必须是在艺术方面有所特长的人。因此，这种艺术教育与面向全体人民的国民艺术教育在音乐能力的要求上会有所不同，但并不存在本质上的区别，只是力度更强，在培养时要求更加严格。

对于任何功课的教学来说，教师都是先从学生的兴趣入手。中国教育学会音乐教育专业委员会正是总结了以往教学忽视学生兴趣、情感、自我表现能力的培养才提出音乐课程标准改革的新理念。这一新理念不仅适应于学校基础音乐教育，也应该是我们进行社会音乐培训和家庭音乐教育的宗旨。我们要提倡人本教育，重视学生的主体地位，首先就应该尊重学生的兴趣与爱好。

教育应该是与音乐文化紧密相连的，然而在我国当前的艺术特长生培养中往往只注重技能的学习，导致了特长生艺术素质不够完善，文化素质比较低的局面。

我们认为这不利于艺术教育事业的发展。作为艺术特长生及其家长，都应该给自己一个准确的定位，明确所学的目的，以及确定自己拥有对音乐或是对所学特长的兴趣。如在音乐表演上，即技法性的表演上，应该是指引学生进行创造性表演，加强其他的音乐实践活动，提高其音乐能力，如音乐创作和音乐欣赏等，以充分发挥他们的音乐才能。更重要的是，艺术教师应该将其对应的文化知识贯穿到音乐技能训练上，指引特长生挖掘其文化内涵。

艺术教育的最根本目的就是使每个人都能感受艺术、享受艺术、通过艺术审美学习能够把艺术作为生活中的伴侣、好友或是医生。我们必须意识到听音乐比创作音乐更为根本，感受音乐的能力比操作肌肉的能力更为基础。尤其在音响技术高度发展的今天，我们不需要向一百多年前那样把读谱作为享受音乐的前提和基础。

（九）"数据应用与思维方法"课程开发状况的调查与分析

根据职教师资培养素养标准中的第三维度：文化素养与关键能力之第八领域关键能力。设计具体的《数据应用与思维方法》课程，针对此课程开设的合理性和课程标准的设定，进行此次调研，并结合调研结果制定了课程标准。

1. 现状分析

（1）同类院校课程列表

项目组对天津职业技术师范大学实地调研，对其他院校电话访谈，通过对教材的分析解读，我们得出相应结论。

课程优点：

基于实际调研和针对教材的解读，我们认为传统课程延续时间较长、课程体系完整、结构严谨、自成体系；教材涵盖知识全面、用途广泛，对学生系统知识的掌握奠定良好基础。

课程缺点：

授课内容包含很多数学知识，对学生数学知识和能力要求很高；教材内容过于抽象、脱离实际，学生无法正确认识和有效使用。实践课程几乎没有，对学生的考核方式过于简单。

鉴于此，我们将重新设计课程标准，切合实际开设课程、编写教材。

我们从数据分析与思维方法两方面设计调查问卷，统计结果如下：

（2）数据分析调查问卷情况

①在校生对数据应用有所了解，但是只停留在表面层次，没有形成完整的知识体系，对于就业和在工作中遇到的大数据分析无法提供有效的帮助。

②在校生对数据应用课程的开设是渴望的，但是希望讲授的内容不要太抽象，要通俗易懂、容易掌握、可操作性强。

③对工作人群的调查情况显示出数据分析在现代公司管理、物流业等方面有大量的应用，但是这方面的人才十分短缺，而又无法迅速解决，制约我国现代服务业的发展。

（3）思维方法课程调查问卷

①在校生关于创新思维的理解只是停留在表面，没有被系统地传授，学校也没有开设相关课程。

②学生不理解创新思维的实质和如何获得创新思维，不知道如何用创新思维解决某个具体问题，但是却非常感兴趣，认为对其职业生涯会有很大的帮助。

③学校没有积极有效地组织相关活动或者学生对于创新实践活动热情不够高。

④对工作人群的调查情况显示出大部分人缺乏找出问题和解决问题的能力，针对突然出现的问题束手无策，恰恰反映出创新思维能力训练的短板，而此时又没有培训其创新思维能力的机会和场所。

综上所述，对在校生进行思维能力培养和训练刻不容缓，但是国内大部分院校要么根本没有开设该课程要么流于形式，根本达不到培养学生思维创新的目的。

三　职教师资素养培养课程开发的建议

（一）"职业教育道德与法律"课程开发建议

根据前面调研及分析，职技高师院校应结合目前思想政治理论课程体系，重点结合"思想道德修养与法律基础"课程，开发"职业教育道德与法律"课程，计3学分，48学时。具体开发方案如表3－8所示。

表 3 - 8   "职业教育道德与法律"课程开发方案

应重点培养的素养	开发课程	开发方式
职教信念 育人观念 个人理念	职业教育道德与法律	1. 理论教学结合原有的"思想道德修养与法律基础"课程: (1)依据"教育信念与师德"维度指标要求,增设职业教育道德与法律专题; (2)对原有的"思想道德修养与法律基础"课程内容进行调整,渗透职业教育信念、师德等内容 2. 实践平台 构建一系列素养养成的实践平台: (1)职业认知:职教博物馆和职业学校的参观调研 (2)职业态度:走进职校,与职校生结对子,职校实习 (3)职业理想:职教人学术讲座,职教形势与政策报告 (4)个人修养:法制教育基地、禁毒教育基地等教育

　　为配合以上课程的实施,应建立形式多样、内容丰富的校内外实践育人体系:一是通过参观职教史馆、国家级示范校等形式,加深学生对职业教育的理解与认识;二是通过开展辩论、演说、知识竞赛、素质拓展训练以及各类师生互动等活动,培养学生良好的职业态度和职业行为;三是通过开展先进典型事迹报告会、职业教育家先进事迹报告会等形式,培养学生的职业价值观,使学生形成良好的教育态度与行为。实践育人体系的建立和完善,一定要与职教师资"教育信念与师德"维度的三个领域结合起来,与开发的课程结合起来,为实现人才培养目标服务。

　　另外,各维度的素养培养必须相互融合、相互渗透,特别是各素养必须融入专业素养培养中;一切校园文化活动必须围绕学生素养培养特别是文明养成来开展,增加学术讲座和形势报告会数量,提升层次;学生管理一定要突出人性化;职教师范生一定要提前介入职校,了解职教特点、职校生,做好思想准备;开发网络公选课程,配辅导教师;加强教师的师风师德建设,感染、熏染、带动学生职业道德素养的提升;加强师范生"职教师资素养标准"教育。

(二)"体育特长培养"课程开发建议

　　"体育特长培养"课程是面向职技高师院校各专业开设的必修公共基

础课，它的目标是通过合理的体育教学和科学的体育锻炼过程，切实增强学生体质和健康水平，激发学生参与体育活动的兴趣，培养他们终身参与体育锻炼的意识和习惯，使学生掌握2～3项终身受益的体育运动项目，为培养更多具有"健康第一"意识，德、智、体、美全面发展的合格人才服务。通过本课程的学习，使学生掌握各个选项课的基本理论知识和基本技术，提高学生的体育素质。熟练掌握增进健康的技能和方法，基本形成终身体育意识和自觉锻炼习惯。促进学生身心健康发展，增强适应社会生存能力，培养学生良好的体育道德风尚、团队精神、体育文化素养和顽强的意志品质。

（三）"心理素养拓展训练"课程开发建议

1. 关于心理健康教育课程的建议

心理健康教育模式应多维发展。当前，师范院校大学生心理健康教育模式存在明显局限性和狭隘性。例如，把心理健康教育仅视为心理教育工作者的责任，仅是针对那些心理健康水平较低或有心理问题、心理障碍的学生；把心理健康教育仅作为维护学生心理健康的教育，孤立地、简单地采取医学的或是教育学的模式；在内容与方法上，仅采取普及讲座及个别心理辅导、心理咨询等方法，针对特定具体的心理问题开展教育活动等。从多维的角度来思考和推动大学生心理健康教育，是克服这些不足的重要途径。

采取多维度心理健康教育模式，拓宽受教育学生群体数量，以预防为主、治疗为辅，关注学生现实问题的同时更加关注学生的未来问题，教学学生真正掌握自我心理教育的方法和技巧。做好心理健康教育医学模式和发展模式的良好整合，发展其他维度的积极作用，采用这种多维教育模式使心理健康教育真正适合现今大学生内心需求、适合社会发展的需求。

加强心理教育研究的可操作性。目前高等师范院校心理健康研究的成果较少，可操作性不足。很多关于心理健康的实证研究中采用的问卷或量表，应用范围都是针对有心理障碍的学生或有心理问题的学生。心理健康教育的目的是针对广泛的学生群体，指向未来。因此，现今大量的研究成果可操作性不足，在实际的心理健康教育教学实践中很难得到应用。心理学工作者、心理健康教育者应制定统一的、适合师范院校大学生的、标准化的问卷和量表，并在得出研究成果的基础上应用到教育教学实践中。在教育教学实践中，师范院校心理健康教育者更应统一教育教学模式和教学标准，加强高等师范院校大学生心理健康教育研究的可操作性，为我们心理素质教育奠定科学、有效的基石，发挥教育的示范性、主体性、规范性。使学生真正从我们的心理健康教育中学习到对适用于未来的技巧来帮助自己、帮助他人，从而达到教育的真正目的。

拓展师范高校心理健康教育的新途径。家庭与学校合作。心理健康教育是一个系统工程，需要家庭和学校的共同合作。调查显示，子女步入大学之后，大部分家长认为完成了教育和培养子女的责任，然后把工作完全转交给高校，家庭与学校之间缺乏联系，不利于高校心理健康教育的全面展开。因此，家长应该改变教育观念，发挥家庭的教育功能，通过与学校的紧密配合，使学校可以及时准确地了解问题学生的心理动态，改善和预防学生的心理困扰，帮助师范生提高心理素质；构建高校网络心理健康教育体系。网络心理健康教育是互联网时代的产物，如今的大学校园信息遍布每一个角落，受网络的影响，师范生的生活、学习、娱乐休闲都发生了重大的变化。通过网络，大学生可以检索资料、获取新闻、沟通情感。在目前的大学生活中，网络已经成为不可替代的工具，因此，仅仅依赖传统的教育模式进行心理健康教育必定落后于社会发展。构建高校网络心理健康教育已经成为心理教育的新趋势。首先，开展网络心理健康教育也是解决网络心理问题的需要，网络已经导致部分大学生心态失衡、交往障碍、畸形心理，甚至网络成瘾。利用网络"双刃剑"的功能对学生进行心理健康教育，能使大学生网络心理问题得以解决。其次，网络心理健康教育改变了传统的"灌输教育"模式，它兼具信息传播者和思想引导者的角色，实现教育者和被教育者的"平等"，这样的教育工作更具有亲和力，更容易被师范生所接受。

2. 关于教材建设的建议

基于对已有的 140 余本大学生心理健康教育教材的分析，我们认为大学生心理健康教育教材的编写有以下要求：

（1）兼顾教材的理论性与应用性。心理健康教育课程是一门专业性很强的课程，如果教材内容中没有以相关的科学理论知识作为基础统领其他内容，整个教材内容就无法真正有效地服务于教育目标。因此教材内容必须体现理论性。但如果理论内容繁多、晦涩，又会挫伤学生学习的积极性，不利于心理健康教育目标的实现。毕竟心理健康教育课程不是培养心理学的专门人才，心理健康教育课程是以帮助大学生树立心理健康意识、培养良好的心理素质、形成良好的心理品质、提高自我认识、增加大学生的责任感为目的，因此教材内容要符合学生的实际水平及兴趣，重在调动学生的求知欲、培养大学生综合运用心理学基本理论解决实际问题的能力，这就要求教材编写者仔细斟酌理论的难易程度和实用性以及应用的操作性和针对性等。

（2）重视内容的完整性与时代性。人类知识越来越丰富，知识总量也在不断扩充。反映到教材编写上，即教材越编越厚，这是当今高校教材编写中一个十分突出的问题。因此这就要求我们对教材内容进行选择、删减、精简和补充。要求在完整性的前提下兼顾时代性。具体来说，在横向针对性方面，教材内容组织上应该符合学生心理发展的年龄特征和已有心理素质发展水平，应尽可能地全面包括大学生普遍存在或可能出现的心理问题，有针对性地解决学生在不同年龄阶段面临的不同心理困惑和问题。而在纵向发展性方面，教材内容又应具有时代性，心理健康教育教材应该包含丰富的现实生活、有趣的学习素材，以学生自身和周围生活中的自然、社会的素材作为学习的材料，突出心理学与真实生活、现实社会的联系，使学生感受到心理健康教育的现实意义和应用价值。因此，教材的内容应该不断地吸纳和补充此类知识，例如如何培养学生的幸福感审美心理以及在竞争、合作和追求成功中的心理变化等内容。

（3）把握体例的结构性与丰富性。教材的体例是教材形式中不可缺少的一部分，它体现了对学生能力的培养和人文精神的塑造。因此，教材体例应具备以下要求：其一，体例形式多样化。教材中出现的切合主题的名言警句，贴近学生生活、形成设问、容易引起思考和讨论的问题情境，具有启发性、能够扩充课堂教学容量的案例，都可以用来丰富教材体例。应该指出的是，所选案例切忌牵强附会，以免造成形同虚设、启发性不够的反作用。其二，体例内容丰富且新颖。体例中的丰富内容是教材主体知识结构的有效补充，同时为学有余力的学生提供自学资料。诸如将一些心理学实验或者理论安排在体例部分。此外，在保持教材体例完整的基础上，教材还应该具有独特性，避免千篇一律。

（4）体现教材的适教性和宜学性。心理健康教育课程的教学不同于一般的以讲授为主的学科教学，因为它的教学目标不是为了传授心理学的知识，而是希望通过一系列的心理辅导活动，让学生能够从活动中懂得认识与了解自我、发展自我的重要性，进而能够主动地去发展和提高自己的心理品质。因此，要求根据不同的教育主题、情境和学生特点，精心选择或综合多种多样的教学组织形式或教学方法，做到课堂讲授与案例教学、活动体验相结合，课堂教学与课外实践相结合，课堂教学与课堂讨论、交流等学生自我教育、互助教育相结合，力求以多元化的教学方法如认知感悟法、角色扮演法、集体讨论法、游戏活动法、测验法、心理自述法、行为改变法等来活跃课堂气氛。实践表明，案例教学法、角色扮演法、心理测验法、行为训练法、讨论法、经验交流法是适合学生心理特点和课程性质的教学方法。因此，教材在安排上要注意不同的教学方法灵活呈现，以使学生在轻松愉悦的氛围中达到学习目标。

总之，大学生心理健康教育教材的发展和完善是高等教育改革的重要内容，对带动、促进大学生心理健康教育课程的开展起着十分重要的作用。因此，对该课程教材的编写要求不仅体现在理论论证上，还要体现在具体的教学实践中。

（四）"中华优秀传统文化"课程开发建议

1. 明确中国优秀传统文化课程的目标

职技高师学生要提高自身传统文化素养，首先要在思想上认识到中国传统文化教育的意义，认识到提高自身传统文化素养的紧迫性。因为在未来的教育工作中，弘扬我国优秀传统文化是教育工作者的重要任务。

中国在世界现代化的进程中面临着严峻的挑战，其现代化问题的复杂程度是很多其他民族难以比拟的。因此，要提高中国人民应对挑战的能力，就必须加强文化"软实力"，必须加强传统文化的教育，充分发挥中国优秀文化的凝聚功能、激励功能和整合功能，增强民族自信心和凝聚力，为现代化提供坚强的精神保证。

因此，职业师范院校要明确，中国传统文化教育的首要目的是振奋民族精神，增强自信心和凝聚力。民族精神是指导民族生存、延续和发展的思想精粹，是整个民族的信念与追求。它蕴含于中国传统文化之中，是传统文化中的优秀部分。"一个没有民族精神，没有文化信心的国家，是建立不起真正的大国心态，也建立不起民族复兴的基础。"

2．把握传统文化课程开发的基本原则

（1）把握传统与现代性的辩证原则。传统与现代性并不是完全对立的，现代性与传统之间相互作用。"现代性"是作为"合理化"的认识结果，"传统"则是作为"心灵的习惯"。在现代社会发展视野中，传统文化不只是被动地放置到现代意识中的历史沉淀物，它既是束缚力，又是增强力，能在任何特定社会勾画出现代性的特有轮廓。因此，在开发中华优秀传统文化课程和课程资源时，必须依据传统与现代性的辩证原则。

（2）批判继承的原则。对中国灿烂的古代文化要剔除其封建性的糟粕，吸取其民主性的精华，绝不能无批判地兼收并蓄。在选择教学内容的过程中应认真做好去伪存真、去粗取精的工作。

（3）理论与实践相结合的原则。中国传统文化中特别重视知与行的统一，"听其言"，更要"观其行"。知"道"为智，体"道"为德，德者得也。因此，不论是教师还是学生，都应该认识到，优秀传统文化的理论和思想，要转化为教师和大学生的认识能力、情感态度和行为技能。

（4）中外文化相互借鉴的原则。我们在重视传统文化教育的同时并不排斥学习国外先进的文化。在全球化进程中，我们应以开放的心态，有选择地学习、借鉴国外先进的文化、理论和教育技术，并针对中国的国情与教育实际进行融合创新。

3．改革课程设置

（1）开设专门的传统文化选修课程

要提升职业师范院校大学生的传统文化素养，培养素质全面的人才，必须改变教育思想，更新教育观念，改革课程设置，开设有关传统文化的选修课程。绝大多数的大学生希望通过参加文化讲座或名著导读等选修课的方式学习。可见，大学生对传统文化选修课程的开设抱有浓厚的兴趣。选修课程应特别加强经典名著的学习与研讨，这是古今中外传统文化教育中行之有效的内容。

（2）将传统文化教育渗透到专业教学中去

各个学科的教师也要有意识地把传统文化教育渗透到各自的专业教学中去。通过专业学习，让学生体会到传统文化和行业文化之间的内在联系，从而更加重视中华传统文化的传承。

（3）将传统文化教育渗透到职业教育课程中去

对于职业师范院校的学生来说，在职业教育课程中融入中华优秀传统文化，会增强课程的亲和力，提高课程学习的兴趣。

4. 改进传统文化教育的方式与方法

（1）课堂教学为主，专题讲座为辅

这应该是中华优秀传统文化最主要的教育方式。将中华优秀传统文化与国家规定的课程或地方学校开设的课程整合，作为传播和传承中华优秀传统文化的主渠道，通过课堂教学引导学生了解和掌握文化的基本内涵和传统道德的基本德目，理解中华美德在日常工作、学习、生活中的渗透和运用，体验中华优秀传统文化的魅力，形成并树立正确的人生观、世界观、价值观和道德观。专题讲座既可以邀请教学和实践经验丰富的老师，结合社会热点问题和现象，分析学生普遍关心的重大问题、疑难问题，也可邀请行业管理者结合行业文化、产业文化实际，对学生的文化素质和社会能力进行有针对性的指导。

（2）营造良好的校园文化

课堂教学并非培养素质全面人才的唯一途径。通过开展经典诵读、学科竞赛、传统文化体验活动等校园文化活动，可以积极引导学生体验和感悟中华优秀传统文化，提高传统文化素养，提升道德意识，规范行为准则。

（3）拓展教育学习平台

教师可以通过网络、BBS 等途径加强对学生关于传统文化观念和认识的引导和教育。很多大学生对传统文化存在偏见，认识缺乏深度，因此对其思想加以引导是必要的。通过现代网络及其他媒体途径，可以对学生的思想和认识加以引导，改变错误、偏差的认识，加深对传统文化的理解，进一步提高大学生的传统文化素质和人文素质。

5. 开发适用的中华优秀传统文化的教材

改变现有传统的课程教材"高、大、全"式的内容结构和编写体例，根据高等职业教育理念，以传统文化为载体，将"认知中国优秀传统文化与践行社会主义核心价值观"进行有效衔接。应避免全景式的理论性介绍和评说，重视多种文化实践活动和体验活动，运用多元化的教育教学技术开发课程资源，实现第一课堂和第二课堂、传统教学手段和现代化教学手段的有机结合。

（五）"表达与写作"课程开发建议

通过调研表达与写作这个课题有如下几个建议：

第一，学生和老师应该多互动起来，这样表达能力才能够最大化地提升。

第二，老师应该建议学生多读书、读好书，这样学生的知识量才能够最大化地积累，对于口语表达和写作都有着事半功倍的效果。

第三，在教学过程中，应立足于坚持学生实际操作能力的培养，采用项目教学，设计不同的活动，提高学生学习兴趣。

第四，本课程的教学关键是现场教学，"教"与"学"互动，教师示范，学生操作，学生提问，教师解答、指导。选用典型案例由教师讲解，示范操作，学生进行分组操作训练，让学生在操作过程中掌握表达与写作的要求和方法。

第五，在教学过程中，要创设工作情景，同时应加强实践训练，使学生掌握表达与写作的要求和方法。

第六，在教学过程中要关注本课程的最新发展，更贴近中职学生未来工作的需求。

（六）"市场、职场、就业与创业"课程开发建议

1. 建立健全大学生就业指导教育机制

严格就业指导教育课的教学管理。在就业指导课教学过程中，要根据国家就业政策发展情况、教学管理实际和就业指导课程特点，加强就业指导课的教学管理，维护正常的教学秩序。

（1）将就业指导课纳入统一的学籍管理，按规定编制正常的教学计划。确保就业指导课教学学时，包括理论学时和实践学时。根据教育部有关文件精神及就业指导课教学内容和课程结构的实际，理论学时一般不应低于40学时（含专题讲座），实践学时不应低于10学时。编印全国或省市一级的统编教材，既保证教学体系的完整性，又要与时俱进，保证教学内容的实用性，确保通过教学，能对学生正确的人生观、价值观、择业观的确立起到积极的促进作用，对学生的就业实践活动起到积极的指导作用。

（2）严格课程的考核。要通过考核，确保学生能把握基本就业政策，

能正确地判断分析就业形势，能了解就业实践活动的基本程序，能基本掌握就业招聘的技巧和方法，等等。积极开展教学科研活动，鼓励任课教师结合课程教学和就业工作实践开展专项研究，包括教学方法、教学内容、教学手段，以及就业政策、师资队伍建设、大学生就业思想动态等等，不断解决就业指导教育中遇到的新情况、新问题，提高就业指导课程的教学质量。严格教师的聘任和考核工作，坚决辞退不合格的教师等。

2. 完善大学生就业指导教育内容体系

构建完善的大学生就业指导教育内容体系，全面、正确地引导大学生树立正确的人生观、择业观、价值观是大学生就业指导教育的一项十分重要的任务。笔者根据多年的就业指导教育工作的实践，认为完善的大学生就业指导教育内容体系应既具有严格的科学性，又具有很强的操作性，其具体内容应包括以下几个方面：

（1）成才指导教育。包括思想道德素质教育和综合技能教育。从思想道德素质教育来讲，主要应加强对学生进行较高的政治素质和高尚的品格、强烈的事业心和责任感、敬业爱业和奉献精神、高尚的人格魅力和与人合作的精神、开拓进取的时代精神和创新精神的教育引导。要通过教育引导，使大学生具有坚定、正确的政治立场，对社会、对祖国、对人民的高度责任感，具备高尚的思想道德素质和精神境界，具备正确的世界观、人生观、价值观等，在择业时能正确定位，并以实际行动积极投身国家建设。从综合技能教育来讲，应教育引导学生学好基础知识和专业知识，以及非专业技能，并加强社会适应能力、人际交往能力、专业技术能力、组织管理能力、开拓创新能力、决策能力等的培养和锻炼，要通过教育，引导大学生抓住有利时机，加强能力和素质的培养锻炼，不断增强建设国家的能力。一般来讲，成才指导教育以专题讲座为主，并贯穿大学教育的全过程。

（2）就业形势和政策指导教育。这是就业指导教育的最基本和最主要的内容。从就业形势指导教育来讲，要在把握经济和社会发展总体走势的情况下，根据就业形势的最新发展变化，结合毕业当年的具体就业形势，分学科、专业、学历和行业发展情况，全面、准确地向学生分析形势，包括有利因素和存在的问题和困难。要通过分析，让学生清醒地认清就业形势，并结合就业形势，及时调整自己的就业心态和就业期望值，积极主动地采取有效措施迎接各种挑战，并正确定位择业，努力实现顺利就业。指导教育的途径以课堂教学和专题讲座为主。同时也包括地方和高校根据国家政策制定的大学生就业的具体实施细则和实施办法，如优生优荐政策、公务员选拔推荐政策、就业招聘会的组织管理等。指导教育的目的是使大学生准确掌握就业政策和办法，按照政策和办法的规定规范自己的择业行为，并明确自己的责、权、利，避免择业过程中的随意性和盲目性，以维护正常的就业秩序，确保高校大学生就业工作的顺利开展。指导教育的途径以课堂教学和专题讲座及个别咨询为主。

（3）择业观指导教育。大学生的择业观，是指大学生对择业问题的看法、信念和态度，以及处理这些问题的方法和指导思想。大学生的择业观的形成受到社会政治、经济和文化等多种因素的影响，具有明显的时代特征。当前社会正处于转型时期，大学生的择业观念也在急剧变化之中，传统择业意识和新型择业观念复杂地交织在一起；在建立市场经济体制的过程中，一些负面效应同时对大学生产生了一定的影响。以大学生中奉行的所谓"新三到"（到国外去、到大城市去、到挣钱多的地方去）为代表的择业观偏差，反映出大学生中不同程度地存在追求实惠的功利化倾向，其择业取向与曾经激励过千百万大学生"到祖国最需要的地方去"的追求相比，发生了很大的变化。在择业过程中，国家需要、社会责任和个人实惠往往相互矛盾，因此，必须加强对大学生择业观的教育引导。教育的内容应包括如何正确处理国家、社会和个人发展及利益的关系，如何正确认识和判断就业单位的"好""坏"，如何根据自身的实际定位择业，如何广开视野创业发展，等等。指导教育时要按照服从社会需要的原则、有利于发挥特长的原则进行引导，要通过指导和教育，培养学生正确的竞争观、发展观、适应观、风险观，树立崇高的职业理想，引导学生从偏狭的就业观念转向立足国家、服务人类、谋求发展的开阔目标上来，在选择职业时更加注重行业发展和自我兴趣和个性的有机结合，实现国家、社会和自我的共同发展。在指导教育时，除加强理论教育引导外，还应通过具体典型事例、成功人士的专题讲座，以及参观学习等方法进行教育引导。

（4）择业心理指导教育。这是就业指导教育过程中一项十分重要的内容。大学生在择业过程中，不仅会遇到种种外部障碍，还会遇到在择业过程中产生的种种心理冲突和心理障碍，大学生择业过程实际上就是一个心理调整和适应的过程。因此，大学生的择业心理对其能否顺利择业就业至关重要，相应的在就业指导教育过程中也应把择业心理的指导教育放在至关重要的位置。大学生择业心理指导应从培育良好的择业心态着手，引导大学生客观公正地分析就业形势和择业倾向、正确对待就业机制、客观公正地评价自我和用人单位等。同时针对学生思想实际，引导学生坚持换位思考、走出"焦虑"的心理误区，克服"依赖"、走出"盲从"的心理误区，克服保守思想、走出"从一而终"的心理误区，正视挫折、走出"自卑"的心理误区，正视现实、走出"过分追求完美"的心理误区，保持平常、走出"学而优则仕"的自负心理误区，等等。要通过教育引导，使学生克服不良的择业心态，排除心理障碍，树立健康的择业心理，实现顺利就业。择业心理指导教育的方式以课堂群体教学和专题讲座及个别咨询为主。

（5）择业技巧和方法的指导教育。求职择业实际上是一门艺术，正确的方法和技巧是择业成功的重要因素之一。大学生求职择业的方法和技巧的指导主要包括大学生求职择业资料准备、信息收集和处理、信息联络，以及面试的方法和技巧等。归纳起来，主要有电话求职的方法技巧、举荐求职的方法和技巧、通过中介求职的方法和技巧、通过广告求职的方法和技巧、网上求职的方法和技巧以及自荐求职的方法和技巧。尽管各种求职的方法和技巧有所不同，但他们都有一些共同的原则，如精心准备、主动出击、充满信心、不卑不亢、机智灵活、随机应变、诚信为上、务实为本等。因此就业指导教育工作者应在引导学生把握求职择业的基本原则的基础上，通过典型材料和事例，指导学生根据各种求职择业的具体方式方法灵活应对，提高求职成功率。求职择业技巧指导的方法以模拟招聘和现场参观、范例演示为主，辅之必要的课堂理论讲授。

（6）大学生创业指导教育。这是就业指导教育一项新的内容。随着我国市场经济的不断发展与完善，以及体制和机制的相应变革，为大学生提供的发展空间与展现才华的舞台在不断扩大，大学生就业渠道出现多元化的态势。大学生自主创业是其中令人瞩目的渠道，自主创业是指大学生毕业后不通过传统的就业渠道谋取职业发展，而是依靠自身的学识智慧、科技发明、专利成果，在社会风险投资的支持下，开办自己的企业。自主创业是对传统就业观念的一种挑战，成为大学生流向社会的一种新的就业方式。

3. 采取灵活多样授课的方式，增强教育的效果

就业指导教育课有其自身的特点，它和一般的专业课和公共课不同，既有很强的说教性，也有很强的实用性，其效果在大学生毕业前的就业实践工作中就可以体现出来。因此，其教学方式方法应更加灵活多样，才能确保其教学效果的不断提高。

（1）课堂教学和专题讲座。这是就业指导教育最主要的教育方式。课堂教育通过"灌输"的方式对学生进行系统的理论教育，让学生基本了解和掌握就业形势和政策、求职择业的技巧和方法、处理日常矛盾和问题的基本措施和手段等，引导学生调整择业心态，走出择业误区，形成并树立正确的人生观、世界观、价值观和择业观。专题讲座主要是邀请教学和实践经验丰富的老师，结合学生求职择业过程中学生普遍关心的重大问题、疑难问题进行讲解和引导。也可邀请就业指导教育专家、用人单位代表及校友等结合社会发展和单位建设实际，以及对学生素质和能力的要求情况开展讲座，这些讲座往往具有一定的权威性，对学生的教育更具有说服力、感召力、影响力，效果比学校教师单纯的理论教育更为显著。

（2）咨询答疑。就业咨询答疑主要包括就业政策和形势咨询、用人单位基本情况咨询、自我评价定位咨询、有关日程和手续办理咨询、解决矛盾和问题的方式方法咨询、心理咨询等，它是一种互动形式的活动，方式方法多种多样，包括网络和电话的方式以及现场咨询等，相比之下，现场咨询效果更好，而网络和电话咨询则可长期随时进行。但在组织现场咨询时应做好充分的准备，事先应进行必要的摸底和调研，了解学生在就业过程中可能遇到的各种疑难问题和普遍关心的热点问题，以便现场咨询时能心中有数，准确地解答学生提出的每一个问题，为学生顺利就业起好参谋和引导作用。参加咨询答疑的工作人员除专职就业指导教师外，还可邀请就业指导教育权威人士和专职的就业工作人员。

（3）模拟招聘。即大学生就业前的"军事演习"。由学生扮演招聘者和应聘者，也可邀请用人单位代表做招聘人员，学生只扮演应聘者。组织进行模拟招聘时，严格按照用人单位招聘学生时的场景进行笔试、面试、提问、审查推荐资料等，每次时间不宜过长。学生模拟招聘结束后，就业指导老师或用人单位代表应针对整个过程进行点评，指出每个应聘者的优点和需进一步提高之处，真正达到提高学生就业应聘

实战能力的目的。

（4）参观人才市场。包括参观省市级人才市场、省市级教育主管部门及高校组织的大学生就业供需见面双选会等。通过参观，让大学生尽早从切身体验中感知就业形势，了解用人单位对人才的具体要求，体验求职择业的酸甜苦辣，提升他们的就业忧患意识和就业能力。该项教学方式从大一就应进行，目的是使学生尽早了解社会对人才素质的高要求，以便有目的、有计划地加强锻炼和学习，不断提高自身的能力和素质，以满足社会的需要。

（5）举办经验交流会。参加人员应包括已成功签约的应届大学毕业生和下一级大学生。交流内容应包括大学生就业的方方面面，如个人能力、知识结构、就业指导课教学效果、就业指导教育教学方式方法、就业准备、求职择业技巧、就业应聘成功与失败的经验教训等，通过交流，已成功签约的学生以自己的切身感受向低年级同学传授经验，达到学习、交流和提高的目的。

4. 加强师资队伍建设，提高就业指导教育工作者的素质

据调查，80%以上的大学生认为对他们就业影响最大的是其就业指导教师，因此，必须加强高校大学生就业指导教育工作者队伍的建设，全面提高他们素养，以促进高校大学生就业工作的顺利开展。特别是近年来根据我国高校大学生就业工作的实际，尤其是高校大学生的思想实际，加强高校大学生就业指导工作者队伍的建设，走专业化、专门化、专家化的发展道路已势在必行。

（1）高校大学生就业指导教育工作者应具备的基本素质

第一，为人正直、诚恳，有较高的政治水平和思想觉悟，就业指导工作认真负责，深得大学生信任和信赖。在就业指导教育过程中，就业指导教育工作者要引导大学生如何诚实做人，以身示范，引导大学生树立的正确人生观、价值观、世界观和择业观。

第二，具备自信、乐观的情绪和良好的性格。情绪稳定、心情愉快、具有自信心，是良好心理素质的表现。就业指导教育工作者要在任何时候都不失去理智，都能保持头脑的清醒和冷静；要树立自信心，意志坚强，经得起失败、困难和挫折的考验，甚至是突如其来的打击，能面对现实。

第三，具备牺牲精神、奉献精神和开拓创新精神。大学生就业工作是一项十分繁杂而重要的工作，责任十分重大，任务十分艰巨，这就要求大学生就业指导教育工作者热心本职工作，全力投入本职工作，具备牺牲精神和奉献精神，认真负责地做好有关大学生就业的每一项工作。在就业工作开始前应做好基础工作，如深入大学生之中，了解每一个大学生的具体情况、特长、优势及其就业意向，以便在推荐学生就业时做到心中有数、有的放矢，使学生和用人单位都感到满意；教会大学生在求职、自荐时应具备的一些基本技巧，帮助大学生进行职业生涯规划和未来人生指导等。在择业、双向选择过程中，积极组织大学生参加应聘，积极向用人单位全面真实地推荐大学生，积极加强与用人单位的联系，以使更多的大学生能顺利就业。

（2）构建合理的知识结构。大学生就业指导教育工作者作为教育者和管理者，不仅要通过优质、高效和有序的服务使各项工作顺利开展，而且还必须以其广博的知识和真才实学去赢得大学生的尊敬和爱戴，在大学生中树立起良好的形象和声誉，只有这样，才有利于大学生就业工作的有效开展。

（3）具备一定的专业知识和专业技能。大学生就业指导是一种全过程的指导，表现在一年级进行成才教育和专业思想教育，二年级实施素质教育和专业发展教育，三年级进行择业观指导和专业思想巩固教育，四年级着重就业政策和就业技巧的指导。因此，就业指导教育工作者在引导学生正确定位择业和顺利就业的过程中，对学生所学的专业知识必须要有一定程度的了解，只有这样，教育者才能有效地对学生进行专业思想的发展和巩固教育，增强学生的信心，使他们以满腔的热情去迎接社会的挑战；才能生动、具体地向社会和用人单位介绍专业的特点和发展趋势，向社会积极广泛地推荐大学生；才能根据专业的特点并结合社会发展向大学生深入分析专业的就业形势和发展趋势。

（七）"职业生涯规划"课程开发建议

1. 职业生涯辅导课程目标定位问题

随着市场经济体制的逐步确立与完善以及人们主体意识的不断增强，近年来职业院校职业生涯辅导课程中以人为本的意识有所增强，但总体而言，在课程目标取向上仍然是"重社会轻个人"。为此，我们要打碎"社会需要从本质上反映了个体需要的不合理假设，"摒弃"社会本位是社会主义高等教育特征"的错误观念，吸纳学生参与课程开发，尊重学生已有的兴趣爱好和个性发展需求，以学生个人完美的生涯发展促进人力资源的开发、促进社会的进步。值得一提的是，如前文所述，职业生涯辅导课程的功能追求应是"引导学生享受职业生活"，作为生活，必然会牵涉物质与精神、工作与家庭、自我与他人等多个方面，因而目标研制中，学生应考虑的个人需要就不仅仅局限在个人发展、兴趣爱好上，还应该考虑自身的价值取向与信念及对他人（配偶、父母、子女等）、社会与国家的影响等，从而保证个体生活的最适宜。

2. 职业生涯辅导课程内容安排问题

职业生涯辅导课程内容主要来源于基于角色分析课程开发模式所开发的结果，但这些内容如何选择与组织，仍需要进一步探讨。

3. 课程文本编制问题

职业生涯辅导课程文本编制要充分体现课程属性，应坚持心理化、生活化、问题化，要强化课程编制的心理学基础，使其适合学生的心理发展阶段与心理需求，体现课程编制的人文精神；要注重职业生活场景的设计和情境的渲染，在现实世界中选择符合学生心理特点的典型材料，在生活化的活动情境中通过学生自主的认知、体验、反省与思索更新观念、培育情感；要从高职学生所处年龄阶段所面临的心理问题和生涯发展课题着手，选择典型情境、典型事件、典型活动与典型问题作为起始文本，通过活动情境使文本不断建构、臻于完善。特别需要强调的是，在文本编制中，案例的选择一定要贴近学生的生活、学习实际，要激发其情感的共鸣，而不能总是偏向那些"伟人""巨人"，尽管他们对学生具有一定的引领作用，但由于他们远离学生，过于抽象，容易导致学生"可望而不可即"之感。在穿插正面典型与事例的同时，文本编制还要适当地为学生介绍一些负面的、失败的案例，以帮助学生多角度理解课程内容，增强课程应有的说服力。

4. 职业生涯辅导课程实施策略问题

课程实施方案的设计、实施策略的选择是课程开发的内容之一，它事关课程目标能否实现、课程内容能否展开、课程实施质量能否保证。

课程实施策略的选择需要综合考虑课程目标、课程内容的特点，也要考虑学生的身心特点及现有的教学条件等，根据上述多因素的具体情况，笔者建议当前职业生涯辅导课程可采用以下三个方面的实施策略：

（1）规范化的课堂教学

课堂教学是传授职业生涯规划知识、讲解职业生涯规划方法、传播就业、择业观念及人生观、世界观的主要途径。在教学过程中，任课教师要能根据学校、专业的实际，根据课程开发的结果，将课程内容组合为既有联系又相对独立的模块，针对高职学生不同的生涯发展阶段辅之以不同的教学内容。除开设专门课程外，相关专业或文化课程教师也需在课堂中渗透职业生涯教育，充分体现全员育人、全程育人的教育理念。

（2）序列化的活动课程

职业生涯辅导课程的"享受职业生活"功能以及学生"形象思维"、"感性认识"见长的学习特点都提示我们要尽可能地对教学内容进行恰当的还原，使知识与技能回归原有的情境，回归"职业生活"，在活动中、生活中陶冶学生的职业情感，提升其职业素养。为此，要结合课堂教学模块，组织学生深入社会、现场，通过开展社会调查、召开模拟人才招聘会、制订创业计划书、开办模拟公司等形式，增强感性认识，丰富职业体验，锻炼交往能力。要充分利用高职学生寒暑假时间，围绕职业生涯教育科学设计实践内容，区分不同年级学生社会实践的重点与层次，形成序列化的实践项目体系，提高活动课程的质量与成效。

（3）专业化的职业咨询

职业咨询主要是为当事人做出明智的职业选择提供参考意见和决策支持，既可以以团体方式进行，也能以个体方式开展，其优势在于能够较好地满足当事人个性化的需求，提高职业生涯辅导的针对性，弥补课堂教学与活动课程的不足。为保障职业咨询工作的顺利展开，有条件的高职院校可开设学生生涯发展中心，内设阅览室、测评室、咨询室、团体训练室等，或设立网络、电话咨询热线，为职业咨询创造良好的平台。

总体而言，职业生涯辅导课程不是要解决"知"与"不知"的问题，而是要切实增强学生的能力，更新他们的观念，培育他们的情感，再精彩再生动的讲授都无法替代个人的亲身感受和直接体验。因此，无论是知识学习、能力培养还是观念形成，无论是课堂教学、活动课程还是职业咨询都需要充分体现职业生涯辅导课程"体验性"的特点，要给学生体验的机会、体验的空间，要让学生做到"悟中学"，要引导学生学会反思，学会彼此经验的分享。运用心理测评、案例引导、角色扮演、作品分析、课堂互动、素质拓展等多种方式，让学生体验课程学习的乐趣、获得思想的启迪、感受心灵的震撼、激发深藏的潜能。

5. 课程实施条件保障问题

课程实施需要多方面条件，针对高校职业生涯辅导课程当前的实施状况，要着力提供以下三个方面的保障：

（1）良好的社会舆论

"知之深"方能"爱之切"，人们对职业生涯辅导课程价值与意义认识程度的高低直接制约着推进课程实施动力的强弱、制约着参与课程教学积极性的大小。新中国成立以来，作为必修或选修课程进入高校，职业生涯辅导课程的历史尚为短暂。其对社会发展、对企业人力资源开发、对学生生命质量提高的意义尚未得到充分显现，其内在的课程价值尚未得到社会各界的认可。可以借助舆论宣传、专题讲座、现场活动、理论研究等方式大力宣传职业生涯辅导课程的政策依据和研制程序，宣传课程蕴含的教育理念与导向，赢得教育界内外对课程的重视，营造良好的课程实施的舆论环境。

（2）齐备的专业队伍

金斯伯格的研究表明，生计指导在典型的美国中学里是不适宜的。一位学者型的教师，不可能知道许多蓝领职业的情况，不可能成为这种角色的榜样；他很可能低估这些职业，并把自己的这种看法传递给学生。可见，职业生涯辅导课程的实施离不开数量齐备、品质优良的专业队伍。面对我国当前数量短缺、素质不高、专业性不强的队伍现状，相关政府部门、行业组织及高校要通过专门培养、理论进修、实践锻炼等途径尽快配齐配足职业生涯辅导教学与管理人员，同时在现有职业指导师资格认证的基础上，建立高校职业指导从业人员的任用、流动、竞争和激励机制，拓宽其自我发展的空间与路径，为职业生涯辅导人员全身心投入工作解决后顾之忧。

（3）有力的社会支持

职业生涯辅导也是一项社会性工作，其顺利开展与社会各界的配合密不可分。政府相关部门要积极完善人力资源市场配置机制，严格执行"先培训、后就业""持证上岗"等就业政策，激发学生职业生涯意识。人力资源和社会保障部等职能部门及其所办的职业指导中心、人才交流开发中心等，承担着对社会劳动力市场规划、调控和职业技能鉴定工作，要及时为高职院校职业生涯辅导工作提供必要的信息资源及专家支持。企事业单位要积极创造条件，配合高校就业、教学基地的建设，为其人才培养、学生就业提供支持。至于学生家长，需要理解和支持子女参与接受职业生涯辅导的行为。

6. 职业生涯辅导课程效果评价问题

课程评价既包括对课程方案的评价，亦包括对课程实施效果的评价，鉴于不同课程在课程方案评价中存在众多共性之处，笔者在此着重对职业生涯辅导课程实施效果评价进行论述。

（1）课程实施效果评价应坚持的理念

本着建构主义以及人本主义的思想，应坚持三方面的评价理念：

①过程评价与结果评价相结合。

在布卢姆看来，评价或测验的目的在于如何处理所测到的学生水平和教学效用的证据，因此，测验不仅是要了解学生掌握了多少学习内容，而且是作为一种矫正性反馈系统，及时了解教学过程中的每一阶段是否有效并采取相应措施。职业生涯辅导课程评价同样如此，其根本目的不在于题别、选择、分层，而在于促进教学过程的改进、促进学生身心的发展，只有主动关注学生求知的过程、探究的过程和努力的过程，关注课程实施中取得的成绩、存在的问题、面临的困难，才能不断得到各种矫正性信息，才可能使后续工作在不断调试中趋于完善。相对于其他课程而言，强化职业生涯辅导课程的过程评价，还有着特别重要的意义。职业生涯辅导课程内容涉及知识、技能、情感等多领域，其具体实施离不开学生的参与、反思与体悟，学生的诸多收获与变化可能就发生在课程之中，而非课程之后。为确保评价的全面、真实、客观，需要关注教学过程，了解学生的学习感受、接受情况，记录学生在学习中的一系列活动表现，及时收集动态信息，并为学生提供反馈，激励学生在过程中的进步和发展。

总之，关注结果的终结性评价，是静态的评价，是面向"过去"的评价；关注过程的形成性评价，是动态的评价，是面向"未来"、重在发展的评价。将两者有效结合并贯穿于整个教学进程中，可以连贯、持续地考查学生学习情况，达到全面评价的目的。

②自我评价与他人评价相结合。

学生的生涯发展起点是自己，终点也是自己，他们对自身的生涯发挥水平最有发言权。在职业生涯辅导课程评价中，我们要充分鼓励作为课程实施的直接承受者与参与者的学生开展自我评价，认真听取他们的评价意见，引导他们充分揭示内隐心理活动的变化，自觉加强自我反省与觉察。此举既可以调动学生参与课程的积极性，解放学生的个性，激扬学生的青春，体现教育过程的民主化、人本化，也可以为课程的有效评价积累立体的、第一手的资料，避免教师单一评价主体评价过程中对学生的控制，对学生内心情感与体验的忽略。同时，职业生涯辅导课程实施过程本质上就是促进学生从学校向职场、向生涯过渡的过程，通过课程，学生的生涯发展水平与现实的职业世界还存在怎样的差距？学生的职业成熟度如何？当今时代对从业者又提出了怎样的素养要求？课程内容需要在哪些方面进一步改进？对于这些问题的回答都需要来自用人单位的声音。为此，在课程评价的主体中，我们还需吸收来自用人单位（企业）的代表，他们可以从职场需要的立场为学生的生涯发展、为课程方案的调整指明方向，提供意见，从而促进学生未来的职业适应和课程改革的深化。

③量化评价与质性评价相结合。

多年来，量化评价模式一直在课程评价中占主流地位。随着建构主义、人本主义教育理念的凸显，传统的量化课程评价模式的非人性化、脱离教学情境化、低层次认知导向乃至文化偏见等缺陷暴露无遗。为此，力图通过自然的调查，全面地阐释对象的各种特质，以彰显其意义，促进理解的质性评价逐步显示出其广泛的应用前景。

职业生涯辅导课程要想全面考察学生的知识、技能、情感与态度的变化情况，就不能仅仅局限于书面考核，局限于对知识点的简单回忆与再认，局限于数量或程度的界定。还必须借助真实性评价、表现性评价，通过真实情境或模拟真实情境中某项任务的完成，检验学生知识与技能的掌握水平，以及实践、问题解决、交流合作和批判性思考等多种复杂能力的发展状况。笔者认为，在评价的具体实践中，行为描述法、作品分析法、档案评价法、案例分析法、两难问题解决法、模拟面试法等皆可作为质性评价的有益尝试应用于职业生涯辅导课程。当然，质性评价从本质上并不排斥量化评价，两者各有优势，互为补充，其结果常常整合应用。

（2）课程实施效果的合理评价标准

基于职业生涯辅导课程目标预设性的属性，我们应将课程的功能定位与目标要求视作检验课程实施效果的主要标准，要注意从生涯规划意识、生涯管理能力、职业素养水平、职业自尊状态、职业生活品质等多个方面全面衡量学生的进步程度，要通过这些评价指标引导和促进相关课程全面实现自身功能，达成既定目标。

当然，试图要用统一标准评价所有学生的课程学习，显然有失公允，不尽合理，课程评价标准的同一性与评价对象的差异性之间的不对称本身就预示了传统课程评价的不合理性。因此，一方面我们要允许学生根据自身的身心特点、家庭条件及兴趣爱好，选择着力提升的素养类型，追求个性化的生活品质；另一方面要考虑到不同学生起点、能力等的差异，即使在同一指标上也应体现出不同的层次要求。同时，对于在教育情境中随着教育过程的展开而自然生成的"生成性效果"以及每一个学习者在与具体教育情境的种种"际遇"中所产生的"表现性效果"，我们一样不能无动于衷，必须将其纳入评价的视野。

可见，"合理"绝不等于"唯一"，美国学者斯塔弗尔比姆（Stufflebeam）曾经指出"教育评价最重要的目的不在证明而在改进"，在笔者看来，只要能够达到"改进"课程实施、"改进"学生职业生活评价目的的评价标准，都是合理的，自然，面对不同学生这些标准肯定是不同的、多元的。在评价标准上我们应谋求共同价值与多元价值的统一，形成"多元主义价值观"。"多元主义不是抛弃原则和基本原理，而是接受各种理论与实际问题的一种能力，即理解他人如何克服缺陷、充分理解、减少片面性看法的一种能力，是扩大为自己设身处地去理解的一种状态"，它不是一种相对主义，而是一种整合了共同价值的多元价值，是一种尊重差异、包容差异的全球化背景下的时代精神。

（3）课程情感目标的评价

就情感维度而言，职业生涯辅导课程归根到底就是要引导学生在职业生活中体验到成就感、尊严感、自由感，课程实施过程也应是学生对专业、职业情感由浅入深的不断内化过程、是其职业态度从轻微持有和不稳定到受到高度评价且稳定的变化过程，在实施效果评价中，我们不能不重视学生情感的培育，不能不关注学生情感的评价。

遗憾的是，由于情感内化的长期性、情感表现的复杂性，要对其做出准确的评价绝非易事，因而在诸多课程上尽管教师在制定教育目标时，常常像强调认知目标一样强调情感目标，并做了某些尝试，但是，随着教学过程的推进，很快就把情感目标忽略掉了，到了期末评定时，几乎完全没有考虑到学生的情感因素。用布卢姆的话来说，情感目标被"消蚀"掉了。为避免职业生涯辅导课程情感目标的"消蚀"，我们绝不能知难而退，而应该迎难而上，借鉴戴忠恒先生总结出的"自陈法、语意差异法、谈话法、态度量表法、问卷法、投射法、评定量表法、观察法、情境性测验"，赵德成先生提出的"观察、访谈、问卷、利克特量表"等多种情感目标测量方法，结合职业情感的特点，观察学生课程学习中的表现、课外活动态度以及生产劳动中精力投入程度，通过与学生的个别访谈、团体座谈、公开讨论、量表测试等，了解其相关态度、兴趣、情感或价值观发展水平，不断探索情感目标有效的评价方略，促进学生的情意发展，推进课程功能的全面实现。

（八）"艺术特长培养"课程开发建议

学校的艺术教育是美育的重要组成部分，也是社会主义精神文明的重要组成部分。它作为审美教育和情感教育，用先进的文化艺术引导和教育学生，陶冶情操，是学校实施美育的最有效途径之一。对艺术的表达、欣赏、评价、参与的能力能从不同程度上反映一个人的文化修养，潜移默化地影响着人的情感、气质，促进自身素质的和谐发展，启迪人的智慧和创造力。普通学校的艺术教育在人才综合素质教育培养中的作用越来越受到人们的重视和认同。而艺术特长生所"服务"的艺术团对学生的综合素质的提高有着重要的作用。也就是说，艺术课程、艺术教育、艺术团的实践活动和团队活动，在普通高校里对人才全面培养所起到的作用是其他课程难以达到和不能替代的。

（九）"数据应用与思维方法"课程开发建议

1. 课程开发建议

基于上述分析研究，可以明确本课程的开设是合理且迫在眉睫的，针对职教师资培养方案，应在大学一年级第一学期开设课程，以更好地为其他课程服务。

（1）课程性质

"数据应用与思维方法"课程是职业师范类院校的通识教育课程之一。通过学习本门课程来培养学生的数据应用能力，使学生能够在课堂教学和日常工作中有效运用数据应用的基础知识和基本技能获取数据、读懂数据；能将数据归纳分类，并能制作统计图表；能对多个数据进行处理，能做多步骤的复杂运算，能运用公式进行计算；能采用适当的方法展示结果，能将结果推广应用；使学生了解创新思维方法，培养创新意识和创造性思维，并能够在实际工作和教学中运用这些方法，以提高学生综合运用专业知识的能力，为培养学生成为具有良好素质的职业教育师资服务。

（2）课程基本理念

①培养学生应用数学的意识和能力；

②培养信息技术与数学知识相结合的能力；

③提升学生的创造性思维能力；

④构建开放式数据应用与思维方法课程；

⑤构建基于现代信息技术的数据应用与思维方法课程；

⑥建立学习结果与学习过程并重的评价机制。

（3）标准设计思路

"数据应用与思维方法"课程以工作过程系统化课程开发为基本理念，以培养学生的数据应用知识和思维方法为基本任务，掌握适应教育现代化的信息技术知识与应用能力、培养通过工作过程分析、行动领域归纳、学习领域转换、学习情境设计的流程构建课程体系、设计学习单元。课程在注重理论与实践教学的同时，又要强调学生课程学习及后续工作学习中实践应用。以任务为导向，从课程理论教学、课外实践教学、专题讲座、全程式网络辅导平台等方面对学生进行辅导，以期增强学生应用数据和数学思维方法的时效性、实操性、实战性和实用性。

本课程依据职教师资（面向中职教师）素养标准，培养学生具有科学精神、创新意识和创造性思维；适应教育现代化的信息技术知识与应用能力，能够应用科技成果；具有搜集、分析、处理意见和信息的能力；具有逻辑思维与数据应用能力，能够采集与解读数据、数据运算、结果展示和应用。其教学要以实际操作为主要方法，并尽量把基础理论、规划程序、规划理念等知识融入实践操作中，实行理论与实践一体化教学。评价应贯穿于数学教育的各个环节。

本课程建议 24 个课时，其中实训课 14 个课时，共计 2 学分。

2. 教材研发建议

根据课程体系要求，结合教师资（面向中职教师）素养标准，在吸取其他优秀教材经验的基础上，着重研发理实一体化教材，以数据应用和思维方法两部分针对知识目标、技能目标、情感目标研发教材。

关于"数据应用"部分，教材的编写必须突出以数据为主线，围绕数据的获取、加工、运用等关键能力设立内容。我们要把大数据思想引入教材之中，侧重于把计算机作为一种处理信息的工具使用，重点设计 EXCEL 和 SPSS 使用专题、知识运用模块、前沿分析等内容。教材应结合各种实例进行应用介绍，以工作任务为主。

在"思维方法"部分，以思维能力养成为主线，图例与案例结合，重在提高学生学习的主动性和积极性。教材中注重理论体系的构建，实践内容的可操作性，强调在实践中理解与应用理论，并注重拓展训练。

3. 数字化资源库开发建议

随着计算机网络技术的发展、互联网的普及，教育也进入了网络的新时代，信息技术在教学中的应用也在快速发展，信息化教学成为教育发展的新趋势。而数字化资源库的建立是实施信息化教学的基础，但是依据实地调查及网络调查，关于本课程的资源库并没有实现。因此本课程数字化教学资源平台的建设应依据体系构建和资源整合两个方面进行。

首先，应积极开发数据应用与思维方法精品资源并实现网络共享，其主要开发的内容包括基本资源和拓展资源。基本资源包括：课程简介、理论与实践教学大纲、教学日历、考评方式与标准、学习指南、教案（演示文稿）、习题作业、试卷、例题、教学课件、教学案例、媒体素材、学习手册、电子教材、常见问题、专家讲座、学生作品等数据应用与思维方法课程的基本资源。

其次，应大力开发特色鲜明的课程拓展资源。拓展资源包括：案例库、专题讲座库、素材资料库、学科专业知识检索系统、试题库系统、作业库系统、在线自测考试系统、教学软件等辅助资源。精品资源中的基本资源和拓展资源要实现网络共享。最终建立数字化资源共享体系。

第四章
职教师资素养培养质量评价方案研究

　　根据前期研究成果"职教师资素养标准"以及职教师资素养培养方案，在多部门的通力配合下，在广泛文献调研和访谈调研的基础上，分析了国内外关于评价结构的研究情况，对评价、绩效等相关概念进行界定，构建了基于绩效理论的中职师资培养评价指标体系的模型，征求具有广泛代表性的专家们的意见，结合项目组的研究分析，建构职教师资素养培养质量评价指标体系，形成职教师资素养培养质量评价方案。

一　职教师资素养培养质量评价方案比较

（一）国外相关研究

　　提高教育质量已经成为各国、各地区发展本国和本地区综合实力及提升公民素质的主要途径，各国在评价与保障的组织结构、指标体系、运作机制等方面均存在差异，综合对比分析各种模式的差异对形成适合我国职教师资培养质量评价与保障的新模式具有重要促进作用。

1. 英国职教师资培养质量评价

　　英国是世界上职业教育比较发达的国家之一，已经形成了学历文凭证书与职业资格证书并行的制度。在其职业教育蓬勃发展的过程中，实行有效的质量评价与保障体系起到了至关重要的作用，所有的教育机构对职业教育的评估都奉行统一的标准——英国国家职业资格（National Vocational Qualifications，NVQ）。

　　20 世纪 80 年代以来，英国政府与教师培养研究机构在教师培养方面开展了大量研究与培养工作。1983 年，英国政府颁布了"关于教学质量的白皮书"；1989 年，成立了教师培养认证委员会；1993～1997 年，英国教育与科学部将过去十几年的教师培养的趋势进行了总结，并制定了相应的教师培养政策。1995 年教师培养机构从提高教学质量的角度对教师教育教学能力进行培养，并于 1997 年制定了教师培养课程和新的教师资格认证标准（DES，1997），英国的教师培养与资格认证逐渐走向规范化。

组织机构。NVQ 是英国国家职业资格委员会在 1988 年推出的一个建立在职业能力基本概念上的综合职业资格证书系统。NVQ 的开发主体是英国的产业指导机构，它主要由各行业的行会、行业组织以及教育培训机构的专业人士组成。NVQ 的开发是在积极采纳各专业人士的意见和建议后，经过反复试点和验证，才正式向社会颁布。

基本内容。英国职业教育质量评价与保障体系的基本内容涉及三方面。

（1）关键能力。这是指一种普通的、可迁移的、对劳动者的未来发展起关键性作用的能力。个体需要这样的能力以使自己在劳动力市场中可以更灵活、更有效地找到或更换工作，并导向工作的成功。

（2）专业基础知识。这是指与该职业领域相关的知识与理解能力，是获得和提高专业技能的基础。

（3）专业技能。就是从生产和操作中分析出来的从事该项工作所需要的相关具体能力。

实施程序。英国职业教育 NVQ 分为内部和外部质量评价与保障。内部质量评价与保障一般由学生所在学校或培训中心的教师进行，主要是对学生在学习、工作、调研等活动中积累的证据进行考察。外部质量评价与保障由颁证机构指派专门的评价人员采取不同的考核形式对学生进行评价和打分。外部质量评价与保障一般采用任务操作、实际工作、结构测试、案例分析、研究活动或指定作业等形式。

2. 美国职教师资培养质量评价

19 世纪后期，美国的职业技术教育开始走向制度化。20 世纪以来，职业技术教育体系逐步完善，功能日趋强大，成为美国经济发展和社会进步的重要支撑。承载美国职业教育的社区学院具有大众性、地区性和职业性等特色。美国联邦教育部门不对任何学校进行认证，但教育部门必须公布符合标准、质量可靠的所有认证机构。美国主要通过政府认可的第三方中介组织进行教育质量评价与保障活动。

组织机构。第三方中介机构进行教育质量评价与保障体系的运行，这些认证机构可以分为三大类：一是全国性的院校认证机构，共有 6 个，主要认证远程教育学校、私立职业学校和同性质的学校；二是地区性的院校认证机构共有 8 个，主要认证两年制和四年制学校的所有职能；三是专业和职业性认证机构，共有 50 余个，主要认证学校的专业和职业性学校。为了保证认证机构的质量，美国联邦教育部门或者高等教育认证协会（CHEA）对认证机构进行质量评价，每五年进行一次，未通过评价的认证机构不得开展对院校的评估工作。

基本内容。在美国，批准与认证是存在区别的。一所学校的成立需要政府批准，就如同成立一家公司一样，只要符合条件即可成立，学校就可以招生。认证则是由美国政府公布的认证机构对学校的教育质量进行评价，解决的是学校文凭"含金量"的问题。美国评估机构进行评估的主要内容包括：（1）办学目标是否清晰，培养目标是否明确；（2）办学任务是否实现，以及学校信誉状况；（3）内部评价体系是否建立及完善情况，规章制度是否健全；（4）组织结构是否合理，以及师资队伍建设情况；（5）教学计划、课程设置是否符合培养目标；（6）教学设备设施等情况是否适应教学需要。

实施程序。美国的学校认证分为两种程序，即首次认证和继续认证。首次认证是指学院成立后第一次进行评估，必须向认证机构提出正式申请；接到申请后，认证机构成立小型评估专家小组，进行初步认证；得到"基本资格"的认可证书后，按照继续认证的程序继续认证。继续认证需要学校在认证机构派出评估专家进校前的 18 个月或者更早的时间准备一份全面的自我评估报告；评估专家小组进校进行全面考察；两个月后，评估小组制作正式评估报告，并与被评估学校就报告中的数据进行核对；评估报告提交认证机构委员会，并提出推荐意见，即通过鉴定、部分改进后再通过和不通过三种情况；认证机构委员会在下一次季度会议上正式讨论，以投票表决的方式决定是否授予该校"通过认证"的资格；结果通报校方，在网上公布，并通过正式出版物向公众公布。通过认证的学校，教育质量可以得到充分的保障，从而实现美国高等职业教育质量的不断提高。

3. 法国高等职业教育质量评价

法国采用的主要是政府主导开展教育质量评价与保障活动，这与法国中央集权制的领导传统有直接的关系。政府部门主导进行教育质量评价与保障体系的运行，解决的是高职院校是否达到基本的办学标准问题，即高职院校的准入问题，具有法定效力。如果某个院校的办学水平达不到标准，该院校将不得再从事职业教育。

组织机构。法国真正意义上的教育质量评价与保障体系是从1984年依法成立国家评估委员会（CNE）开始的。该委员会对法国高等教育机构进行综合性的整体评估，并在此基础上提出建议以提高其活动的有效性。作为相对独立的国家行政权力机构，该委员会一方面独立于政府，直接对总统负责；另一方面也独立于所要评估的高等教育机构，评估活动旨在加强学校的自治和基础，增进学校责任。法国教育评价与保障体系主要包括院校制度评估、专业评估和高等教育整体状况的总体评估，而且较为重视院校内部评估体系的建立，如果没有内部评估系统则视该院校没有履行相应的职责。国家评估委员会由25名委员会会员和24名行政管理人员组成，每两年更换1/2会员。

基本内容。在法国，高等职业教育质量评价与保障体系的基本内容包括对教育管理、教学、学科、专业、课程建设、学校发展目标、学校改革规划、教师、学生等各方面的全面评价。同时，也对高职院校的地理位置、与教育的相关活动进行评价，尽可能地保障评估的全面性。

实施程序。法国的国家评估委员会对院校主要进行内部评估和外部评估。被评估院校事先在国家评估委员会指导方针的帮助下准备一个内部评估报告。报告分析该院校有哪些优势以及对未来的期望。外部评估阶段同样是对被评机构的回顾检查，包括对被评估机构进行访问。国家评估委员会以内部评估报告和外部评估报告为基础来制作评估报告，并予以公布。国家评估委员会一般以五年为一个周期，对高职高专院校进行一轮评估，每个评估程序大约持续一年。

4. 荷兰高等职业教育质量评价

1985年，荷兰政府发表了具有重大历史意义的文件——《高等教育：自治与质量》。文件强调高等教育的质量评价和保障是高校自身的责任，过去由中央政府控制的方式使高校的运行无法自由开展，导致效率低下、质量下降，建议给予高校更多的自主权，提高教育系统整体的效率和质量。荷兰的高等职业教育从此开始了由中央政府全面控制向高校自身主导过渡的新时期。

组织机构。1990年，成立了荷兰高等职业教育学院联合会（HBO），对各高校开展评估工作，而且评估结果不与教育行政拨款直接挂钩，HBO

对各高职院校进行教育质量评价与保障体系运行的监督，主要依靠高职院校来发现自身办学中的不足，找到解决问题的方法，促进教育质量的提升。

基本内容。高等职业院校对自身教学活动中的教学计划、课程设置、职业技能、教师水平、国际合作，以及学校的办学定位、目标、任务、管理体制等方面进行评价。HBO 对高职院校外部教育状况进行评估的范围包括高职学院教育环境的外部考察、教育活动的信息系统和社会反馈等。

实施程序。荷兰高职院校内部自我评价与保障体系首先根据自评的内容收集数据资料，以此为基础对自评的内容进行全面教育质量评价与保障。HBO 进行的外部评估程序主要有高职学院的外部考察、组织有关评估的会议、开展独立的小组考察、建立教育活动的信息系统、外部再考察、出版年度评估报告，并将评估的结果提交给荷兰的教育科学部供其决策参考。外部评价与内部评价的有机结合形成了荷兰独特的评价与保障体系。

5. 绩效技术

绩效技术作为一个研究如何改进组织和一个人的绩效的专门领域，至今已有三十多年的发展历史。该领域能发展到目前的较成熟的状态，必然具有自己本质的特征，有它坚实的理论基础，也有一套为专业工作者认可的基本原则和信念。但是，在理论研究方面，绩效技术专家和学者对这一概念尚未形成一个统一的定义。以下是不同时期不同学者对绩效技术比较典型的定义。

一些学者从运作的角度来认识绩效技术，侧重于对"过程"和"方法"的表述。Geis（1986）认为"绩效技术是对大部分有效影响人类行为和成就的程序或方案进行选择、分析、设计、发展、执行和评估的过程"。Deterline 和 Rosenberg（1992）认为"绩效技术是一整套方法和程序、一种解决问题或获得与员工绩效相关的各种机会的策略"。"个人、小的团体以及大的组织都可以应用这种技术"。还有一些学者则强调该领域的目的和结果，比如 Gilbert（1996）认为"人类绩效技术的目的是提高人力资本，是一种时间和机会的产品，技术是将潜在能力转化为资本的一系列有序的、明智的程序"。由此可见，不管从哪个角度来进行界定，有一点是可以肯定的：绩效技术的根本目的就是提高实际问题的绩效，指向的是低成本，高成效。所以，项目组非常赞同国际绩效改进协会（ISPD）前主席Stolovitch 和教学技术与绩效技术专家 KeePs 的观点：绩效技术是"一种工程方法，它通过确定绩效差距和设计低成本、高效率的干预措施，达到获得所期望的成效的目的"。

综观国外职教师资培养评价制度不难看出，完善的、系统的、操作性强的政策、法律法规支持是各国职教师资发展壮大的关键。国外关于教师培养的研究主要是在宏观上提供培养模式和评价体系，但涉及培养中具体的操作方法则比较少，在可操作性强的评价指标力方面的研究还比较欠缺。

（二）国内相关研究

20世纪90年代以来，我国陆续出台了一系列法律和制度，为职教师资教育的发展起到了积极的促进作用。1996年通过的《中华人民共和国职业教育法》和1998年通过的《中华人民共和国高等教育法》从法律上确立了职教师资教育的法律地位，职教师资教育在层次上属于高等教育，类型上属于职业教育。1999年，《中共中央国务院关于深化教育改革全面推进素质教育的决定》进一步明确了职教师资教育是高等教育的重要组成部分，并做出了大力发展职业教育的决定。我国教育理论界和实践工作者对职教师资培养素养的评价研究如下。

1. 职教师资专业化

教师专业化的问题在我国引起关注的时间较短，因此相关的研究较少，有关职教教师教育专业化的研究更是寥若晨星，王绍晶提出了职教教师教育专业化的命题，贺文瑾也在他的博士论文中对职教教师专业化进行了研究。两人都从职教教师教育制度、课程模式、聘任制度和考核制度等方面探讨了职教教师教育专业化的构建。

2. 职教师资培养的中外比较

20世纪80年代以来，同济大学的有关部门对德国的双元制职业教育及职教师资培养等方面做了大量深入的研究工作。徐朔在《借鉴德国经验，开展职教师资培养典型实验》中，对"职业教育与工程教育""职业师范教育与工程教育"问题进行了理论探讨，认为职教师资的培养必须建立科学的理论体系和完善的培养体系。牛英杰的《中德职业教育师资培养比较与借鉴》和彭爽的《美国、德国、日本高职师资队伍建设的特色与启示》，通过对中外职业教师教育师资培养进行比较研究，并从入职标准、在职培训方案和培养途径等微观方面，提出了完善我国职教师资的具体措施。黄日强、黄勇明在《德国企业参与职业教育初探》中对德国企业参与职业教育的法律、机构和制度等方面的保障措施进行了深入的研究，为我国建立校企合作的职教师资培养方式提供了可资借鉴的经验。但是美中不足的是其中很多研究仅限于简单的对比，没有从中外职业教育发展的历史背景、经济状况、政治因素、文化传统、教育制度等方面进行深入细致的剖析，导致职教师资培养直接复制他国模式的现象，影响职教师资培养的效果，也使许多研究成果在我国没有得到很好的推广。从理论的层面看，国外更重视职教教师专业化建设的探索。教师专业化问题在西方兴于 20 世纪 60 年代，受到广泛的关注，职教教师有严格的专业标准，而且以此作为教师聘任、考核及晋升的依据。从实践层面看，国外更强调职教教师实践经验的培养。

3. 培养评价

传统的培养评价比较重视培养活动的效果和对培养任务目标的达成。比如以下几个定义："培养评价是根据一定的培养价值观或培养目标，运用可行的科学手段，通过系统的收集信息资料和分析整理，对培养活动、培养过程和培养结果进行价值判断，为提高培养质量和培养决策提供依据的过程。""培养评价是对培养活动满足社会与个体需要的程度做出判断的活动。是对培养活动现实的（已经取得的）或潜在的（还未取得，但可能取得的）价值做出判断，以期达到培养价值增值的过程。""培养评价是根据一定的培养目标，运用有效可行的技术手段，对培养活动的效果和影响进行价值判断，优化培养活动的过程。"

传统的培养评价比较重视静态的结果，忽视培养过程。造成这种结果的原因在一定程度上是因为教学的静态结果客观上可以长久的保持，对其做评价涉及的变量比较少，相对比较容易操作，而对培养过程进行监测则明显复杂得多。

随着社会的不断发展，传统的培养评价方式已经不能满足实际的需求，而将绩效的观点引入培养评价，能拓展传统培养评价的内涵，适应信息社会培养的新发展。殷雅竹和李艺在《论培养绩效评价》中认为培养绩效评价包含以下三个方面的内容。

第一，培养目标（含区域培养目标和培养子目标）的制定及实现状况如何。对培养目标制定状况的评价和实现状况的评价，分别位于评价过程的首尾。对培养目标制定状况的评价要回答：本目标在多大程度反映了总体培养目标的要求？是否符合本地区培养资源储备状况？目标的制定是否对社会和学习者个人具有一定的超前意义等问题。对培养目标实现状况的评价要回答：评价对象是否完成了培养目标所规定的操作行为或心理过程？评价对象完成既定目标的程度如何？是否在某些方面有超越目标的成效等问题。培养绩效评价应当提倡使用框架性或主题性培养目标，鼓励评价对象从数量、质量、范围上超越既定的培养目标。

第二，为了实现培养目标，对培养资源进行了怎样的配置。对培养资源配置情况的评价是培养绩效评价的特色所在，它要关注以下问题：为实现某一培养目标，评价对象有哪些因地制宜的培养资源可以利用？评价对象进行资源配置的经济效益如何？评价对象是否最大限度地利用了某些教育资源（网络资源、多媒体信息资源、实践培养基地资源等）？评价对象是否适度地利用了某些教育资源（学习者的时间资源等）？评价对象是否尽可能地避免了培养环境中干扰因素的影响？评价对象在培养资源储备相对不足的情况下，是否合理地研究了新的培养资源等。

第三，为了实现培养目标，对培养活动过程进行了怎样的安排。对培养过程的评价要求对培养活动全过程中各实施步骤的合理性和优化程度做出评价。对培养活动过程的评价要回答这样一些问题：培养活动过程是否指向培养目标？培养活动过程的安排是否符合事物发展的客观规律、人类认识的客观规律和学习者的学习心理？培养活动过程的安排是否考虑了培养资源的有机使用以及使用效率的合理发挥等。

培养绩效评价的目的是在有限资源的条件下培养出更优秀的人才，与传统培养评价相比，它更全面、更注重长远目标的实现。培养绩效评价不仅重视传统培养评价中所强调的对培养活动结果的评价，同时更关注培养资源的配置使用和培养活动过程的规划安排，甚至关注培养目标本身。显然，培养绩效评价的范围比传统培养评价的范围更广泛，更能体现培养本身的内涵。

4. 综合素质评价指标体系

在进行毕业生综合素质评价的过程中，是否有一个科学合理的评价体系关乎最终评价结果的公平公正及其应用性，因此进行毕业生综合素质评价的研究显得尤为重要。大学教育是一种多元化的教育，是集人文教育、德育、创新教育为一体的，以努力实现学生在体智德美诸方面得到全面发展的教育。科学合理的本科生综合素质评价体系应该以全体学生的发展为出发点。毛军权（2002）在进行大学生综合素质评价系统的设计研究中，根据导向性、整体性、客观性、可测性以及简易性等设计原则，在进行充分的调查研究，利用层次分析法，征求各方面意见的基础上提出了一套大学本科生综合素质评价的指标体系。甘自恒等（2004）在进行大学生综合素质评价指标的研究中，从高校管理制度的角度对大学生综合素质评价的指标体系进行了创新，体系囊括了思想政治和道德素质、智力素质、创造力素质及身体素质四个维度，对高校培养创造性人才以及促进学生的全面发展等方面起着良好的导向作用。汪慧、瞿斌（2008）在有关大学生综合素质评价指标体系的研究中根据系统性、可操作性、导向性和科学性等原则，从思想、道德、身心、专业、科学文化等多个维度，构建了一套评价指标体系，并得到广泛应用。汤宇烽（2005）在探索大学生综合素质评价方案中指出建立科学合理的评价指标体系要以国家的教育目的和培养目标为依托，要以培养适应新时代发展的合格人才为宗旨，着重对学生的德、智、能三方面进行定性定量的分析与评价。张媛媛（2009）在相关研究中就如何完善大学生的综合素质评价体系进行了思考，并指出应将科学创新能力、身心素质以及人文素质等增加到评价指标体系中。评价体系不应仅仅包含一些量化指标，还应囊括一些诸如同学评价等的主客观评价。学生社团活动是大学生在校期间参与次数最多的一种团体活动，学生在社团活动中的表现更能较好地反映学生的全面素质，因此应加大对学生参与社团活动表现的指标权重，从而较为客观地评价学生的综合素质。甘泉、胡俊英（2011）在研究高校学生综合素质评价的内容体系时提出要以评价学生的身心健康素质为基础，以评价学生的思想道德素质为核心，以评价学生的科学文化素质为重点。

5. 综合素质评价存在的问题

目前许多大学都在开展学生的综合素质评价，为学校评选优秀学生、奖学金获得者等方面提供了重要依据。但是随着现行的大学生综合素质评价的实施，许多存在的缺陷也随之暴露出来。例如王辉、李慧卿、贾鹏（2009）在《科学构建以人才培养为导向的大学生综合素质评价体系》中指出，目前大学生综合素质评价体系比较重视学生的专业知识学习、共性发展和行为结果，从而忽略了培养学生的道德素质，忽略了打造学生的个性特征，较为轻视教育过程。刘金阳、宁睿英（2011）在其研究中提出传统的大学生综合素质评价存在许多缺陷，例如评价内容较为欠缺，不够全面；评价方法的合理性、科学性不强；缺少评价机制等。张晓维、张鹤（2009）在实践探索中就目前高职高专大学生综合素质评价存在的问题进行了详细的阐述。例如重视显性目标忽略了隐性目标，重视量化评价，缺少定性描述评价，以及重视结果忽略过程等。张宏伟、杨欢、王欢、于立军（1999）在大学生综合素质评价研究中指出了各高校使用体智德综合测评的传统方法的弊端。主要表现为评价目标偏移高校培养目标和社会对人才的需求，评价内容较为片面，评价方法较为主观等。覃红燕、李良民（2009）在研究构建大学生综合素质评价体系时分析了当前大学生综合素质评价存在的问题和困境。主要表现为评估机制不健全，操作机制不透明，评估导向不明晰，测评方法不灵活，测评功能不明确，其他素质的考评难度加大等。朱建军、梁时间（2010）在大学生综合素质评价改革研究中分析阐述了高校大学生综合素质评价存在的弊端，主要包括评价主体单一，评价指标未与素质教育相挂钩，过分看重横向评价从而忽视了纵向评价等。

6. 综合素质评价措施

刘金阳、宁睿英（2011）提出了构建科学的大学生综合素质评价体系应遵循的原则，即应以反映大学生的全身心素质为基准，以为社会培养全面发展人才为宗旨目标，以强调学生的个性发展为导向。丁玲玲（2009）通过研究指出为了更加真实的反映一个学生成长发展的过程，应该建立大学生综合素质评价档案。在档案中通过硬性的量化评价以及结合文字描述如实的记录学生在校期间的各方面表现，在促进学生全面发展的同时，为用人单位的择优录取提供重要的考察依据。张素敏、李伟、张晓云（2008）在其相关研究中提出了完善改进高校学生综合素质评价的措施，既规范评价内容，增加评价方法科学性、合理性，遵守公开、公正、公平"三公"原则，评价指标体系的建立应该结合高校的培养目标和社会对人才的需求。刘国君（2010）在相关研究中分析了传统的大学生综合素质评价体系存在的问题和弊端，并在此基础上提出了如何构建科学合理的评价体系。例如应总结评价经验、充实评价内容、制定评价制度，建立多元化的评价指标体系，采用科学地评价方法等措施。王永吉（2010）在《大学生综合素质评价及培养》中提出大学生综合素质评价应遵循导向性、一致性、全面性、动态性、多元性、可操作性以及评价主体多元化等原则。

通过整理已有的相关文献，经过分析可以看出，众多学者已经从多个层次和角度对大学生综合素质评价进行了系统的研究。但是已有的研究中仍然存在一定的局限和不足。第一，在众多关于综合素质评价研究中，缺少职教师资综合素质评价的研究。职业师范毕业生作为一种特殊的专业学生，学校有其独特的培养模式和特点，因此进行综合素质评价研究势在必行。第二，在众多关于综合素质评价研究中，研究内容大都局限于理论层次的描述，多采用逻辑分析和经验判断的研究方法，缺少更具说服力的实证研究。综上所述，为了弥补已有研究成果中的遗漏和缺陷，需要对职教师资素养培养质量的评价做更深入的探讨和研究。

二　职教师资素养培养质量评价方案现状

本研究采用理论与实践相结合、定量与定性相结合的方法进行研究，在相关的文献分析、调查研究等基础上，进行了深入分析。

（一）调研分析

1. 现有职教师资培养评价体系的缺失

项目组通过对职教师资培养现状的研究，可以看到现有培养的评价基本上只是对于培养课程学习效果的考核。目前对于培养评价的共识是要重视过程性评价、多元化评价，以及元评价（对评价本身的评价）。从这个角度来讲，可以说现有的大部分培养根本没有完整的评价体系。显然，对学习效果的考核不能称之为一个评价体系，而且，从项目组研究中可以看出，就算是这样的考核也还存在着形式简单、只注重静态结果、忽视培养过程等诸多问题。

对于一个基地来说，组织培养需要不小的人力、资金的投入。学校的资源是有限且宝贵的，这样一笔投入肯定是要考虑收益的，这一点跟前面中讨论的绩效对于效益、投入产出比的强调是一致的。如果能够在培养中映入绩效的观点，构建一套完整的评价体系，无疑对培养的质量保证和后继发展是非常有利的。

项目组认为，按照绩效的观点，一个培养的评价体系起码应该包括对于学习者的评价（包括对于学习效果的评价）、对于教师的评价和对于管理者的评价三个方面。对于教师的评价即是对于"人力"的评价，可以帮助人力资源的优化配置，而对于管理者的评价则是对培养的规划设计、组织管理的评价，可以让有限的资金发挥最大的效益。

2. 构建绩效评价体系存在的问题

目前国内在师资培养评价中引入绩效评价的案例几乎没有，相关的理论研究也不多，但是对于培养考核，教师考核中引入绩效评价体系的研究和实践还是比较多的。从这些类似的研究和案例中总结出来的一些问题可以作为我们构建培养评价体系的参考。

（1）绩效界定不清

现有的培养绩效、教师绩效评价中存在着绩效界定混乱的问题，每个学校有每个学校的看法，没有一个权威的看法和标准。在项目组看来，培养是一个复杂的活动，培养的绩效到底指的是什么，包括哪些方面，重点是哪些方面等都需要我们科学合理的界定。

（2）绩效指标体系不健全

现有的培养绩效评价中普遍存在指标体系不健全、不系统等问题。在绩效评价指标的制定过程中，缺乏科学的全方位调查，指标模糊，缺乏可操作性、时效性、现实性，常常使评价者无从下手。如何建立一套系统性强、效率高的评价指标对于构建培养绩效评价体系来说无疑是重要的一环。我们在构建评价指标的过程中还应该给出每个指标具体的内容和评价标准，方便评价者实际操作。

（3）评价指标权重的分配缺乏科学依据

现有的培养绩效评价指标的权重设计太过随意，缺乏科学依据。很多指标权重的确定非常随意，多遵循历史经验，人为因素较多，与现实需要不相符。如何合理的分配评价指标的权重涉及整个培养评价体系的效度问题，需要在下面的研究中重点解决。

（4）绩效评价实施过程缺乏培养和监督

现有的培养绩效评价中缺乏对评价者应有的培养。评价者本身的主观错误、评价者对评价过程及评价标准不熟悉、评价者缺乏责任心常常导致评价失效。此外，整个评价过程缺乏有效的监督，评价不按规定的时间、场所进行，评价的指示得不到遵守等情况都会导致评价失效。我们在构建培养的绩效评价体系的时候也应该考虑对评价者以及评价体系本身的评价。

（5）绩效评价缺乏反馈

现有培养绩效评价往往缺乏反馈支持，学校不把评价结果反馈给教师，只是学校的相关部门掌握，最多只反映给院系一级的领导，教师本人甚至对评价结果都不清楚。此外，评价结果也没有得到合理的应用。评价结果不与教师的薪酬、奖励、职业发展机会挂钩，只是为了评价而评价，在浪费了资源、人力、物力的同时，大大挫伤了教师的工作积极性和创造性，使绩效评价成为美丽的空中楼阁。我们在构建培养绩效评价体系的时候应该注重及时反馈，充分考虑被评价者的意愿和意见，及时纠正评价中的偏差。

3. 绩效的评价指标体系设计的原则

（1）评价指标设计的原则与目标的一致性

评价指标是培养目标的具体化、行为化和操作化，它必须准确地反映培养目标，即与培养目标保持一致。

（2）各指标的相互独立性

指标体系内的每一条指标都必须是相互独立的，既不能从一条推出另一条，也不能相互重叠或者包含。如果存在上述情况则说明其中一条指标是冗余的。它的存在不仅对评价没有贡献，反而增加了评价的工作量。从评价结果来看，它实际上加大了某条指标的权重，因此会影响评价的信度。

（3）指标体系的整体性

指标体系的整体性是指指标体系对目标反映的完备性和全面性。指标是对目标一个方面的规定，而目标蕴含于整个指标体系之中。因此，为了真实、准确地反映评价目标，我们在制定评价指标体系的时候一定要从整体上来把握，不能遗漏任何一个重要的、反映评价对象本质以及评价目标的指标。

（4）指标的可比性

指标的可比性是指指标必须是从所有被评价对象中提炼出来的共性。这种共性是我们评价指标制定的依据。针对每个对象制定不同标准是不切实际的，这样的评价结果也是没有意义的。但是针对某些特殊对象，我们也可以在评价指标体系的基础上修改，或者补充相应的指标以反映它们的特点。

（5）导向性

导向性原则是选定评价内容、确定相关指标权重大小的重要依据，中等职业学校教师培养工作的方向和目标发挥着引导作用。也就是说，评价体系就是一个"指挥棒"，评什么，如何评，直接影响着培养以后的努力方向。评价的结果，本身就意味着有所肯定或有所否定，构建评价体系的导向作用也就在此。构建中等职业学校教师培养评价体系不是单纯为了评出名次及优劣，更重要的是给教师提出了明确的工作目标和自励标准，给后续培养指出改进和发展的方向。

（6）可行性

评价指标体系的可行性是影响评价实施效果的重要因素。评价指标体系的可行性包含以下几层含义：一是要符合评价要求；二是要利于信息的获取；三是要易于操作；四是要具有成本效益。

4. 对于职教师资培养质量评价框架的确定

评价的方法要科学，考虑在培养前、培养中、培养后这几个时间节点来看，应围绕素养标准、素养培养标准、素养培养基础、素养培养条件、素养培养载体、素养培养效果六个方面对职教师资培养质量评价体系框架进行设计。具体形成"课程体系与教学内容"、"素养培养教师队伍评价指标"、"学生入学基本情况"、"第一课堂教学活动"、"第二、三课堂实践教学活动"、"素养培养实践"、"毕业生综合素质"7 个维度支撑评价框架。

参与此阶段深度访谈的人员共 50 人，其中职业教育管理部门 16 人，职业院校教师 16 人，学生 10 人，院校合作企业相关人员 8 人（见表 4 - 1）。

表 4 - 1　样本分布

人　　员	职业院校教师	职业院校学生	企业人员	政府管理人员
数量	16	10	8	16
比重（%）	32	20	16	32

访谈调查结果说明，初步建构的指标体系是较为全面、合理的，可以用于实证研究。

咨询对象对一级指标从"非常重要"到"很不重要"进行排序，然后通过排序结果利用 SPASS 软件计算出了其权重系数（见表 4 - 2）。

表 4 - 2　一级指标权重咨询意见

维　　度	非常重要	重　要	一　般	不重要	很不重要
课程体系与教学内容	0.46	0.40	0.14	0	0
素养培养教师队伍评价指标	0.45	0.48	0.07	0	0
学生入学基本情况	0.39	0.40	0.14	0.07	0

维　　度	非常重要	重　要	一　般	不重要	很不重要
素养培养条件	0.42	0.46	0.12	0	0
第一课堂教学活动	0.56	0.41	0.03	0	0
第二、三课堂实践教学活动	0.57	0.40	0.03	0	0
毕业生综合素质	0.65	0.30	0.05	0	0

（二）研究结论

经过三轮专家咨询，给出相应的具体涵盖的内容，对职教师资培养质量评价结构要素进行细化，并通过让调查对象填写问卷，对问卷进行统计、分析，得到初步的二级指标。

以素养培养教师队伍这个维度为例。

师资队伍指的是培养中承担教学任务的教师队伍。教师的能力水平直接决定了学生素质的高低也影响了学生培养质量的评价。教师必须对学生的时间、智力、体力等资源负责，无权将它们任意挥霍。所以，教师队伍的素质如何对整个培养的评价无疑是有很大的影响，所以对其的评价也应当是整个评价体系中重要的一环。项目组认为从教师的群体来讲，要考虑教师的职称组成结构（教授、副教授、讲师等各自的比例）、学历组成结构（拥有硕士以上学历的教师所占的比例）、年龄组成结构（主要是中年教师和青年教师的比例）。从教师个体来讲，则首先要考虑他们的教学能力，也就是对各种教学方法的掌握程度。其次，是否能在教学中对教学资源、学习活动、教学过程进行有效管理。最后，还应该考虑其是否具有对教学资源的利用、教学过程、教学效果与效率进行评价与反思的能力。硬件环境指的是各种实体性的资源，另一方面是辅助老师教学的教室、教具、多媒体硬件实施等资源，一方面是辅助学员学习的图书馆、自习室、实验室、娱乐设施等资源。另外学校为培养所提供的食宿、交通、通讯等后勤服务实施也应该属于硬件环境的范畴。信息资源主要指的是基于信息技术的各种教学资源，包括多媒体教学课件、教案讲义，还有各种基于网络的教学资源，像网络课程、专题学习网站、BBS 等。随着信息技术的飞速发展，学生能够接触的各种信息资源可以说是无穷无尽的，但是往往又不能很快地找到自己所需的资源。这是因为信息的庞杂和无规则成为人们获取有价值内容的累赘。所以，评价信息资源的良好与否，不仅要考察信息的数量和种类多少，还要考察信息资源是否具有良性的结构，是否能使学生在尽可能短的时间内获得所需信息。

从以上分析中得出，素养培养教师队伍评价指标应具体细化为以下二级指标：思想政治素质、职业道德水平、学历学位、职称、师资进修、职业资格、普通话水平、书写水平、外语水平、计算机水平、教学立项成果、科研立项成果、论文发表情况、教材专著情况、课程工作成绩等基本要求。根据基本要求，通过调查分析和两轮专家咨询得出素养培养教师队伍二级指标具体评价内容（见表4-3）。

表4-3　素养培养教师队二级指标具体内容

一级指标	二级指标	评价内容
素养培养教师队伍评价指标	思想政治素质	思想品德与职业道德素质、科学文化素质、能力素质、身体心理素质
	职业道德水平	紧密联系的符合职业特点所要求的道德准则、道德情操与道德品质的总和，既是对本职人员在职业活动中的行为标准和要求，同时又是职业对社会所负的道德责任与义务
	学历学位	具有适应职业特色教育的学历，不同年龄段提出不同要求
	职称	对于素养培养教师应具备的专业技术级别要求
	师资进修	为加强师资队伍建设，要求参加师资培训或研讨会议
	职业资格	包括教师资格证书、职业资格和其他职业资格
	普通话水平	教师应具备的基本素质，针对不同年龄教师，提出不同标准
	书写水平	以板书设计、字迹清晰程度作为评价依据
	外语水平	以大学英语四级或其他相应的职称外语水平为考核依据
	计算机水平	以通过相应的计算机职称考试作为考核依据
	教学立项成果	分为主持或参加省级教学研究课题或获得省级教学研究成果奖，参加校级教学研究课题或获得校级教学研究成果奖
	科研立项成果	分为主持或参加省级科学研究课题或获得省级科学研究成果奖，参加校级科学研究课题或获得校级科学研究成果奖
	论文发表情况	根据在不同级别期刊上发表文章来对成果予以认定
	教材专著情况	根据担任本科专业统编教材或担任出版专著的主编、副主编、编委等不同角色认定
	课程工作成绩	根据多方主体对教师教学质量的评价进行评价

经过三轮专家咨询，最终得出职教师资素养七个维度的二级指标权重（见表4－4至表4－10）。

表4－4　课程体系与教学内容二级指标的权重

课程体系与教学内容	非常重要	重　要	一　般	不重要	很不重要
人才培养目标定位	0.53	0.40	0.13	0	0
素养领域覆盖范围	0.33	0.40	0.20	0.07	0
素养人才培养规格	0.67	0.33	0	0	0
素养教育内容	0.40	0.40	0.20	0	0
素养教育知识体系	0.67	0.33	0	0	0
素养体系实践环节	0.40	0.40	0.20	0	0
素养知识体系与课程体系	0.67	0.33	0	0	0
素养知识领域	0.40	0.40	0.20	0	0
素养培养课程体系与教学内容整体比例	0.67	0.13	0.20	0	0

表4－5　素养培养教师队伍评价指标二级指标的权重

素养培养教师队伍评价指标	非常重要	重　要	一　般	不重要	很不重要
思想政治素质	0.63	0.32	0.05	0	0
职业道德水平	0.62	0.33	0.05	0	0
学历学位	0.47	0.27	0.26	0	0
职称	0.40	0.40	0.20	0	0
师资进修	0.47	0.27	0.26	0	0
职业资格	0.40	0.33	0.27	0	0
普通话水平	0.47	0.27	0.26	0	0
书写水平	0.40	0.40	0.20	0	0
外语水平	0.58	0.22	0.20	0	0
计算机水平	0.53	0.40	0.13	0	0
教学立项情况	0.33	0.40	0.20	0.07	0
科研立项情况	0.52	0.33	0.15	0	0
论文发表情况	0.40	0.40	0.20	0	0
教材专著情况	0.42	0.33	0.25	0	0
课程工作成绩	0.67	0.33	0	0	0

表4－6　学生入学基本情况二级指标的权重

学生入学基本情况	非常重要	重　要	一　般	不重要	很不重要
职业理念和自身修养	0.67	0.33	0	0	0
身心素养状况	0.40	0.40	0.20	0	0
关键能力与文化素养	0.33	0.40	0.20	0.07	0

学生入学基本情况	非常重要	重 要	一 般	不重要	很不重要
图书馆查阅资料	0.67	0.33	0	0	0
图书馆阅读时间	0.67	0.33	0	0	0
图书馆阅读效果	0.40	0.40	0.20	0	0
网络课程熟悉程度	0.67	0.33	0	0	0
网络课程运用情况	0.53	0.40	0.13	0	0
网络课程学习效果	0.33	0.40	0.20	0.07	0
学习时间安排	0.53	0.40	0.13	0	0
学习效率	0.40	0.40	0.20	0	0
学习效果	0.67	0.33	0	0	0
学习方法	0.40	0.40	0.20	0	0
学习方式	0.33	0.40	0.20	0.07	0
知名度	0.67	0.33	0	0	0
教学条件	0.40	0.40	0.20	0	0
专业认可度	0.67	0.33	0	0	0

表 4 – 7　素养培养条件细化指标的权重

素养培养实践	非常重要	重 要	一 般	不重要	很不重要
教室条件建设	0.43	0.27	0.30	0	0
公共基础课实习场地建设	0.41	0.32	0.27	0	0
实践教学基地建	0.46	0.28	0.26	0	0
图书馆建设	0.40	0.39	0.21	0	0
校园宿舍和餐饮保障	0.47	0.26	0.27	0	0
校园学习氛围	0.44	0.33	0.23	0	0
校园教书育人氛围	0.47	0.27	0.26	0	0
校园科研实力	0.40	0.40	0.20	0	0

表 4 – 8　第一课堂教学活动细化指标权重

第一课堂教学活动	非常重要	重 要	一 般	不重要	很不重要
教学目标	0.53	0.40	0.07	0	0
教学内容	0.46	0.40	0.15	0	0
教学实施	0.47	0.27	0.26	0	0
教学效益	0.40	0.40	0.20	0	0
教学态度	0.47	0.27	0.26	0	0
教学风格	0.50	0.34	0.16	0	0

表 4 - 9　第二、三课堂实践教学活动细化指标的权重

第二、三课堂实践教学活动	非常重要	重　要	一　般	不重要	很不重要
思想政治类活动	0.49	0.40	0.11	0	0
道德修养类活动	0.67	0.33	0	0	0
科学技术类活动	0.48	0.39	0.13	0	0
创新创业类活动	0.56	0.24	0.20	0	0
文体艺术类活动	0.46	0.25	0.29	0	0
身心发展类活动	0.53	0.40	0.07	0	0
技能培训类活动	0.42	0.44	0.14	0	0
社团活动	0.40	0.40	0.20	0	0
社会工作	0.46	0.28	0.26	0	0
志愿服务	0.40	0.39	0.21	0	0
企业见习	0.47	0.26	0.27	0	0
教育实习	0.42	0.28	0.30	0	0

表 4 - 10　毕业生综合素质细化指标的权重

毕业生综合素质评价指标	非常重要	重　要	一　般	不重要	很不重要
理论水平	0.47	0.27	0.26	0	0
敬业精神	0.40	0.33	0.27	0	0
法纪观念	0.47	0.27	0.26	0	0
基础理论	0.54	0.40	0.06	0	0
计算机应用能力	0.47	0.27	0.26	0	0
英语水平	0.40	0.33	0.27	0	0
人文知识与素养	0.47	0.27	0.26	0	0
通用学科知识	0.40	0.40	0.20	0	0
科学精神与学习潜力	0.57	0.23	0.20	0	0
管理知识与能力	0.43	0.40	0.13	0	0
专业理论	0.43	0.40	0.17	0	0
职业资格	0.67	0.33	0	0	0
专业实践能力与发展潜力	0.40	0.40	0.20	0	0
科学研究能力与创新能力	0.56	0.24	0.20	0	0
体育运动心理与心理学知识	0.53	0.40	0.07	0	0
健康意识	0.67	0.33	0	0	0
身体体格	0.40	0.40	0.20	0	0
心理承受与适应能力	0.67	0.13	0.20	0	0

三　职教师资素养培养质量评价方案设计的建议

本课题在广泛文献调研和访谈调研的基础上，分析了国内外关于评价结构的研究情况，对评价、绩效等相关概念进行界定，构建了基于绩效理论的中职师资培养评价指标体系的模型，采用层次分析法确立一级指标的权重，首先请各位专家对一级指标两两比较后据 Saaty 等级评分表评分，构建判断矩阵。收回问卷后，统一对判断矩阵进行统计学分析处理，并通过矩阵一致性检验，纳入符合一致性要求的矩阵进行一级指标权重计算，同时通过专家对各级指标的重要性赋值确立二级指标权重，采用 Delphi 专家咨询法，征求具有比较广泛代表性的专家们的意见，结合项目组的研究分析，建构职教师资素养培养质量评价指标体系标准，然后对其内容结构进行分析、修正，并以吉林工程技术师范学院师资培养基地为例进行实证研究，从指标体系的信度、效度以及区分度进行分析。

构建了覆盖"课程体系与教学内容"、"素养培养教师队伍评价指标"、"学生入学基本情况"、"素养培养条件"、"第一课堂教学活动"、"第二、三课堂实践教学活动"、"毕业生综合素质" 7 个维度、60 个领域以及 95 项基本要求构成的职教师资培养质量评价体系。专家进行三轮筛选，得出最终的质量评价指标体系。培养的质量评价指标体系界定了各个指标等级的评价标准，并通过计算参加咨询的专家的积极性系数、权威程度、专家意见的协调程度等证明专家咨询结果的可靠性。根据研究，得出职教师资素养培养质量评价方案。

通过实证研究，显示本研究构建的指标体系品质较好；通过信度分析表明整个指标体系及各维度内部具有较高的一致性；通过内容效度分析表明整个指标体系具有良好的效度；通过区分度分析表明整个指标体系具有好的区分度。

下篇

职教师资素养
标准体系的
设计与构建

第五章
职教师资素养标准

为促进中等职业学校教师专业发展，建设高素质"双师型"教师队伍，根据《中华人民共和国教师法》《中华人民共和国职业教育法》《中华人民共和国劳动法》，参考教育部《中等职业学校专业标准（试行）》，特制定《职教师资基本素养标准（草案）》（以下简称《素养标准》）。

职教师资是为中等职业学校师资培养的本科师范生，未来履行中等职业学校教育教学工作职责的职前教师，要经过系统的培养与培训，具有坚定的职业教育信念和良好的师德修养、健康的身心发展水平、较强的人文素养和社会能力。《素养标准》是对合格中等职业学校职前教师非专业素养的基本要求，是中等职业学校职前教师未来开展教育教学活动的基本规范，是引领中等职业学校教师素养提升的基本准则，是中等职业学校教师培养、准入、培训、考核等工作的重要依据。

一 基本理念

（一）德育为先

热爱职业教育事业，具有职业理想、敬业精神和奉献精神，践行社会主义核心价值观，履行教师职业道德规范，依法执教；立德树人，为人师表，教书育人，自尊自律，关爱学生，团结协作；加强个人修养，注重人格养成，以人格魅力、学识魅力、职业魅力教育和感染中职学生，做中职学生职业生涯发展的指导者和健康成长的引路人。

（二）学生为本

以学生发展为本，遵循学生身心发展规律，培养学生的职业兴趣、学习兴趣和自信心，激发学生的主动性和创造性，发挥学生特长，挖掘学生潜质，为每一个学生提供适合的教育；意志坚强，团结合作，具有良好的人际交往能力；遵循学生身心发展规律，为学生提供必要的心理疏导；体质健康，精力充沛，具有良好的社会适应性和生理适应力，促进学生健康快乐成长，学有所长，全面发展。

（三）能力为重

培养行业、企业和职业认知能力，锻炼职场沟通与合作能力，参与职业实践活动，了解产业发展、行业需求和职业岗位变化，不断跟进技术进步和工艺更新；树立人人皆可成才的职业教育观，对学生提供必要的就业和创业指导，提高学生的就业能力、创业能力和生涯规划能力，使之能够科学规划和管理职业生涯。

（四）终身学习

传承中华民族传统文化，了解国情世情，培养国际视野，学习自然科学和人文社会科学知识，优化知识结构，提高文化素养；了解产业发展、行业需求和职业岗位变化，吸收国内外先进职业教育理念与经验，不断反思改进教育教学工作和职业素养；培养创新性思维，具有持续发展的意识和能力，做终身学习的典范。

二 基本内容

表 5-1 职教师资（面向中职教师）素养标准

维 度	领 域	基本要求
一、职教信念与师德修养	（一）职业理解与认同	1. 贯彻党和国家教育方针政策，遵守职业教育法律法规。（遵纪守法） 2. 理解职业教育工作的意义，把立德树人作为职业教育的根本任务。（职教理解） 3. 认同中等职业学校教师的专业性、独特性和重要性，爱岗敬业，注重自身专业发展。（职业认同）
	（二）对学生的态度与行为	4. 关爱学生，重视学生身心健康发展，保护学生人身与生命安全。（爱护学生） 5. 尊重学生，维护学生合法权益，平等对待每一个学生，采用正确的方式方法引导和教育学生。（尊重学生） 6. 信任学生，积极创造条件，促进学生的自主发展。（信任学生）

维　度	领　域	基本要求
一、 职教信念与 师德修养	（三）教育教学 态度与行为	7. 重视学生的全面发展，树立育人为本、德育为先、能力为重的理念，将学生的知识学习、技能训练与品德养成相结合。（教书育人） 8. 促进学生职业能力的形成，遵循职业教育规律、技术技能人才成长规律和学生身心发展规律。（遵循规律） 9. 营造勇于探索、积极实践、敢于创新的氛围，培养学生的动手能力、人文素养、规范意识、质量意识和责任意识。（全面发展） 10. 引导学生自主学习、自强自立，养成良好的学习习惯和职业习惯。（自强自立）
	（四）师德修养 与行为	11. 富有爱心、责任心，具有让每一个学生都能成为有用之才的坚定信念。（责任意识） 12. 坚持实践导向，身体力行，为人师表，做中教，做中学。（以身作则） 13. 衣着整洁得体，语言规范健康，举止文明礼貌。（文明礼貌） 14. 坚持四项基本原则，践行社会主义核心价值观，具有公民意识。（政治素质） 15. 树立正确的人生观、世界观、价值观，培养奉献、诚信的职业精神。（思想素质）
二、 身体素质和 心理素养	（五）身体健康 与体能	16. 认识体育锻炼的价值，培养体育特长。（体育锻炼） 17. 培养充沛的体能和精力，具有一定的生理适应力，适应中职教师工作强度。（生理适应）
	（六）心理健康 与人格	18. 理智清醒地认识自我。（自我觉察） 19. 善于自我调节情绪，保持平和心态，具备一定的冲突管理能力。（情绪调控） 20. 能够调动指挥自己的情绪，使自己走出生命中的低潮，重新出发。（自我激励） 21. 具有良好社会适应性，意志磨炼、逆境求存、应对挫折，具备压力管理能力。（压力管理） 22. 注重人格品质养成，培养勤奋自信、独立自主、正直自律、乐观向上的品质，细心耐心，富有亲和力。（人格品质）

维　　度	领　　域	基本要求
三、 文化素养与 关键能力	（七）文化素养	23. 培养爱国情感，树立民族自信，形成为实现中华民族伟大复兴的中国梦而不懈努力的共同理想追求。（爱国） 24. 培育集体主义精神和生态文明意识，形成乐于奉献、热心公益慈善的良好风尚。（处世） 25. 自觉弘扬中华民族优秀道德思想，形成良好的道德品质和行为习惯。（修身） 26. 学习相应的人文社会科学和自然科学知识，具有一定的艺术欣赏与表现能力，培养自己的文艺特长。（通识知识） 27. 了解中国经济、社会及教育发展的基本情况。（认知社会） 28. 具有全球视野，能够理解不同的文化。（全球视野）
	（八）关键能力	29. 具有阅读理解能力，培养文字写作能力和语言表达能力。（表达写作） 30. 具有外语运用能力，能够进行必要的国际交流与合作。（外语运用） 31. 能够主动地感受他人的需求，认知他人的情绪。（认知他人） 32. 能够与企业、社区、学校进行职场沟通与交流，培养与同事、学生及家长沟通合作能力，共同发展。（社会交流） 33. 掌握职业生涯规划与管理的技能，能够为学生提供职业发展指导，指导学生就业与创业。（生涯管理） 34. 能够为学生提供学习和生活方面的心理疏导。（心理疏导） 35. 树立终身学习理念，培养自学能力，养成负责的学习态度和习惯。（自我学习） 36. 培养解决问题和应变的能力，培养组织和执行任务的能力。（解决问题） 37. 具有科学精神，培养创新意识和创造性思维。（创新创造） 38. 培养适应教育现代化的信息技术知识与应用能力，能够应用科技成果。（应用技术） 39. 具有搜集、分析、处理意见和信息的能力。（信息处理） 40. 具有逻辑思维与数字应用能力，能够采集与解读数据、数字运算、结果展示和应用。（数字应用）

三 实施要求

（一）作为中职教师队伍建设的基本依据

教育行政部门可将《素养标准》作为提升中等职业学校教师队伍质量的基本依据。根据中等职业学校教育改革发展的需要，充分发挥《素养标准》的引领和导向作用，深化教师教育改革，建立教师教育质量保障体系，不断提高教师培养培训质量。制定中等职业学校教师准入标准，严把教师入口关；制定中等职业学校教师聘任（聘用）、考核、退出等管理制度，保障教师合法权益，形成科学有效的中等职业学校教师队伍管理和督导机制。

（二）作为中职教师培养培训的主要依据

开展中等职业学校教师教育的院校可将《素养标准》作为教师培养培训的主要依据。重视中等职业学校教师职业特点，加强德育工作，深化校企合作；完善教师培养培训方案，科学设置素养培养课程，改革课程实施方式；重视教师身心健康发展，重视职业实践、社会实践；加强从事中等职业学校教师教育的师资队伍建设，建立科学的质量评价制度。

（三）作为中职学校教师管理的重要依据

中等职业学校可将《素养标准》作为教师管理的重要依据。制定中等职业学校教师素养提升计划，注重教师职业信念与师德修养教育，增强教书育人的责任感与使命感；开展校内培训，促进教师全面发展；完善教师岗位职责和考核评价制度，健全中等职业学校教师绩效管理机制。

（四）作为中职教师提高自身素养的参考标准

中等职业学校教师可将《素养标准》作为提高自身基本素养的参考标准。制定个人素养提升方案，树立坚定的职业理想，遵守师德规范，爱岗敬业，尊师爱生，学高为师，身正为范；注重身心协调发展；吸收优秀中华传统文化，更新教学观念，不断创新；积极进行自我评价，主动参加教师培训和自主研修，逐步提升基本素养水平。

第六章
职教师资素养培养方案

为深入学习贯彻习近平总书记关于职业教育的重要批示和全国职业教育工作会议精神，落实《现代职业教育体系建设规划（2014－2020 年）》和《教育规划纲要》要求，主动适应职业教育改革创新的需要，项目组坚持以立德树人为根本，以素养提升为宗旨，以促进就业为导向，以推动教师专业化为引领，以创新制度和机制为动力，以完善培养培训体系为保障，以实施素质提高计划为抓手，统筹规划，突出重点，改革创新，致力于培养具有高素质全面发展的职教师资队伍，特制定本培养方案。

一　培养目标

本方案在专业教育和教师教育基础上，树立职技高师师范生职业教育理想信念与师德观念；保持良好的身心健康水平；提高人文素养和社会能力；具有品行素养、职业素养、身心素养和人文素养，能够在中等职业学校胜任文化课、专业课和实习指导课等教育教学工作的高素质"双师型"职教师资。

二　培养规格

（一）具有坚定的职教信念和良好的师德修养

热爱职业教育事业，遵守教育法律法规，认同中职教师的专业性、独特性、重要性，树立正确的教师观；关爱、尊重、信任学生，树立正确的学生观；重视学生的全面发展，遵循职业教育规律，树立正确的教育观；

培养责任意识，具有职业精神，养成良好的师德规范和行为。

（二）具有健康的身体素质和良好的心理素养

身体健康、精力充沛，具有一定的体育特长，适应中职教师的工作强度；具有自我觉察、情绪调控、自我激励的心理素养和压力管理能力，养成勤奋自信、独立自主、正直自律、乐观向上的品质。

（三）具有基本的文化素养和良好的关键能力

理解中华优秀传统文化的精髓，具备一定的科学文化素养和文艺特长，掌握文字写作和语言表达技能，能够运用外语交流，具有国际视野，了解中国国情；能够认知他人情绪，具备职场沟通和社会交流的能力，规划、管理和发展自己的职业生涯，能够为学生提供就业创业指导和心理疏导，树立终身学习理念，具有创造性思维和解决问题能力，熟练掌握现代信息技术和数字应用技能。

三　学制和学分

学制：4 年。

学分：总共 90.5 学分。其中，必修课 54.5 学分，选修课 6 学分，活动和实践环节 30 学分。

四　主干学科

主干学科：哲学、法学、教育学、文学、历史学、理学、管理学、艺术学。

五　第一课堂核心课程

职业教育道德与法律、体育特长培养、心理素质拓展训练、中华传统文化、表达与写作、市场职场就业与创业、职业生涯规划、数据应用与思维方法共 8 门核心课程。

六　素养培养课程和活动设置

表 6-1　素养培养课程和活动设置

课程分类	培养目标	核心课（第一课堂）	校园文化平台（第二课堂）	社会实践平台（第三课堂）	必修与选修课程群（教学课程模块）
一、信念与师德修养	（一）职教信念	1~3.《职业教育道德与法律》	1~3. 思想政治类活动（青马工程、"我的梦、中国梦"教育实践活动）		1~3. 法律法规教育：《教育法》《义务教育法》《教师法》《职业教育法》《未成年保护法》《预防未成年人犯罪法》《学生伤害事故处理办法》《国家中长期教育改革和发展规划纲要》《劳动法》《大学生刑事犯罪案例解析》《经典法律电影赏析》
	（二）学生观			4~6. 志愿服务（"青春苗圃　阳光课堂"义务家教活动）	4~6.《青年自助游》《妇女儿童权益保护法》《饮食安全与健康》
	（三）教育观			7~10. 社会实践（"三下乡"暑期社会实践、教育基地参观）	
	（四）教师观		11~15. 思想政治类活动（核心价值观教育实践活动）；道德修养类活动（道德讲堂、"青春与责任"小品大赛、文明修身养成教育活动）；文体艺术类活动（礼仪大赛）	11~15. 志愿服务（学雷锋志愿服务活动、好人好事）；社会实践（思想政治理论课实践："四德"教育实践活动）	11. 思想政治教育：《马克思主义基本原理》11~15.《入学教育》14.《职场礼仪》（选修）

续表

课程分类	培养目标	核心课 （第一课堂）	校园文化平台 （第二课堂）	社会实践平台 （第三课堂）	必修与选修课程群 （教学课程模块）
二、 身体和 心理素养	（五） 身体健康	16～17. 《体育特长培养》	16～17. 身心发展类活动（运动会、体育竞赛）	16～17. 社会实践类活动（体育实践）	16～17. 体育特长训练 球类：《乒乓球》《羽毛球》《篮球》《足球》 武术：《太极拳》 舞蹈：《体育舞蹈》《健美操》 棋类：《国际象棋》 其他：《滑冰》《轮滑》 16～17.《军事训练》
	（六） 心理健康	18～22. 《心理素质拓展训练》《情商培养》	18～22. 身心发展类活动（心理健康咨询、心理情景剧主题晚会）； 社团活动类（"5·25"健康活动月）		18～22. 心理辅导：《心理健康教育》
三、 文化素养和关键能力	（七） 文化素养	23～25. 《中华传统文化》			23～25. 中华民族传统文化教育：《弟子规讲读》《论语与大学生活》《庄子哲学概述》

课程分类	培养目标	核心课 （第一课堂）	校园文化平台 （第二课堂）	社会实践平台 （第三课堂）	必修与选修课程群 （教学课程模块）
三、 文化素养和关键能力	（七）文化素养	26.《艺术特长培养》	26. 文体艺术类活动（长白山讲坛、人文社科大讲堂、学术讲座、主题知识竞赛、科技文化艺术节、五四文艺会演）；社团活动类（卡拉OK大赛、书画展、音乐会）；社团活动类活动（社团巡礼活动）		26.《中国近现代历史人物专题》《台湾文学作品赏析》《汽车发展史》《中国茶文化》《葡萄酒文化与鉴赏》《旅游文化》《影视欣赏》《化学与健康》《民间美术》《形象设计》《服饰美学》《服装手针工艺》《刺绣》《生态旅游》《手绘"POP"艺术》《室内空间设计艺术》《中国美术作品赏析》《外国美术作品赏析》《外国古典建筑赏析》《普通物理》《大学语文》《中国近代史纲要》
		27.《表达与写作》	27. 社团活动类活动（演讲辩论竞赛、征文活动）		27.《公文写作与处理》《文字基本功训练》《硬笔书法艺术》
			28. 社团活动类活动（英语角）		28.《英语》《第二外语（Ⅰ、Ⅱ、Ⅲ）》《韩语入门与文化》《英语电影赏析》
					29～30. 时事教育：《形势与政策》《毛泽东思想与中国特色社会主义》《当代世界经济与政治》《当代国际关系》《环境污染与食品安全》《生态旅游》

续表

课程分类	培养目标	核心课 （第一课堂）	校园文化平台 （第二课堂）	社会实践平台 （第三课堂）	必修与选修课程群 （教学课程模块）
三、 文化素养和关键能力	（九） 关键能力	31～32.《市场职场就业与创业》		31～32. 社会工作类活动（企业调研、企业见习、社区服务）	31～32.《企业文化与 CI 策划》
		33～34.《职业生涯规划与管理》	33. 技能培训类活动（职业生涯规划大赛） 34. 创新创业类活动（创业计划大赛）		33.《创业基础实践》《SYB（创办你的企业）培训》 34.《职业心理学》
		35～39.《数据应用与思维方法》	35～39. 学术科技类活动（"挑战杯"科技作品竞赛、学术讲座、IT 及学术知识讲座）；技能培训类活动（专业技能展示月、师能大赛）；文体艺术类活动（文化驿站、毕业生作品展）		35～39.《计算机应用基础》《网站建设与网页制作》《批判新思维》《文献检索》《数字控制的应用》《数据分析实务》《高等数学》《线性代数》《复变函数与积分》

七　课程体系拓扑图

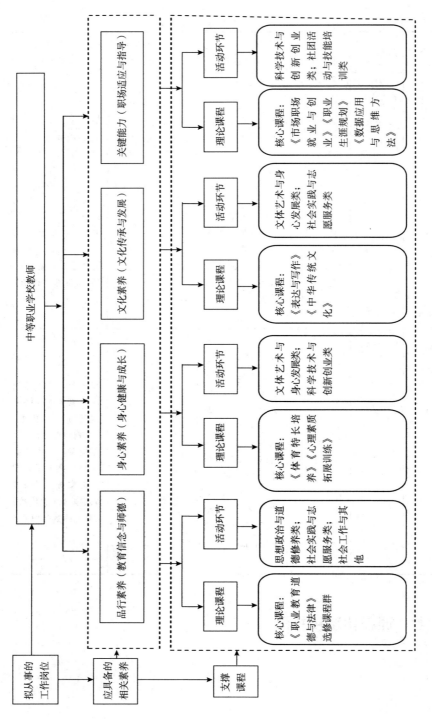

图6-1 课程体系拓扑示意

八　课程体系及要求

表 6 - 2　课程体系及要求

课程类别			最低毕业要求					
			学　时				学分	学时比例（%）
			总学时数	理论	实验（实训）	实践		
第一课堂	素养培养课程 996	必修课	900	828	56		54.5	67
		选修课	96	96			6	
第二课堂	校园文化活动 25×16=400	思想政治类（思政课理论实践4）	64			64	+4	27
		道德修养类						
		学术技术类	80			80	+5	
		创新创业类（创业基础实践1）	32			32	1+1	
		文体艺术类（体育实践2）	80			80	2+3	
		身心发展类（军事训练3）	64			64	3+1	
		社团活动类	32			32	+2	
		技能培训类	48			48	+3	
第三课堂	社会实践活动 5×16=80	社会实践类	16			16	+1	5
		志愿服务类	32			32	+2	
		社会工作类	16			16	+1	
		其他（上级表彰）	16			16	+1	
合　　　计			1476				90.5	
选修课程学时占总学时的比例			6%					
实践教学环节学时占总学时的比例			33%					

九　课程设置与教学时间安排

（一）课程设置与教学时间安排

表 6 - 3　第一课堂课程设置及教学安排

课程分类		课程序号	课程名称	开课院部	学时、学分数						各学期周学时分配								考试学期	考查学期
					学分	总学时数	其中				第一学年		第二学年		第三学年		第四学年			
							理论	实验	上机	实训	1	2	3	4	5	6	7	8		
第一课堂通识教育	必修	1	职业教育道德与法律	思	2	32	32				2									1
		2	中国近现代史纲要	思	2	32	32					3								2
		3	马克思主义基本原理概论	思	2	32	32						2						3	
		4	毛泽东思想和中国特色社会主义理论体系概论	思	4	64	64							3	3				5	4
		5	形势与政策	思	3	60	60				2		2		2					1.4.6
		6	体育	体	6	112	112				2	2	2	2					2.4	1.3
		7	英语	外	16	256	256				5	5	5	5					1~4	
		8	大学语文	文	2	32	32					3								2
		9	职业生涯规划	招	1	16	16				2									2
		10	市场职场就业与创业	招	1	16	16									2				6
		11	数据应用与思维方法	信	4	64	48		8	8										1
		12	文献检索	图	1	16	8		8		2									2
		13	经济数学	理	4	64	64								4				5	
		14	入学教育	学	0.5	8	8													1
		15	表达与写作	文	1.5	24	12			12										5
		16	心理素质训练拓展	职	1.5	24	12			12										1
		17	中华传统文化	文	1.5	24	12			12										1
		18	情商培养	职	1.5	24	12			12										2
		小　计			54.5	900	828		16	56										
	选修	为全校公选课，毕业最低学分为 6 学分（16 学时 ×6 ＝96 学时）																		

备注：素养培养理论课程对原有人才培养方案公共基础课部分进行补充、改造和改组。

表 6 - 4　选修课程设置及教学安排

课程分类	课程编号	课程名称	开课院部	学分	总学时数	理论	实验	上机	实训	1	2	3	4	5	6	7	8	考试学期	考查学期
素养教育选修课	信念与师德修养类	大学生领导素质教育																	
		大学生刑事犯罪案例解析																	
		民事法学																	
		婚姻家庭法解读																	
		劳动法																	
		国家公务员管理																	
		经典法律电影赏析																	
		青年自助游																	
		职场礼仪																	
		税法知识普及																	
	身体和心理素养类	心理咨询与治疗																	
		心理学基础																	
		饮食安全与健康																	
		乒乓球																	
		健美操																	
		游泳																	
		滑冰																	
		篮球																	
		羽毛球																	
		国际象棋																	
	文化素养与关键能力类	足球																	
		乒乓球																	
		拓展训练																	
		太极拳																	
		轮滑																	
		体育舞蹈																	
		企业文化与 CI 策划																	
		会计入门																	

续表

课程分类	课程编号	课程名称	开课院部	学时、学分数						各学期周学时分配								考试学期	考查学期
				学分	总学时数	其　中				第一学年		第二学年		第三学年		第四学年			
						理论	实验	上机	实训	1	2	3	4	5	6	7	8		
素养教育选修课	文化素养与关键能力类	CIS 设计																	
		工程经济学																	
		SYB（创办你的企业）培训																	
		数字控制的应用																	
		汽车发展史																	
		个人理财规划																	
		《论语》与大学生活																	
		《弟子规》讲读																	
		中国近现代历史人物专题																	
		台港文学作品赏析																	
		中国美术作品赏析																	
		外国美术作品赏析																	
		建筑思潮与流派																	
		外国古典建筑赏析																	
		毛皮鉴定实用技巧																	
		硬笔书法艺术																	
		手绘“POP”艺术																	
		室内空间设计艺术																	
		服装手针工艺																	
		手绘商业 POP 广告技法																	
		旅游文化																	
		中国茶文化																	
		葡萄酒文化与鉴赏																	
		影视欣赏																	
		公文写作与处理																	
		应用文写作																	

续表

课程分类	课程编号	课程名称	开课院部	学分	总学时数	理论	实验	上机	实训	1	2	3	4	5	6	7	8	考试学期	考查学期
素养教育选修课	文化素养与关键能力类	英语电影赏析																	
		韩语入门与文化																	
		环境污染与食品安全																	
		生态旅游																	
		当代世界经济与政治																	
		当代国际关系																	
		批判性思维																	
		网站建设与网页制作																	
素养教育选修课为全校公选课，毕业最低学分为6学分（16学时×6＝96学时）																			

表6－5　校园文化活动和社会实践活动设置及教学安排

课程分类		课程编号	课程名称	开课院部	学分	总学时数	实验	实践	1	2	3	4	5	6	7	8	考试学期	考查学期
第二课堂	思想政治与道德修养	1	思想政治理论课实践	思	4	4周			1		1	1	1				1.3.4.5	
		2	党团主题活动	党														1～7
		3	道德讲堂	宣														1～7
		4	好人好事	各院														1～7
			小　　计		4													
	学术科技与创新创业	1	学科竞赛	各院	2													1～7
		2	学术讲座	各院	1													1～7
		3	科学研究	各院	1													1～7
		4	优秀论文或文章	各院	1													8
		5	创业基础实践	招	1	1周												1～7
		6	"挑战杯"创业计划大赛	团	1	1周									1			6
			小　　计		7													

续表

课程分类		课程编号	课程名称	开课院部	学分	总学时数	其中		第一学年		第二学年		第三学年		第四学年		考试学期	考查学期
							实验	实践	1	2	3	4	5	6	7	8		
第二课堂	文体艺术与身心发展	1	文艺会演	团	1													1～7
		2	校园文化驿站（分院活动）	各院	1													1～7
		3	体育实践（体育特长培养）	体	2	2周			0.5	0.5	0.5	0.5						1.2.3.4
		4	运动会竞技	体	1													1～7
		5	军事训练	学	3	3周				3								2
		6	"5·25"心理健康活动月	学	1													2.4.6
			小　计		9													1～7
	社团活动与技能培训	1	社团巡礼（社团活动）	团	1													1～7
		2	学生干部履历（组织活动）	学	1													1～7
		3	职业生涯规划大赛	招	1													2
		4	技能培训及资格证书	各院	1													1～7
		5	专业技能展示月	各院	1													1～7
			小　计		5													
第三课堂	社会实践与志愿服务	1	"三下乡"社会实践	团	1													1～7
		2	青年志愿者行动	各院	1													1～7
		3	公益劳动	各院	1													1～7
			小　计		3													
	社会工作及其他	1	校外兼职		1													1～7
		2	上级表彰		1													1～7
			小　计		2													
					30													

十　教学实施与管理

（一）实施原则

1. 德能并重

要把德能并重作为大学生素养培养的发展原则。在培养知识素养和能力素养的同时，更加注重品行素养的提升，牢固树立终身学习与发展的理念。

2. 知行合一

要把知行合一作为指导职教师资学习过程中的教育原则。在教育过程中，不仅让大学生掌握专业基本知识，更重要的是培养学生的工作能力。

3. 服务学习

要把服务学习作为素养培养教学实施的教学原则。遵循国际先进的服务学习理念，指导大学生把课程学习的过程引入社会服务中，在社会服务中应用知识和技能、培养实践能力。

（二）实施方式

以"课程模块＋活动平台"这种"双轨制"的方式，通过核心课程及选修课程教学，配以相应的文化和实践活动拓展，进行职教师资素养培养。

依托"三个课堂"组织体系。在第一课堂教学中，以8门核心课程及3个相应的选修课程群实施教学。在第二课堂文化活动中，依托思想政治类、道德修养类、科学技术类、创新创业类、文体艺术类、身心发展类、社团活动类、技能培训类8个类别校园文化活动平台，进行素养熏陶。在第三课堂社会实践中，以社会实践、社会工作、志愿服务及其他实践4个途径，进行素养提升（见图6－2）。

教学过程中实施项目教学、合作学习、培训游戏、拓展训练、情景教学、服务学习等多元化方法教学，通过现代远程教育技术、网络教学技术、视频公开课程、多媒体技术等辅助教学。

（三）管理机制

1. 素养培养运行管理机制

建立职教师资素养培养三级管理体制，即由校—企—校教师教育联盟

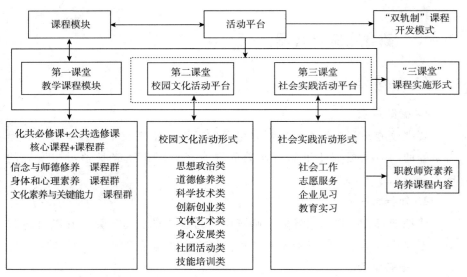

图 6 – 2　"双轨制""三课堂"课程体系实施示意

宏观指导、综合部门协调管理、院系组织实施。

（1）建立校—企—校教师教育联盟的宏观指导机制。建设校—企—校开放教育平台下的职教师资课程体系，实施行之有效的三方协同育人的长效机制。建立教育与产业、学校与就业、人才培养与岗位要求对接的多元主体协同、区域统筹协调、资源互补共享、系统开放灵活的职教师资人才培养培训新体制。在"校—企—校"三方协同育人机制下，共同建设教师队伍、共同建设实习实践岗位、共同建设课程体系、共同建设人才评价体系，不断深化教学内容、教学方法和考核评价方式改革。

（2）建立综合部门联合的协调管理机制，由教务处、学生处、宣传部、团委、招生就业处等综合部门联合成立管理机构，对职教师资素养培养工作进行协调管理、督促检查与评价。

①组织人才培养方案审定与论证。

②组织教学标准、课程标准的审定与论证。

③对课程教学、校园文化、社会实践和教学资源配置等教学运行中的重要环节实施管理。

④制定与实施教学管理的各项规章制度，确保教学秩序稳定。

⑤组织开展学情调查，教学督导以及毕业生跟踪调查，对取得的相关信息进行分析提出指导性意见。

（3）建立院系负责的组织实施机制，教学系部负责人才培养方案的制定与具体实施，具体实施机构由院系教学主管领导、专业带头人、部分企业专家等人员组成，主要开展如下教学管理工作。

①组织制定人才培养方案和课程标准。

②指导、督促、检查、课程教学和校园文化、社会实践活动。

③解决三个课堂建设过程中面临的困难和问题。

④负责三个课堂建设资源信息的整理、整合和资源库的建设。

⑤负责三个课堂建设专题网站中各项建设工作信息的及时报道。

⑥组织制定三个课堂管理制度以及校企合作运行管理制度。

⑦组织开展教学督导和教学质量评估。

2. 第二、三课堂组织实施机制

（1）建立第二、三课堂组织实施机制，主要包括实训任务发布、实训教材管理、实训设备管理、实训制度管理、实训教学指导、实训成绩评价内容等。实训前教师向学生下发实训教学任务书和实训指导书，使学生明确实训内容和要求；实训中以微课的形式围绕核心技能逐项、逐点抓落实素养培养内容；实训结束后学生提交实训报告，指导教师组织好实训考核并对学生实训做出评价。

（2）建设理实一体的学习场所，有效实施基于校—企—校开放教育平台的理实一体化的课程体系，建设满足教学需要的一体化场所，场所中既有黑板及多媒体教学设备，也有足够工位的职业性实训设备，学生既可以在场所中分组讨论学习，也可以参加实训操作。一体化学习场所为实现边教、边学、边做、理论与实践交替进行提供了保障，实现空间时间的统一，保证理论联系实际的顺利实施。学生实习期间实行"双导师"制，校外指导教师负责学生在企业、社区的工作、学习、生产安全等问题；校内指导教师定期到企业、社区了解学生实习工作，并与企业、社区沟通解决实际中遇到的问题，另外教师通过网络实习管理平台，与学生进行实时交流并发布相关信息。

3. 质量监控机制

（1）利用教学评估和质量信息收集与反馈网络系统平台，借鉴ISO9000质量管理体系标准，按照目标性、全员性、系统性和全程性原则，强化过程管理，动态管理和信息反馈，出台《课程建设管理办法》《校园文化活动管理办法》《社会实践活动管理办法》等系列管理文件为规范教学行为和实施教学管理提供依据。

（2）为保障人才培养方案的运行实施，在学校管理体系的基础上，根据专业自身特点进一步完善教学管理制度，对教学管理监控体系形成有效的补充。以教务处教学管理平台为主，进行教材、教学任务、课表等日常教学管理，同时，根据院系实际运行情况补充相关的管理制度，如《第二、三课堂指导教师管理制度》《职教师资素养拓展手册实施办法》《教学档案管理制度》等，进一步规范教学行为，保证日常教学的正常运行。

十一　教学评价

（一）评价方式

第一课堂采用教师评价、学生评价等方式，对学生课堂表现以及学习效果进行评价。

第二、三课堂通过《职教师范生素养拓展手册》对学生进行素养培养的过程评价。

（二）评价原则

在职教师资素养培养质量评价中应坚持以下原则：社会评价与学校评价相结合，他人评价与自我评价相结合，过程性评价与结果评价相结合，量化与非量化评价相结合，同时还要坚持全面、可操作的原则。

十二　教学资源配置与要求

（一）师资队伍

根据素养培养目标和学生规模，进行相应的师资配备。按照工学结合的人才培养模式和学做一体的课程教学思想，教师在人才培养过程中，既是教学授课教师又是活动指导教师；既要具备相应的社会知识，又要具备相应的社会技能；既要有新的职教教育理念，又要有课程开发能力和课程教学实施能力。因此，在师资结构上应按照学科带头人、骨干教师、双师型教师和兼职教师进行配备，并达到不同的能力要求。其中学科带头人应有 1~2 人，骨干教师比例应达到 30% 以上，双师型教师比例应达到 80% 以上，专兼职教师比例应达到 1∶10。为保证人才培养质量，按照学生规模，师生比应达到 1∶16。

1. 学科带头人

应熟悉本学科发展现状，具有先进的高等教育教学理念，能制定切实可行的课程建设方案；应具有学术民主、合作共事的作风，形成以学科带头人为核心的教学团队；应在行业内有一定的影响力，能为素养发展和工学结合人才培养创造良好的外部条件；应具备较强的组织协调能力，组织教师进行课程开发，组织实施人才培养方案；应具有较高的专业水平、较强的技术应用和技术开发能力。

2. 骨干教师

应具有扎实的专业知识和熟练的专业技能；具备较强的教学组织能力，能有效组织实施学做一体课程；应具有先进的高等教育教学理念，具有课程建设和课程开发能力，能胜任工作过程导向课程开发和课程教学资源建设；应具有较好的课题研究能力，能进行课程教学改革和教研、科研课题研究，具有一定的技术开发和技术服务能力；应具有职业技能培训资格证书。

3. 兼职教师

应从事生产、建设、管理、服务第一线工作，具有丰富的工作实践经验和较高的专业技术水平。应掌握现代教育理念及教育方法，具有较强的表达和沟通能力，能运用先进的教育技术并紧密结合工作实践组织实施课程教学，指导校园文化和社会实践活动，参与课程开发和课程建设。

（二）实训实习环境

1. 校内实训场地

为实现素养培养目标，满足课程教学和校园文化、社会实践的需要，有效开展育人服务，应建设集教学、培训、职业技能鉴定、科研、生产等多种功能于一体的开放型、共享型校内实训场地。校内实训场地名称、主要设备配置要求、主要功能见表 6-6。

表 6 – 6　校内实训场地建设要求一览

名　称	主要设备配置	主要功能
文化活动中心	文化艺术教育课程教室（音乐教室、舞蹈教室等）； 文艺社团排练室（乐队排练室）； 群众性文化活动场所（多功能厅）； 管理服务设施	大学生活动中心是大学设立的组织指导大学生进行文化艺术娱乐活动的场所，是对大学生进行文化艺术教育的基地
素质拓展训练基地	高空、场地、水上、娱乐、攀岩、体育设备、社区健身设备	以提高心理素质为主要目的，兼具体能和实践的综合素质教育，它以运动为依托，以培训为方式，以感悟为目的，开发大学生潜在能力，提高实践力、创造力、表现力等个人素质；增加团队凝聚力和抗挫折能力，塑造团队精神
心理健康教育与咨询中心	心理咨询室、心理治疗室、心理自助室、档案资料室和中心办公室；心理测验软件与心理档案管理系统，配备了用以进行"催眠"、"音乐"和"沙盘"治疗的心理仪器与设备	学生的心理健康教育与咨询工作，介绍心理健康知识、学生心理社团活动，提高学生朋辈心理扶助能力
道德讲堂	参看中央文明办关于开展道德讲堂的工作要求，有固定的道德宣讲场所，投影仪、电脑等音像播放设备	彻落实《公民道德建设实施纲要》，坚持育人为本，德育为先的原则，以思想道德建设为主体，搭建新的思想道德建设平台，传播道德故事，推动道德理念入心入脑，以"身边人讲身边事、身边人讲自己事、身边事教身边人"的形式，扎实推进社会主义核心价值体系建设，广泛普及社会主义核心价值理念，营造"讲道德，做好人，树新风"的浓厚氛围，推动学校精神文明建设再上新台阶
体育场馆	参看教育部《普通高校体育场馆设施、器材配备目录》 室外场地设施： a. 400 米标准田径场（内含 b. 标准足球场）1 块 c. 25 米或 50 米标准游泳池 1 个	

续表

名　　称	主要设备配置	主要功能
体育场馆	d. 篮球场、排球场、网球场共35块以上 e. 健身器械区若干 室内场地设施： a. 风雨操场1个 b. 健身房面积若干 c. 固定的学生体质健康检测场所	是保证体育教学、课余训练、课外竞赛和开展群众性、娱乐性、健身性体育活动的必要物质条件和重要载体，为大学生从事体育锻炼、开展体育活动服务
图书馆	参看《普通高校图书馆评估指标》生均册数＞100册/生且年生均新进图书＞4册，涵盖文化、科学、教育等各种类别的图书、期刊及其他文献，有微缩资料，磁、光介质资料等文献，有中外文电子文献数据库和自建数据库，具备相应的自动化、网络化、数字化设施	图书馆是大学文化的重要组成部分，是学习科研的重要基地、培养学生健康人格的摇篮、激发创新思维的加速器、师生的精神家园。为读者提供了包括信息查询、图书借阅、期刊阅览、参考咨询、多媒体视频点播和用户教育等服务项目等，为教学和科研提供信息保证
多功能学术报告厅	具有投影机等显示设备，计算机等节目源设备，中央控制主机等中央控制系统设备，全频功放等音像系统，摄影机等现场录播系统，交换机等网络及辅助设备	举办学术报告、学术会议的场所，为师生提供知识的交流
微格教学实训室	投影、录像机、桌椅、电子白板	以现代学习理论、教学理论、现代教育技术理论以及系统科学理论为指导的教学技能训练过程
大学生创新创业中心		

2. 校外实习基地

为实施"学校—企业—职业学校"工学交替，实现人才培养目标，应主要依托地方经济，在企业、中职学校、社区、部队、文化馆所等，建立校外实习基地。通过责任和利益双重驱动调动各方参与职教师资培养工作的积极性，在共同开发人才培养方案、共建实习实训岗位、共建教师队伍等基础上，推进课程改革，加强教材建设，强化实践教学，实行工学交替，改进考核评价，大力推行案例教学、项目教学、现场教学、讨论探究教学等教学方法。在人才培养过程中，通过分阶段到校外实习基地进行认识实习、生产实习和顶岗实习，进行岗位锻炼，培养学生的岗位技能，培养学生的劳动纪律和职业道德。校外实习场地建设见表6-7。

表6-7 校外实习场地一览

实习场地名称	教学任务
专业技能实习场地	能进行企业生产实习、顶岗实习，完成岗位基本技能培养和职业素质
教育技能实习场所	参加教学演练、教学示范、信息化技能大赛等职业学校教师岗位工作锻炼，完成教师岗位技能培养
社会技能实习场所	在博物馆、文化馆、科技馆等馆所，社区、军营、乡村等地方，完成社团活动、社会实践、志愿服务、文体艺术与身心发展等素养实践环节

3. 其他资源

主要包括课程教材和网络课程。通过课程开发，建设适应项目引导、学做一体课程教学需要的教材或讲义。网络课程主要用于辅助教师开展课程教学，便于学生自主学习。建设内容主要包括课程教学活动中所需的各种教学文件和教学资源，如学习指南、活页教材、多媒体课件、练习题、测试题、动画、图片、仿真实验、参考资料、课程教学录像和相关辅助教学视频等内容；同时应包括行业相关标准与规范、职业资格标准等内容；还可增加答疑系统、课程学习讨论系统、作业提交与管理系统等互动环节。教学中应充分利用课程资源，提高课程教学效果和人才培养质量。

（三）图书资料

学校馆藏图书总量（包括各学院资料室）达生均图书 >100 册，且年生均新进图书 >4 册，涵盖文化、科学、教育等各种类别的图书、期刊及其他文献的纸质图书和电子图书。需购入中国知网学术期刊、硕博论文、万方数据知识平台、读秀学术搜索、超星数字图书馆等中外文电子文献数据库，自建"中国职业教育发展数据库"、"随书光盘数据库"和"馆藏书目数据库"等数据库。同时图书馆实行开架借阅方式，已全面开通局域网，并与校园网、Cernet、Internet 相连接。文献资源的加工整序、借阅、咨询、检索等业务与服务均实现了自动化、数字化、网络化管理，可为学生提供网上信息检索、新书通报、馆藏书刊信息查询及书刊预约、荐购、续借服务。

第七章
职教师资素养培养课程标准

课程标准一　《职业教育道德与法律》课程标准

一　课程基本情况

学分：3

学时：48（讲授学时：32 学时，实践学时：16 学时）

课程类别：公共必修课

适用专业：职教师范本科专业

适用对象：大学一年级学生

先修课程：无

二　课程定位

《职业教育道德与法律》课是以马列主义、毛泽东思想、邓小平理论和"三个代表"重要思想为指导，以职技高师院校本科师范生为授课对象，以职业教育道德与法律为核心，以职业教育的理想、信念、情感教育为主线，以人生观、价值观、道德观和法制观等方面的教育为主要内容，综合运用相关学科知识，依据职技高师院校大学生成长的基本规律，培养职教师范生职业教育道德与法律素养的公共理论课。

三　设计思路

《职业教育道德与法律》是一门综合性较强的思想品德课程，主要包括与职业教育相关的政治教育、思想教育、道德教育、理想教育、信念教育、法制教育、职业理念教育等方面的内容。课程教学的根本任务是：贯彻落实"以德治国"、"依法治国"的重要思想和社会主义荣辱观，帮助大学生树立中国特色社会主义的共同理想，确立坚定的马克思主义信念，继承和弘扬爱国主义传统，树立正确的人生观和人生价值观，加强自身道德修养，培育面向职业教育的各种道德素质，提高职业教育法律素养，做社会主义职业教育合格的接班人。

四　课程目标

本课程帮助学生树立中国特色社会主义的共同理想，坚定对马克思主义的信念，增强爱国主义情感；帮助学生正确地认识和把握人生，树立正确的人生观及人生价值观；结合职业生涯规划目标，培养学生职业教育道德修养和法律意识与能力，为更好地从事职业教育奠定基础。

五　课程基本要求

（1）在教学目标确立上，要与中央关于职业教育的基本精神相一致，本着主导性与多样性相统一的原则，保持高起点、高要求，体现职技高师院校思想政治理论课在职教师资人才方面的特色和作用。

（2）在教学内容设计上，要紧密联系职业教育实际，力争融知识传授、能力培育、素质提高于一体。知识传授是基础，是第一个层面的要求；能力培育、素质提高是目的，是第二个层面的要求，这两个层面统一于理论联系实际之中，尤其是对于职教师范生的成长来看，后两个方面的要求尤为突出。

（3）在教学方式方法上，要做到课内学习与课外实践结合，突出实践教学的理念。在学时上对课堂理论教学与课外实践做出合理的安排。通过课堂理论教学使学生掌握基本理论知识，通过课外实践教学培养学生对职业教育的认识能力和判断能力，锻炼和培育其自我发展、解决问题等方面的实践能力。

六　课程教学大纲

（一）理论教学

第一讲　职业教育道德概述

1. 目的和要求

通过课堂理论教学和实践活动，使学生明确本门课程的性质和目的，从整体上对职业教育形成科学、正确的认识，把握职业道德、职业教育道德的含义与功能，明确培养自身职业教育道德修养的重要意义，从而激发其努力学习的兴趣和热情。

2. 教学内容

（1）职业教育概述。

（2）职业道德与职业教育道德。

（3）职业教育道德的作用。

（4）培养职业教育道德素养的意义。

3. 教学方法和手段

教师讲授与学生参与相结合。

第二讲　职业教育道德的基本原则

1. 目的和要求

通过讲授与练习，使学生知道教师在教书育人的过程中，必须既重视德育又重视智育，并始终致力于将这两个方面有机地统一起来、融合起来。一方面，深刻认识加强德育的重要性。另一方面，也要充分认识优化智育的必要性。同时，使学生掌握教育教学的科学性与艺术性，从而收到良好的教育效果。

2. 教学内容

（1）教书与育人相结合的原则。

（2）教育教学的科学性与艺术性相结合的原则。

（3）言传与身教相结合的原则。

3. 教学方法和手段

教师讲授与学生参与相结合。

第三讲　职业教育道德的主要规范

1. 目的和要求

引导学生树立职业教育理想，坚定职业教育理念。在教育教学过程中，做到热爱学生、关心学生，做到以身作则、为人师表。同时，能关注职业教育，培养团结协作精神和能力。

2. 教学内容

（1）树立理想、坚定信念。

（2）热爱学生、诲人不倦。

（3）以身作则、为人师表。

（4）关注职教、团结协作。

3. 教学方法和手段

教师讲授与学生参与相结合。

第四讲　职业教育道德的实践要求

1. 目的和要求

通过课堂理论教学和实践锻炼，使学生懂得良好的语言行为、仪容仪表的重要意义，自觉地培养自己的语言行为素养和仪容仪表素养，并在职业教育实践中自觉地践行这些实践要求，自觉地遵纪守法，从而共同营造良好的职业教育环境。

2. 教学内容

（1）职业学校教师的语言行为素养。

（2）职业学校教师的仪容仪表素养。

（3）职业学校教师的遵纪守法素养。

3. 教学方法和手段

课堂理论教学与学生实践锻炼相结合。

第五讲　职业教育道德的时代精神

1. 目的和要求

通过讲授和学生体验，使学生科学、准确、客观、全面地把握国内外职业教育的最新形势，把握我国职业教育面临的机遇和挑战。能够结合形势的发展变化和职业教育的发展需要，刻苦钻研职业教育基本理论，开拓进取，不断发展自己，同时培养健康的心理素质，提升抗击挫折的能力。

2．教学内容

（1）把握形势、迎接挑战。

（2）刻苦钻研、学而不厌。

（3）开拓进取、发展自我。

（4）优化心理、抗击挫折。

3．教学方法和手段

采取多媒体教学手段，教师讲授与学生实践相结合。

第六讲　职业教育法律概述

1．目的和要求

使学生了解职业教育法律的内涵及历史发展，明确职业教育法律的性质和功能，以便更好地学习职业教育法律法规。

2．教学内容

（1）职业教育与法规。

（2）职业教育法律的概念及其历史发展。

（3）职业教育法律的性质与功能。

3．教学方法和手段

课堂理论讲授，多媒体教学。

第七讲　我国职业教育法律的基本精神

1．目的和要求

通过讲授我国教育法律体系的基本结构、我国《职业教育法》的基本精神和基本原则，使学生明确大力发展职业教育是我国的重要国策，从而进一步坚定从事职业教育的理想和信念，自觉遵守职业教育法律。

2．教学内容

（1）我国教育法律体系的结构。

（2）我国《职业教育法》确立的基本原则。

（3）我国《职业教育法》的基本精神。

（4）我国《职业教育法》对教师的基本要求。

3．教学方法和手段

多媒体教学、课堂理论讲授为主，学生实践为辅。

第八讲　做优秀的职业教育接班人

1. 目的和要求

使学生在学习前面理论知识和开展道德与法律实践的基础上，引导学生做好个人职业教育生涯规划，有意识地培养自身的职业道德与法律素养，同时培养良好的个人品德与社会公德，努力做优秀的职业教育接班人。

2. 教学内容

（1）做好个人职业教育生涯规划。

（2）遵守职业教育道德与法律。

（3）培养良好的个人品德养与社会公德。

（4）做优秀的职业教育接班人。

3. 教学方法和手段

课堂理论讲授与学生实践相结合。

（二）社会实践教学环节

坚持理论教学和实践教学相结合，实践教学环节共有 16 学时，就理论教学的相应部分适时展开实践活动。

1. 社会实践目的

通过社会实践让学生能切身感受我国职业教育的性质、功能和特征，自觉地把所学理论用于职业教育实践，以提高职业教育道德素质与法律素质，成长为社会主义职业教育合格的接班人。

2. 社会实践内容

（1）职业教育道德部分。

①对职业教育发展现状开展调查研究。

②请职业教育领域先进人物做报告。

③参观国家级职业教育示范校。

④与职业学校学生结对子，开展帮扶济困。

⑤与职业学校学生共同开展问题活动。

⑥组织学生到职业学校实习。

（2）职业教育法律部分

①组织学生开展职业教育法律法规宣传活动。

②开展职业教育法律法规辩论赛。

③组织学生到法庭旁听有关职业教育的案件审判。

④组织学生研讨有关职业教育的案例。

（3）社会实践成绩考核办法

考核办法分两部分：一是实践环节的参与情况；二是实践作业的完成情况。

（三）学时分配

表 7-1　学时分配一览

序　号	内　　　容	理论课	实践课	总学时
第一讲	职业教育道德概述	4		4
第二讲	职业教育道德的基本原则	4		4
第三讲	职业教育道德的主要规范	4	4	8
第四讲	职业教育道德的实践要求	4	2	6
第五讲	职业教育道德的时代精神	4	4	8
第六讲	职业教育法律概述	4		4
第七讲	我国职业教育法律的基本精神	4	2	6
第八讲	做优秀的职业教育接班人	4	4	8
合　　　计		32	16	48

七　实施建议

（一）教学建议

（1）《职业教育道德与法律》课程教学应紧密结合国家职业教育法律法规和相关道德规范要求，紧密结合国内外职业教育发展趋势和要求，紧密结合职业学校学生的思想实际。

（2）《职业教育道德与法律》课程课堂理论教学应以案例分析为主，加强师生互动、生生互动，培养学生从事职业教育的理想、信念，提升学生从事职业教育的能力。

（3）《职业教育道德与法律》课程应组织学生开展形式多样的职业教育实践活动，通过实践活动，培养学生职教素养。

（4）在教学过程中要注重过程评价与终结性评价相结合。

（二）教学条件与课程资源

一是开发《职业教育道德与法律》课程教学资源并实现网络共享，构建《职业教育道德与法律》网络课程。网络课程资源包括课程简介、教学大纲、教学日历、考评方式与标准、学习指南、教案（演示文稿）、习题作业、教学课件、教学案例、媒体素材、学习手册、电子教材、专家讲座、学生作品、文献资料和教学录像等基本资源。

二是建立稳定的《职业教育道德与法律》实践教学基地。通过开展职业教育体验、职业教育实习、职业教育参观研讨、职业教育人物访谈等方式进行职业教育体验活动。校外的实践教学基地将《职业教育道德与法律》课程的理论教学与实践结合起来，培养学生的职教理想、信念与情感。

（三）教学评价

（1）优化《职业教育道德与法律》课程考核方法和手段，坚持平时考核与期末考核相结合，坚持理论学习与实践学习考核相结合。

（2）重点考核学生的职教理想、信念和情感。

（3）考核形式。《职业教育道德与法律》课程采取考查形式，平时成绩占30%，实践环节占30%，期末测验占40%。

八   其他说明

本课程教学标准适用于高等职业技术师范院校《职业教育道德与法律》课程。

起草人：

工作单位：

联系电话：

课程标准二   《体育特长培养》课程标准

一   课程基本情况

学分：6学分

学时：144学时

课程类别：公共必修课

适用专业：全校所有专业

适用对象：大学一、二年级学生

先修课程：无

二　课程定位

体育是高等师范教育的重要组成部分，《体育特长培养》课程教学是完成高等师范院校职业教育培养目的和任务的重要途径。首先，体育是教育的基础，它主要是培养健壮的体魄，使人生机勃勃，充满活力，为承担各种学习和工作打下良好基础。毛泽东同志曾生动的语言谈到"体育一道，配德育与智育。而德智皆寄于体，无体是无德智也"。其次，体育在培养一个人的良好生活和学习习惯、处理人际关系、培养坚强的神经、形成良好的品德方面是有独特之处的。经常参加体育活动的学生能够更快地掌握各种动作技能、技巧，提高工作效率。

在高等师范院校职业教育中应比普通高校更加注重体育教育，这是培养目标决定的。高等职业教育要培养实践技术技能现代化，其复杂程度、复合型程度较高的高等职业技术性人才。

体育运动技能的形成具有娱乐性、协作性、规范性等特征，他对劳动技能的形成有很好的帮助作用。体育运动的集体项目讲究配合，通过它可以培养学生的协作精神，而体育运动严格的游戏规则可以使学生养成遵守秩序和职业道德规范的作用。在体育运动过程中运动量较大，这也可以培养学生坚持不懈的精神等。

三　设计思路

《体育特长培养》课程标准是高等师范院校职业教育师资培养的文件和依据，并直接制约着高等师范院校体育教学的发展。为全面贯彻落实党的十八大提出的立德树人的根本任务，推动高等师范院校体育工作科学发展，促进学生身心健康成长。根据《中共中央国务院关于加强青少年体育增强青少年体质的意见》（中发〔2007〕7号）、《国家中长期教育改革和发展规划纲要（2010～2020年）》和《高等学校体育工作基

本标准》（教体艺〔2014〕4号）及《国家学生体质健康标准》（2014
年修订）的总体要求，结合高等师范院校职教师资人才培养方案的实
际，制定了《体育特长培养》课程标准。重点突出职业教育师资素养要
求的学科性和特色性，注重学生的灵敏性、协调性、柔韧性、耐力性和
力量性等方面的培养，教学内容和教学方法的改革，有助于学生更好地
掌握各种动作、技术、技能，提高动手能力，培养吃苦耐劳、团结协作
的精神，为学生的终身发展奠定坚实的基础。其内容包括理论课程、实
践教学等。理论教学课程包括体育理论课、体育技能训练课，注重基础
与实践、专业基础与专业课程相结合的特点。以科学发展观为指导，认
真贯彻党的十八大精神更新教育思想和观念，遵循教育教学规律，体现
"学生为本、能力为重、创新培养、个性发展"的育人理念，深化教育
教学改革，创新人才培养模式，锻炼身体，增强体质，达到终身受益的
目的。《体育特长培养》课程标准对高等师范院校体育课程提出建议。
第一学期开设普修课程，内容为太极拳、游泳、滑冰、滑雪等项目，第
二、第三、第四学期开设体育专项课，内容为拓展训练、户外运动、足
球、篮球、排球、健美操、乒乓球、羽毛球、花式跳绳、拳击入门、田
径、棒垒球等，学生根据自己的兴趣爱好，结合自身所学专业特点来任
意选择教师和项目进行体育课程学习。

本课程建议课时数144学时，共计6学分。

四　课程目标

《全国普通高等学校体育课程教学指导纲要》明确指出，体育课程的
基本目标是运动参与、运动技能、身体健康、心理健康、社会适应。在这
个基础上不同类型学校根据自身情况和特点，因人而异、因专业而异来确
定高等师范院校职业教育人才培养体育教学的教学目标。体育是高等职业
教育的重要组成部分，是衡量育人质量的重要标准。贯彻党的教育方针、
全面推进素质教育和健康教育，体育有着不可替代的作用。在高等职业教
育中应更加注重体育教育，这是培养目标决定的。高等职业教育要培养实
践技术技能现代化，复杂程度，复合型程度较高的高等职业技术性人才。
体育运动技能的形成具有娱乐性、协作性、规范性等特征，他对劳动技能
的形成有很好的帮助作用。体育运动的集体项目讲究配合，通过它可以培

养学生的协作精神，而体育运动严格的游戏规则可以使学生养成遵守秩序和职业道德规范的习惯。在体育运动过程中运动量较大，这也可以培养学生坚持不懈的精神等。

《体育特长培养》课程是面向高等职业教育学校各专业开设的必修公共基础课，它的目标是通过合理的体育教学和科学的体育锻炼过程，切实增强学生体质和健康水平，激发学生参与体育活动的兴趣，培养他们终身参与体育锻炼的意识和习惯，使学生掌握 2～3 项终身受益的体育运动项目，为培养更多具有"健康第一"意识，德、智、体、美全面发展的合格人才服务。通过本课程的学习，使学生掌握各个选项课的基本理论知识和基本技术，提高学生的体育素质。熟练掌握增进健康的技能和方法，基本形成终身体育意识和自觉锻炼习惯。促进学生身心健康发展，增强适应社会生存能力，培养学生良好的体育道德风尚、团队精神、体育文化素养和顽强的意志品质。

（一）知识目标

通过本课程的学习，学生将达到以下要求。

（1）学习掌握各运动项目的基本理论知识和基本技术，全面发展体能，提高运动能力。

（2）树立集体主义观念。

（3）掌握所学体育项目的结构特点、理论知识动作的方法与技巧、重视自身的心理健康。

（二）技能目标

通过本课程的学习，能够运用体育特长培养课程的基础理论、观点、方法来分析和解决生活、工作中的问题。

（1）社会实践能力以及理论与实践相结合的能力等。

（2）促进学生身体素质的全面发展，培养学生沉着冷静、勇敢顽强的意志品质，激发学生的竞争意识和进取精神。

（3）掌握运动项目的技术特点，积极参加各项体育活动，养成终身体育思想。

（4）树立正确的体育道德观，学会利用体育调节身心，改善心理状态，养成积极乐观的生活态度。

（三）情感目标

通过本课程的学习，树立体育锻炼的自主意识，树立积极正确的人生观、价值观。

（1）全面发展体能，提高运动能力，掌握课程的基本理论知识和基本技术，具有一定的体育文化素养和体育欣赏能力。发展学生职业体能。

（2）爱好并积极参与各种体育运动，掌握所选课程的基本技能和锻炼方法，基本养成体育锻炼的意识和习惯。帮助学生形成良好职业态度。

（3）学会利用体育调节身心，改善心理状态，养成积极乐观的生活态度。调节学生心理状态。

（4）树立正确的体育道德观，培养勇于拼搏、团结进取、战胜自我的优良品质。培养学生的组织和管理能力。

（5）学会运动过程中的自我保护，避免受伤。如受到伤害如何自我治疗。增进健康，提高学生的职业保健能力。

五　课程内容和要求

根据《全国普通高等学校体育课程教学指导纲要》的要求和高等职业教育目标及体育学科的基本规律，体育课程设置为必修课程。

（一）本专科生一、二年级体育课程为必修课程

大学一年级第一学期开设普修课，以提高学生身体素质、发展学生体能、培养学生身体锻炼习惯为目标。

积极参与各种体育活动并基本形成自觉锻炼的习惯，基本形成终身体育锻炼的意识，能够编制可行的个人锻炼计划，具有一定的体育文化观赏能力。掌握有效提高身体素质、全面发展体能的知识与方法；能合理选择人体需要的健康营养食品；养成良好的行为习惯，形成健康的生活方式；具有健康的体魄。具体内容（见表 7-2）。

表 7 - 2　学习项目与专业类型对照一览

专业类型　　　　　　　　　　　　项目	太极拳	游泳	滑冰	滑雪	体育舞蹈	田径
久坐型： 财务、文案、医护、IT、写作、服装、设计等专业	√					√
沟通型： 公关、旅游、翻译、销售、传播、文秘等专业	√	√			√	
站立型： 教师、园艺、机械、设计、烹调、安保等专业	√		√	√		
体能型： 工程、建设、冶金、勘测、加工等专业	√	√				√

（二）大学一年级第二学期、大学二年级开设体育专项课

为促进学生身体健康、提高运动技能、养成学生终身锻炼身体习惯，根据专业人才培养目标，以及未来工作方向，规定如下培养内容。

1. 团队协作能力培养

培养表达与沟通的能力，培养做事主动的品格，培养敬业的品质，培养宽容与合作的品质，培养全局观念。团队精神不反对个性张扬，但个性必须与团队的行动一致，要有整体意识、全局观念，考虑团队的需要。它要求团队成员互相帮助、互相照顾、互相配合，为集体的目标而共同努力。

2. 灵敏性培养

通过课程的学习使学生灵敏性得到提高，灵敏性的提高，可以让学生在学习和工作中提高敏锐的观察力和反应能力。

3. 协调性、柔韧性培养

协调性对于培养学生的动手能力有着重要的作用。良好的协调性可以让学生在实际操作机械过程中手、眼、身良好配合。

4. 个人心理素质培养

提升自身潜能，增强自信心，改善自身形象；克服心理惰性，磨炼战胜困难的毅力；启发想象力与创造力，提高解决问题的能力；认识团队的作用，增进对集体活动的参与意识和责任心；改善人际关系，更融洽地与团队合作。

表 7 - 3　学习项目及培养目标对照一览

专业类型 ＼ 项目	篮球	拓展训练	足球	拳击入门	排球	户外运动	花式跳绳	乒乓球	健美操	羽毛球	瑜伽	培养目标
久坐型： 财务、文案、医护、IT、写作、服装、设计等专业	√							√		√	√	团队协作能力培养； 灵敏性培养； 协调性、柔韧性培养
沟通型： 公关、旅游、翻译、销售、传播、文秘等专业	√	√	√	√		√			√		√	团队协作能力培养； 个人心理素质培养； 协调性、柔韧性培养
站立型： 教师、园艺、机械、设计、烹调、安保等专业	√	√			√	√						团队协作能力培养； 灵敏性培养； 协调性、柔韧性培养
体能型： 工程、建设、冶金、勘测、加工等专业	√	√	√	√	√	√					√	团队协作能力培养； 灵敏性培养； 个人心理素质培养

六　实施建议

（一）教材编写

教材应根据学校地域、气候、师资力量、专业设置等因素编写。编写的原则要符合国家《体育课程指导纲要》的要求，教材是制定大纲内容的依据。教材内容能够全面有效地完成高等职业教育学校体育教学的任务。

（1）坚持社会主义的教育目标，坚持全面贯彻党的教育方针和进行爱国主义教育、集体主义教育，通过体育教学的过程，培养学生良好的体育道德风尚和心理素质，增强组织纪律性，使学生身心得到全面发展。

（2）根据大学生的生理、心理特点，发展学生个性，培养学生体育意识，全面发展身体素质，养成经常锻炼的习惯，通过大学时期的学习，能够掌握两项以上的运动项目的技术，从而更好地为今后的工作服务。

（3）从学校的实际出发，结合学校职业教育师资人才培养方案，根据学校场地、器材、地理环境、教师的配备等因素编写适合我校高等职业教育的教材。

（4）教材要以职业教育素质培养为中心，根据不同领域，不同专业编写有针对性的课程内容。

（二）教学建议

（1）在教学中应以学生为中心制定教学内容及计划，根据不同专业学生设计不同教学内容。

（2）根据学生不同的体质情况，制定有针对性的训练内容和运动量。

（3）根据学校场地设施条件自行设计教学方法和内容。

（4）根据教师特点针对不同专业方向，选派教师任教。

（5）根据当地气候环境，设置课程项目内容。

（三）教学条件

室外教学是体育教学的中心，不过幻灯片、录像、多媒体课件的应用会大大提升学生对体育课程的兴趣，从而激发学生学习兴趣更好地掌握所学知识。

（四）课程资源

积极开发体育课程资源并实现网络共享。包括课程大纲、音像资料、文献资料、名词术语、人物介绍和体育赛事录像等课程的基本资源。同时，大力开发特色鲜明的课程拓展资源，如专题讲座库、素材资料库、学科专业知识检索系统、试题库系统、教学软件等辅助资源。

（五）教学评价

根据《全国普通高等学校体育课程教学指导纲要》的指导精神和我校职业教育师资人才培养方案的目标，结合《学生成绩考核和管理办法》的有关规定，拟定《体育特长培养》课程评价方法。

（1）体育课程是一、二年级学生的必修课，要严格执行考勤制度，对旷课、迟到、早退的学生除教师及时教育外，并记录在案作为评定成绩的依据。

（2）体育课程为考试课，其考试项目和标准，由学校按照课程纲要和标准结合职教师资人才培养方向要求制订，并在学期初向学生公布。

（3）体育课程的成绩考核为每学期考试，第一、第三学期成绩按五级分制（优、良、中、及格、不及格）评定，第二、第四学期按百分制评定。

（4）学生在每学期无故旷课达三分之一学时不允许进行考试。严格考核学生出勤率。

（5）学生在上体育课时，每迟到、早退一次，平时成绩扣 2 分；病假一次扣 2 分；事假一次 3 分；无故旷课扣 5 分。

（6）学生在体育考试中，出现违纪现象，按照学校有关规定处理。

七　其他说明

本课程教学标准适用于高等职业技术师范院校《体育特长培养》课程。

起草人：

工作单位：

联系电话：

课程标准三　《心理素质拓展与训练》课程标准

一　课程基本情况

学分：1 学分

学时：24 学时

课程类别：公共选修课、第二课堂课程

适用专业：全校师范类专业学生

适用对象：大学一年级到三年级学生

先修课程：无

二　课程定位

本课程是师范生教师素养培养的一部分，是大学生心理健康与成长的系列体验式课程，可以作为公共选修课，也可以作为教学管理与学生管理相结合的第二课堂课程。课程分为个性发展、情绪情商、心理健康三个部分，可根据学生不同年级的心理特点选择不同项目。本课程力求通过体验式、参与式、项目课程等寓教于乐课程方式，使大学生在模拟或具体实践情景中学习、感受、体会心理成长。本课程一方面促进大学生健康的人格发展和情商提高，另一方面为将来成为中职教师对学生进行心理咨询辅导奠定基础。

三　课程理念

本课程根据大学生心理发展特点、根据作为未来职教师资所强调的心理素养而设计，课程内容关注学生的心灵成长成熟，寻求人与人之间的理解包容，培养健全的情感与人格，注重生命的和谐与愉悦，让生命得到全面、和谐、持续发展。

四　课程设计思路

（一）课程设计依据

本课程设计依据教育部《中等职业学校教师专业标准（试行）》《关于加强普通高等学校大学生心理健康教育工作的意见》等，同时，我们通过文献调研和实地考察，调研了国际国内高校素质教育和心理素养培养的有关内容模式和方法，调研了中职校教师所需要的关键心理素养和学生心理特点及对教师的要求，综合概括了职业师范类大学生应具备的心理素养，并依此开发了本门课程。

（二）课程目标

本课程通过个性发展、情绪情商、心理健康三个维度进行体验式课程训练，通过个性发展部分的学习体验，解决大学生心理成长中遇到的各种问题，使其人格能够健康发展；通过情绪情商、心理健康部分的学习体验，培养大学生在未来教师工作中，妥善处理人际关系及解决问题的情绪智慧；同时能对学生进行必要的心理咨询辅导。

（三）课程内容选择

课程内容选取以大学生心理成长和未来教师职业为主线，通过个性发展、情绪情商、心理健康三个维度设计 28 个项目，个性发展部分包括自我同一性、批判性思考，认识自我、公民意识、责任感、诚信、正直、学习动机、自主学习、职业规划、时间管理、金钱管理等；情绪情商部分包括情绪管理、修炼逆境情商、恋爱观、正确认识从众、人际沟通、学会宽容、换位思考等;心理健康部分包括克服害羞、远离抑郁、面对压力、积极乐观、学会感恩、克服自卑、提升自信等项目。可以根据实际情况选取内容。

(四)课程类型及时间安排

作为公选课和第二课堂课程,在时间选择上,可以集中一学期,也可以根据学生在大学四年级的心理发展变化有针对性的选取课程训练项目,例如大一新生的适应性问题,大二、大三学生的人际关系问题、恋爱问题,大四学生的职业规划问题、教师素质提升问题,还有各年级学生人格发展问题、心理健康问题、情商培养问题,可以是教育心理教研室教师组织上课,也可以是辅导员老师根据课程资料组织大学生互动式课堂。

(五)教学方式方法

第一阶段是情境导入,以大学生活的问题案例、视频、故事、音乐作为引导,引发大学生对问题的思考;第二阶段是通过心理学的原理剖析解决问题;第三阶段是通过小组研讨、主题游戏、小测验、心理剧、角色扮演等形式让学生主动参与,在实践互动体验中交流问题,主动思考解决问题,在行动中总结反思成长。课程设计力求从感性到理性,从理论到实践,学习—体验—反思—成长,在轻松愉快的氛围中实现教学目标。

每个项目为 2 学时,建议总课时数为 24～32 学时。

五　课程内容和要求

表 7 - 4　课程内容及要求一览

序号	项目名称	学习目标	理论知识	活动设计
项目一	自我同一性,在探寻中成长	学生通过参与心理剧、角色扮演等体验式游戏,让他们认识、理解和解决自我同一性、自尊等青年心理发展的重要问题,使他们在成长中理性认识自己并主动解决问题,更自尊,顺利发展成长	1. 自我同一性的概念 2. 埃里克森人格发展的八阶段论 3. 自我同一性及相关概念、理论(自我概念、自尊、价值观)	1. 小组讨论分享 2. 行动计划:选题并编剧本 3. 各小组演出

续表

序号	项目名称	学习目标	理论知识	活动设计
项目二	批判性思考，打造理性自我	学生通过参与小组讨论、思考练习等体验式活动，充分意识到从根本上思考所必需的智力工作，理解日常有条理的思考练习的必要性，促进我们重新塑造自己的世界观，与自己坦诚相见	1. 批判性思考的定义 2. 批判性思考的特征	1. 小组初步讨论 2. 批判性思考问题练习 3. 理论指导实践
项目三	认识自我，完善人格	通过活动使学生明白真实的自我有优点和不足两个方面；学会正视自己的优点和缺点，克服自傲、自负、自卑等心理；培养学生分析调整自我的能力	1. 掌握人格的定义、特征 2. 理解影响人格发展的因素 3. 掌握良好人格的培养方法	1. 看图取名 2. 故事引导 3. 智慧解读
项目四	公民意识，做好人生的第二张身份证	学生通过参与讨论一些社会现象，让他们认识、理解公民意识，并愿意把内化在心的公民意识付诸实践，使他们在成长中理性认识问题并合理解决问题，更健康和谐发展成长	1. 公民意识 2. 怎样培养公民意识	实践活动《班级管理——值日班长轮流制》 1. 做好岗前培训 2. 具体工作 3. 值日班长做好记录和反思 4. 总结
项目五	责任感，成功的基石	理解什么是责任，认识责任感的重要性；知道作为大学生应承担的责任；激发学生的责任感，树立责任意识	1. 理解责任的含义 2. 认识责任感的重要性 3. 掌握作为大学生应承担的责任	1. 案例分析 2. 体验反思，交流思想 3. 游戏活动，体验交流
项目六	诚信，人生的中流砥柱	通过本次"诚信"活动，弘扬诚实、守信这一中华民族的传统美德，培养学生诚实待人，守时、守信的高度责任心；承诺的事情一定要做到，言不信，行必果	1. 理解诚信的含义 2. 认识到诚信的重要性	1. 拟定剧本 2. 各小组演出

序号	项目名称	学习目标	理论知识	活动设计
项目七	正直，让社会充满正能量	学生通过参与案例分析，交流讨论等活动，有效地完成道德品质教育，加深对正直的理解及作为一名教师正直的重要意义，培养学生正直的人格品质	1. 理解正直的含义 2. 掌握与正直相关词语的含义	1. 案例分析 2. 小组讨论分析 3. 课后搜集资料
项目八	激发学习动机，与知识交朋友	通过案例分析、体验式活动、小组讨论等方式，让学生理解学习动机的成分、类别，了解不同心理学家关于学习动机的理论	1. 学习动机的作用 2. 学习动机的理论观点（强化动机理论，需要层次理论，成就动机理论，成败归因理论，成就目标理论）	1. 情境引导 2. 冥想最擅长的5个学习方法和5个学习动机
项目九	自主学习，培养终身学习的能力	学生通过案例分析、体验式活动、小组讨论等方式，让学生了解自主学习、体验自主学习，探索自主学习的乐趣	1. 自主学习的优势 2. 自主学习的特点	1. 设置问题导入 2. 小组合作交流
项目十	做好职业规划，把握你的未来	学生通过案例分析，交流与讨论等活动，有效地完成大学生职业规划，准确定位职业方向，正确认识人生的价值，把握好自己的未来	1. 了解职业的含义 2. 掌握职业规划的含义 3. 理解大学生与职业发展的关系 4. 体会兴趣对职业选择的作用	1. 进行职业测试 2. 初步找到适合自己的职业 3. 归纳职业兴趣类型 4. 拟定职业规划
项目十一	时间管理，规划自己的工作与生活	通过分析大学阶段在时间管理方面容易出现的困惑和问题，学习时间管理的相关理论，讨论反思自己的工作生活状态，使大学生重视时间管理，做事分清轻重缓急，提升工作效率；学会规划自己的生活与工作，最终提升生活的品质	1. 了解时间管理理论的含义 2. 掌握如何进行时间管理	1. 小组讨论 2. 交流分享

续表

序号	项目名称	学习目标	理论知识	活动设计
项目十二	理性消费，学会金钱管理	了解、认识建立科学消费观的重要性；改变不良的消费心理，树立正确的消费观；使自己的消费与家庭和自身的身份相符合	1. 了解当前大学生的消费心理 2. 认识建立科学消费观的重要性	1. 案例讨论 2. 填写调差问卷，小组讨论 3. 学生自己反思 4. 课后实践活动
项目十三	情绪管理，做情绪的主人	通过参与故事分析、体验式活动、案例分析、小组讨论等方式，让学生理解情绪及情绪的类型，熟练掌握情绪 ABC 理论，并能逐步掌握一些情绪调节的有效方法，形成自我调适、自我控制的能力，继而能够较理智地调控自己的情绪	1. 理解情绪的含义 2. 了解情绪的类型 3. 熟练掌握情绪 ABC 理论 4. 掌握情绪调节的有效方法	1. 案例分析 2. 学生自己体验反思、交流分享思想 3. 小组讨论分享
项目十四	战胜挫折，修炼逆境情商	让学生积极面对困难和挫折，培养战胜挫折的勇气，修炼逆境生存的能力	1. 理解挫折含义，正视挫折 2. 认识挫折教育的必要性 3. 什么是 AQ? 认识逆境情商的重要性	1. 案例分析 2. 心理游戏《蛋的进化》 3. 共享交流
项目十五	珍惜爱情，树立正确恋爱观	通过参与故事分析、体验式活动、案例分析、小组讨论等方式，让学生理解爱情的含义和类型，学会正确选择爱情的对象以及掌握如何树立正确的爱情观等	1. 理解爱情的含义和类型 2. 把握如何正确选择爱情的对象 3. 掌握如何树立正确的爱情观	1. 故事导入 2. 小组讨论分享 3. 小测验
项目十六	正确认识从众，做自己的主人	通过参与故事分析、体验式活动、案例分析、小组讨论等方式，让学生知道从众现象的含义、表现，了解从众心理行为产生的原因，明确从众心理行为的意义。最终让学生学会把握从众心理，学会独立思考，杜绝不良嗜好，养成良好的行为习惯	1. 理解从众的含义 2. 了解从众现象 3. 理解从众心理行为产生的原因 4. 掌握正确对待从众心理的方法	1. 小组讨论分享 2. 案例分析 3. 体验分享活动

序号	项目名称	学习目标	理论知识	活动设计
项目十七	人际沟通，化解对抗	通过参与故事分析、体验式活动、案例分析、小组讨论等方式，让学生理解、掌握人际沟通中正确的态度、方法和技巧；让学生在体验中感悟沟通的重要性，并掌握一般人际沟通的方法与技巧，化解人际间的对抗	1. 理解人际沟通的含义和特点 2. 了解人际沟通的功能 3. 掌握人际沟通中正确的态度、方法和技巧	1. 游戏活动 2. 案例分析 3. 小组讨论分享
项目十八	学会宽容，善待他人	让学生明白宽容是中华民族的传统美德，也是当代人必备的道德品质；感受到"退一步，海阔天空，让三分，风平浪静"的道理；学会放平心态，宽容待人，学会与同学、与他人和睦相处	1. 理解宽容的含义	1. 故事导入 2. 心理游戏体验 3. 心理测试
项目十九	换位思考，你我的世界	了解换位思考、与人为善的实质，在生活、学习、人际交往中能够换位思考，减少矛盾和摩擦，形成良好的人际关系；学会理解他人，宽容他人，善待他人，欣赏他人，做到"己所不欲，勿施于人"	1. 理解换位思考的含义 2. 了解换位思考的重要意义 3. 了解换位思考的作用 4. 掌握换位思考的方法	1. 主题游戏 2. 播放图片 3. 主题故事
项目二十	学会沟通，和谐人际交往	学生通过参与心理剧、角色扮演等体验式游戏，让他们认识、理解自己在生活中的沟通模式是哪种，使他们在人际交往中，家庭系统中更好地成长	1. 理解萨提亚沟通模式 2. 了解萨提亚的应用领域 3. 了解萨提亚沟通模式的5种类型	1. 案例分析 2. 小组讨论 3. 体验沟通活动
项目二十一	克服害羞，不做无人问津的"壁花"	帮助害羞的学生摆脱害羞的困扰。学生通过正确认知自我、提高自我效能感、发展社交技能和他人帮助来预防及干预害羞心理，使他们克服人际交往的障碍，冲破害羞者自己给自己施加的心理监狱，促进其身心健康发展	1. 理解害羞含义 2. 了解害羞的表现 3. 学会运用如何克服害羞	1. 故事导入 2. 小组讨论 3. 体验反思 4. 实践活动：放松训练

序号	项目名称	学习目标	理论知识	活动设计
项目二十二	远离抑郁，快乐成长	了解抑郁症相关知识；使用量表进行简单的抑郁症自评；掌握走出抑郁的几种方法，并利用相关知识助人、自助	1. 理解什么是抑郁症 2. 学会区别抑郁症与非病理性的抑郁心境 3. 学会应对抑郁 ABC	1. 歌曲欣赏导入 2. 《流调中心用抑郁量表》（CES - D）对个体抑郁水平进行测查 3. 活动总结
项目二十三	面对压力，运用 BET 法调节情绪项目	通过开展团体辅导课程，正确认识压力，使学生在面对压力情境的时候能够冷静分析，积累压力管理的对策，自如运用 BET 法调节情绪、应对压力	1. 理解压力的含义 2. 知道耶克斯 - 道德森定律 3. 了解解决压力的策略	1. 团体活动导入：warming up - 我是你的镜子 2. 压力诊疗室 3. 体验活动，小组讨论分享
项目二十四	走出抑郁，活出精彩	学生通过参与案例分析，角色扮演等体验式游戏，掌握抑郁情绪的特点、症状和解决办法，使他们在遇到相同情境时主动解决问题，克服抑郁情绪，快乐成长	1. 了解弗洛伊德有关忧郁的精神动力学的理论 2. 理解抑郁症的含义、表现	1. 案例导入 2. 体验活动，小组讨论分享 3. 教师总结
项目二十五	积极乐观，提升幸福感	学生通过参与心理剧、角色扮演等体验式游戏，使他们在成长中理性认识乐观，了解乐观对于生活的重要性；学习并掌握一定的简易、可操作的提升主观幸福感、形成乐观心态的心理调节技巧	1. 理解乐观的含义 2. 掌握培养乐观心态的方法	1. 情景引导 2. 收集方法 3. 判断方法 4. 进行总结
项目二十六	感恩，爱的密码	通过参与故事分析、体验式活动、案例分析、小组讨论等方式，让学生学会感恩父母，行孝及时；感恩、善待身边的每个人	1. 理解感恩的含义 2. 学会如何感恩	1. 观看视频 2. 小组讨论分享 3. 故事分析

续表

序号	项目名称	学习目标	理论知识	活动设计
项目二十七	克服自卑，爱上学习	学生通过案例分析、体验式活动、小组讨论等方式，让学生理性对待后进生，了解后进生学习成绩落后的原因、特点，并掌握转化后进生的方法	1. 后进生学习成绩落后的原因和特点 2. 转化后进生的主要办法 3. 转化后进生应注意的几个问题	1. 小组讨论分享 2. 行动计划 3. 小组演出 4. 进行总结
项目二十八	自信，走向成功的金钥匙	通过活动，让学生了解自信的含义；明确自信的重要性，增强学生的自信心；引导学生正确看待生活中的挫折与失败，让学生认识到自信是走向成功的金钥匙	1. 理解自信的含义 2. 了解班杜拉的自我效能感理论 3. 掌握建立自信的方法	1. 游戏活动 2. 小组汇报 3. 分享感受 4. 总结

六 实施建议

（一）教材编写

（1）依据本课程标准编写教材。

（2）教材应充分体现体验式、参与式、生动活泼寓教于乐的课程设计思想，以大学生心理成长和未来教师所需心理素养为主线设计教材结构。

（3）教材在内容上应富有时代特点，丰富实用，符合现阶段大学生心理需求和未来教师工作需要。

（4）教材应以学生为本，文字通俗、表达简练，内容展现应图文并茂，图例与案例应引起学生的兴趣，重在提高学生学习的主动性和积极性。

（5）教材中案例要抓住问题，符合实际，理论要准确，实践内容要有可操作性，要注重寓教于乐，体验反思。

（二）教学建议

（1）从内容到过程、从认知了解到体验反思、从教师中心向学生中心转变。

（2）互动教学，采取以小组为单位的合作学习。教师与学生、学生与学生共同讨论，相互启发。突出交流沟通、理解与合作。

（3）体验学习，通过学生亲身经历、总结做事做人的基本道理，并通过实践转化为行为习惯。情感体验、道德体验、实践体验。

（4）探究式学习，以问题为核心、体验感受为主线、交流研讨为载体、总结提高为目的而展开的。

（三）对教师的要求

（1）从事教育学、心理学、思想政治教育教师，学生辅导员，同时对课题项目有深入研究，了解大学生群体的教师。

（2）能运用多种教学策略，构建一个好的学习环境，让学习者能在其中充分表达自己的观点和价值，整个过程充分民主，引领学生体验反思，整合观点。

（四）教学条件

（1）宽敞明亮的多媒体教室。

（2）公园草坪或户外适合主题内容的场地。

（五）课程资源

（1）多媒体课件、课程标准、电子教案、励志书籍等。

（2）课程拓展资源。与心理素质培养相关的经典影片、视频资料等资源收集，各种有体验价值的环境选择。

（六）教学评价

（1）突出学生的主动性、参与性。

（2）突出过程评价与阶段评价，结合小组讨论、训练活动、课后作业等进行综合评价。

（3）评价标准。课堂出勤：占 40%；各项目小组讨论发言、体验活动表现、总结作业等占 60%。

七　其他说明

本课程适用适用于高等职业技术师范院校《心理素质拓展与训练》课程。

起草人：

工作单位：

联系电话：

课程标准四　《中华传统文化》课程标准

一　课程基本情况

（一）课程性质

《中华传统文化》（Chinese Traditional Culture）课程是公共选修课，旨在使学生充分地了解中国优秀传统文化思想的发展概况，更好地弘扬民族传统文化和民族精神，继承优秀文化，创造有中国特色的新文化。从中华传统文化典籍解读入手，以提高学生人文素质、传递人文精神和科学精神为价值取向，以养成学生道德意识和行为规范为途径，拓展学生视野，开拓学生思维，陶冶学生情感，丰富学生人文知识，使学生不断提高文化素质、民族自豪感和自信心，为进一步促进精神文明与物质文明建设，更好地为振兴中华、实现现代化服务。

（二）课程基本理念

（1）学习对职业岗位适用的中华优秀传统文化思想。

（2）学习对职业岗位有效的道德行为规范。

（3）改变中华传统文化课程的学习方式。

（4）构建体验式中华传统文化课程。

（5）构建基于现代信息技术的中华传统文化课程。

（6）建立学习结果与学习过程并重的评价机制。

（三）标准设计思路

1. 课程设计理念

《中华传统文化》课程以素质为本位，以提高自主学习和探究能力为重点，围绕学生的人文精神和职业能力培养，引导学生通过课程学习，增强学生的民族文化自信和价值观自信，丰富人文知识，拓展文化视野，陶冶民族情感，完善行为规范，提高文化素养和社会能力，培养文化创新意识，增强、传承、弘扬中华优秀传统文化的责任感和使命感。

2. 课程定位

课程以中等职业教育人才培养目标为切入点，以学生的人文知识拓展和人文素养培养为基本目标，内容上注重知识性、科学性、实用性、趣味性的统一；体例上由"导读""原典析读""价值实现及创新""知行合一""学以致用""拓展阅读"6个模块构成；目标上从单纯注重知识的传授转向重视对学生认知、情感和能力的培养；为了体现职业教育教材特色和操作性强的教学特点，十分注意培养学生的高尚的审美情趣、传统的人文精神、浓厚的伦理观念等，采用课堂讨论辩论、教师示范演练、观赏优秀作品、学后感分享等体验式训练方法，精心设计，力求体现教材的针对性和可操作性。

3. 课程安排

本课程建议课时数 32 学时，其中实训课时数 12 学时，共计 2 学分。

二　课程目标

依据课程定位，本课程从知识、能力与素质目标三个维度对课程内容进行规划与设计。从总的目标来看，知识维度是通过课堂教学和课外自学，使学生掌握中华优秀传统文化原典中的含义，了解其历史传承和创新，深刻认识学习传统文化的重要意义以及传统文化资源在中国当代文化创新方面所具有的不可替代的作用；能力维度是通过形式多样的教学活动，使学生能自主分析历史和现实的文化现象，分辨传统文化中的精华和糟粕，自觉遵守和养成行为规范；素质维度是通过课堂讲授和课外学习等活动，使学生树立正确的文化观，提高学生的中国传统文化知识素养，培养学生对中国优良传统文化精神的认同感、归属感和自豪感，增强学生的民族文化自信和价值观自信。

（一）知识与技能

通过本课程的学习，能够掌握中国优秀传统文化的思想、基本"德目"含义及其现代价值，以期最大限度地掌握中华传统文化的特点和精髓。

（1）了解什么是文化及中国传统文化。

（2）了解中国传统文化的主要特点和价值取向，熟悉中国传统文化的代表人物及其思想。

（3）了解中国传统文化与中华伦理道德关系。

（4）识记中国古代文化典籍文本，理解其文化内涵，并用其品味现代生活。

（5）了解中国传统文化思想的发展变迁及代表作品。

（6）了解中国传统价值观的发展及其对当代社会的现实意义。

（二）过程与方法

通过本课程的学习，能够正确理解中国传统文化中价值观和社会主义核心价值观的历史传承关系，并能分析现实生活中的现象和问题。

（1）通过学习得到智慧的熏陶，并能够运用中国传统哲学分析解释现实生活中的现象和问题。

（2）提高职业生活中建立和谐关系的能力，学会处理人与人、人与社会之间的关系。

（3）能够正确认识和分析传统价值观对中国人文化生活、社会生活、家庭生活以及政治生活带来的各种影响。

（4）能够结合所学专业或从事的职业以各"德目"为话题展开讨论；或通过拓展阅读内容（文学文本、经典案例等）为切入点解读现代社会生活中的文化现象。

（5）学会用各种方法获取行业企业文化信息。

（6）学会分析行业企业文化与中国传统文化传承的内在联系。

（三）情感态度与价值观

通过本课程的学习，提高对社会主义核心价值观的认同意识，树立积极正确的人生观、世界观、价值观和文化观。

（1）能够感受中华文化的博大精深，树立民族自尊心和自豪感。

（2）基本形成正确的文化价值取向，进而形成积极进步的职业文化追求。

（3）形成正确的自我认知的维度和方法，形成良好的职业道德观念。

（4）正确评价职业文化与中国传统文化的内在联系，进而理解职业文化中的行为规范。

（5）根据各"德目"的学习，养成诚实、守信、吃苦耐劳的职业品德。

（6）根据各"德目"的学习，形成职业行为规范。

三　内容标准

根据《完善中华优秀传统文化教育指导纲要》（教社科〔2014〕3号），将本课程分为三个层面：层面一：家国情怀；层面二：社会关爱；层面三：个人修养。每个层面学习步骤统一规范见表7－5。

表7－5　学习情景及学习步骤对照一览

学习步骤〱学习情境	导读	原典析读	价值实现及创新	知行合一	学以致用	拓展阅读
家国情怀：忠孝 恺悌 廉正 谦敬 刚毅	√	√	√	√	√	√
社会关爱：仁义 博爱 礼让 诚信 和善	√	√	√	√	√	√
个人修养：志学 敏悟 克己 慎独 笃行	√	√	√	√	√	√

本课程包含三个层面的具体学习要求见表 7-6 所示。

表 7-6　教学内容知识、能力、素质要求一览

序号	教学内容	学时	教学方式（理论/实践/理实一体）	知识与技能要求	过程与方法要求	情感与态度要求
1	前言	2 课时	讲授讨论	了解文化及中国传统文化的概念、基本精神和产生条件	能够感受中华文化的博大精深，学会从文化的视野观察、分析现实问题	热爱、传承中国传统文化
2	家国情怀：忠孝　恺悌　廉正　谦敬　刚毅	10 课时	讲授讨论/"体验式"实践教学/情景式教学	（1）了解中国传统文化最突出的特点和价值取向；（2）掌握 5 个"德目"及其内在含义	（1）诵读经典文本；（2）通过学习得到智慧的熏陶，并能够运用中国传统价值观分析相关故事，进而解释现实生活中的现象和问题；（3）通过参观爱国主义教育基地，增强爱国主义观念；（4）通过学习典型人物爱国、爱岗事例，提高对国家、职业的文化认同	探究中国古代价值观、人生观，对比时下多元化价值观，激发学习热情和兴趣
3	社会关爱：仁义　博爱　礼让　诚信　和善	10 课时	讲授讨论/"体验式"实践教学/情景式教学	（1）了解中国传统文化中的社会价值取向；（2）掌握 5 个"德目"及其内在含义	（1）诵读经典文本；（2）正确认识中国社会价值观念，并分析其对中国人文化生活、社会生活、家庭生活以及政治生活带来的各种影响；（3）正确判断、处理并建立和谐的社会关系	探究中国古代社会关系，提高对中国文化智慧成果的认识，明确职业追求，树立职业作风

续表

序号	教学内容	学时	教学方式（理论/实践/理实一体）	知识与技能要求	过程与方法要求	情感与态度要求
4	个人修养：志学 敏悟 克己 慎独 笃行	10课时	讲授讨论/"体验式"实践教学/情景式教学/赏析/辩论	（1）了解中国古代修身的传统；（2）掌握5个"德目"及其内在含义	（1）能够结合所学专业或将从事的职业以文化为话题展开讨论；（2）或以诗歌、散文、小说为切入点解读现代社会生活中的文化现象	从中国古代文学的经典作品学习中提高审美，感受审美情趣

四　实施建议

（一）教学建议

（1）在教学过程中，应立足于坚持以学生为中心，注重学生传统文化素养的训练和培养，采用体验式或情景式教学，设计不同的活动，提高学生学习兴趣。

（2）本课程的教学重点是课堂理论，教学关键是实践教学，"教"与"学"互动，"学"与"体验"结合，教师示范，学生实践，学生提问，教师解答、指导。

（3）在教学过程中，选用典型案例由教师讲解，学生进行分组操作训练，让学生在实践和体验过程中深入了解中华传统文化各"德目"的要义。

（4）在教学过程中要关注学生所学专业领域的行业文化特征，合理运用传统文化的核心理念和道德思想，贴近行业文化发展和建设需求，帮助学生建立正确的职业道德观。

（5）有条件的学校可安排学生到校外实践教学基地参观，直接体验企业文化环境和文化氛围，也可以在校内实践教学基地进行体验式实训。

（二）评价建议

（1）改革考核手段和方法，加强实践性教学环节的考核，注重学生自评、互评以及过程考核和结果考核相结合。

（2）突出过程评价与阶段评价，结合课堂提问、训练活动、阶段测验等进行综合评价。

（3）应注重学生分析问题、解决实际问题内容的考核，对在学习和应用上有创新的学生应特别给予鼓励，综合评价学生能力。

（4）注重学生的文化素质考核，尤其是体现职业教育的高等性。

（5）评价标准。课程总成绩由理论课和实践课组成。

理论课：期末考试成绩（30分）、平时考评成绩（20分，包含出勤、课堂表现等），理论课总成绩共计50分。

实践课：参观中职学校行动报告（5分）、学业规划设计（5分）、分析自己的能力以及自己的价值观是什么（5分）、中职教师人物访谈报告（5分）、撰写就业市场调查报告（5分）、制定个人职业生涯规划书（10分）、撰写职业教育行业分析报告；修订个人职业生涯规划书（8分）、制定素质提升计划（7分），实践考评总成绩共计50分。

（三）教材编写建议

（1）依据本课程标准编写教材。

（2）教材应充分体现中国传统文化的价值思想体系。

（3）教材在内容上应实用，应把与中华传统文化思想相关的古代典籍、礼仪等融入教材，顺应岗位能力需要。

（4）教材应以学生为本，除古代典籍外，文字通俗、表达简练，案例应引起学生的兴趣，重在提高学生学习的主动性和积极性。

（5）教材中注重古代典籍的赏读，重视实践内容的可操作性，强调在实践中理解与体验中华传统美德，同时注重校内、校外学习途径的构建。

（四）课程资源开发与利用建议

1. 常用课程资源的开发和利用

幻灯片、投影、录像、多媒体课件等资源有利于创设形象生动的学习环境，激发学生的学习兴趣，促进学生对知识的理解和掌握。建议加强常用课程资源的开发，建立多媒体课程资源的数据库，努力实现跨学校的多媒体资源共享。

2. 积极开发和利用网络课程资源

积极开发职业生涯规划课程精品资源并实现网络共享，其主要开发的内容包括基本资源和拓展资源。基本资源包括课程简介、理论与实践教学大纲、教学日历、考评方式与标准、学习指南、教案（演示文稿）、习题作业、试卷、例题、教学课件、教学案例、媒体素材、学习手册、电子教材、实验实习实训、模拟实训、实验动画、常见问题、专家讲座、学生作品、文献资料、名词术语、人物介绍和教学录像等。大力开发特色鲜明的课程拓展资源。拓展资源包括案例库、专题讲座库、素材资料库、学科专业知识检索系统、演示虚拟仿真实验实训系统、试题库系统、作业库系统、在线自测考试系统、教学软件等。精品资源中的基本资源和拓展资源要实现网络共享。

3. 职业生涯规划教育学生实习实训中心

职业生涯规划模拟实训室、招聘及面试仿真模拟实训室、学生创业实战模拟实训室、创新思维能力训练实训室、ERP 沙盘实训室、学生创业测评模拟实训室、学生创新实战模拟实训室、拓展训练实训室。

4. 校外的实践教学基地

主要是以各专业实践教学基地为主，通过学生短期职业岗位体验、顶岗实习、参观研讨、人物访谈等方式进行行业文化体验活动。校外的实践教学基地将教学与实践结合，实践与体验结合，满足学生综合职业能力培养的要求。

五　其他说明

本课程教学标准适用于高等职业技术师范院校《中华传统文化》课程。
起草人：
工作单位：
联系电话：

课程标准五　《表达与写作》课程标准

一　课程基本情况

学分：2 学分
学时：32 学时（讲授学时：20 学时，实践学时：16 学时）

课程类别：公共必修课

适用专业：全校所有专业

适用对象：大学一年级学生

先修课程：无

(一) 课程定位

本课程是中职院校全院学生开设的通识课，适用于提高学生的口语表达能力和写作能力。开设本课程的主要目的是使学生了解口语表达与写作的基本知识，使学生具有清晰、准确的口语表达能力，和写作一般应用文体的能力，能够在工作中将表达与写作的技能转化为具体工作需要。

(二) 设计思路

"说"与"写"是任何正常工作所必需的两项基本技能，具有传情达意、传递信息、保留记录等作用。就口语表达而言，能否以标准的口语表达、能否在各种场合恰当的表达，不仅是个人素养的体现，也是能否处理好工作关系的重要因素；就写作能力而言，能否准确地应用文字、能否选择恰当的体裁传达消息，同样关系工作程序、信息传递流畅等重要问题。因此，本课程对于即将走上工作岗位、但从未受过专业语言能力、写作能力训练的中职院校的学生来说十分重要。

本课程的目的是培养学生正确的发音、表达能力，以及准确的写作能力，规范、准确的用语言和文字表达信息。基于这一目标，本课程结合中职学生的学习能力水平与职业能力要求，依据中职学生日后工作需求共制定了三个课程目标。这三个目标分别涉及口语表达和书面写作。教材编写依据、教师授课标准、教学评价体系都应依据这一目标而制定运行。

依据上述课程目标定位，本课程从教学任务、知识要求与技能水平三个维度对课程内容进行规划与设计，以使课程内容更好地与实际工作要求相结合。共划分了准确发音、恰当表达、职场交际、选择文体、文体写作五大工作任务，知识与技能内容则依据工作任务完成的需要进行确定。分析过程中尤其注意整个内容的完整性，以及知识与技能的相关性。在对知识与技能的描述上也力求详细与准确。技能及其学习要求采取了"掌握……"的形式进行描述，知识及其学习要求则采取了"了解……"和"理解……"的形式进行描述，即区分了两个学习层次，"了解"指学生能熟练识记知识点，"理解"指学生把握知识点的内涵及其关系。

　　本课程是一门以"表达"与"写作"为核心内容的课程，其教学要以实际操作为主要方法，并尽量把概念知识与课堂任务等知识融入实践操作中，实行理论与实践一体化教学。教学可选取真实的工作情境，也可在学校实训中心通过角色扮演的方式进行。在实训的课程上，可设计模拟的情景模式，将发音知识、人际交往技能、写作新闻体/应用文体的技能体现到一个实训任务中，突出应变意识和快速、准确写作能力的培养。

　　本课程建议课时数32，其中实训课时数16，共计2学分。

二　课程目标

　　（1）能够正确发音，特别注意地方口音的纠正，说普通话。

　　（2）能够根据不同的对象/场合，主动发起/结束对话，不失风度，熟练交流沟通技巧。

　　（3）能根据不同目的，选择恰当的文体，快速而准确的写作。

三　课程内容和要求

表7-7　课程内容及要求一览

序号	教学任务	知识要求	技能水平	情感、态度、价值观目标	课时
1	正确发音	了解呼吸控制训练法、共鸣控制训练法、吐字归音训练法； 理解如何综合运用适当的方法发音； 掌握正确发音时的方法和技能	准确读出 b、p、m、f 绕口令； 准确读出 d、t、n、l 绕口令； 准确读出 g、k、h 绕口令； 准确读出 j、q、x 绕口令； 准确读出 z、c、s、zh、ch、sh、r 绕口令； 准确读出"立字"绕口令； 准确读出归韵绕口令； 准确读出无韵尾绕口令	激发学生对中国语音的热爱和兴趣，能够在日常生活中发现不正发音，并能主动纠正并避免	4
2	恰当表达	了解说话的不同场合和基本准则，了解常见的交流忌讳； 理解"见什么人说什么话"的含义； 掌握委婉拒绝的方法，掌握说话的风度	能够与初次见面的人打开话匣子，让对方接受你，觉得有一见如故的感觉； 能够委婉地处理好社交时出现的尴尬局面	激发学生主动学习有风度的语言表达方式	4

序号	教学任务	知识要求	技能水平	情感、态度、价值观目标	课时
3	职场交际	了解与人交谈的技巧；理解不同关系有不同的交流方式；掌握委婉含蓄的沟通方式，掌握准确与他人沟通的技巧	能够与上司有礼有节沟通；能够与下属有效沟通交流；能够与朋友沟通；能够与陌生人交流	鼓励学生与人交往，增强表现自我的信心与能力	4
4	选择文体	了解文体分类标准；理解文体选择标准；掌握不同文体特征	能够根据工作目的选择适当的文体；能够依据不同标准对文体分类		4
5	文体写作	了解新闻写作的定义和分类以及新闻文体之间的异同；了解公文和其他应用文的特点和格式，经济合同的主要格式和条款；掌握消息的写作方法，掌握报告、计划和总结的写法	能够准确找出签发人、主题词、发文字号、公文版头；能够区分通知与通报，公告与通告，请示与报告，计划与总结；能够独立完成调研报告	激发学生写作的热情	4

四　实施建议

（一）教材编写

（1）必须依据本课程标准编写教材。

（2）教材应充分体现任务引领实践导向的课程设计思想，以教学任务为主线设计教材结构。

（3）教材在内容上应简洁实用，还应把有关新媒体语言及写作的知识融入教材，顺应岗位需要。

（4）教材应以学生为本，文字通俗、表达简练，内容展现应图文并茂，图例与案例应引起学生的兴趣，重在提高学生学习的主动性和积极性。

（5）教材中注重实践内容的可操作性，强调在操作中理解与应用理论。

（二）教学建议

（1）在教学过程中，应立足于坚持学生实际操作能力的培养，采用项目教学，设计不同的活动，提高学生学习兴趣。

（2）本课程的教学关键是现场教学，"教"与"学"互动，教师示范，学生操作，学生提问，教师解答、指导。选用典型案例由教师讲解、示范操作，学生进行分组操作训练，让学生在操作过程中掌握表达与写作的要求和方法。

（3）在教学过程中，要创设工作情景，同时应加强实践训练，使学生掌握表达与写作的要求和方法。

（4）在教学过程中要关注本课程的最新发展，更贴近中职学生未来工作的需求。

（三）教学条件

有条件的学校可安排学生到实际的场景中实践，或者在校内实训中心进行模拟实训。

（四）课程资源

1. 常用课程资源的开发和利用

幻灯片、投影、录像、多媒体课件等资源有利于创设形象生动的学习环境，激发学生的学习兴趣，促进学生对知识的理解和掌握。建议加强常用课程资源的开发，建立多媒体课程资源的数据库，努力实现跨学校的多媒体资源共享。

2. 积极开发和利用网络课程资源

充分利用网络资源、教育网站等信息资源，使教学媒体从单一媒体向多媒体转变；使教学活动从信息的单向传递向双向交换转变；使学生从单独学习向合作学习转变。

3. 建立开放式实训中心

建立开放式实训中心，使之具备职业技能证书考证、实验实训、现场教学的功能，将教学与培训合一，教学与实训合一，满足学生综合职业能力培养的要求。

（五）教学评价

（1）改革考核手段和方法，加强实践性教学环节的考核，注重学生自评、互评以及过程考核和结果考核相结合。

（2）突出过程评价与阶段（以工作任务模块为阶段）评价，结合课堂提问、训练活动、阶段测验等进行综合评价。

（3）应注重学生分析问题、解决实际问题内容的考核，对在学习和应用上有创新的学生应特别给予鼓励，综合评价学生能力。

（4）注重学生的职业素质考核，体现职业教育的高等性。

表 7 - 8　评价考核给分标准

项　　　目	所占分数	备　　　注
平时成绩	30	迟到早退一次扣 3 分，缺课一次扣 5 分，累计超过 3 次取消本课考试资格，违反课堂纪律一次扣 3 分
口语测试	20	
调研报告	25	
情景表现	25	

五　其他说明

本课程教学标准适用于高等职业技术师范院校《表达与写作》课程。
起草人：
工作单位：
联系电话：

课程标准六　《市场、职场、就业与创业》课程标准

一　课程基本情况

学分：1 学分
学时：18 学时（理论学时：15 学时，实践学时：3 学时）
课程类别：公共必修课

适用专业：适用于所有师范类及非师专业

适用对象：大学三年级学生

先修课程：无

二 课程定位

本课程是面向全校本科生开设的公共选修课，教学时数为 18 课时，共 1 学分。课程于每年春季学期开设，为学生提供全方位的就业和创业指导。

就业指导的教育目的在于传授给学生能够更好应对就业、创业所面临的问题，教给他们一定的求职择业的技巧和方法，培养他们运用这些理论知识于求职就业实践的基本技能，同时提高学生对就业形势与政策、职场环境以及求职技巧的认识和了解，培养他们正确的择业观和良好的职业素质。应注重树立学生积极正确的求职择业意识，以便将来在就业的实践中能够更好地把握方向、确定自己的位置。这也是做好大学生就业创业教育工作必不可缺少的教育环节。

本课程既注重就业创业教学的系统完整性，又将每个模块单独成体系。其指导思想是养成学生善于积累理论常识和经验技巧，多学、多看、多思考，同时注重培养学生理论联系实际，将所学知识运用到就业创业的实践当中去的能力。

三 设计思路

（一）教学原则

1. 实用性原则

课程内容的实用是学生学习的动力因素和兴趣点。实用性原则主要是指教学内容要适合学生需要，满足学生要求，解决学生实际问题等。教学过程中做到既有理论的分析，又有思想的教育；既有实验操作，又有现实例证。

2. 针对性原则

针对高职院校学生这一层，针对他们的学习、生活、理想、做人、创业、求职和就业等具体问题，并根据他们的生理、心理特点进行有的放矢的指导。

3. 参与性原则

职业指导课程不是单纯的理论课，只讲条条框框的大道理很难使课程达到预期的教学效果，职业指导的过程必须充分考虑到学生的主体地位，注重学生的参与，在课程过程中运用案例分析、情景模拟、市场调研等方式调动学生的积极性，使学生接触并接受的知识源于实践，又反过来指导学生的就业创业。

（二）教学方法

教学方法应体现以教师为主导，学生为主体，因材施教，因人施教。应考虑到学生的年龄特征、知识层次和职业教育的特点，根据教学内容，综合运用启发式、案例式、小组讨论式等多种教学方法，激发学生的兴趣，培养学生自主学习、独立思考和勇于实践的能力。

教师教学充分体现理论和实训一体化，教学方法长于行动导向，充分开展互动教学，适当脱离教科书，从实际出发，灵活开展富有个性化教学风格的课程教学。

（三）活动建议

在教学过程中，改变讲授为主的教学方式，实行理论与实践一体化教学模式。采用案例分析、情景模拟、角色扮演、实地参观、小组讨论、优秀样例展示、专家点评、专家讲座、社会调查、实习见习等教学方法，突出教学的实践性和实效性。

（四）教学用具

教师应充分利用课本及教学参考书所提供资料开展教学活动，并合理利用计算机、录音、录像、照片等教具，充分利用校园网等设备辅助教学。

四　课程目标

（一）总体目标

本课程的目的是通过建立以课堂教学为主，个性化就业创业指导为辅，理论和实践课程交替进行的教学模式，切实提高学生就业竞争力，为大学生顺利就业、适应社会及树立创业意识提供必要的指导。通过课程的学习，使学生充分设计自己的职业生涯规划，了解国家就业方针政策，树立正确的择业就业和职业道德观念，锻造良好的心理素质，掌握求职的技巧和礼仪及树立创业意识。

（二）分类目标

1. 知识

通过本课程的教学，使大学生了解国家的就业形势和对大学生创业的优惠政策，把握职业选择的原则和方向；基本了解职业发展的阶段特点；较为清晰地认识自己的特性、职业的特性以及社会环境；掌握基本的劳动力市场信息、相关的职业分类知识以及创业的基本知识。

2. 能力

培养学生自我探索能力，独立思考和勇于创新的能力。树立信心，掌握信息搜索与管理技能、生涯决策技能、求职技能等。通过课程提高学生的各种通用技能，比如沟通技能、问题解决技能、自我管理技能、人际交往技能和团队协作精神等。

3. 情感、态度、价值观

通过理论实践交替进行的教学模式、趣味横生的案例分析、教师生动的语言，激发学生的社会责任感，增强学生自信心，树立职业生涯发展的自主意识、正确的就业观和价值观、职业观；把个人发展和国家需要、社会发展相结合，确立职业的概念和意识，愿意为个人的生涯发展和社会发展主动付出积极的努力。

五　课程内容和要求

表7－9　课程内容及要求一览

序号	工作任务	知识要求	技能要求	情感目标	课时
1	就业形势与就业政策	注重就业政策的解读，让学生了解当前有关大学生就业政策、法规等文件精神和具体内容；	使学生能够在求职过程中，熟悉就业相关政策法规；	初步形成对当前就业形势的认知，保持良好心态面对当前的就业压力；	3

序号	工作任务	知识要求	技能要求	情感目标	课时
1	就业形势与就业政策	使毕业生了解就业、创业热潮形成的深层次原因，认识经济转型与就业、创业热潮的内在联系；指导学生了解当前就业和创业现状与发展趋势。	让学生能够对创业的相关扶持政策有系统的了解，知道当前的创业趋势和国家鼓励创业的相关法规政策；通过对职业师范院校毕业生就业市场的具体分析，使学生了解他们在就业竞争中的整体优势和劣势。	初步形成"先就业、再择业"的意识。	3
2	职业道德与职场礼仪	使学生了解学生与职业人、学校与职场的区别，为实现从"校园人"到"职业人"的角色转变做好准备；了解教师职业道德的相关内容；了解职场礼仪的各种要求，特别是教师的职场礼仪。	能从教师的角度理解从"学生"到"教师"的角色转变；能够熟练掌握教师职业道德的具体内涵、牢记《教师行为规范》；能够熟练运用职场礼仪的相关知识指导自己的实践，特别是要将教师的职场礼仪应用到实际工作中。	基本形成"教师"的职业认同和职业价值取向；树立严格遵守《教师行为规范》，履行教师义务、崇尚职业道德的意识；深刻认识到作为教师，遵循职场礼仪的重要性。	3
3	简历制作及面试的技巧与方法	了解自荐信、求职简历的类型、制作要点和方法；了解获得就业信息的途径和投递简历的方式方法；了解面试的具体过程及面试技巧。	能够掌握制作自荐信和求职简历的方法，能够熟练完成自荐信和求职简历的制作；能够通过多种途径获得就业信息，能够准确有效的投递求职简历，提高命中率；熟悉职业教育教师的面试流程、掌握面试技巧。	增强学生的自信心，提高学生的就业竞争力。	3
4	就业中的心理调适与保障	让学生正确认识就业过程中可能会遇到的各种心理问题、心理障碍；了解就业的基本程序以及在就业过程中可能出现的各种问题，如违约等。	能够掌握调节就业前心理不适的方法，通过自我心理调适达到正常顺利就业的心理健康水平；能够熟悉就业流程及相关劳动法律法规，能够在求职过程中保障自己的合法权益不受侵害。	初步形成良好的心理素质；基本形成正确的求职择业观念；强化法律意识。	3

续表

序号	工作任务	知识要求	技能要求	情感目标	课时
5	创业与创业实践	了解创业者应具备的素质和能力；掌握创业机会识别的方法及商业模式的类型；知道整合创业资源的方法，学会创业计划书的写作流程；学会如何规避创业风险。	能够有意识地培养自己的创业能力，能够对好的商业机会进行开发，并且找到合适的商业模式；能够有效地整合创业资源，能够独立完成创业计划书的书写；能够在创业初期觉察创业风险并有效规避。	初步形成对创业的向往，培养创新意识；基本形成正确的创业理念。	3

六　实施建议

（一）教材编写

（1）依据本课程标准编写教材。

（2）教材应充分体现就业创业指导课程体系的完整性，突出以案例教学法引入学习的特点。

（3）教材在内容上应简洁实用，应把就业指导的新形势、新特点、新方法融入教材，满足市场对人才的需求。

（4）教材应以学生为本，内容展现应图文并茂，图例与案例应引起学生的兴趣，重在提高学生学习的主动性和积极性。

（5）教材中注重理论体系的构建，实践内容的可操作性，强调在实践中理解与应用理论，同时注重校内、校外辅导途径的构建。

（二）教学建议

（1）深入了解学生学习需求：通过问卷、座谈会等多种方式在教学正式实施前了解学生的学习期望、学习条件；重视"课程导入"环节，让学生对课程目标与内容、课程考核方式等有整体的了解与认同。

（2）理论与实践相结合：本课程是一门既有理论性，又有很强的实践性和应用性的课程。建议重视实践教学环节，既要有对学生面对面的讲授，又要让学生了解社会。重视师生互动与小组活动，倡导理论与实践相结合、课内与课外学习相结合，落实对学生就业实践能力的培养。

（三）学习建议

1. 自主学习

建议学生通过网络、报纸等媒体自主查阅课程中涉及的学习资源，独立规划自己的课程学习计划，自主设计、自主调节与评价学习过程，撰写学习日志形成电子学档，充分发挥自身的学习能动性。

2. 小组合作学习

以小组为单位进行小组讨论、案例分析等学习活动，并形成小组学习成果在全班范围内进行展示。

3. 研究性学习

鼓励学生针对课程教学主题提出自己的观点，有自己独到的见解；学生可以以个人或小组的方式提出与课程内容相关的分析课题并提出解决方案，可形成研究性学习小论文或小组调研报告。

（四）课程资源

1. 多媒体教学课件

教师自行制作的多媒体教学课件，可以提高课堂信息量，多种视频材料的运用可以让学生更清晰直观地理解教学内容，既丰富了教学内容，又提高学生的学习兴趣和热情，取得了较好的教学效果。

2. 名人传记和影视资料

介绍名人的励志故事，激励学生勇于拼搏，增强学生自信心。拓展学生的视野。

3. 网上课程资源库

建立了共享型专业教学资源平台，提供帮助学生课外自我测评、案例库和答疑系统等网上资源，学生可以随时登陆进行讨论。

4. 加强实体资源的利用和开发

发动学生充分利用现有的有效资源，如招聘会、交流会、创业基地、勤工俭学岗位、夜市地摊等，通过多种多样的观察与学习、交流与实践，把所学的理论与现实社会更好的结合，从而提高就业创业能力。

（五）教学评价

1. 评价的主体

课程教学中充分发挥教师、学生与学生小组的评价主体作用。

2. 评价的原则

（1）充分发挥教学评价的诊断、激励、导向、调控与教学的功能。

（2）以课程整体教学目标为基准，既面向全体学生，又关注学生的个性化发展。

（3）整合总结性评价与过程性评价，全面评价学生的学习效果，其中过程性评价具有诊断性与发展性功能，以便帮助学生及时发现学习中存在的问题，并提供有效的学习建议。

3. 评价的内容

（1）学生对就业理解程度。

（2）学生形成的就业观。

（3）学生了解当前就业形势。

（4）学生如何提高自身就业技能。

（5）学生的自主学习与协作学习能力。

4. 评价方式及组织实施

（1）平时成绩（教师评价＋学生自评＋小组互评）：共40分，其中课堂作业5分（含出勤考核），课后作业10分；课程研究性学习成果5分（以小论文或小组调研报告的方式呈现）；课程学习总结5分（其中含课程学习心得与自评、学习与教学建议等内容）；小组综合实践项目15分（以小组方式完成专题式学习网站建设并在班级内公开发表）。

（2）期末考试（教师评价）：占60分，以开卷方式进行，试题以案例分析题为主。

七　其他说明

本课程教学标准适用于高等职业技术师范院校《市场、职场就业与创业》课程。

起草人：

工作单位：

联系电话：

课程标准七 《职业生涯规划与管理》课程标准

一 课程基本情况

学分：1 学分

学时：32 学时（讲授学时：20 学时，实践学时：12 学时）

课程类别：公共必修课

适用专业：全校所有专业

适用对象：大学一年级学生

先修课程：无

二 课程定位

《职业生涯规划与管理》课程是一门旨在为学生个人的职业生涯规划提供理论和实践指导的课程，以学生了解职业生涯规划为基本任务，以学生掌握职业生涯规划与管理能力为核心内容，以培养集理论、技能、师范于一体的复合型职教师资人才为教育理念。其主要功能是使学生了解职业生涯规划与管理的基础理论知识，具备职业生涯规划与管理的能力，为顺利就业和胜任职教工作打下良好的基础。

三 设计思路

《职业生涯规划与管理》课程在注重理论与实践教学的同时，又要强调学生课程学习及后续自我生涯教育与实践的全程式辅导。以任务为导向，从课程理论教学、课外实践教学、校外职业体验和全程式网络辅导平台四个方面对学生职业生涯规划与管理全程式辅导途径进行探索，以期增强学生职业生涯规划与管理的时效性、实操性、实战性和实用性。

课程的总目标是使学生学会职业生涯规划基础理论、自我认知、职业认知、社会环境认知、生涯决策、生涯开发与管理的基本知识与技能；具有能够运用职业选择、决策的方法与技术，解决实际职业生涯规划问题以及终身进行自我职业生涯开发与管理的能力；形成和保持对职业的探究兴趣和学习愿望，具有正确的职业观和较强的创业意识；养成积极、负责、安全的职业行为习惯，为迎接未来社会挑战、提高生活质量、实现终身职业发展奠定基础。立足这一目的，本课程结合大学生的学习能力水平与职教师资岗位的职业能力要求，依据职业生涯规划与管理的主要内容制定了课程目标，目标分别涉及的是基础理论知识、自我认知、职业认知、社会环境认知、职业生涯决策、职业生涯开发与管理等生涯教育的主要方面。教材编写、教师授课、教学评价都应依据这一目标定位进行。

依据上述课程目标定位，本课程以工作任务为中心组织课程内容，分别从知识要求、技能要求与情感要求三个维度对课程内容进行规划与设计，以使课程内容更好地与生涯规划和管理能力及职教师资岗位要求相结合。本课程共划分了职业生涯规划基础理论、自我认知、职业认知、社会环境认知、生涯规划决策、生涯规划反馈调整、生涯开发与管理七大工作任务，知识与技能内容则依据工作任务完成的需要进行确定。

本课程是一门以职业生涯规划基本能力与辅导技能为核心内容的课程，其教学要以实际操作为主要方法，并尽量把基础理论、规划程序、规划理念等知识融入实践操作中，实行理论与实践一体化教学。首先，职业生涯规划理论教学模式要以学生为中心，通过翻转课堂、信息化教学等手段改变传统理论教学模式。以学生为中心的课堂教学要加强对学生的课前及课后辅导，通过开展主体研讨、职业角色扮演和职业发展分析等活动激发学生自主学习的动力。其次，理论教学环节的辅导旨在帮助学生掌握基础理论知识，对职业发展方向及目标有一个全面的了解。学生经历此环节的各项活动后对职业的认识进一步加深，但缺乏实际的操作，这就要求学生进行实际的锻炼与交流。通过开展生涯大赛、项目训练及个性化指导活动，可以有效解决学生实际操作能力不强的问题。再次，校内的理论教学和实践教学活动使学生明确职业发展的方向和目标，但学生对于社会实际状况的了解还很欠缺，学生要通过校外的职业体验活动切实了解社会的实际状态，全面分析自我的职业决策、发展方向和发展目标，增强学生职业生涯规划的实战性。学校应搭建企业、高校、招聘单位及学生之间的交流平台，依据大学生的职业倾向和需求，为大学生创造职业体验条件，提供个性化和专业化指导服务，帮助大学生更好地了解实际工作状态。最后，职业生涯规划全程式网络辅导平台由网络课程模块、网络社团模块、网络咨询模块三大模块组成职业生涯规划辅导网站。网络课程是对理论课和实践课有益必要的补充，网络社团是学生自我学习和交流的舞台，网络咨询是学生与教师间沟通的桥梁。

本课程建议课时数 32 学时，其中实训课时数 12 学时，共计 2 学分。

四　课程目标

（一）知识目标

通过本课程的学习，能够系统地掌握职业生涯规划与管理的步骤、方法及重要性，以期最大限度地提高职业生涯规划意识。

（1）了解职业生涯规划的特点，了解职业、职业生涯、职业理想的内涵。理解职业理想对人生发展的作用，理解职业生涯规划对实现职业理想的重要性；

（2）了解影响职业生涯规划的主要因素，了解职业生涯规划的内容和步骤；理解大学生职业生涯规划的阶段理论、结构理论和其他理论；

（3）了解自我认知的维度和方法；会用各类测试方法进行个人气质、性格、能力、兴趣、价值观的测试；理解不同气质、性格、能力、兴趣和价值观的特点以及适合的职业类型；

（4）了解我国的职业概况，了解职业与专业的关系、职业道德、职业知识、职业技能、职业资格；掌握如何进行职业要素分析，掌握获取职业信息的方法；

（5）了解我国当前的经济、法制、就业政策、社会心理和发展环境、学校与家庭环境；掌握如何进行职业社会环境分析，掌握获取职业社会环境信息的方法；

（6）明确大学、职业、人生职业生涯规划目标，掌握职业生涯规划的方法；掌握制定职业生涯规划的具体步骤，会撰写个人职业生涯规划书；

（7）了解经济社会发展、科技进步对职业演变的影响，理解职业生涯规划反馈、评估与调整的必要性，掌握终身学习与职业生涯发展的关系；

（8）了解职业生涯开发的方向，理解发展目标与发展条件的关系，理解近期目标和发展措施的重要性，掌握职业生涯规划阶段管理。

（二）技能目标

通过本课程的学习，能够运用职业生涯规划与管理的基础理论、观点、方法来分析和解决实际规划与管理过程中的问题，制定适合自身发展的职业生涯规划书，并围绕职业生涯规划与管理开展专项训练任务。

（1）运用职业生涯规划的基础理论、观点、方法的分析能力；

（2）解决实际职业生涯规划过程中问题的能力；

（3）学会运用各类测试工具进行个人气质、性格、能力、兴趣、价值观的测试，并以此进行自我认知分析，撰写自我认知分析报告；

（4）学会用各种方法获取职业信息；

（5）学会用各种方法获取职业社会环境信息；

（6）学会职业生涯规划的方法；

（7）学会科学评价职业生涯规划，并以此进行生涯规划调整；

（8）学会职业生涯开发与管理的方法，并以此进行生涯规划管理。

（三）情感目标

通过本课程的学习，树立起职业生涯规划与管理的自主意识，树立积极正确的人生观、价值观和就业观念。

（1）初步形成正确的职业理想，基本形成正确的职业价值取向，形成关注自己职业生涯规划及未来职业发展的态度；

（2）初步形成正确的职业生涯规划认识，基本形成正确的职业价值取向，形成关注自己职业生涯规划及未来职业发展的内容和步骤；

（3）初步形成正确的自我认知的维度和方法，形成适合自己的职业类型选择；

（4）初步形成正确的职业认知，基本形成正确的职业选择观念，形成适合自己的职业选择；

（5）初步形成正确的职业社会环境认知，形成正确的职业选择观念；

（6）建立正确的职业生涯规划认知，形成初步的职业发展规划，确定人生不同阶段的职业目标及其对应的生活模式；

（7）形成科学评价、适时调整职业生涯规划的观念，培养成功者的心态，确立终身学习的理念，养成珍惜时间的习惯，努力追求职业理想的实现；

（8）形成职业生涯规划科学开发与管理的观念，建立对工作环境客观合理的期待，在心理上做好进入职业角色的准备，实现从学生到职业人的转变；

（9）养成诚实、守信、吃苦耐劳的品德；

（10）养成善于动脑、勤于思考、及时发现问题的学习习惯。

五　课程内容和要求

表 7 - 10　职业生涯规划课程内容一览

序号	工作任务	知识要求	技能要求	情感目标	课时
1	职业生涯规划认知	了解职业生涯规划的特点。了解职业、职业生涯、职业理想的内涵。理解职业理想对人生发展的作用。理解职业生涯规划对实现职业理想的重要性。掌握参观校外职教师资实习实训基地的基本流程。	能明确参观的校外职教师资实习实训基地的基本情况。能按照参观校外职教师资实习实训基地的基本流程组织参观。能撰写参观中职学校行动报告。能让学生认识到目前中等职业学校所需的教师应具备怎样的职业能力，培养怎样的职业素质。	初步形成正确的职业理想，基本形成正确的职业价值取向。初步形成关注自己的职业生涯规划及未来职业发展的意识。	2
2	职业生涯规划的基础理论认知	了解影响职业生涯规划的主要因素。了解职业生涯规划的内容和步骤。理解大学生职业生涯规划的职业锚、发展阶段、决策和人职匹配理论。能熟知学业规划的制定流程和方法。	能从教师的角度理解职业生涯规划的理论并指导学生设计职业生涯规划的内容和步骤。能模拟制定自己的学业规划。能模拟指导学生制定学业规划。	初步形成正确的职业生涯规划认知。基本形成正确的职业价值取向。形成关注自己的职业生涯规划及未来职业发展的意识。	3
3	自我认知	了解自我认知的维度和方法。了解气质、性格、能力、兴趣、价值观的基本概念和种类。理解不同气质、性格、能力、兴趣和价值观的特点以及适合的职业类型。	能用各类测试方法进行个人气质、性格、能力、兴趣、价值观的测试。能学会各类测试软件的使用方法。能从教师的角度帮助同学测试，并对测试结果进行有效分析。	初步形成正确的自我认知的维度和方法。基本形成正确的适合自己的职业类型。	5

序号	工作任务	知识要求	技能要求	情感目标	课时
4	职业认知	了解我国当前的就业形势。 了解进入社会职业及服务职教的主要途径。 了解用人单位的概念和分类，了解行业和产业部门的划分和对应的职业岗位。 了解职业环境评估的内容。 了解社会职业及职业教育行业的基本情况。 了解职业环境评估的内容。 掌握如何进行职业要素分析。 掌握获取职业信息的方法。	能会用各种方法获取职业信息。 能制定生涯人物访谈计划，包括访谈的人数、时间、地点等。 能制定人物清单，职业咨询方面包括工作性质、任务或内容等。 能设计问题，一次访谈问的问题不要太多，一般 10~20 个。 能撰写报告、根据访谈撰写生涯人物访谈报告。	初步形成正确的职业认知。 基本形成正确的职业选择观念。 形成适合自己的职业选择。	4
5	环境认知	了解我国当前的经济环境、法制环境、就业政策、就业市场、社会心理和发展环境、学校与家庭环境。 了解我国的社会就业制度和人力资源市场的现状。 掌握如何进行职业社会环境分析，掌握获取职业社会环境信息的方法。	能会用各种方法获取职业社会环境信息。 能做好就业市场调查活动的方案制定、点评、实施和总结。 能到中职校进行短期培训。 能到中职校进行角色扮演等职业体验。	初步形成正确的职业社会环境认知。 基本形成正确的职业选择观念。 形成适合自己的职业选择。	3
6	职业生涯决策和规划流程的操作	了解生涯规划应注意的问题。	能制定职业生涯规划书。	建立正确的职业生涯规划认知。	5

序号	工作任务	知识要求	技能要求	情感目标	课时
6	职业生涯决策和规划流程的操作	了解职业生涯规划的几个误区。 掌握职业生涯规划大赛的参赛流程及详细的规则。 掌握制定职业生涯规划的方法。 掌握制定职业生涯规划的具体步骤，会撰写个人职业生涯规划书。	能为参加职业生涯规划大赛做好个人准备。 能模拟组织职业生涯规划大赛。	形成初步的职业发展规划。 确定人生不同阶段的职业目标及其对应的生活模式。	5
7	职业生涯规划反馈、评估与调整的认识与操作	了解经济社会发展、科技进步对职业演变的影响。 了解职业演变的规律及趋势。 理解职业生涯规划反馈、评估与调整的必要性。 掌握终身学习与职业生涯发展的关系。	能撰写职业教育行业分析报告。 能修订个人职业生涯规划书。 能针对中职学校招聘的要求进行模拟招聘面试活动。 能掌握模拟招聘面试活动流程等环节的具体内容。	形成科学管理、适时调整职业生涯规划的观念。 培养成功者的心态，确立终身学习的理念。 养成珍惜时间的习惯，努力追求职业理想的实现。	5
8	职业生涯开发与管理的认识与操作	了解职场情况，学会职场适应。 掌握职业生涯规划阶段管理。 掌握个人潜能开发的方法。	能运用个人潜能开发的方法进行个人潜能开发。 能从教师的角度对学生进行个人潜能的开发。 能制定素质提升计划。 能参与素质拓展训练项目。 能模拟组织素质拓展训练项目。	形成科学管理、适时调整职业生涯规划的观念，培养成功者的心态。 建立对工作环境客观合理的期待，在心理上做好进入职业角色的准备。 实现从学生到职业人的转变。	5

六　实施建议

（一）教材编写

（1）依据本课程标准编写教材。

（2）教材应充分体现任务引领实践导向的课程设计思想，以工作任务为主线设计教材结构。

（3）教材在内容上应简洁实用，应把职业生涯规划的新知识、新技术、新方法融入教材，顺应岗位需要。

（4）教材应以学生为本，文字通俗、表达简练，内容展现应图文并茂，图例与案例应引起学生的兴趣，重在提高学生学习的主动性和积极性。

（5）教材中注重理论体系的构建，实践内容的可操作性，强调在实践中理解与应用理论，同时注重校内、校外辅导途径的构建。

（二）教学建议

（1）在教学过程中，应立足于坚持以学生为中心，注重学生实际职业生涯规划能力的培养，采用项目教学，设计不同的活动，提高学生学习兴趣。

（2）本课程的教学重点是课堂理论，教学关键是实践教学，"教"与"学"互动，"学"与"体验"结合，教师示范，学生实践，学生提问，教师解答、指导。

（3）在教学过程中，选用典型案例由教师讲解，学生进行分组操作训练，让学生在实践和体验过程中掌握职业生涯规划的要求和方法。

（4）在教学过程中要关注学生所学专业领域的发展趋势，更贴近专业发展趋势要求。

（三）教学条件

有条件的学校可安排学生在职业生涯规划指导室进行直接的面对面指导，在校内职业生涯规划教育实训中心进行模拟实训，在校外建立实习实训基地，让学生更多地接触并体验社会职业岗位的工作状态。

（四）课程资源

1. 常用课程资源的开发和利用

幻灯片、投影、录像、多媒体课件等资源有利于创设形象生动的学习环境，激发学生的学习兴趣，促进学生对知识的理解和掌握。建议加强常用课程资源的开发，建立多媒体课程资源的数据库，努力实现跨学校的多媒体资源共享。

2. 积极开发和利用网络课程资源

积极开发职业生涯规划课程精品资源并实现网络共享，其主要开发的内容包括基本资源和拓展资源。基本资源包括：课程简介、理论与实践教学大纲、教学日历、考评方式与标准、学习指南、教案（演示文稿）、习题作业、试卷、例题、教学课件、教学案例、媒体素材、学习手册、电子教材、实验实习实训、模拟实训、实验动画、常见问题、专家讲座、学生作品、文献资料、名词术语、人物介绍和教学录像等职业生涯规划课程的基本资源。同时，大力开发特色鲜明的课程拓展资源。学校正着手开发包括案例库、专题讲座库、素材资料库、学科专业知识检索系统、演示虚拟仿真实验实训系统、试题库系统、作业库系统、在线自测考试系统、教学软件等辅助资源。精品资源中的基本资源和拓展资源要实现网络共享。

3. 职业生涯规划教育学生实习实训中心

职业生涯规划模拟实训室、招聘及面试仿真模拟实训室、学生创业实战模拟实训室、创新思维能力训练实训室、ERP 沙盘实训室、学生创业测评模拟实训室、学生创新实战模拟实训室、拓展训练实训室。

4. 校外的实践教学基地

主要是以各专业实践教学基地为主，学生通过短期职业体验、顶岗实习、参观研讨、人物访谈等方式进行职业体验活动。校外的实践教学基地将教学与实践结合，实践与体验结合，满足学生综合职业能力培养的要求。

（五）教学评价

（1）改革考核手段和方法，加强实践性教学环节的考核，注重学生自评、互评以及过程考核和结果考核相结合。

（2）突出过程评价与阶段（以工作任务模块为阶段）评价，结合课堂提问、训练活动、阶段测验等进行综合评价。

（3）应注重学生分析问题、解决实际问题的考核，对在学习和应用上有创新的学生应特别给予鼓励，综合评价学生能力。

（4）注重学生的职业素质考核，体现职业教育的高等性。

（5）评价标准

学习评价标准分为认知水平评价和运用能力评价。认知水平分为"了解"、"理解"两个层次。运用评价主要指职业生涯规划各环节和整体产出的质量，以及职业生涯规划对学生自身发展的实际激励作用。课程总成绩组成：

理论课：期末考试成绩（30分）、平时考评成绩（20分，包含出勤、课堂表现等），理论课总成绩共计50分；

实践课：参观中职学校行动报告（5分）、学业规划设计（5分）、分析自己的能力以及自己的价值观是什么（5分）、中职教师人物访谈报告（5分）、撰写就业市场调查报告（5分）、制定个人职业生涯规划书（10分）、撰写职业教育行业分析报告；修订个人职业生涯规划书（8分）、制定素质提升计划（7分），实践考评总成绩共计50分。

七　其他说明

本课程教学标准适用于高等职业技术师范院校《职业生涯规划》课程。

起草人：

工作单位：

联系电话：

课程标准八　《数据应用与思维方法》课程标准

一　课程基本情况

学分：2学分

学时：24学时（讲授学时：14学时，实践学时：10学时）

课程类别：公共必修课

适用专业：全校所有专业

适用对象：大学一年级学生

先修课程：无

二 课程定位

《数据应用与思维方法》课程是职业师范类院校的通识教育课程之一。通过学习本门课程来培养学生对大数据的应用能力，使学生能够在课堂教学和日常工作中有效地获取数据、读懂数据；能够将数据归纳分类，并能制作统计图表；能对大数据进行处理，能够进行多步骤的复杂运算；能采用适当的方法展示结果，能将结果推广应用；使学生了解思维方法，培养创新意识和创造性思维，并能够在实际工作和教学中综合运用各种思维方法分析问题，以提高学生综合运用专业知识的能力，为培养学生成为具有良好素质的职业教育师资服务。

三 设计思路

《数据应用与思维方法》课程以工作过程系统化课程开发为基本理念，以培养学生的数据应用知识和思维方法为基本任务，掌握适应大数据背景的数据分析与数据应用能力、培养创造性思维能力。本课程在注重理论与实践教学的同时，又要强调学生课程学习及后续工作学习中的实际应用。以任务为导向，从课程理论教学、课外实践教学、专题讲座、全程式网络辅导平台等方面对学生进行辅导，以期增强学生应用数据和思维方法的时效性、实操性、实战性和实用性。

本课程依据职教师资（面向中职教师）素养标准，培养学生具有科学精神、创新意识和创造性思维；适应教育现代化的信息技术知识与应用能力，能够应用科技成果；具有搜集、分析、处理意见和信息的能力；具有逻辑思维与数据应用能力，能够采集与解读数据、数据运算、结果展示和应用。其教学要以实际操作为主要方法，并尽量把基础理论、规划程序、规划理念等知识融入实践操作中，实行理论与实践一体化教学。评价应贯穿于教学中的各个环节。

本课程建议课时数 24 学时，其中实训课时数 14 学时，共计 2 学分。

四　课程目标

（一）知识目标

通过本课程的学习，能够系统地掌握数据应用的步骤、方法及重要性，了解思维特点、培养良好思维习惯。

（1）了解学习和生活中常见的数据形式、认识大数据背景下的数字；

（2）掌握图表和表格等的表现形式，学会选取有效数据；

（3）掌握常用的数据分析方法；

（4）熟练掌握 Microsoft Excel、Powerpoint 等软件的使用；

（5）了解思维及数学思维的特点；

（6）了解逻辑思维、创新思维的类型；

（7）掌握多角度思维训练的方法；

（8）掌握思维导图构建方式。

（二）技能目标

通过本课程的学习，能够根据课堂教学和日常工作需要，高效地获得所需数据信息，解读并做整理；能够运用一般的数学知识和计算工具，对较复杂的数据进行计算并验证结果；能以适当的方式展示运算结果，说明结果的指导意义，为系统决策做出建议；掌握思维的意义和方向，掌握相关思维分类和特点，掌握逻辑思维和创新思维解决问题的步骤、方法和工具；能够具有创新意识，突破常规思维模式，提高创新思维能力。

（1）能通过不同的信息来源获取所需的数据信息并做统计整理；

（2）能读懂并编制表格、直方图、饼图、曲线图、坐标图等商业常用图表；

（3）能将图表中的数据进行简单计算，将结果进行数据分类、汇总，解读问题；

（4）能选择恰当的公式，表明计算过程所用的方法，给出运算结果并进行检验；

（5）能采用多种不同的方法，清晰、简明地展示数据信息和计算出的结果；

（6）能建立正确的思维方式，拥有以各种思维方式解决问题的能力；

（7）能将思维方法融入教学工作；

（8）能利用思维导图针对具体问题制定方案。

（三）情感目标

通过本课程的学习，树立起数据应用与思维培养的自主意识，树立积极正确的人生观、价值观，培养积极进取的人生态度。

（1）初步形成数据应用意识；

（2）形成数据科学开发与管理的观念；

（3）初步形成正确的思维观念，培养创新意识；

（4）突破常规思维模式，提高各种思维能力；

（5）养成关心时事并科学分析的行为习惯；

（6）养成诚实、守信、吃苦耐劳的品德；

（7）养成善于动脑、勤于思考，及时发现并解决问题的工作作风。

五　课程内容和要求

表 7－11　课程内容及要求一览

序号	工作任务	知识目标	技能目标	情感目标	课时
1	数据处理	大数据背景 数据搜集 数据整理 简单数据计算 Excel 软件使用	能通过不同的信息来源获取所需的数据信息。 能依据大数据做统计整理。 能读懂并编制各种表格。	初步形成数据应用意识。	理论 2 实训 2
2	统计基础	汇总的方法 统计求和的方法 制作统计图	能将图表中的数据进行简单计算，进行数据分析等。 能选择恰当的公式，表明计算过程所用的方法。	初步形成数据科学开发与管理的观念。 养成善于动脑、勤于思考，及时发现并解决问题的工作作风。	理论 2 实训 2
3	数据应用	寻求初步结论 寻求深层结论 结果及误差分析 PowerPoint 软件使用	能采用多种不同的方法，分析展示数据信息和计算出的结果。	养成科学分析的行为习惯。	理论 2 实训 4

续表

序号	工作任务	知识目标	技能目标	情感目标	课时
4	数学思维	思维与数学思维 数学思维的基本成分	能够建立正确的思维方式。 能够开拓思维，打破固有思维障碍。	初步形成正确的思维观念，培养创新意识。	理论2
5	思维方法	逻辑思维 创新思维	培养创造性思维。 能够以各种思维方式解决问题。	突破常规思维模式，提高各种思维能力。	理论2 讲座2
6	思维训练	数据创新训练 逻辑创新训练 图形创新训练	能够利用创新性思维针对具体问题制定方案。 能够突破思维障碍，以实现创新思维的扩散。	养成关心时事并科学分析的行为习惯。	理论2 实训2

六　实施建议

（一）教学建议

（1）在教学过程中，应立足于坚持以学生为中心，注重学生实际应用能力的培养，采用项目教学，设计不同的活动，提高学生学习兴趣。

（2）在教学过程中要针对学生的专业领域选取案例和思维引导，以专业发展要求为指导组织教学。

（3）本课程的教学重点是课堂理论，教学关键是实践教学，"教"与"学"互动，"学"与"体验"结合，教师示范，学生实践，学生提问，教师解答、指导。

（4）在教学过程中，选用典型案例由教师讲解、学生进行分组操作训练的方式，让学生在实践和体验过程中掌握数据应用方法，培养创新思维能力。

（二）评价建议

（1）改革考核手段和方法，加强实践性教学环节的考核，注重学生自评、互评以及过程考核和结果考核相结合。

（2）突出过程评价与阶段（以工作任务模块为阶段）评价，结合课堂提问、训练活动、阶段测验等进行综合评价。

（3）应注重学生分析问题、解决实际问题内容的考核，对在学习和应用上有创新的学生应特别给予鼓励，综合评价学生能力。

（4）学习评价标准分为认知水平评价和运用能力评价，课程总成绩组成为：

理论课：期末考试成绩（40分）、平时考评成绩（10分，包含出勤、课堂表现等），理论课总成绩共计50分；

实践课：4次实验成绩，每次10分；一次学习报告成绩，计10分；实践考评总成绩共计50分。

（三）教材编写建议

（1）依据本课程标准编写教材。

（2）教材应充分体现工作过程系统化的课程设计思想，以工作任务为主线设计教材结构。

（3）教材在内容上应简洁实用，应把新知识、新技术、新方法融入教材，顺应岗位需要。

（4）教材应以学生为本，文字通俗、表达简练，内容展现应图文并茂，图例与案例应引起学生的兴趣，重在提高学生学习的主动性和积极性。

（5）教材中注重理论体系的构建，实践内容的可操作性，强调在实践中理解与应用理论，同时注重校内、校外辅导途径的构建。

（四）课程资源开发与利用建议

（1）常用课程资源的开发和利用。

（2）幻灯片、投影、录像、多媒体课件等资源有利于创设形象生动的学习环境，激发学生的学习兴趣，促进学生对知识的理解和掌握。建议加强常用课程资源的开发，建立多媒体课程资源的数据库，努力实现跨学校的多媒体资源共享。

（3）积极开发和利用网络课程资源。

（4）积极开发数据应用与思维方法精品资源并实现网络共享，其主要开发的内容包括基本资源和拓展资源。基本资源包括：课程简介、理论与实践教学大纲、教学日历、考评方式与标准、学习指南、教案（演示文稿）、习题作业、试卷、例题、教学课件、教学案例、媒体素材、学习手册、电子教材、常见问题、专家讲座、学生作品等数据应用与思维方法课程的基本资源。大力开发特色鲜明的课程拓展资源，拓展资源包括案例库、专题讲座库、素材资料库、学科专业知识检索系统、试题库系统、作业库系统、在线自测考试系统、教学软件等辅助资源。精品资源中的基本资源和拓展资源要实现网络共享。

（5）实习实训中心。

（6）建立数据应用能力实习实训室、思维能力训练实训室等。

七　其他说明

本课程教学标准适用于高等职业技术师范院校《数据应用与思维方法》课程。

起草人：

工作单位：

联系电话：

课程标准九　《大学生艺术特长培养》课程标准

一　课程基本情况

学分：3 学分

学时：48 学时（讲授学时：16 学时，实践学时：32 学时）

课程类别：公共选修课

适合专业：全校所有专业

适合对象：一至三年级

先修课程：无

二　课程定位

《大学生艺术特长培养》课程是为大学生提供艺术特长实践活动指导的一门课程。美育教育是在校大学生一定要掌握的课程，以学生掌握认知美、发现美和创造美的过程为核心内容，培养具有艺术修养的创造性职教师资人才为教育理念。主要功能是使学生了解艺术的基本理论知识，具备认识、发现和创造美的能力，在一定的基础知识和一定的艺术实践基础上，提高自己的艺术素养，让学生得到艺术的熏陶，提升审美素质，形成健全的人格，为今后的工作打下坚实的基础。

三 设计思路

《大学生艺术特长培养》以培养大学生艺术特长为基本理念，通过一系列讲课、讲座、实践等教学内容，使大学生能够认识美、发现美，最终达到创造美为基本任务，掌握美的核心内容。通过学习实践，使大学生时刻认知身边美的存在，最终达到能创造美好生活的目的。愉快学习，愉快工作，愉快生活。

本课程包括音乐、舞蹈、美术类，当然还有更多的学科。建议学时48，理论可少讲些，关键是在实践，多些训练课程，理论16学时，包括请专家学者讲座，实践学时32，3学分。

本课程共分六个部分：艺术特长的认知（理论）、声乐特长的培养（实践）、器乐特长的培养（实践）、音乐欣赏的培养（讲座）、舞蹈艺术特长的培养（实践）、美术作品欣赏（讲座）。通过本课程学习，让学生掌握基本的艺术知识；体会艺术的魅力；培养艺术的兴趣与爱好；参加艺术的实践活动。

四 课程目标

通过本课程的学习，将艺术教育与整个学校教育融为一体，培养出全面和谐发展的人才，帮助大学生树立正确的人生观、世界观和价值观。通过艺术修养把人们的整个精神世界——心理状态、道德观、艺术趣味、审美能力等紧密地联系在一起。

培养审美趣味，扩大欣赏视野，从而提高艺术修养水平。提高审美趣味，加强审美感受，从而有益于身心健康。

提高鉴赏能力，正确引导自身的审美趣味，在欣赏方面，还需要那些具有某种专长的人来指导、帮助。往往专家的意见可以影响甚至改变自身的兴趣和观点。具体的分析、讲解，有助于人们加深对艺术作品的认识、理解和感受。

深刻认识现实社会生活。艺术具有认识价值。一部优秀的艺术作品，能深刻而典型地反映社会历史，能成功地再现生活。提高艺术修养，有助于全面地欣赏艺术作品，深刻地认识作品的社会意义，更全面地理解社会、人生和现实生活，从而增强历史责任感。

增加生活情趣，得到更多的艺术享受。艺术具有享受和娱乐的价值。注意艺术修养，可以丰富自己的精神生活，得到更多、更高尚的艺术享受，从而增强对生活的感情。这样，在群体中的形象也将更加丰满、更富有人情味，更能够和群体融合在一起。

吸收人类文化的一切精华，吸取一切进步的思想营养。培养高尚的道德情操。一部优秀艺术作品中的艺术形象，对自己道德观念和人生选择方面都有重大影响。注重艺术修养，可以通过进步的艺术形象，吸收进步的道德观念，逐步培养道德情操。

五　课程内容及要求

本门课程因为与兴趣爱好相关，采取的方法也可以灵活多样，主干线是学生的选修课，利用学生课余时间进行训练；到实地进行熏陶；请专家讲座等。

主要以设计活动为主。

表 7 – 12　课程内容及要求一览

序号	工作任务	知识要求	技能要求	情感目标	课时
1	艺术特长的认知（理论）	要求学生在艺术的某个领域（声乐、器乐、舞蹈、戏剧、书法、绘画等）有比较突出的才能。	依据学生的条件、兴趣及潜力培养一技之长，可能对他们的一生产生重大的影响。	初步形成对艺术形式和艺术作品的基本认同和认知理念，在今后的学习工作中以理论为指导。	6
2	声乐特长的培养（实践）	一对一或一对多进行科学的发音训练，让学生掌握正统的发声方法，继而用歌声来抒发感情。	以独唱、重唱和大合唱形式展开丰富多彩的学生活动。	教会学生理解和掌握初步的声乐常识和发声方法，继而在后来的学习中打下良好的基础。	12

序号	工作任务	知识要求	技能要求	情感目标	课时
3	器乐特长的培养（实践）	招收有器乐基础的学生，或乐感较好、接受能力较强的学生进行一对一或一对多训练。主要以键盘类、吉他、管乐类、打击乐为主，构建乐队。	能独立演奏某种乐器，并能参加集体排练和演出。	教会学生器乐的基本演奏方法和在乐队配合中的基本运用方法。	12
4	音乐欣赏的培养（讲座）	欣赏古今中外喜闻乐见的一些名曲，提高学生的音乐审美能力。采取大课的授课方式。	养成接受理解和创造美的能力，使学生受到美的陶冶，树立起正确的审美情绪和审美观点，逐步形成高尚的审美情操，以提高学生的艺术素养。集体授课，讲座和现场欣赏。	引领学生初步掌握音乐作品欣赏的方法，初步形成审美观点和审美感觉。	4
5	舞蹈艺术特长的培养（实践）	树立正确的学习目标，制定科学的学习计划，招收条件比较好的学生进行集体训练。	提高身体的柔韧度和协调度，训练内容应倾向专业化，训练系统化、专业化势在必行。	通过训练，让学生认识到舞之美，感受舞之美，并能编排一些简单的舞蹈。	10
6	美术作品欣赏（讲座）	了解古今中外各种风格的美术作品，开阔艺术视野，丰富美术知识。	养成接受理解和创造美的能力，使学生受到美的陶冶，树立起正确的审美情绪和审美观点，逐步形成高尚的审美情操，以提高学生的艺术素养。集体授课，讲座和现场欣赏。	教会学生对美术作品欣赏的初步理念，掌握欣赏美术作品的角度和方法。	4

六　实施建议

（一）教材编写

（1）依据本课程标准编写教材。

（2）教材应充分体现理论指导实践的课程设计思想，以训练为主线设计教材结构。

（3）教材在内容上应简洁实用，把艺术学习的新技术、新方法融入教材。

（4）教材应以学生为本，文字通俗、表达简练，内容展现应图文并茂，图例与案例应引起学生的兴趣，重在提高学生学习的热情和积极性。

（5）教材中注重理论与实践的结合，实践内容具有可操作性，强调在实践中理解与应用理论，同时注重校内、校外辅导途径的构建。

（二）教学建议

（1）在教学过程中，应立足于坚持以学生为中心，注重学生实际艺术才能的培养，设计不同的活动，提高学生学习兴趣。

（2）本课程的教学重点是课堂理论，教学关键是实践教学，"教"与"学"互动，"学"与"体验"结合，教师示范，学生实践。

（3）在教学过程中要关注学生所学专业领域的发展趋势，更贴近专业发展趋势要求。

（三）教学条件

艺术教师、具有一定才艺的教师、有一定艺术特长的学生。充分调动现有艺术教师的潜能，通过学习培训，使之尽快适应综合艺术教育的需要；挖掘校内具有一定才艺的教师，充实艺术教育的师资队伍；调动具备一定艺术特长学生的积极性，开展互帮互学的艺术活动；利用师生在生活中积累的艺术经验，使之与艺术教育有机结合；激发学生所具有的艺术表演欲望，使之具有持久的艺术学习动力和热情。

除此之外，还有各种课外艺术活动小组、艺术团队以及图书馆、文化活动场馆、校园环境等。

（四）课程资源

丰富图书馆的文艺书籍、画册、音像资料、报纸报刊等，便利师生借阅；健全校内各种文娱活动设施，充分发挥其在艺术教育中的作用；在校园的规划、绿化，教室和画廊布置等方面，为学生创造良好的艺术氛围；开展校园文体、班级团队活动，给学生充分展示自己才艺的机会；不断积累综合艺术教育的资料，如典型的教案、音像、教具、图片等，建立艺术教学模式库，为教学提供多样选择。

积极开发和利用网络资源与校外资源的共享。

（五）教学评价

1. 对学生的评价

艺术课程对学生的评价主要有以下两方面的原则。

全面发展原则。艺术课程的评价坚持学生全面发展的方向，既注重学生艺术能力的发展，又注重人文素养的提高。同时根据课程设计的要求和目标，针对具体的教学内容进行评价。

注重差异原则。艺术课程的评价注重学生在原有水平上的发展，尊重学生富有个性或独特的表达方式，注意学生在文化背景、社会环境、经济状况、语言、性别方面的差异，给予公平对待。在知识技能的评价上，不强求一律，对学生的点滴进步给予鼓励和肯定。

艺术课程对学生的评价主要采取质性评价方式。

质性评价是艺术课程评价的重要方式，它注重学生的探索过程，而不是学习的结果；注重与教学活动的有机联系，而不是脱离或中断教学进程；它适应艺术教学的即兴、变化、生成和跳跃等特点，适合不同学校、不同班级、不同学生的具体情况；它可以通过客观描述的方式，对学生艺术能力和人文素养等方面的进步做出评定。

艺术成长记录夹是重要的质性评价方式，它是一种用来记录学生整个艺术成长过程的资料夹。建立艺术成长记录夹，旨在帮助学生对自己的艺术学习过程进行思考和评价。

艺术成长记录夹包括以下内容。

对作品创作过程的说明（表明了学生在艺术学习中努力的程度）；学生的系列作品（其中不仅收藏学生已经完成的、自认为满意或成功的作品，也收藏草图及不成功的作品，表明了学生艺术学习的广度）；学生的自我反思（包括学生对自己作品特征的描述、评价，自己的进步等）；他人的评价（包括教师、同伴、家长等的评价）；各种预设的学习资料及学生搜集到的资料等。

2. 对教师的评价

在艺术课程中，对教师的评价主要针对教师的事业心、对学生的爱心、教学态度和教学创意等进行评价。以下是对教师的主要评价指标。

——是否热爱艺术教学，是否具有不断学习、探究和提高艺术教学方法的意愿，是否善于组织艺术教学，设计的课堂教学方案是否从学生的兴趣出发，是否具有独到的创意；

——是否善于观察和记录学生在课堂活动中的参与程度和行为表现，对学生的学习能力做出恰当评价（如充分考虑学生在性别、文化背景、个性及能力上的差异，用多种方式评价等），并通过评价使学生的艺术学习保持持续的热情；

——是否能将艺术课与其他课程连接，并对其他课程的学习提供支援；

——是否能针对教学的单元认真做好准备工作，是否能熟练操作各种媒体；

——是否熟悉教学目标，能对自己的教学进行评价，找出问题所在，提高教学水平。

3. 对课程体系的评价

要促进艺术课程的发展，就要不断对课程的实施情况、对教材质量及使用情况进行调研，不断收集课程实施的有关信息，包括对世界各国艺术课程体系进行了解和比较，在评价反思的基础上，使艺术课程不断得到完善。

——课程目标是否能反映现代社会对具有艺术素质的综合型人才的需求；

——课程内容的组织（各单元教学内容、人文主题和知识技能的设计与安排）是否具有合理性、延续性、完整性；

——课程内容是否具有多元性和多样性，是否活泼生动；

——课程是否适合学生的兴趣和能力，是否考虑了个体差异；

——课程设计是否关注到地区的差异，为各地的实施提供多种选择和发展空间；

——艺术课程在教学过程中，对学生学习内容的评价，可以采取"问卷"、"师生对话"、"学生报告单"等方式进行。

七　其他说明

本课程适用于高等职业技术师范院校《艺术特长生培养》课程。

起草人：

工作单位：

联系电话：

课程标准十　《职教师资基本素养课外修炼》课程标准

一　课程基本情况

（一）课程性质

《职教师资基本素养课外修炼》课程是一门旨在为学生的第二、三课堂（校园文化实践活动）提供理论和实践指导的课程。以实施科学文化素质教育为基础，以建设优良校风、教风、学风为核心内容，以树立正确世界观、人生观、价值观为导向，以培养优秀大学生为动力。其主要功能是使学生了解校园文化和社会实践活动的内涵，具备"自主管理做主人，自主教育做新人，自主学习做能人，自主锻炼做强人"的能力，为全面提高自身的综合素质打下良好的基础。第二、三课堂是一种全新的工作方式或沟通机制，实现教与学的交流互动，教与学共同参与、共同设计来推进学生工作；第二、三课堂是一种学生成才标准和人才培养导向，培养符合社会需要的全面发展的人才；第二、三课堂是一个文明、健康、科学、结构开放的个人成长空间以及与之相关联的利于服务的综合制度结合体。

（二）课程基本理念

（1）学习校园文化和社会实践活动的培养体系；
（2）掌握与提高自身素质相关的校园文化和社会实践活动内容；
（3）探索校园文化和社会实践活动的新形式；
（4）构建第二、三课堂育人培养标准；
（5）构建校园文化和社会实践活动的制度保障体系；
（6）建立参与与结果并重的学分制评价机制。

（三）标准设计思路

《职教师资基本素养课外修炼》课程以推进素质教育为基本理念，以提高人才培养质量、构建适应新时期社会需要的人才培养模式为基本任务，以整合第二、三课堂内容，开展主题鲜明、形式多样、与专业学习紧密相连的第二、三课堂活动为主要内容，以实现应用型人才培养为目标，通过培养理念阐述、制度保障构建、活动方案设计的流程，构建课程体系、设计学习单元。以任务为导向，从课程理论体系、制度保障体系、活动方案设计三个方面对学生在校期间的校园文化和社会实践活动开展形式、途径和方法进行探索，以期增强学生第二、三课堂的时效性、实操性、实战性和实用性。首先，《职教师资基本素养课外修炼》课程要以学生为中心，学院第二、三课堂活动将分主题、分模块开展，学生可根据自己的兴趣、特长和时间安排选择各自的活动模块，通过开展思想政治与道德素养、文化艺术与身心发展、科技学术与学科竞赛、社团活动与社会工作、社会实践与志愿服务、技能培训与创新就业等活动激发学生自主学习的动力。其次，学生通过社会工作切实了解社会的实际状态，全面分析自己的实际情况、发展方向和发展目标。最后旨在活跃校园，开阔学生视野，丰富知识，增长智慧，激发学生学习兴趣，充分发挥学生的个性特长，让学生人人体现自身的价值，使学生真正在乐中求学，学中有乐，成长为社会需要的知识、技能、身心诸方面健康协调发展的人才。本课程建议课时数 24 学时，其中实践课时数 12 学时，共计 1.5 学分。

二　课程目标

课程的总体目标是以激发学生自主管理、自觉学习、自我探索的内在动力为着力点，以培养学生科学的创业意识、创新精神和提升综合素养为重点，努力提高学生综合素质和实践能力，促进学生全面发展。

立足于这一目标，本课程坚持课程引领与实践锤炼相结合，第一课堂与第二课堂相衔接，团体辅导与个性化指导相结合，切实推进职业发展教育和创新创业教育；坚持普及与提高相结合，基本要求与多样化发展相统一，按模块设置第二课堂与第三课堂活动，融入人才培养方案及培养过程，分类分层次加以推进；坚持约束与激励结合，科学制定考核方法，调动学生的积极性、主动性，努力增强职业发展教育、创新创业教育和第二课堂活动实效。

依据上述课程目标定位，本课程把提高学生的思想政治素质和道德修养放在第二、三课堂活动的首位，以提高学生的创新精神和实践能力为重点来组织课程内容，分别从知识要求、技能要求与情感要求三个维度对课程内容进行规划与设计，使课程内容更好地与学生道德修养、身心发展及今后的发展相结合。共划分了校园文化和社会实践活动理论体系、制度体系及方案设计三大部分，其中方案设计细化为思想政治与道德素养、文化艺术与身心发展、科技学术与学科竞赛、社团活动与社会工作、社会实践与志愿服务、技能培训与创新就业六大模块。具体目标如下。

（一）知识与技能

通过本课程的学习，能够系统地掌握校园文化和社会实践活动的内涵、过程及其重要性，以期最大限度地提高学生参与校园文化和社会实践活动的热情。

（1）了解校园文化和社会实践活动的特点，了解校园文化、社会实践的内涵，理解积极参与校园文化和社会实践活动对大学生思维发展的作用；

（2）了解校园文化和社会实践活动的发展历程、发展现状、培养体系以及运行机制，认识到其重要性和必要性；

（3）了解校园文化和社会实践活动的基本原则、基本目标和实现路径，更好地参与活动，提升素养；

（4）了解校园文化和社会实践活动的指导原则、审批程序、组织实施过程及学分构成；

（5）了解自我认知的维度和价值取向，分析自我的性格、能力、兴趣、价值观，寻求适合自我发展的活动类型；

（6）培养科学精神，培育创新人才，增强科技意识和创新意识，培养科学研究和实践操作能力；

（7）了解我国当前的经济状况、市场需求、就业政策、社会需求和发展环境；了解社会发展对所需人才的影响，掌握如何培养自己的就业创业能力，满足市场需求；

（8）了解社会实践活动的目标及重要意义，积极投身活动中，探求与自身专业紧密相关的社会实践活动，促进理论、实践同发展。

（二）过程与方法

通过本课程的学习，大学生要学会利用课余时间积极参与校园文化活动和社会实践，根据自己的兴趣、爱好选择适合自己的活动内容和方式，发掘自己特长，发挥专业优势，在活动中锻炼自己，提高自己，培养自身的创新能力和实践动手能力，提升综合素质。

（1）充分运用校园文化和社会实践活动相关理论、方法；

（2）学会在活动中培养自己良好的道德品质、精神风貌、思维意识及行为方式；

（3）学会树立正确的世界观、人生观和价值观；

（4）学会思考，强健体魄，在活动中培养创新意识和坚强的意志品质；

（5）学会团队协作，激发拼搏意识；

（6）学会开发自身潜能，成为创新型、实用型、复合型人才；

（7）学会用各种方法获取社会市场信息，适应社会、市场、企业需求；

（8）学会树立清晰的职业生涯规划，明确就业方向。

（三）情感态度与价值观

通过本课程的学习，树立起校园文化和社会实践活动的主动性、积极性，树立积极正确的人生观、世界观、价值观，培养良好的道德品质。

（1）初步形成正确的理想信念，基本形成正确的价值取向，培育良好的精神风貌和积极向上的学风，树立正确的世界观、人生观和价值观；

（2）初步形成正确的校园文化和社会实践活动认识，形成关注自身修养及未来职业发展的活动培养内容、方式和步骤；

（3）初步形成正确的自我认知的维度和方法，基本形成正确的选择观念，寻求适合自身发展的活动形式，形成适合自己的校园文化和社会实践活动类型选择；

（4）初步形成正确的社会需求认知，提升就业和创业能力，拓宽就业市场，增加就业机会；

（5）建立正确的活动认知，形成初步的成长成才发展规划，确定大学不同阶段、不同年级的培养目标及其对应的成长模式；

（6）形成科学评价、适时调整观念，确立理论学习和实践锻炼相结合的模式，提高综合素养，努力追求理想的实现；

（7）塑造阳光心态，提高心理健康意识，形成团结协作意识，丰富校园文化生活；

（8）养成诚实、守信、吃苦耐劳的品德；

（9）培育科学精神，增强科技意识、创新意识，成为社会需求的复合型人才；

（10）养成善于动脑、勤于思考，及时发现问题的学习习惯。

三 内容标准

根据工作过程系统化课程开发理念，本课程包含职教师资基本素养的标准、课外培养途径以及评价标准，具体内容如表7-13。

表7-13 学习情景及学习步骤对照一览

学习情境 ＼ 学习步骤	职教师资素养概念、框架、基本理念、基本内容	分数构成、学分认定标准、学分审批程序	思想政治与道德素养	文化艺术与身心发展	科技学术与学科竞赛	社团活动与社会工作	社会实践与志愿服务	技能培养与创新创业
基本素养的标准	√							
基本素养的课外培养途径			√	√	√	√	√	√
基本素养的评价标准		√						

本课程包含三个学习情境的具体学习步骤，如表7-14所示。

表7-14 学习步骤与内容对照一览

序号	学习步骤	知识与技能要求	过程与方法要求	情感态度与价值观	课时
1	职教师资基本素养标准	了解职教师资基本素养的概念。了解职教师资基本素养的框架、结构要素。了解职教师资基本素养的基本理念和基本内容。	能够明确区分专业素养和基本素养。能够认识到职教师资基本素养分为维度、领域、基本要求的三维结构。能够了解基本素养标准的结构要素出发点是德、智、体、美等方面。	初步形成正确职教师资基本素养的认知。初步形成正确的自我认知的维度和方法。基本形成正确的选择观念，寻求适合自身发展的活动形式，形成适合自己的校园文化和社会实践活动类型选择。形成初步的成长成才发展规划，确定大学不同阶段、不同年级的培养目标及其对应的成长模式。	4

续表

序号	学习步骤	知识与技能要求	过程与方法要求	情感态度与价值观	课时
2	思想政治与道德素养	了解道德修养的深刻内涵以及对于大学生三观的影响。 了解思想教育对于学生品格形成的重要性。 理解不同气质、性格、能力、兴趣和价值观的特点以及适合的活动类型。	能积极参与各类思想教育活动。 能学会在日常活动中培养自己诚实、守信、吃苦耐劳的优秀品格。 能够按照一定的道德标准严格要求自己，并以此为目标，提升自身素养。	初步形成正确的理想信念，基本形成正确的价值取向。 形成良好的精神风貌和积极向上的学风，树立正确的世界观、人生观和价值观。	4
3	文化艺术与身心发展	了解我国目前学生的心理问题状况。 了解提升文化素养的主要途径。 了解如何运用心理学知识调试自我，增强心理素质。 明晰对心理健康的认识。	能认识到文化艺术的基本目标，增强对文体艺术的形式、情绪、格调、人文内涵的感受和理解。 能理解文化艺术与身心发展在技能培养、师范教育、人格成长完善过程中的重要性。 能意识到心理健康的重要性，会通过心理测试等渠道测试自己及他人的心理问题。	初步塑造阳光心态，激发拼搏进取的意志。 形成健康向上的审美观，使学生在文体艺术世界里受到高尚情操的陶冶。 基本形成健康的心理，积极面对问题。 加强心理品质的培养，增强心理调适能力和社会生活的适应能力，预防和缓解心理问题。 加强艺术修养，德智体美劳全面发展，成为高素质人才。	4
4	科技学术与学科竞赛	培养科学精神，培育创新人才。 了解各类科技学术活动及学科竞赛。 促进大学生对基础知识、专业知识的学习。 激发学生群体性研究学习的能力。	能够深刻理解科技学术及学科竞赛的理论基础及教育中对其定位。 能够认识到科技学术与学科竞赛实践性强、主体性强、创新性强、整体性强的特点。 能够通过学习典型案例，激发学习兴趣和探索精神。	初步培育科学精神。 基本形成对科技学术和学科竞赛的浓厚兴趣，养成善于动脑、勤于思考的学习习惯。 形成较为深刻的科技意识、创新意识，成为适合社会需求的复合型人才。 增强学术氛围，形成积极进取的学风。	4

序号	学习步骤	知识与技能要求	过程与方法要求	情感态度与价值观	课时
5	社团活动与社会工作	了解社团活动的种类、性质、多样性及其灵活性等特点。 了解社团活动开展的途径以及培养的能力。 掌握社团活动的原则、核心、目标及宗旨。 了解我国当前的经济环境、就业政策、就业市场、社会心理和发展环境。 了解我国的社会就业制度和市场的现状。 了解自身的职业生涯规划、就业方向。	能够明确各类社团的核心内容，选择自己感兴趣的类别。 能够独立制定社团活动方案、管理制度，组织活动实施开展。 能意识到社团活动对于大学生巩固专业知识和技能、组织沟通能力培养有重要的作用。 能够制定合理的职业生涯规划，明确自己的就业目标及定位。	初步形成正确的社会需求认知。提升就业能力，拓宽就业市场，增加就业机会。 形成完善的社团活动理念和思维，积极参与，发挥才能特长，提升综合素质 确定人生初步的职业生涯发展规划，对未来就业有深刻的认知。 增强学生的集体意识与责任意识，具备适应社会的能力与素质。 具备良好的人际交往能力及沟通能力。	4
6	社会实践与志愿服务	了解社会实践及志愿服务工作的目标及对于学生素养养成的重要意义。 了解社会实践的相关内容和志愿服务的相关概念及发展历程。 了解大学生参与的志愿服务的性质、目的、意义、形式、存在问题、解决对策等。	能撰写社会实践调查报告。 能准确掌握社会实践的方针政策、特点、要求及在职业师范教育中的作用。 能完成社会实践活动策划。 能掌握大学生志愿服务工作的现状、志愿者素质的提高以及志愿服务的多种形式。	形成奉献社会、投身公益、磨炼意志的优良品格。 培养吃苦耐劳、投身实践的成功者的心态，确立奉献、友爱、协作的理念。 具备较强的组织能力、沟通能力、学习能力和创新能力，培养具有较强核心竞争力的复合型人才。 锻炼并形成志愿者的奉献精神和协作精神。	4

续表

序号	学习步骤	知识与技能要求	过程与方法要求	情感态度与价值观	课时
7	技能培养与创新创业	了解国家在大学生创新创业方面的相关政策。了解自身专业水平和兴趣爱好，激发个人潜能。掌握行业基本知识，了解行业规范标准。掌握本专业的技能，不断强化实践动手。	能够意识到技能培养对高等职业教育、社会市场需求的重要性。能在活动和实践中发挥专业特长优势，加强动手能力培养。能运用自身专业技能，投身创新创业实践。能参与各类创业活动，积累经验。能够激发学生的积极性和主动性	熟练专业技能，在活动中将理论与实践相结合，成为双师型、复合型人才。激发个人潜在优势，创新思维，积极投身大学生创业活动中，为就业奠定良好基础。实现从学生到职业人的转变，获得知识，提高技能。以创业促进就业，减轻就业压力。	4
8	职教师资基本素养评价标准	了解校园文化和社会实践活动的指导原则、审批程序。了解校园文化和社会实践活动的组织实施过程及学分构成。了解自我认知的维度和价值取向，分析自我的性格、能力、兴趣、价值观，寻求适合自我发展的活动类型。	能明确校园文化和社会实践活动从策划到实施到认证的整个流程。能对校园文化和社会实践活动各个模块的学分细则有明确的了解，并以此来制定自己的学业规划。能有效完成校园文化和社会实践活动培养体系学分要求的活动内容。	基本形成对校园文化和社会实践活动开展过程、实施过程、学分等问题的正确认知。形成科学评价、适时调整观念，确立理论学习和实践锻炼相结合的模式，提高综合素养，努力追求理想的实现。	4

四　实施建议

（一）教学建议

（1）在教学过程中，应立足于坚持以学生为中心，注重学生能力的培养，采用课程和活动项目相结合的教学方式，提高学生的兴趣。

（2）本课程必须在课程引领的基础上，按照一般与重点相结合、广覆盖与抓特色相结合、普及与提高相结合的总体要求，加强领导，统筹规划。

（3）注重普遍性，课程设计过程中，让每位学生都能融入其中，得到锻炼，让学生在实践和体验过程中得到发展。

（4）要关注学生所学专业领域的发展趋势，更贴近专业发展趋势要求，培养理论和实践动手能力齐发展的高素质人才。

（5）有条件的学校可依托学校科技园、综合实验室等资源建立大学生创业教育实践基地，为学生搭建创业实践平台。结合暑期社会实践活动，积极为学生参加各类技能培训、职业资格培训、课题研究、专业实习、海外游学等提供便利，为学生个性化发展搭建平台。

（二）评价建议

（1）考核应本着引导奖励为主、限制惩罚为辅，学生自我组织为主、学校组织为辅的原则，按照简化流程、便于操作、灵活多样、注重实效的要求进行。

（2）改革考核手段和方法，加强过程考核和结果考核相结合。

（3）应注重学生在参与活动过程中分析问题、解决实际问题内容的考核，对在活动和社会实践过程中有创新的学生应特别给予鼓励，综合评价学生能力。

（4）注重学生的综合素质考核，考验其综合素质的体现。

（5）评价标准

A. 竞赛类

在市级的各类比赛中获得三等奖以上名次 0.5 分，市级"挑战杯"系列竞赛特等奖或金奖 1 分；

全国比赛三等奖以上名次 1 分，全国"挑战杯"系列赛事三等奖或铜奖以上名次 2 分。

B. 荣誉类

获得市级的各类荣誉称号 0.5 分，全国级荣誉称号 1 分，全国"十佳"或标兵 2 分。

C. 其他

为学校发展做出特别贡献，或者事迹在社会上引起广泛好评 0.5 分；参加校级各类学生组织达 2 年以上并考核合格者获 1 分，参加时长达 3 年并考核合格者获 1.5 分。

集体项目获奖或者荣誉称号，全体成员按照应得学分的 50% 计算学分。以上各类仅指参加第二课堂活动所获奖项或者荣誉称号，综合奖学金及一切与综合测评挂钩的奖助学金及荣誉称号不在计算范围之内。

（三）教材编写建议

（1）依据本课程标准编写教材。

（2）教材应充分体现工作过程系统化的课程设计思想，以工作任务为主线设计教材结构。

（3）教材在内容上应简洁实用，应把校园文化和社会实践活动的新知识、新技术、新方法融入教材，顺应时代需要。

（4）教材应以学生为本，文字通俗、表达简练，内容展现应图文并茂，图例与案例应挑选有代表性的、经典案例，引起学生的兴趣，重在提高学生的主动性和积极性。

（5）教材中注重理论体系的构建、实践内容的可操作性，强调在实践中理解应用理论，同时注重校内、校外辅导途径的构建。

（四）课程资源开发与利用建议

1. 常用课程资源的开发和利用

体育馆、图书馆、教室、学生组织和社团资源、自习室等资源有利于创设形象生动的活动环境，激发学生对校园活动和社会实践活动的兴趣，促进学生个性化发展。

2. 积极开发和利用资源

积极开发校园文化和社会实践活动设计方案的精品资源，其主要开发的内容包括基本资源和拓展资源。基本资源包括：课程简介、理论与实践教学大纲、教学日历、考评方式与标准、教案（演示文稿）、习题作业、试卷、教学课件、媒体素材、学习手册、素质拓展证书、专家讲座、常见问题、学生作品、文献资料、经典活动案例、校外实践等校园文化和社会实践活动的基本资源。例如"挑战杯"赛事、创新比赛、志愿服务、大学生暑期"三下乡"社会实践活动等。大力开发特色鲜明的课程拓展资源。拓展资源包括案例库、专题讲座库、素材资料库、试题库系统、作业库系统、在线自测考试系统、教学软件等辅助资源。

3. 校外的实践教学基地

主要是以寒暑假社会实践基地为主，通过日常组织学生参加长期社会帮扶志愿活动、校外创新创业实训基地等方式进行社会体验活动。校外的实践教学基地将教学与实践结合、实践与体验结合，不仅对公益事业做出了贡献，也满足学生综合能力培养的要求。

五　其他说明

本课程教学标准适用于高等职业技术师范院校《职教师资基本素养》课外修炼课程。

起草人：

工作单位：

联系电话：

第八章
职教师资培养质量评价方案

一 评价目标

职教师资素养的评价是根据国家职业教育的发展要求以及教师从事职业教育活动所必需的基本条件和本质要求，运用可操作的科学手段，系统地搜索信息资料，通过实际调查和理论分析明确职教师资素养培养中存在的问题，经分析整理，确立评价指标体系，进行评价、判定和反馈，为职教师资素养的培养提供科学的依据。通过对职教师资素养培养的质量评价，提高职教师资素养培养的实效性，对于实施过程中发现的问题及时进行分析和改进，以促进职教师资素养培养质量的全面提升。职教师资素养培养质量评价的目标是不断增强社会各界的职业教育质量评价意识，提升职业教育的影响力和评判质量的话语权。通过对职教师资素养培养标准、培养质量以及培养效果的评价，不断更新观念，更新职业教育质量观，建立提升职教师资素养培养质量的社会动员体制机制，调动一切积极力量投入职业教育质量生成的创造性实践活动中。

二 评价依据

理论依据是教育评价理论。教育评价具有评价的一般意义，而更多表现出其自有的教育领域的特色。教育评价强调的不是一成不变地开展评价，教育评价具有动态性，评价在任何时候都必须包括一种以上的评估，因为要了解变化是否已经发生，必须先在早期做出一次评估，再在后期做出几次评估，从而确定所发生的变化。关于教育评价的研究，最早对评价概念进行界定的是美国著名的教育评价与课程理论专家泰勒。泰勒认为，评价应该注重学生学习的结果，不是学习过程，教育评价从以甄别为主到以调控与改进为主，最后发展到以促进人的发展为主。随着社会的不断发展，教育评价产生不同的流派，尽管这些流派的出发点不同，但是所要表达的都是一个目的，就是对这个教育事件做出具有社会价值观的判断。

职教师资素养培养质量的评价也属于教育评价的体系，集中体现在职业院校大学生综合素质评价和师范生专业技能的评价。在对职教师资素养培养质量评价的过程中，学生本身也能学习到教育评价的基本理论和过程，从中学习到对学生进行较为全面地评价，将来走向社会后，对于评价问题的思考上也有一定的经验。对职业教育师范生综合素质的评价也将全面影响参与研究的学生，让他们在自我评价和教师评价的过程中体会到评价的真正意义，认识到评价不只看到分数的高低，而且看一个人是否全面发展，同时让他们看到自身的不足和缺点，有助于他们在今后的学习生活中改善和改正。

职教师资素养培养质量评价是终结性的综合评价，其评价理念主要体现在课程评价主体多样性、活动评价机制动态化、质量评价实施多元化。

（一）评价主体多样性

建立由政府、媒体、中介机构、学者等共同组成的多层次职教师资素养质量评价主体系统。职教师资素养质量评价的评估主体具有多样性，主要包括政府、社会、学校。政府，即教育主管部门，高等教育评估就是通过其教育行政机关来实现的。在省级教育行政部门中，更应建立职教师资素养评价体系，作为衡量职教师资素养培养的重要内容。

社会包括中介组织、中职事业单位、家庭。

1. 中介组织评价

高等教育的发展，越来越引起社会的关注，一些社会组织开始参与高等学校的评估、评价工作。主要表现在一是评估组织的出现。比如，上海市高等教育评估事务所、江苏省教育评估研究院、辽宁省教育评价事务所、云南高等教育评估事务所、安徽省教育评估中心、山东省高等教育评估中心。学校职教师资素养质量评价的内容应引起评估机构的重视，应把职教师资素养的培养作为重要指标。

2. 中职事业单位评价

一些学校因本科教学水平评估需要或因其他需要，开展了毕业生回访活动，建立了与企业之间的有关联系，但都过多关注毕业去向和毕业后的发展，没有通过用人单位反馈毕业生存在的问题从而深入研究职教师资培养中存在的问题。应建立中职事业单位的评价制度，采取多种评价方式，通过教师评价、学生自评、同学互评，形成指标体系，通过中职事业单位对毕业生的全面评价，研究职教师资素养培养过程中存在的问题。

3. 家庭评价

家庭评价没有引起学校各种评估工作的重视，学生的教育与成长，社会、学校、家庭三个环境都是重要的环节，互相影响，学校的教育要充分参考吸收其他两方面的意见和建议，职教师资素养与能力培养也要通过家庭来进行评价，建立家庭评价反馈制度，全面衡量职教师资素养培养的最终效果。

（二）活动评价机制动态化

评价机制应体现动态性和发展性。评价是手段，而不是目的，因此评价应该是动态的、过程性的。通过评价能对过去作总结，对现在进行诊断，对将来有预测。职教师资素养培养质量方案的评价是一个过程，既然是一个过程，它就不是一成不变的，而是发展变化的。此外，也是由不完善到完善逐步改进的，而不是一次性的、终结性的。发展性的原则强调评价的目的是促进发展，即立足现在，着眼未来。结合新的教育理念和课程评价思想，发展性地制定评价目标、发展性地看待评价对象、发展性地处理评价结果。突出评价的激励与调控的功能，促进学生、教师、学校不断进步。评价机制动态化，以《职教师范生素养拓展证书》的形式，客观记录学生每学期参加校园文化（第二课堂）和社会实践（第三课堂）活动的经历和成绩，由学团部门认证，转化为学分累积。搭建六大类活动平台：思想政治与道德修养、学术科技与创新创业、文体艺术和身心发展、社团活动与技能培训、社会实践与志愿服务、社会工作及其他，实现校园文化活动与社会实践的有机融合。

（三）质量评价的实施是多元的、开放的

1. "校企校"体制机制

"校企校"职教教师教育联盟，由职业院校、职业技术师范院校、行

业企业组成。三位一体职教师资培养模式，融合了多方的优势资源，多方共同制定人才培养方案、共同开发专业核心课程和编写特色教材、共同打造师资队伍，实现多方共同发展的人才培养模式。突破了"双师型"职教师资特色。

2. 督导与评价活动多元化

督导与评价活动的组织者以多元化为特征，教育主管部门、社会评估组织、行业指导委员会、学生家庭、社会媒体等各主体之间具有互补性，多方的参与机制能保证督导与评价活动的全面性。质量评价实施多元化，有助于提高评价结果的准确性、客观性和公平性，也有助于提高相应改进计划的针对性和有效性。

三　评价标准

具体按照七个一级指标及其项下的二级指标进行评价。

（一）课程体系与教学内容

包括：人才培养目标定位、素养领域覆盖范围、素养人才培养规格、素养教育内容、素养教育知识体系、素养体系实践环节、素养知识体系与课程体系、素养知识领域、专业课程体系与教学内容整体比例。

（二）素养培养教师队伍评价指标

包括：思想政治素质、职业道德水平、学历学位、职称、师资进修、职业资格、普通话水平、外语水平、计算机水平、教学立项情况、科研立项情况、论文发表情况、教材专著情况、课程工作成绩。

（三）学生入学基本情况

包括：基本素养中的职业理念和自身修养、身心素养状况、关键能力与文化素养；学习技能中的图书馆查阅资料、图书馆阅读时间、图书馆阅读效果、网络课程熟悉程度、网络课程运用情况、网络课程学习效果；学习策略中的时间安排、学习效率、学习效果、学习方法、学习方式；对于知名度、教学条件、专业认可度的认同感。

（四）素养培养条件

包括：教室条件建设、公共基础课实习场地建设、实践教学基地建设、图书馆建设、校园宿舍和餐饮保障、校园学习氛围、校园教书育人氛围、校园科研实力。

（五）第一课堂教学活动

包括：教学目标的适应性；教学内容的科学性、逻辑性、学术性、思想性、实践性；教学实施的启发性、生动性、技术性；教学效益的充实性、有效性；教学态度中的责任心和严谨性；教学风格的创新与个性。

（六）第二、三课堂实践教学活动

包括：思想政治类活动；道德修养类活动；科学技术类活动；创新创业类活动；文体艺术类活动；身心发展类活动；技能培训类活动；社团活动；社会工作；志愿服务；企业见习；教育实习。

（七）毕业生综合素质

包括：思想政治素质中的理论水平、敬业精神、法纪观念；科学文化素质中的基础理论、计算机应用能力、英语水平、人文知识与素养、通用学科知识、科学精神与学习潜力；岗位专业素质中的管理知识与能力、专业理论、职业资格、专业实践能力与发展潜力、科学研究能力与创新能力；身体心理素质中的体育运动心理与心理学知识、健康意识、身体体格、心理承受与适应能力。

四　评价实施

（一）结果评价

1. 确定职教师资素养培养目标的实现程度

评价就是将实施结果与预定目标进行对照，以确定其实现的程度。在职教师资素养培养方案中，已经对其实施的效果或要实现的目标做了预期的设定。通过实际的实施后，这些目标的实现程度如何，哪些目标实现了，哪些目标未能达到，没有实现的原因在哪里，发现这些问题都是对职教师资素养培养方案实施后进行评价的目的所在。

2. 了解职教师资素养培养方案对学校、教师以及学生产生的效果

对职教师资素养培养方案实施后的评价目的有这样几方面：首先在学校方面，可以了解学校取得了哪些经验，还存在哪些不足，要如何改进等。其次在教师方面，教师的教育教学水平在哪些方面得到提高，教师的专业发展进展如何，与培养方案实施前比较获得了哪些提高。再次在学生方面，学生的专业技能取得哪些成效，与实施前自己有何变化或进步，自身的兴趣和需求是否得到满足，对于教师的教学或者课程的实施有什么样的建议。

3. 为新一轮职教师资素养培养质量评价提供经验和依据

职教师资素养培养实施后的评价是再评价的过程，通过再评价可以帮助评价主体明确评价本身的合理性或存在的问题，评价目标是否合理，评价内容是否全面，评价方法的选择能否有利于信息或资料的搜集，评价程序是否合理。同时，通过对职教师资素养培养实施后的评价，还可以为新一轮职教师资素养培养质量评价提供经验和依据。

（二）过程评价

1. 评价内容与时间

职教师资素养质量具有较显著的"延迟效应"，无法在职业教育开展初始和结束期第一时间进行测评，因此，选择正确的评价内容与时间极为重要。可将职教师资素养评价分为学习期间、结束时、结束后的 1~5 年、结束后 5~10 年、10 年以后五个时段。同时，职教师资素养培养工程巨大，关联各方面，其评价的标准、方法及内容也是多样化的。因此，职教师资素养的质量评价内容要体系化、标准化。

2. 过程评价

过程评价是指用动态的、发展的眼光，对影响职教师资素养培养的全过程各个环节进行系统的、长期的、反复的评价，而不是只关注结果。现代教育评价要求，评价目标不能只是一次性效果评价，而应该是对目标实施过程的跟踪性评价。由于职教师资素养培养的复杂性和动态性，无法预料培养结果的全部内容。因此，通过过程评价可以起到监测和控制过程的作用，能够激励师资素养培养的积极性和创造性，其精确度高，可信度大，能够成为职教师资素养培养过程的主要控制力。

同时，职教师资素养培养成果的展现具有滞后性，培养质量的优劣往往很难快速得到反馈，再加上职业教育本身受市场、行业的影响较大，这些都更增加了职教师资素养培养效果考察的复杂性和不可测性，成果鉴定的随意性。特别是对于有些专业来说，国家还缺乏统一、规范的标准，学校也没有可以有效检验职业学校教师教学效果的标准，那么这就必然要求在职教师资素养质量评价的过程中加大过程性指标的权重，在过程评价中来体现质量，通过过程评价的监控来优化培养质量。

职教师资培养是一个复杂的过程，其产生的效果有些是显性的，容易被观察到，如教师的文字表达能力、课堂组织管理能力的提升等。但有些效果则是隐性的，不容易被直接观察与评价，如课程开发的效果、课程评价的效果等。显性效果由于具有外显性的特点，因此，可以采取结果评价的方式。而隐性效果则只能从其形成过程的角度予以评价。因此，在对职教师资培养质量的评价中，应遵循过程评价与结果评价相结合的原则。

（三）水平评估

对于课程的评价指标，是基于德尔菲法（专家评定法）对于指标体系有良好的把握，通过对于学生、教师、社会三方的反馈结果，不断总结完善，通过教师、学生的形成性评价与社会、专家的总结性评价相结合，不断完善本体系，提高其效果与效能。

1. 要有完备的评价指标

通过职教师资素养质量来体现职业教育的教学质量、水平、发展前景，也能对职教师资素养培养的流向进行分析，以此提高职业教育工作水平与办学水平。

2. 要不断创新评价方式

评价方式影响统计结果的准确性与真实性，要不断创新评价方式以确保调查统计的全面性和有效性。

3. 要加强评价的监督与管理

不要造成评价主体和评价标准的混乱，有效满足因评价主体多层次、多样化所产生的个性化目标需求。

总之，职教师资素养培养质量评价是对职教师资的创新意识、思维、精神、技能培养和提升程度，对职业教育的结果有合理的预期，及它对社会价值的实现程度等方面做出客观判断的过程，是顺利实现职教师资素养培养方案的重要部分。

五　评价结果应用

职业教育改革对职教师资素养的培养提出了许多新的要求，尽管近年来我国在职业教育师资培养方面取得了一定的成绩，但是在教育理念、课程结构、教材内容、教学方法、培养模式等多方面还存在突出问题。职教师资素养培养的评价从对教师素质的要求入手，总结概括出职业院校师范生综合素质的内容。职教师资素养培养的评价，对优化职教师资培养中的教学内容、加强教师队伍建设提出了建设性意见，对培养学生健康的心理素质、发挥人文素养教育、提高学生的教育技术及教育科研能力等几个方面提出相应策略，从而为职教师资素养培养质量的提升和发展奠定基础。评价结果应用在培养的过程中检测、跟踪评价，以便提出改进对策。对实施方案的实行状况进行改进，更好地促进实施，促进培养标准的应用、改进和提升。

六　职教师资培养质量评价指标体系

关于职教师资培养质量评价指标体系，见表 8 - 1。

表 8 - 1　职教师资培养质量评价指标体系一览

一级指标	二级指标	权重	评价内容
课程体系与教学内容	人才培养目标定位	0.10	素养人才培养目标定位符合社会发展需要
	素养领域覆盖范围	0.10	素养涉及的领域覆盖范围与学科基础合理
	素养人才培养规格	0.10	人才培养规格合适
	素养教育内容	0.10	素养教育内容与知识、能力、素质要求符合市场发展需要
	素养教育知识体系	0.10	素养教育中的知识体系优化合理
	素养体系实践环节	0.10	素养知识体系中的实践环节突出本素养学生实践能力培养
	素养知识体系与课程体系	0.10	素养知识体系与课程体系搭配得当
	素养知识领域	0.10	素养知识领域包含了素养管理、生产、技术相关内容
	综合	0.10	包含了专业知识体系概述、专业标准与规范、专业服务相关内容
	素养培养课程体系与教学内容整体比例	0.10	素养培养课程体系与教学内容整体比例恰当、基础知识扎实、实践能力突出、整体结构优化合理

续表

一级指标	二级指标		权重	评价内容
素养培养教师队伍评价指标	思想政治素质		0.15	坚持四项基本原则，认真贯彻执行党的方针政策。
	职业道德水平		0.15	热爱本职工作，教书育人，为人师表，治学严谨，遵纪守法，敬业精神强。
	学历学位		0.10	具有硕士研究生及以上学历。
	职称		0.10	到晋升上级职称时间后，1 年以内就晋升的。
	师资进修		0.10	每年参加两次及以上师资培训或研讨会议。
	执业资格		0.10	具备教师资格证书、执业资格和其他执业资格证书。
	普通话水平		0.10	达到二级甲等及以上。
	书写水平		0.10	板书规范、设计合理，字迹清晰优美，层次分明、繁简得当。
	外语水平		0.10	通过英语四级或通过相应的职称外语水平考试。
	计算机水平		0.10	通过相应的计算机职称考试。
	教学立项成果		0.10	主持或参加省级（或以上）教学研究课题或获得省级教学研究成果奖。
	科研立项成果		0.10	主持或参加省级（或以上）科研课题或获得省级以上科研成果奖。
	论文发表情况		0.10	近 3 年在省级以上期刊以第一作者身份发表论文。
	教材专著情况		0.10	担任本科专业统编教材主编（或副主编），或担任出版专著的主编（或副主编）。
	课程工作成绩		0.20	学院领导、督导专家、学生三者对该教师的课程课堂教学质量评价均为良好以上。
学生入学基本情况	基本素养	职业理念和自身修养	0.10	热爱职业教育工作，始终把立德树人作为职业教育的根本任务。
		身心素养状况	0.10	具有充沛的体能和精力，有较强的生理适应力和工作适应能力。
		关键能力与文化素养	0.10	注重学习人文社会科学和自然科学知识，具有较强的阅读理解能力、文字写作能力和语言表达能力。

一级指标	二级指标		权重	评价内容
学生入学基本情况	学习技能	图书馆查阅资料	0.10	经常去图书馆查阅资料学习。
		图书馆阅读时间	0.10	在图书馆的时间70%用于查阅相关学习资料（包括电子阅读），30%的时间用于其他事情。
		图书馆阅读效果	0.10	利用图书馆的效果很好。
		网络课程熟悉程度	0.10	对网络课程非常熟悉。
		网络课程运用情况	0.10	经常运用网络课程进行学习。
		网络课程学习效果	0.10	认为网络课程对提高自己学习效果非常重要。
	重要性		0.10	认为合理利用自习课时间获取知识对提高个人能力和素质的作用非常重要。
	学习策略	时间安排	0.10	自习课时间70%用于学习（包括复习、预习），30%的时间用于其他事情。
		学习效率	0.10	认为利用自习课的效率很高。
		学习效果	0.10	认为学习效果很好。
		学习方法	0.10	认为采取了很好的学习方法帮助提高学习效果。
		学习方式	0.10	在以某一种学习方式学习遇到困难时，深入研究此种学习方式，或采取其他的学习方式坚决克服困难。
	认同感	知名度	0.10	认为就读的高校的知名度很高。
		教学条件	0.10	对高校的教学条件很满意。
		专业认可度	0.10	对所学专业很满意。
素养培养条件	教室条件建设		0.10	学生上课满足40人为一教学班，有一个固定的教室，每名学生上自习时有一个固定的课桌。
	公共基础课实习场地建设		0.10	满足40人为一教学班上课，上课满足1人1台设备。
	实践教学基地建设		0.10	拥有3个以上的实践教学基地，学生实习满足每人都有一个岗位。
	图书馆建设		0.10	图书馆周一至周日全开放，藏书量与学生的比例满足100∶1，座位数与学生数比例满足1∶2。
	校园宿舍和餐饮保障		0.10	宿舍住宿条件满足4人一间，内置洗手间和阳台，餐饮保障满足10元钱一天可以吃饱吃好，学生满意度测评在95%以上。
	校园学习氛围		0.10	校园充满一种积极向上、学生以热爱学习为荣的氛围。

续表

一级指标	二级指标		权重	评价内容
素养培养条件	校园教书育人氛围		0.10	校园师德师风好，教师与学生之间交往频繁，没有恶性事件发生。
	校园科研实力		0.10	有重大的科研项目，年度科研经费过千万元，且科研项目均与学校专业建设教学相关。
第一课堂教学活动	教学目标	适应性	0.10	体现因材施教原则，明确课程教学目标和要求。
	教学内容	科学性	0.10	注重基本概念、基本原理、基本技能的教学与训练。客观准确，逻辑严谨，重、难点突出，教学内容整合好。
		逻辑性	0.10	注重知识的发生、发展过程，思路清晰，关注知识的关联、演变和扩展。
		学术性	0.10	合理补充相关前沿知识，体现学科专业发展趋势，客观介绍不同学术观点。渗透科学方法论、认识论教育。
		思想性	0.10	理论联系实际，体现课程教学中的人文精神、科学精神和学科思想。
		实践性	0.10	教学内容突出实践特点，紧密结合案例进行教学，对学生提高实践任职能力起到积极推动作用。
	教学实施	启发性	0.10	营造民主、和谐、互动的良好氛围，运用多种教学方法，引导学员自主探索、思考。关注学员接受状况，实时调整教学方法。
		生动性	0.10	教学组织实施灵活。说理透彻，举例恰当。普通话标准，语言生动、富有感染力。
		技术性	0.10	积极运用现代教育技术，媒体选择合理、运用时机恰当。
	教学效益	充实性	0.10	时间分配合理，信息量适度。
		有效性	0.10	学科知识技能达到要求，学生提问、回答问题的积极性及质量高。学生对讲授内容理解掌握好，获得进一步发展能力。
	教学态度	责任心	0.10	教书育人，勤奋敬业，熟悉本专业人才培养方案，对课程标准理解把握好。教案、教材、课时、教学实施计划齐备。课堂教学组织与管理严格。作业题有利于学员理解和运用所学知识。
		严谨性	0.10	治学严谨，教姿教态端正。
	教学风格	创新与个性	0.20	教学风格个性鲜明，课题设计有创新。

一级指标	二级指标	权重	评价内容
第二、三课堂实践教学活动	思想政治类	0.15	培育和践行社会主义核心价值观，引导大学生树立正确的世界观、人生观、价值观。
	道德修养类	0.10	向学生普及国学道德精粹，充分发挥以德育人、以文化人的独特优势。
	科学技术类	0.10	开展科学技术类活动和竞赛，加强学生科学素养、应用技术能力。
	创新创业类	0.10	以培养具有创业基本素质和开创型个性的人才为目标，分阶段分层次地进行创新思维培养和创业能力锻炼的教育。
	文体艺术类	0.10	积极组织文体艺术类活动，通过活动使学生的文化素养、艺术鉴赏和审美能力得到加强。
	身心发展类	0.10	通过体育类活动，使学生身体素养不断得到提升，通过心理辅导及拓展训练类活动，使学生的心理素养得到提升、心理适应力等方面得到加强。
	技能培训类	0.10	参加专业技能培训，通过技能考核，得到国家认可的技能证书。
	社团活动类	0.10	积极参加为实现共同意愿和满足个人兴趣爱好需求的群众性学生组织。
	社会工作	0.10	帮助社会上的贫困者、老弱者、身心残障者和其他不幸者，实现个人和社会的和谐一致。
	志愿服务	0.10	服务社会公众生产生活和促进社会发展进步的行为，如扶贫开发、社区建设、环境保护、应急救助。
	企业见习	0.10	到国家机关、企业事业单位、社会团体及其他社会组织进行就业适应性训练。
	教育实习	0.10	通过进行教育和教学专业训练，培养和锻炼学生从事教育和教学工作的能力，并加深和巩固学生的专业思想。

一级指标	二级指标		权重	评价内容
毕业生综合素质	思想政治素质	理论水平	0.15	掌握马克思主义基本原理、熟悉毛泽东思想、邓小平理论和中国特色社会主义理论体系的基本内容。
		敬业精神	0.15	具有强烈的事业心，热爱国家、热爱学校、热爱所学的专业。
		法纪观念	0.10	了解我国宪法和主要法规等法律知识，能用法律、法规范自己的行为。
	科学文化素质	基础理论	0.15	掌握本科专业与专业教学计划所规定的公共基本知识、专业基本知识及一般应用。
		计算机应用能力	0.10	达到本科专业教学规划规定的网络设计与制作、网站维护与管理、网络编程、网上交易操作等计算机应用水平。
		英语水平	0.10	英语达到全国大学生英语考试四级水平，英语考核成绩为优秀。
		人文知识与素养	0.10	了解中国传统文化、当代中国社会，世界历史、艺术、美学、公众演说等基本知识，学会做人的道理。
		通用学科知识	0.10	比较系统地掌握本科专业所涉及的通用学科知识，了解本科发展的前沿和相邻专业的知识。
		科学精神与学习潜力	0.10	具有一丝不苟、严谨求实的科学态度；具有勇于克服困难、坚韧不拔的科学精神；具有克己自律的学习意志；具有协作精神。能自主选择学习内容、制定学习计划、合理安排时间，养成独立思考的习惯。
	岗位专业素质	管理知识与能力	0.10	掌握管理的基本知识与方法，具备一定的管理能力。具备雷厉风行、刚毅果断的气质，具有勇敢顽强的作风和严格的组织纪律观念，完成任务好。
		专业理论	0.10	比较系统地掌握专业知识，了解专业最新的发展前沿知识。
		职业资格	0.10	参加国家职业资格考试并通过。
		专业实践能力与发展潜力	0.10	具有从事专业实际工作的初步能力，达到国家规定的学业标准。

一级指标	二级指标		权重	评价内容
毕业生 综合素质	岗位专业素质	科学研究与创新能力	0.10	掌握科学技术与学术研究的基本方法，具有分析、论证、设计、技术革新和学术研究的初步能力。具有开拓精神，不满足于现状，善于提出问题，能运用现代科学思维研究新情况、新问题。
	身体心理素质	体育运动心理与心理学知识	0.10	了解运动生理学基本知识和体育运动有关规则，了解个人保健、基层防疫及卫生勤务等有关常识，了解普通心理学的基本知识。
		健康意识	0.10	具有良好的健康意识和卫生习惯。
		身体体格	0.10	身体健康。
		心理承受与适应能力	0.10	能承受生活挫折，经得住艰苦工作环境的考验。能适应生活环境的变化，具有较强的心理调节能力、心智协调能力。

参考文献

［1］〔美〕James M. Banner Jr，Harold C. Cannon：《现代教师与学生必备素质》，陈廷榔等译，中国轻工业出版社，2000，第 2~6 页。

［2］〔美〕戴维·尔普：《社会学》，刘云德、王戈译，辽宁人民出版社，1987，第 109 页。

［3］〔英〕菲利浦·泰勒等：《课程研究导论》，王伟廉等译，春秋出版社，1989，第 38 页。

［4］〔德〕葛洛曼等：《国际视野下的职业教育师资培养》，石伟平译，外语教学与研究出版社，2011，第 283 页。

［5］〔俄〕康德·乌申斯基：《人是教育的对象》，郑文樾译，人民教育出版社，1989，第 43 页。

［6］〔捷克〕夸美纽斯：《大教学论》，傅付敢译，人民教育出版社，1999。

［7］〔英〕斯坦托姆·汪琛译《怎样成为优秀教师》，《外国教育动态》1983 年第 1 期。

［8］〔美〕沃勒：《教育大辞典》，上海教育出版社，1992，第 536 页。

［9］〔西〕奥尔托加·加塞特：《大学的使命》，徐小洲、陈军译，浙江教育出版社，2001，第 41 页。

［10］〔美〕西克森米哈利，麦科马克：《教师的影响》，载自瞿葆奎主编《教育学文集·教师》，人民教育出版社，1991，第 72 页。

［11］〔英〕约翰·洛克：《教育漫话》，傅付敢译，教育科学出版社，1999，第 29 页。

［12］蔡桂珍：《新时期高校校园文化建设研究——以福建省高校为例》，福建师范大学博士学位论文，2013。

［13］曹晔：《构建二元化"双师型"师资队伍》，《中国职业技术教育》2007 年第 6 期。

［14］陈敏、张俊超：《全球化时代的高校人力资源管理》，华中科技大学

出版社，2011。

[15] 陈永明主编《现代教师论》，上海教育出版社，1999，第 190 页。

[16] 陈幼德：《德国职业教育教师资格及其培养模式的启迪》，《教育发展研究》2000 年第 2 期。

[17] 陈仲常：《高校人力资本特征及激励机制研究》，《重庆大学学报》2002 年第 1 期。

[18] 陈祝林、徐朔、王建初：《职教师资培养的国际比较》，同济大学出版社，2004。

[19] 丁燕红：《中等职业学校教师素质需求状况调查与分析》，《广东技术师范学院学报》（职业教育）2011 年第 2 期。

[20] 冯子忠：《论中学语文教师的素养》，四川师范大学硕士学位论文，2006。

[21] 付雪凌、石伟平：《美、澳、欧盟职业教育教师专业能力标准比较研究》，《比较教育研究》2010 年第 12 期，第 81 页。

[22] 官晴华、徐强、王贵喜：《师范生与非师范生素质现状比较》，《商丘师范学院学报》2009 年第 1 期，第 116～119 页。

[23] 郭广银、杨明等：《新时期高校校园文化建设的理论与实践》，南京大学出版社，2007，第 41～42 页。

[24] 郭元婕：《美国国家科学教师培养标准述评》，《科研与决策》2008 年第 7 期。

[25] 《国际 21 世纪教育委员会报告．教育——财富蕴藏其中》，教育科学出版社，1996，第 143 页。

[26] 杭永宝：《职业教育的经济发展贡献和成本收益问题研究》，东南大学出版社，2006。

[27] 和震：《中等职业学校教师素质状况与提高策略》，《教育研究》2010 年第 2 期。

[28] 胡峰：《新课改背景下语文教师的素养》，华东师范大学硕士学位论文，2007，第 24～26 页。

[29] 胡瑞峰：《中学教师专业素养之探讨——对进才中学教师队伍建设的思考》，华东师范大学硕士学位论文，2002，第 21～22 页。

[30] 胡玺丹：《生物师范生"教师素质"目标达成度现状分析及教改设想》，华东师范大学硕士学位论文，2005，第 18～39 页。

［31］花明：《基于课改背景下教师课程开发能力的提升》，《职教论坛》2011 年第 20 期，第 81～82、84 页。

［32］黄纯国：《职技高师师范生教育技术能力培养策略探析》，《江苏技术师范学院学报》（职教通讯）2008 年第 8 期。

［33］黄日强等：《当代职业教育的发展趋向》，《外国教育研究》1999 年第 2 期。

［34］黄日强、许祥云：《世界职业教育管理研究》，新华出版社，2005。

［35］姜大源：《关于澳大利亚职业教育与培训体系的再认识》，《中国职业技术》2007 年第 1 期。

［36］姜大源：《职业教育学研究新论》，教育科学出版社，2007，第 206～207 页。

［37］姜大源主编《当代德国职业教育主流教学思想研究》，清华大学出版社，2007。

［38］焦英魁：《作文教学中传统文化的导入》，《学语文》2009 年第 3 期。

［39］教育部职业教育与成人教育司编《面向 21 世纪的中等职业教育师资队伍建设》，北京师范大学出版社。

［40］匡瑛：《比较高等职业教育：发展与变革》，上海教育出版社，2006。

［41］赖赛珍：《高职高专校园文化建设理性思考》，《职教论坛》2005 年第 30 期，第 49～51 页。

［42］李国富：《职教"双师型"师资队伍建设探析》，《职业教育研究》2005 年第 1 期。

［43］李金：《高等职业教育实践教学研究与探索》，山东大学硕士学位论文，2004。

［44］李立红：《新课改背景下农村地理教师素养的培养研究——以邢台市所辖县为例》，华中师范大学硕士学位论文，2011，第 14～15 页。

［45］李其龙、陈永明：《教师教育课程的国际比较》，教育科学出版社，2002。

［46］李芹：《我国高职师资培训低效性的根源及完善路径分析》，《教育导刊》2008 年第 5 期。

［47］梁衡：《先进文化与传统文化谈》，《前线》2002 年第 10 期。

［48］刘大力：《高等职业教育国际比较研究的文献综述》，《中国青年政治学院学报》2005 年第 2 期。

[49] 刘猛：《中等职业学校校园文化论》，外语教学与研究出版社，2010，第5~7页。

[50] 马庆发：《当代职业教育新论》，上海教育出版社，2002。

[51] 马树超：《高职教育的现状特征与发展趋势》，http：//edu. People. com. cn/GB/4816443. html。

[52] 孟广平：《当代中国职业技术教育》，北京师范大学出版社，2002。

[53] 宁静：《当代教师职业道德评价研究》，沈阳师范大学硕士学位论文，2011，第4~5页。

[54] 牛红玲：《对我国中等职业技术教育师资培养及培训的成败分析》，西南大学硕士学位论文，2007。

[55] 欧立红：《多元智能与生物教师素养及教学关系现状调查研究》，华东师范大学硕士学位论文，2006，第7、10页。

[56] 潘培道：《高职高专教师"双师素质"培训基地建设的探讨》，《职业教育研究》2005年第5期。

[57] 曲铁华：《马艳芬德国职业教师培养培训及其对我国的启示》，《外国研究》2007年第12期。

[58] 任君庆：《高职院校"双师型"师资队伍建设探讨》，《教育与职业》2005年第5期。

[59] 石伟平：《比较职业技术教育》，华东师范大学出版社，2001。

[60] 石伟平：《我国职教师资队伍专业化建设的问题与对策》，《教育发展研究》2005年第10期。

[61] 石伟平、徐国庆：《职业教育课程开发技术》，上海教育出版社，2006，第19~20页。

[62] 宋建超：《高中地理教师地理素养现状及提升研究——以济宁市部分普通中学为例》，曲阜师范大学硕士学位论文，2011，第6页。

[63] 宋志娇：《高职教师校本课程开发能力构建研究》，天津大学硕士学位论文，2009。

[64] 孙业锋：《多元文化与传统文化教育》，《商业文化》（学术版）2008年第2期。

[65] 陶红、王英：《中等职业学校教师素养的调查分析——以惠州商业学校为例》，《清远职业技术学院学报》2012年第4期。

[66] 田森：《对"职业技术教育"称谓的评价——兼论高职教育的本

质》,《宁波大学学报》(教育科学版) 2005 年第 1 期。

[67] 汪霞:《课程开发:含义、性质和层次》,《教育探索》2003 年第 5 期,第 23 页。

[68] 王会民:《我国普通高校教师激励机制及对策研究》,《高等职业教育》2006 年第 12 期。

[69] 王建敏:《高中数学教师素养研究——以山东省某校三十二名教师为例》,山东师范大学硕士学位论文,2009,第 21 页。

[70] 王爽:《大兴区直属高级中学非计算机学科教师信息素养与使用信息技术支持教学状况的相关性研究》,首都师范大学硕士学位论文 2005 年第 7 期。

[71] 王毅、卢崇高、季跃东:《高等职业教育理论探索与实践》,东南大学出版社,2005。

[72] 王玉振、杨丽:《关于提升职业教育教师实践能力的探讨》,《辽宁高职学报》2010 年第 2 期。

[73] 王珍、王宪成:《中外职业教育比较》,天津科学技术出版社,1997。

[74] 魏德才、王荣珍:《职业学校教师素养浅谈》,《职业》2008 年第 3 期。

[75] 《吴南服国外如何发展职业教育》,《中国财经报》2006 年 11 月 23 日 (C4)。

[76] 吴雪萍:《国际职业技术教育研究》,浙江大学出版社,2004。

[77] 夏鹏:《高职院校校园文化建设的现状及对策》,《四川职业技术学院学报》2005 年第 1 期,第 61~63 页。

[78] 徐朔:《德国职业教育教师培养的历史和现状》,《外国教育研究》2004 年第 5 期。

[79] 杨晓江:《美国学者视野中的校园文化》,《思想·理论·教育》2010 年第 10 期。

[80] 杨越明、黎云章:《专科师范生素质的现状与思考》,《辽宁教育行政学院学报》2008 年第 8 期,第 26~28 页。

[81] 杨振升:《谈双师型高职教师的内涵及培养》,《教育与职业》2005 年第 6 期。

[82] 姚延明:《中等职业学校校园文化建设研究》,河北师范大学硕士学位论文,2009,第 6 页。

［83］ 叶澜：《新世纪教师专业素养初探》，《教育研究与实验》1998 年第 1 期，第 41～46 页。

［84］ 应雅泳：《中职教师校本课程开发能力的培养研究》，浙江工业大学硕士学位论文，2008。

［85］ 于京波：《我国高等教育师资培养的模式研究》，东北师大硕士学位论文，2006。

［86］ 余邦文：《澳大利亚职业教育师资队伍建设的特点及其启示》，《现代企业教育》2007 年第 8 期。

［87］ 俞仲文等：《高等职业技术教育实践教学研究》，清华大学出版社，2004。

［88］ 袁丽英：《教师课程开发能力培养：知行思交融原理与应用》，《中国职业技术教育》2010 年第 8 期，第 35～37、73 页。

［89］ 袁峥嵘：《我所了解的日本职业技术教育》，《职教论坛》2002 年第 13 期。

［90］ 张丹丹：《苏霍姆林斯基论教师必备素养及培养途径探析》，上海师范大学硕士学位论文，2007，第 3 页。

［91］ 张怀宇：《高中语文教学中渗透传统文化教育的实践与思考》，东北师范大学，2005。

［92］ 张家祥、钱景舫主编《职业技术教育学》，华东师范大学出版，2001。

［93］ 张晋：《高等职业教育实践教学体系构建研究》，华东师范大学博士学位论文，2008。

［94］ 张静主编《新时期高校校园文化建设的新探索》，南开大学出版社，2010，第 243 页。

［95］ 张念宏主编《中国教育百科全书》，海洋出版社，1991，第 681 页。

［96］ 张千红：《新课程改革对师范生素质的新要求及师范教育的应对》，山东师范大学硕士学位论文，2005，第 9、38 页。

［97］ 张伟平：《新课改中教师素养的不足及其解决策略》，《教育探索》2005 年第 12 期，第 9～10 页。

［98］ 张文：《美国提高师范生质量的举措评述》，《辽宁教育行政学院学报》2010 年第 5 期，第 27～28 页。

［99］ 赵普光：《中国高校人力资源管理制度研究》，社会科学文献出版社，2009。

［100］　钟佑洁：《德国近现代师范教育发展研究》，华中师范大学硕士学位论文，2005，第 44 页。

［101］　周明星：《职业教育学通论》，天津人民出版社，2002。

［102］　朱发仁：《高职院校校园文化研究》，《中国职业技术教育》2007 年第 35 期，第 32～34 页。

［103］　朱巧芳：《试析高职校园文化》，《清华大学教育研究》2005 年第 3 期，第 100～103 页。

［104］　朱孝平：《"双师型"教师概念：过去、现在与将来》，《职教论坛》2008 年第 7 期。

［105］　左新蕾：《以"拿来"促新生——对传统文化与语文教育现代化的思考》，《现代语文》2008 年第 12 期。

附　录

附录一　中职学校学生素养调查问卷

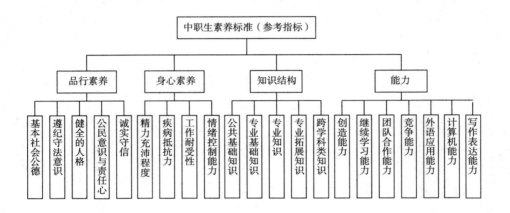

中职教师对中职校学生素养评价表（教师填写）

内容	内　涵	评价等级			
		优	良	中	差
知识素养	具备适应岗位的工作能力，善于接收新知识、新事物				
	勤奋上进，积极学习与工作相关的政策法规、专业技术及业务知识				
	技术业务熟练，能处理好专业技术上的各种问题				
思想品德	作风严谨，责任心强，能努力克服困难，尽职尽责完成好本职工作				
	具有良好的社会公德，遵守职业道德				
	具有法律法规意识，不违纪违法，认真按企业规章和各种制度办事，行为规范				
	有合作意识，具有协作能力，能与他人共同完成任务				

内容	内　涵	评价等级			
		优	良	中	差
个人 能力	集体主义精神强，集体荣誉感强				
	智力及其他特殊能力				
	语言表达、社交、社会适应能力				
	具有一定的美感、审美意识、审美观、审美情趣和审美能力				
身心 健康	具有良好的心理素质和自身体质				

中职学生素养调查问卷（学生填写）

　　首先感谢同学们参加这次问卷调研。我们希望通过这次调研了解您对中职学校的需求和期望，您的意见和建议非常重要，谢谢您的合作。

国家职教师资素养开发项目调研组
2013 年 6 月 6 日

一、中职学校学生素养调查（请在选项相应的空格内打"√"）

1. 您的性别是：（1）男　　（2）女

3. 您的年级是：（1）一年级　　（2）毕业班　　（3）其他年级

4. 您所学专业是：

5. 您的家庭所在地是：（1）城市　　（2）农村

6. 您的政治面貌是：（1）中共党员　　（2）共青团员　　（3）群众

7. 下列事件中，您关注情况如何？（请在选项相应的空格内打"√"）（公民意识）

	①关注	②一般	③不关注
（1）我国中东部雾霾天气明显偏多，影响程度偏重			
（2）新疆巴楚县"4·23"暴力恐怖事件			
（3）四川省雅安市芦山县发生 7.0 级地震			
（4）第六届东亚运动会将在天津主办			
（5）"地沟油"安全事件			
（6）"神舟十号"航天飞船将在 2013 年发射升空			

续表

	①关注	②一般	③不关注
（7）国务院要求严格执行楼市限购扩大房产税试点			
（8）国务院正式批准组建中国铁路总公司			
（9）国家海洋局、民政部受权公布中国钓鱼岛及部分附属岛屿标准名称			
（10）普京赢得俄总统选举			
（11）朝鲜卫星发射成功			
（12）吉林德惠米沙子一肉鸡加工场发生大火			
（13）叙利亚一座军事基地遭到炸弹袭击			
（14）习近平总书记访美			
（15）朝鲜准备核试验			

8. 对下列观点，您的态度是（请在选项相应的空格内打"√"）（政治意识）

	①同意	②不同意	③说不清
（1）中国特色社会主义理论体系是马克思主义中国化的最新成果			
（2）社会主义核心价值体系是社会主义意识形态的本质体现			
（3）在当代中国坚持中国特色社会主义道路就是真正坚持社会主义			
（4）只有社会主义才能教中国，只有改革开放才能发展中国			
（5）本世纪头二十年中国能够实现全面建设小康社会的目标			
（6）推进改革开放就必须坚持中国共产党的领导			
（7）2013 年我国能够实现经济平稳增长			
（8）宗教信仰自由不等于宗教活动自由			
（9）我国可以通过和平方式解决台湾问题			

9. 通过专业学习后，您的公共基础知识是否提高？（公共基础知识）

A. 有提高较大   B. 一般   C. 未提高

10. 通过专业学习后，您的学科专业知识是否提高？（专业知识）

A. 有提高较大   B. 一般   C. 未提高

11. 通过专业学习后，您对本专业拓展的知识与技术的学习能力是否提高？（专业拓展知识）

A. 有提高较大   B. 一般   C. 未提高

12. 通过在学校学习，你对非本专业学科知识与技术的学习能力是否提高？（跨学科类知识）

A. 有提高较大　　　　　　B. 一般　　　　　　C. 未提高

13. 通过在学校学习，您的组织（管理）能力是否提高？（团队合作能力）

A. 有提高较大　　　　　　B. 一般　　　　　　C. 未提高

14. 通过专业学习后，您对本专业更深层次知识与技能的学习能力是否提高？（继续学习能力）

A. 有提高较大　　　　　　B. 一般　　　　　　C. 未提高

15. 通过专业学习后，您对本专业的创新创造能力是否提高？（创造能力）

A. 有提高较大　　　　　　B. 一般　　　　　　C. 未提高

16. 通过学习后，您对计算机的使用能力是否提高？（计算机能力）

A. 有提高较大　　　　　　B. 一般　　　　　　C. 未提高

17. 通过专业学习后，您对其他语言撰写的学术文章是否理解？（外语应用能力）

A. 有提高较大　　　　　　B. 一般　　　　　　C. 未提高

18. 您对经受挫折的耐受能力是否提高？（抗耐挫折能力）

A. 有提高较大　　　　　　B. 一般　　　　　　C. 未提高

19. 您认为学校组织的专题讲座、实践活动及职业道德教育的效果如何？

A. 效果好　　　　　　　　B. 效果一般　　　　C. 效果差

20. 您对老师对自己学习所做的指导满意吗？

A. 满意　　　　　　　　　B. 较满意　　　　　C. 基本满意

21. 您是否认为当代高职高专学生应具有基本社会公德意识？（基本社会公德）

A. 是　　　　　　　　　　B. 否　　　　　　　C. 不清楚

22. 您是否认为当代中职学生遵纪守法意识较强？（遵纪守法意识）

A. 是　　　　　　　　　　B. 否　　　　　　　C. 不清楚

23. 您是否认为当代中职学生应具有对本职工作的责任心？（责任心）

A. 是　　　　　　　　　　B. 否　　　　　　　C. 不清楚

24. 您认为当代中职学生是否应具有诚实守信，爱岗敬业的美德？（诚实守信）

A. 是　　　　　　　　　　B. 否　　　　　　　C. 不清楚

25. 您是否认为中职生应具有健全的人格？

A. 是　　　　　　　　　　B. 否　　　　　　　　　　C. 不清楚

26. 您是否认为自己经常精力充沛？（精力充沛程度）

A. 是　　　　　　　　　　B. 否　　　　　　　　　　C. 不清楚

27. 您是否认为自己身体健康，不易生病？（疾病抵抗能力）

A. 是　　　　　　　　　　B. 否　　　　　　　　　　C. 不清楚

28. 您是否可以长时间努力工作？（工作耐受性）

A. 是　　　　　　　　　　B. 否　　　　　　　　　　C. 不清楚

29. 您是否认为自己可以控制自己的情绪？（情绪控制能力）

A. 是　　　　　　　　　　B. 否　　　　　　　　　　C. 不清楚

30. 您是否认为自己具有足够的竞争能力？（竞争力）

A. 是　　　　　　　　　　B. 否　　　　　　　　　　C. 不清楚

31. 您认为当代中职生在 2013 年重大和突发事件中以下方面的表现如何（责任意识）

	①好	②一般	③不好
（1）爱国热情			
（2）社会责任感			
（3）民族自豪感			
（4）奉献精神			
（5）团队合作精神			
（6）吃苦耐劳意识			

32. 如果您尚未加入中国共产党，您有入党的愿望吗？（政治意识）

（1）有　　（2）没有　　（3）还没想好

如果您选择（1），请跳过。

如果选择（2）、（3），那么您最主要是基于什么考虑？

①身边党员干部先进性不明显，部分党员干部腐败

②对自身发展意义不大

③对党的奋斗目标和中国特色社会主义事业信心不足

④党的理念与自身的信仰冲突

⑤感觉自己还不太成熟

⑥觉得自己不需要任何信仰

⑦对政治不感兴趣

⑧其他

33. 您对所学专业的兴趣？（学习兴趣）

（1）非常感兴趣　　（2）比较感兴趣　　（3）一般

（4）不太感兴趣　　（5）完全没兴趣

34. 您对自己的学习状况满意吗？（学习状态）

（1）非常满意　　（2）比较满意　　（3）一般

（4）不太满意　　（5）非常不满意

35. 您觉得学校应在哪些方面加强对学生的培养（最多选 3 项）？（素养权重）

（1）学习、科研能力　　（2）组织领导能力　　（3）实践能力

（4）心理调适能力　　（5）创新、创业能力　　（6）人际交往能力

（7）国际视野　　（8）社会责任感　　（9）思想道德素质

（10）其他_____

36. 您认为目前毕业生的就业压力大吗？

（1）很大　　（2）较大　　（3）一般　　（4）较小　　（5）没有压力

37. 您认为造成目前毕业生就业困难的主要原因是什么？（最多选 3 项）

（1）就业市场人才供大于求

（2）毕业生的就业期望值过高

（3）毕业生就业能力有欠缺，不能满足社会的需求

（4）高等院校专业设置和课程设置脱离社会需求

（5）就业信息渠道不畅通

（6）受国际金融危机的影响，就业形势日益严峻

（7）受单位用人制度、用人程序、户籍制度等方面的限制

（8）国家促进就业的政策在基层不落实

（9）其他

38. 为了更好实现就业，您认为自己最应该做什么？（素养权重）

（1）做好职业生涯规划

（2）努力学习，夯实专业知识，提高专业技能

（3）参加社会实践和专业实习，开拓视野，提高实践能力

（4）调整就业预期，树立正确的就业观、成才观和价值观

（5）其他

39. 您是否愿意毕业后到基层就业？（就业意识）

（1）非常愿意　（2）比较愿意　（3）一般　（4）不太愿意

（5）非常不愿意

40. 您认为国家实施的对家庭经济困难学生的资助工作成效如何？

（1）非常大　（2）比较大　（3）一般　（4）比较小

（5）非常小

41. 您对本校教师队伍的总体印象（请在选项相应的空格内打"√"）

	①满意	②比较满意	③不太满意	④不满意	⑤说不清
（1）教学水平					
（2）学术水平					
（3）学术道德					
（4）人格魅力					
（5）敬业精神					
（6）创新精神					
（7）育人意识					

42. 您每周用于体育活动的时间大约是多少？（身体素养）

（1）几乎没有　（2）少于一小时　（3）一小时以上

43. 您认为自己的心理调适能力如何？（心理素养）

（1）强　（2）较强　（3）较弱

44. 您感到自己有心理压力时，会如何应对？

（1）查看书籍资料的相关知识　（2）向专业人士、专业机构求助

（3）向辅导员、老师求助　（4）向亲戚、朋友、同学倾诉

（5）参加文体活动　（6）通过吸烟、喝酒、吃东西等方式来发泄

（7）闷在心里，自己忍受　（8）通过网络倾诉

（9）其他

附录二　中职学校教师素养状况调查问卷

1. 您的基本情况：（请填写相关内容并在符合您的选项前划 "√"）

学校名称	年　龄	学　历	职　务	职　称
	30 岁以下 31 ~ 40 岁 41 ~ 50 岁 50 岁以上	专科以下 本　科 硕　士 博　士	校级领导 教学管理人员 班主任 任课教师	初级 中级 副高 正高

贵校师资基本情况：（校领导填写）

开设本专业的时间		学生人数		教师人数		专业教师的百分比	%
高级职称人数		中级职称人数		硕士人数		本科人数	专科人数
年龄 25 ~ 30 人数		年龄 31 ~ 40 人数			年龄 41 以上人数		
教师素养能否满足本校现有的教育教学需要 （在空格中打√，不能满足的不必填写）			满足			基本满足	

2. 您担任的主要教学工作：

A. 基础课□　　　　　B. 专业课□　　　　　C. 实训课□

3. 您所教的年级：

A. 一年级□　　　　　　　　　　　B. 二年级□

C. 三年级□　　　　　　　　　　　D. 其他□

4. 您是什么时候开始从事中职学校的教学工作的？

A. 大学毕业□　　　　B. 从企业转型□　　　C. 其他□

5. 您所毕业学校的类型：

A. 工科大学□　　　　　　　　　　B. 师范类大学□

C. 职业类学院□ D. 其他□

6. 您所学的专业是：

A. 教育学□ B. 其他专业

7. 您的教学能力获得主要来自：

A. 大学教育□ B. 同行□

C. 自身□ D. 培训机构□

8. 您对自身科研能力的评价是：

A. 很强□ B. 较强□ C. 一般□

9. 您是否接收过系统的教育理论知识学习，程度如何？

A. 精通□ B. 一般□ C. 基本不了解□

10. 在大学阶段教育所接受的教师素养培养对工作影响最大的是？

A. 品行素养□ B. 身心素养□

C. 知识素养□ D. 能力素养□

11. 您对教师素养对于工作重要性的认识程度？

A. 深刻了解□ B. 较了解□

C. 一般了解□ D. 基本不了解□

12. 您认为您的素养符合所在中职学校的要求吗？

A. 非常符合□ B. 较符合□

C. 一般□ D. 基本不符合□

若 AB 请简要说明情况：

若 CD 请简要说明原因：

13. 您认为您毕业的大学需要进行哪些改革，来提高职教教师素养的培养？

A. 课程体系□ B. 教学方法□ C. 教学模式□

D. 教材□ E. 实践教学环节□ F. 其他（请补充）：

14. 您认为现在自身的素养能否满足教育教学要求？

A. 非常满足□ B. 较能满足□

C. 基本不满足□ D. 极不满足□

15. 您认为中职教师应具有的素养包含哪些方面？

A. 品行素养□ B. 身心素养□ C. 知识素养□

E. 能力素养□ F. 其他（请补充）

主要影响因素是什么：

16. 您认为教师的品行素养包含哪些内容：

A. 职业理念□　　　　B. 职业义务□　　　　C. 职业行为□

E. 其他（请补充）：

18. 您认为教师的身心素养包含哪些内容：

A. 身体素养□　　　　B. 心理素养□　　　　C. 其他（请补充）

19. 您认为教师的知识素养包含哪些内容：

A. 通识知识□　　　　B. 学科专业知识□　　C. 教育科学知识□

E. 其他（请补充）

20. 您认为教师的能力素养包含哪些内容：

A. 基本能力□　　　　B. 专业能力□　　　　C. 从师任教能力□

D. 其他（请补充）

22. 您认为作为一个中职教师最重要的素养是什么？

A. 知识□　　　　　　B. 能力□　　　　　　C. 品行□

D. 身心□　　　　　　E. 其他（请补充）：

附录三 职教教师素养胜任特征核检表（考量指标权重）

请您浏览下面列举的各项胜任特征，然后在您认为教师教育教学工作中最重要的胜任特征前面的方框内打"√"号。所选数量规定在 10～15 个之间。

□分析性思维	□组织管理能力	□个人影响力
□自信	□自我控制与管理	□领导能力
□承诺	□冒险性	□服务意识
□计划性	□专业知识	□客观性
□顺从别人	□批判性思维	□上进心
□可靠性	□期望感	□宽容性
□谈判能力	□推理能力	□解释信息的能力
□遵守规则	□社交意识	□主动性
□技术专长	□公关能力	□信息收集
□成就欲望	□权限意识	□责任心
□关注秩序	□自我教育	□效率感
□自我评价	□反思能力	□创造性
□尊敬他人	□接受挑战	□创建信任感
□承受力	□说服能力	□记忆力
□理解能力	□稳定的情绪	□注重质量
□指挥能力	□灵活性	□团队协作
□培养下属	□概念性思维	□利他行为
□坚持性	□正直诚实	□沟通技能
□公平性	□适应性	□毅力
□敏感性	□捕捉机遇	□热情
□艺术感	□活力	□选择性
□决策能力	□明确的发展目标	

其他（请补充）

附录四　开放式调查问卷

一、开放式问卷调查提纲（调查对象：中职学校管理干部）

1. 您认为职教教师素养应该包含哪些内容？

2. 您认为职教教师最应该具有什么样的素养？

3. 您认为影响职教教师素养的主要因素有哪些？

4. 您认为职教教师素养可通过哪些途径来发展？

5. 贵校毕业生的主要就业岗位有哪些？主要影响因素是什么？为什么？

6. 您认为目前提高职教教师素养要进行哪些措施？依据是什么？

7. 您认为高校提高职教教师素养要开发的核心课程有哪些？

二、开放式调查问卷提纲（中职学校教师）

1. 请您描述贵校教师素养现状：

2. 您认为贵校对教师素养的要求是什么？

3. 您认为职教教师素养应该包含哪些内容？

4. 您目前最想提升的素养是什么？

5. 您觉得提高您的素养，目前最需要培养的科目、内容是什么？

6. 您期待怎样的培养方式、途径提高素养？为什么？

7. 您认为培养职教教师素养达到的最佳效果是什么？

8. 您对高等院校培养中职教师工作的意见和建议：

9. 您希望什么样的培养方案、课程内容、教材？为什么？

三、开放式调查问卷提纲（中职学校学生）

1. 您认为中职学校应培养什么样的学生？又应该培养哪些素质？怎样培养？

2. 您期望教师具有怎样的素养？

3. 您最喜欢什么样的老师？为什么？

4. 您认为您所在学校的教师最欠缺什么样素质？

5. 您认为目前您到企业就业，最欠缺的是什么素质？

6. 为了您的素养提高，您认为本校教师最急需增开的课程是？

四、开放式调查问卷提纲 （中职毕业生接收企业）

1. 您认为中职学校的毕业生与其他形式培养的技工有优势吗？为什么？

2. 贵公司录用的中职学校毕业生从事的工作是什么？

3. 您认为中职学校毕业生素养哪些方面不能满足企业要求？

4. 您认为学校在哪些方面培养学生素养？具体的教育教学内容是什么？

5. 您认为中职学校教师应该培养学生的素养？

6. 您对中职学校教师的素养有什么建议？

五、开放式调查问卷提纲 （行业）

1. 行业对技术工人的素养要求是什么？

2. 您认为职业院校毕业生素养哪些方面不能满足企业要求？

3. 您认为学校在哪些方面培养学生素养？具体的工作内容是什么？

4. 您对职业院校教师的素养培养有什么建议？

六、开放式调查问卷提纲（主管职业教育的政府职能部门）

1. 教育部门对中职学校毕业生素质要求是什么？

2. 您认为中职学校毕业生素养哪些方面不能满足企业要求？

3. 您认为中职学校应该在哪些方面培养学生素养？具体的工作内容是什么？

4. 您认为中职学校的教师应具备哪些素养？有什么建议？

5. 您认为高校对职教教师素养培养有什么要求？应该怎样培养？

附录五　职教师资素养指标调查问卷

教育部财政部职业院校教师素质提高计划

职教师资素养培养开发项目调查问卷

　　首先感谢您在百忙之中参加这次问卷调研。我们希望通过这次调研了解您对中职教师的需求和期望，您的意见和建议非常重要，谢谢您的合作。

国家职教师资素养开发项目调研组

2014 年 5 月

职教师资素养指标调查

　　（请根据您的认同程度在相应的选项划"√"并用 1－4 表征相应项目的能力值，即 5——不符合　4——表示不太符合　3——不能确定　2——表示比较符合　1——表示非常符合，请填上您认为该项目与您对应的分值）

指　标	描　　述	1.非常符合	2.比较符合	3.不能确定	4.不太符合	5.不符合
	第一部分　教育信念与责任					
1－1.1	拥护党的领导，拥护社会主义					
1－1.1	坚守高尚情操，知耻明辱，严于律己，以身作则					
1－1.2	关心爱护学生，平等公正对待学生					
1－1.2	热爱职业教育，爱岗敬业					
1－2.2	善于团结协作，维护集体荣誉					
1－2.3	循循善诱，诲人不倦，因材施教					
1－3.1	热爱祖国，热爱人民，自觉遵守教育法律法规					
1－3.2	探索职业教育规律，实施素质教育					
1－3.3	尊重职教特点，培养双师人才					
1－2.1	对"公民"作为国家政治、经济、法律等活动主体，具有心理认同与理性自觉					

续表

指　标	描　　述	1.非常符合	2.比较符合	3.不能确定	4.不太符合	5.不符合
1－2.3	自己的办公场所秩序良好，物品排列有序					
1－2.1	视学生为独立主体的人，用行动表现出对他们的尊重					
1－2.3	当他人谈起自己的学校时，表现出一种自豪感，向他人主动谈论班级取得的成绩，树立班级形象					
1－2.1	对所从事的工作充满热情，并心甘情愿地倾注精力					
第二部分　职场适应与指导						
3－1.1	与同事、学生及家长建立友谊，借此开展教育活动					
3－3.2	留意学生身心变化，了解他们的态度和行为模式，运用合适的策略使其适应学习目标，指导学生做好职业生涯规划					
3－3.4	监控自己的教学质量和学生的学习质量，及时提供反馈信息，使学生能够准确地自我评估					
3－2.2	与企业开展沟通合作，根据企业需求调整、丰富及优化课程内容					
3－3.2	通过家长、其他师生，始终对学生使用奖励、表扬和鼓励的方式，对学生产生积极直接影响					
3－2.1	职业（角色）转换					
3－2.2	社会适应性					
第三部分　身心成长与培养						
4－1.1	身体健康，具备一名职教教师的体质要求					
4－1.2	精力充沛，能够承受教育教学工作负荷					
4－1.3	生理适应能力强，能够适应教学、实践等各种工作环境要求					
4－2.1	观察他人的非言语行为，体察他人的心情和感受					
4－2.1	环境意识					
4－2.2	清楚准确地了解自己的优势与弱点，根据自己个性与能力，并与其他职业工作强度、收入及社会地位相比，您发现教师是目前适合您自己的职业					
4－2.2	任何时候都知道自己的情绪状态给教学带来的影响					

指 标	描 述	1.非常符合	2.比较符合	3.不能确定	4.不太符合	5.不符合
4-2.2	从他人的行为中洞察其意图，了解其潜在的意义和信息					
4-2.2	能与其他教师进行有效合作、分享自己的教学环境设计方案与教学调控经验、并虚心从他人经验或建议中吸取精华提升自己					
4-2.2	压力很大时，不仅能自控情绪，还能让他人冷静下来					
4-2.2	使用建设性的方法管理压力，控制情绪					
4-2.2	与他人有冲突时，不说脏话，能以礼貌的方式表达意见和观点					
4-2.2	任务非常艰巨时，坚持并克服困难，工作依然持之以恒					
4-2.2	承认自己工作中的过失，接受批评，正视自己的成绩和错误					
4-2.3	具有正确的恋爱观，能够理智处理婚姻					
4-2.3	信守对他人的约定和承诺					
4-2.3	别人讲话时从不打断，并积极营造平等的氛围					
4-2.3	宽容他人的挑衅性行为，容忍不同的要求和观点					
4-2.3	对自己做的事情能够显示出乐观和自信					
4-2.3	独立自主，强调个人努力，利用有限资源，取得最大成绩					
4-2.3	为人正直，敢于质疑他人意见的正确性，并勇于提出不同的看法					
4-2.3	选择接受挑战性任务，愿意承担额外的责任					
第四部分　终身学习与发展						
5-1.1	具备一定的人文科技通识知识基础，擅长与学生进行文化沟通					
5-2.2	利用现代教育技术手段进行课堂教学，并通过 qq、blog、bbs 与学生进行课后交流					
5-2.1	崇尚科学精神，树立终身学习理念，潜心钻研业务，不断提高专业素养和教育教学水平					
5-2.1	通过图书馆、专业网站及专业交流等获取资源，充实课程内容、优化教学设计及支持学生学习					
5-2.1	宏观考虑问题，归纳总结其中的关系和模式					
5-2.1	透过表面现象，分析探究问题的核心和事情的根源					
5-3.2	做事有轻重缓急，能得心应手处理多件事情，及时、冷静、适当地处理教学中的突发事件					

附录六　文化实践活动素养培养调查问卷（学生填写）

尊敬的同学：

你好！

本次调研旨在通过你的真实意见与建议，使我们能够基本了解学校文化实践活动培养情况，从而为职业教育第二、第三课堂素养培养研究工作提供宝贵的参考价值。

感谢你的配合与支持！

国家职教师资素养开发项目调研组

2013 年 6 月 6 日

请选择或填写个人基本情况

1. 您的性别是：（1）男　（2）女

2. 您的政治面貌是：（1）中共党员　（2）共青团员　（3）群众

3. 您的年龄是：　　周岁

4. 您的年级是：（1）一年级　（2）毕业班　（3）其他年级

5. 您所学专业是：

6. 您的家庭所在地是：（1）城市　（2）农村

二、您所在学校第二、三课堂培养情况调查（请在选项相应的空格内打"√"，部分选项可以多选）

7. 学校从哪些方面开展第二、三课堂活动？

①思想政治与道德素养　②文化艺术与身心发展　③科技学术与身心发展　④社团活动与社会工作　⑤社会实践与志愿服务　⑥技能培训与创新就业

8. 学校是否把拓展训练与创新活动放在第二、三课堂的突出位置？

①是　②不是

9. 学校组织第二、三课堂的负责部门是？

①团委　②学工部　③招生就业处

10. 学校是否由学生社团承办各类活动？

　　①是　②不是

11. 您认为所在学校对第二、三课堂活动？

　　①非常不重视　②重视　③不重视　④置之不理

12. 您参加过第二、三课堂活动吗？

　　①经常　②较少，有时　③极少　④从不

13. 所在学校第二、三课堂的活动安排？

　　①列入教学计划，执行好　②列入教学计划，执行不好　③未列入计划　④与教学计划脱节

14. 您认为高校第二、三课堂需解决的是？

　　①制度建设　②政策扶持　③资金投入　④其他

15. 您认为第二、三课堂活动？

　　①有吸引力　②有一定吸引力　③没有吸引力　④说不清，不想参加

16. 您对第二、三课堂的了解程度？

　　①非常了解　②基本了解　③了解一点　④完全不了解

17. 您想通过第二、三课堂获得？

　　①提升多方面素质　②培养兴趣　③结交朋友　④其他

18. 您不想参加第二、三课堂的原因？

　　①课业十分繁重　②很多活动宣传不到位　③不十分了解活动　④其他原因

19. 您认为第二、三课堂活动开展效果？

　　①非常好　②很好，可以提高学生综合素质　③一般，有些活动不错　④无所谓

20. 您认为第二、三课堂开展中存在问题？

　　①内容与社会需求相脱离，很难发挥应用的作用

　　②相关建设资源不足

　　③内容陈旧、不合理，没有从学生的需要出发

　　④缺乏有效的考核激励机制

　　⑤课堂教学相冲突、没有时间参与

　　⑥形式死板，没有新意，不能吸引人

⑦缺少专业的管理部门和指导老师

⑧信息不畅通，对第二、三课堂不能及时了解

21. 您对"大学生素质拓展计划"的了解程度？

①非常了解　②知道　③基本不了解

22. 您是否网上查询过自己的素质拓展证书认证情况？

①是　②否

23. 大学期间最希望得到哪类证书？

①外语等级证　②计算机等级证　③大学生素质拓展证书　④职业资格证

附录七　文化实践活动素养培养调查问卷（教师填写）

尊敬的老师：

您好！

本次调研旨在通过您的真实意见与建议，使我们能够基本了解学校文化实践活动培养情况，从而为职业教育第二、第三课堂素养培养研究工作提供宝贵的参考价值。

感谢您的配合与支持！

国家职教师资素养开发项目调研组

2013 年 6 月 6 日

一、请选择或填写个人基本情况

1. 您的基本情况：（请填写相关内容并在符合您的选项前划 "√"）

学校名称	年　龄	学　历	职　务	职　称
	30 岁以下		校级领导	初级
	31～40 岁	专科以下	教学管理人员	中级
	41～50 岁	本科硕士博士	班主任（辅导员）	副高
	50 岁以上		任课教师	正高

二、您所在学校第二、三课堂培养情况调查（请在选项相应的空格内打 "√"，部分选项可以多选）

2. 学校从哪些方面开展第二、三课堂活动？

①思想政治与道德素养　②文化艺术与身心发展　③科技学术与身心发展　④社团活动与社会工作　⑤社会实践与志愿服务　⑥技能培训与创新就业

3. 学校是否把拓展训练与创新活动放在第二、三课堂的突出位置？

①是　②不是

4. 学校组织第二、三课堂的负责部门是？

　　①团委　②学工部　③招生就业处

5. 学校是否由学生社团承办各类活动？

　　①是　②不是

6. 您认为所在学校对第二、三课堂活动？

　　①非常不重视　②重视　③不重视　④置之不理

7. 您参加过第二、三课堂活动吗？

　　①经常　②较少，有时　③极少　④从不

8. 您参加第二、三课堂活动的心态？

　　①完成任务　②助学生成才、经常参与　③不好推脱、选择性参与
　　④个人兴趣、非常积极

9. 所在学校第二、三课堂的活动安排？

　　①列入教学计划，执行好　②列入教学计划，执行不好　③未列入
　　计划　④与教学计划脱节

10. 您认为高校第二、三课堂需解决的是？

　　①制度建设　②政策扶持　③资金投入　④其他

11. 您认为第二、三课堂活动？

　　①有吸引力　②有一定吸引力　③没有吸引力　④说不清，不想
　　参加

12. 您对第二、三课堂的了解程度？

　　①非常了解　②基本了解　③了解一点　④完全不了解

13. 您认为第二、三课堂活动开展效果？

　　①非常好　②很好，可以提高学生综合素质　③一般，有些活动
　　不错　④无所谓

14. 您认为第二、三课堂开展中存在问题？

　　①内容与社会需求相脱离，很难发挥应用的作用　②相关建设资
　　源不足　③内容陈旧、不合理，没有从学生的需要出发　④缺乏
　　有效的考核激励机制　⑤课堂教学相冲突、没有时间参与　⑥形
　　式死板，没有新意，不能吸引人　⑦缺少专业的管理部门和指导
　　老师　⑧信息不畅通，对第二、三课堂不能及时了解

附录八　文化实践活动素养培养开放式调查问卷

一、开放式问卷调查提纲（调查对象：学校管理干部、教师）

1. 您认为学校开展第二、三课堂应该包含哪些内容？

2. 您认为学校开展第二、三课堂存在哪些问题？

3. 您认为影响第二、三课堂教育效果的主要因素有哪些？

4. 您认为职教教师素养可通过第二、三课堂的哪些方面来发展？

5. 贵校毕业生的主要就业岗位有哪些？主要影响因素是什么？为什么？

6. 您认为目前改善第二、三课堂教育成效要进行哪些措施？依据是什么？

7. 您认为高校第二、三课堂要开发的核心课程有哪些？

8. 您对高等院校培养第二、三课堂中职教师工作的意见和建议：

二、开放式调查问卷提纲（学校学生）

1. 请您描述贵校第二、三课堂现状：

2. 您认为贵校第二、三课堂的核心课程是什么？

3. 您认为贵校从事第二、三课堂教学的教师素养应该包含哪些内容？

4. 您目前最想提升的文化实践素养是什么？

5. 您觉得提高您的文化实践素养，目前最需要培养的科目、内容是什么？

6. 您期待怎样的培养方式、途径提高文化实践素养？为什么？

7. 您认为培养职教第二、三课堂教师素养达到的最佳效果是什么？

8. 您希望什么样的文化实践培养方案、课程内容、教材？为什么？

附录九　"职教信念与师德"课程开发访谈提纲

1. 你认为当前职教师资最缺少的素质是什么？

2. 你认为当前职教师资急需提升的素质是什么？

3. 对于职教师资最缺少或急需提升的素质，你认为该如何解决？

4. 你认为制约职教师资素养提升的主要障碍是什么？

5. 你认为当前职教师资素养培养中存在的主要问题是什么？

6. 你认为当前职教师资"职教信念与师德"素质存在的主要问题是什么？

7. 你认为当前职教师资"职教信念与师德"素质亟待强化的是什么？

8. 在职教师资"职教信念与师德"素质培养上，应该开发那些课程？其中核心课程应是什么？

9. 职教师资"职教信念与师德"素质培养核心课程应涵盖哪些主要内容？课程目标如何确定？

10. 为配合以上课程开发，应开展哪些第二、第三课堂活动？构建哪些实践教育平台？

附录十　职技高师学生素养状况调查问卷

各位同学：

大家好！

为全面了解职技高师院校学生职业素养现状，提升职技高师院校学生的综合素养，现面向大家开展相关问卷调查，请大家给予支持。

国家职教师资素养开发项目调研组

2014 年 5 月

一、请您根据实际情况和真实想法对下列问题做出选择，在所选答案前的字母上打"√"。

1. 您的性别

A. 男　　　　　　　　B. 女

2. 您是否了解"职业素养"的含义？

A. 非常了解　　　　　B. 了解　　　　　C. 不了解

3. 您认为是否应该在学校开展职业素养教育？

A. 应该　　　　　　　B. 不应该　　　　C. 说不清

4. 您对当前职业素质教育相关课程安排是否满意

A. 满意　　　　　　　B. 不满意　　　　C. 说不清

5. 您认为自己是否具备职业素养

A. 学到了　　　　　　B. 没学到

6. 您课余时间是怎么度过的

A. 完成作业　　　　　　　　　　　B. 社会实践

C. 个人爱好　　　　　　　　　　　D. 学习专业

E 其他（请填写）

7. 您是否经常收看新闻联播？

A. 经常　　　　　　　B. 偶尔　　　　　C. 从不

8. 您是否经常与教师进行交流与沟通？

A. 经常　　　　　　　　B. 偶尔　　　　　　C. 从不

9. 您上网的主要目的是

A. 查资料　　　　　　　B. 玩游戏　　　　　C. 聊天　　　　D. 其他

10. 您是否经常参加各类校内外实践活动

A. 经常　　　　　　　　B. 偶尔　　　　　　C. 从不

11. 遇到挫折您会

A. 很沮丧　　　　　　　　　　　　B. 继续努力

C. 找老师咨询　　　　　　　　　　D. 不知所措

12. 看到不文明行为您会

A. 主动制止　　　　　　B. 保持沉默　　　　C. 只是反感

13. 您认为本校专业课教师的职业素养

A. 很高　　　　　　　　　　　　　B. 较高

C. 较差　　　　　　　　　　　　　D. 很差

14. 您认为专业课教师还需提高哪方面的职业素质

A. 思想道德　　　　　　　　　　　B. 文化素养

C. 身体素质　　　　　　　　　　　D. 心理素质

E. 创新意识　　　　　　　　　　　F. 信息素养

15. 您认为您自身还需要提高哪方面的职业素质

A. 思想道德　　　　　　　　　　　B. 文化素养

C. 身体素质　　　　　　　　　　　D. 心理素质

E. 创新意识　　　　　　　　　　　F. 信息素养

16. 您学业结束后的打算

A. 从事职业教育　　　　B. 创业　　　　　　C. 继续深造

17. 您希望老师着重培养自己哪方面的职业素养

A. 职业道德　　　　　　　　　　　B. 理论知识

C. 专业技能　　　　　　　　　　　D. 社会实践能力

E. 创业能力　　　　　　　　　　　F. 其他（请填写）

18. 您希望提高哪方面的就业素质

A. 职业道德　　　　　　　　　　　B. 求职心态

C. 职业选择能力　　　　　　　　　D. 面试技巧

E. 职业素养　　　　　　　　　　　F. 其他（请填写）

19. 您希望提高哪些心理素质

A. 自信心 　　　　　　　　　　 B. 耐挫能力

C. 心态调节能力 　　　　　　　 D. 创新意识

E. 自立精神 　　　　　　　　　 F. 其他（请填写）

20. 您希望提高哪些社会生存、发展能力

A. 语言表达能力 　　　　　　　 B. 人际交往能力

C. 环境适应能力 　　　　　　　 D. 团队协作能力

E. 组织管理能力 　　　　　　　 F. 其他（请填写）

二、请简要回答以下问题：

1. 您认为自己最缺少的职业素养是什么？

2. 您认为自己最占优势是职业素养是什么？

3. 对于自己最缺少或急需提升的素质，您认为该如何解决？

4. 您认为制约自身素质提升的主要障碍是什么？

5. 您认为当前职教师资素养培养中存在的主要问题是什么？

6. 您认为职技高师学生"职教信念与师德"素质存在的主要问题是什么？

7. 在职技高师学生"职教信念与师德"素质培养上，您认为应该开发那些课程？核心课程应是什么？

9. 职技高师"职教信念与师德"素质培养核心课程应涵盖哪些主要内容？

最后，对您的支持再一次表示感谢！

附录十一　职教师资素养调查问卷

各位老师：

　　您好！

　　为全面了解职业学校教师素养现状，进一步加强职业学校教师队伍建设，现面向职业学校教师开展相关问卷调查。请您根据实际情况和真实想法对下列问题做出选择，在您选择的答案前的字母上打"√"。谢谢您的支持！

国家职教师资素养开发项目调研组

2014 年 5 月

1. 您的性别：

A. 男　　　　　　　　B. 女

2. 您的政治面貌是：

A. 中共党员　　　　　B. 民主党派　　　　　C. 非党

3. 您的专业技术职务是：

A. 正高级　　　　　　B. 副高级　　　　　　C. 中级

D. 初级　　　　　　　E. 无

4. 您的学历是：

A. 本科　　　　　　　　　　　　　　　　　B. 硕士

C. 博士　　　　　　　　　　　　　　　　　D. 其他

5. 您对目前职业学校教师素养的整体评价是：

A. 很高　　　　　　　B. 较高　　　　　　　C. 一般

D. 较低　　　　　　　E. 很低

6. 您对国家职业教育政策的关注和了解程度如何？

A. 非常关注和了解　　　　　　　　B. 一般关注和了解

C. 不关注，不了解

7. 您认为当前职教师资素养存在的主要问题是：

A. 思想道德素养较差　　　　　　　　　B. 知识素养较差

C. 能力素养较差　　　　　　　　　　　D. 身心素养较差

8. 您认为职业学校教师的职责是：

A. 只是传授知识　　　　　　　　　　　B. 教书育人并培养技能

C. 只是培养技能

9. 如何评价师德师风专题教育活动中的政策法规学习？

A. 有必要　　　　　　　　　　　　　　B. 感兴趣

C. 一般　　　　　　　　　　　　　　　D. 毫无兴趣

10. 您对学生思想状况和生活状况的关注程度？

A. 十分关注　　　　　　　　　　　　　B. 一般性关注

C. 毫不关注　　　　　　　　　　　　　D. 需要关注就关注

11. 您认为自己所在学校教师素养总体状况如何？

A. 很好　　　　　　　　　　　　　　　B. 较好

C. 一般　　　　　　　　　　　　　　　D. 较差

12. 您认为当前职业学校师德师风存在的主要问题是（可多选）：

A. 育人意识淡漠　　　　　　　　　　　B. 爱岗敬业精神不强

C. 自身表率作用欠缺　　　　　　　　　D. 合作精神、创新精神不够

13. 您认为对于职业学校师生来说，以下哪个素质更重要？

A. 智商（IQ）　　　　　　　　　　　　B. 情商（EQ）

C. 财商（FQ）

14. 您认为提升职业学校教师形象和威信的主要因素是什么？（可多选）

A. 师德高尚　　　　　　　B. 专业技能与实践能力强

C. 知识渊博　　　　　　　D. 衣冠整洁，谈吐得体，举止高雅

15. 您认为学校加强职教师资队伍建设的有效方式是什么？

A. 加强教师培训　　　　　B. 加强制度建设，奖惩结合

C. 加强环境与氛围建设

16. 您认为目前大学教师心理健康的状况：

A. 很好　　　　　　　　　B. 比较好

C. 一般　　　　　　　　　D. 存在很多问题，要提高

17. 关于学校发展重大问题的民主决策上，您是否愿意参与：

A. 很愿意参与　　　　　　B. 有条件能够参与

C. 不参与

18. 您目前最关心的问题是：

A. 职业教育发展趋势　　　B. 学校发展建设

C. 个人职业发展　　　　　D. 个人收入

请简要回答以下问题：

1. 您认为当前职教师资最缺少的素质是什么？

2. 您认为当前职教师资急需提升的素质是什么？

3. 对于职教师资最缺少或急需提升的素质，您认为该如何解决？

4. 您认为制约职教师资素养提升的主要障碍是什么？

5. 您认为当前职教师资素养培养中存在的主要问题是什么？

6. 您认为当前职教师资"职教信念与师德"素质存在的主要问题是什么？

7. 您认为当前职教师资"职教信念与师德"素质亟待强化的是什么？

8. 在职教师资"职教信念与师德"素质培养上，应该开发那些课程？其中核心课程应是什么？

9. 职教师资"职教信念与师德"素质培养核心课程应涵盖哪些主要内容？课程目标如何确定？

10. 为配合以上课程开发，应开展哪些第二、第三课堂活动？构建哪些实践教育平台？

最后，对您的支持再一次表示感谢！

附录十二　职业院校职业生涯辅导课程开设现状调查问卷

尊敬的老师：

您好！

为全面了解当前职业院校职场适应与指导类课程（如就业指导、职业指导、职业生涯规划等）开设与实施情况，我们特开展此调查。本调查仅作研究之用，有关信息绝不外泄，请您根据贵校实际，如实填写。谢谢您的支持与合作！

一、贵校是否已开设职场适应与指导类课程？

（　　　）已正式开课（请填写该课程名称）

（　　　）还未正式开课，但已有相关活动安排，如讲座、报告、咨询等

（　　　）目前还没有开展此类活动

二、您认为是否有必要开设职场适应与指导类课程？

（　　　）有必要　　（　　　）没有必要　　（　　　）开不开设无所谓

三、贵校是从＿＿＿＿年开始开设职场适应与指导类课程。

四、贵校职场适应与指导类课程的总学时为＿＿＿＿，计＿＿＿＿个学分。

五、贵校职场适应与指导类课程性质是＿＿＿＿

（　　　）公共必修课　　（　　　）公共选修课　　（　　　）其他方式

六、贵校职场适应与指导类课程是否贯穿学生学习全程？

（　　　）是，从入学到毕业全程　　（　　　）否，仅在特定时间段开展

七、贵校使用的职业生涯辅导类教材是＿＿＿＿

（　　　）自编教材（请填写书名、出版社）

（　　　）统编教材（请填写书名、出版社）

（　　　）无固定教材

八、贵校开设职场适应与指导类课程的目的是＿＿＿＿（可多选）

（　　　）以备上级检查和就业评估

（　　　）提高学校知名度

（　　）促进学校办学理念和实践探索

（　　）完善就业指导工作体系

（　　）使学生对就业有良好心理准备

（　　）提升学生就业能力

（　　）其他（请填写）

九、贵校职场适应与指导类课程包含以下哪些内容？（可多选）

（　　）职业生涯规划　　（　　）专业设置与就业去向

（　　）国家就业政策与法规　　（　　）职业素质培养

（　　）往届毕业生的求职经验及工作信息　　（　　）创业教育

（　　）职业心理调适与培训　　（　　）求职与升学技巧

（　　）职业适应　　（　　）其他（请填写）

十、贵校职场适应与指导类课程采用的教学方式是＿＿＿（可多选）

（　　）课堂讲解　　（　　）活动参与　　（　　）小组讨论

（　　）案例分析　　（　　）实地见习　　（　　）其他（请填写）

十一、贵校职场适应与指导类课程承担教师主要来源是＿＿＿（可多选）

（　　）就业工作的行政管理人员　　（　　）就业指导专业教师

（　　）学生辅导员　　（　　）相关专业任课教师

（　　）其他人员

十二、您认为职场适应与指导类课程的主要成效有＿＿＿（可多选）

（　　）学校知名度扩大　　（　　）学生就业率提高

（　　）学校辍学率降低　　（　　）学风明显好转

（　　）学生职业规划意识强化　　（　　）学生竞争力增强

（　　）学生就业心态良好　　（　　）其他（请填写）

十三、您认为贵校在职场适应与指导类课程开设中还存在的不足有＿＿＿（可多选）

（　　）领导不够重视　　（　　）缺乏经费　　（　　）师资不足

（　　）专职人员紧缺　　（　　）教学计划不全面

（　　）职业测评软件没有

（　　）课时太少　　（　　）学习结果评价困难

（　　）实践机会不足　　（　　）没有合适教材

（　　）其他（请填写）

十四、您认为可以采用哪些改进措施来建设职场适应与指导类课程？

附录十三　职业院校学生职业生涯辅导课程需求调查问卷

亲爱的同学：

你好！

为广泛听取意见，了解多方需求，积极做好职业院校职场适应与指导类课程（如就业指导、职业指导、职业生涯规划等）的开发与实施工作，努力提高人才培养质量，特开展此调查。请结合自身的认识与想法认真填写问卷，感谢你对我们工作给予的支持与配合！

一、你认为是否有必要开设职场适应与指导类课程？

（　　　）有必要　　（　　　）没有必要　　（　　　）开不开无所谓

二、你学习职场适应与指导类课程的目的是＿＿＿（可多选）

（　　　）学校的必修课，不得不学

（　　　）以前没接触过，对课程好奇

（　　　）提升自己的就业力　　（　　　）有利于找工作

（　　　）扩大视野　　（　　　）其他（请填写）

三、你学习职场适应与指导类课程后认为效果

（　　　）非常好，对自身触动很大，应该认真规划职业生涯，提升职业素质

（　　　）比较好，收获较大，对生活与学习有了新的认识

（　　　）一般，还是有些初步收获

（　　　）不太理想，没有什么收获，还疲于应付上课

（　　　）很差

四、你对学校职业生涯辅导课程的总体评价是

（　　　）非常满意　　（　　　）比较满意　　（　　　）一般

（　　　）比较不满意　　（　　　）很不满意

　　五、你认为学校在职场适应与指导类课程上存在的主要不足有＿＿＿＿（可多选）

　　（　　）任课教师水平需要提升　　（　　）教学方式单一

　　（　　）教学内容针对性不够　　（　　）教学内容枯燥、不够丰富

　　（　　）课时少，系统性不够　　（　　）其他（请填写）

　　六、你希望学校职业生涯辅导课程包含以下哪些内容？（可多选）

　　（　　）职业生涯规划方法　　（　　）专业设置与就业去向

　　（　　）国家就业政策与法规　　（　　）职业素养提升策略

　　（　　）校友求职经验及工作信息　　（　　）创业教育

　　（　　）职业心理调适指南　　（　　）职业适应要领

　　（　　）求职与升学技巧　　（　　）其他（请填写）

　　七、你希望学校职场适应与指导类课程的教学形式是（可多选）

　　（　　）课堂讲解　　（　　）活动参与　　（　　）小组讨论

　　（　　）案例讨论　　（　　）实地见习　　（　　）其他（请填写）

附录十四　专家咨询问卷

尊敬的教授：

您好！

为深入探讨职业院校职场适应与指导类课程（如就业指导、职业指导、职业生涯规划等）开发与实施的相关理念，特向您请教以下问题。请您在百忙中不吝赐教，衷心感谢您的指导与帮助！

一、您认为职业院校职场适应与指导类课程（如职业生涯规划、职业发展与就业指导等）应该具备哪些功能？

二、您认为职业院校职场适应与指导类课程具有哪些属性？

三、您认为职业院校职业生涯辅导课程与高等科学、工程教育院校、与中等职业学校的类似课程相比，具有哪些特点？

四、您认为职业院校职业生涯辅导课程开发主体应包括哪些人？

五、您认为职业院校职业生涯辅导课程开发应采用怎样的程序与模式？

六、您认为职业院校职业生涯辅导课程目标应如何界定？

七、您认为职业院校职业生涯辅导课程内容应主要包括哪些方面？

八、您认为职业院校职业生涯辅导课程实施途径与方式主要应包括哪些？

九、您认为职业院校职业生涯辅导课程效果应如何评价？

附录十五　身心素养与成长　调研问卷及访谈提纲

身心健康与成长素养调查问卷

尊敬的老师（同学）

您好！

我们是国家职教师资素养开发项目调研组人员，主要围绕职教师资身心培养与成长方面的问题展开调研。为真实、全面了解职校师生身心健康与成长状况，更好地促进职教师生身心健康，并了解其中存在的问题与困惑，我们从自我认知、情绪管理、人际交往、社会适应、乐群性、社交礼仪等维度设计了这份问卷。本问卷采取匿名的方式，您提供的资料仅作为课题研究所用，不涉及教师个人业务能力和工作情况的评价，也不涉及同学成绩的优劣。请您仔细阅读题目，认真填写问卷，您提供的信息对我们十分重要、宝贵。

非常感谢您的参与和支持！

如果是教师首先请您填写：

年龄：　性别：　所教年级

学历：　职称：　工资待遇：每月＿＿＿元

如果是学生首先请您填写：

性别：年级：年龄：年　月

是否学生干部：专业：文理其他

是否独生子女：生源地：城市　农村

情感与人格发展问卷

回答方式：1. 完全符合　2. 符合　3. 基本符合　4. 不符合　5. 完全不符合

1. 我对自己的身体外貌感到满意。1　2　3　4　5

2. 总的来说，我有不少值得自豪的地方。1　2　3　4　5

3. 当事情变得糟糕时，我通常相信自己能妥善地处理它们。1　2　3　4　5

4. 现在我感到比平时更为自信。1　2　3　4　5

5. 我一旦形成对事情的看法，就不会再改变。1　2　3　4　5

6. 我至少有几个知心的朋友。1　2　3　4　5

7. 我朋友中有些是与我截然不同的人，这并不影响我们的关系。1　2　3　4　5

8. 我很清楚自己是什么样的人。1　2　3　4　5

9. 我能很自如地表达我想表达的意思。1　2　3　4　5

10. 我勇于去做自己想做的事。1　2　3　4　5

11. 不论成功或失败，我相信自己选择的道路。1　2　3　4　5

12. 我经常帮助有困难的人，从中使我感到快乐。1　2　3　4　5

13. 我有能力支配自己的生活。1　2　3　4　5

14. 当我发现身边有人做了不道德或没素养的事，我会当场提出批评。1　2　3　4　5

15. 当别人向我问问题时，即使需要很长时间，我也会耐心地加以解答。1　2　3　4　5

16. 我喜欢很多人在一起。1　2　3　4　5

17. 不管做什么事情，我都会细心地去做。1　2　3　4　5

18. 只要我开始做事，不管成功失败，我都会负责到底。1　2　3　4　5

19. 当我赶到迷茫时，我通常会静静一个人思考，努力清醒。1　2　3　4　5

20. 当别人不小心踩了我一脚时，我会微笑并说没关系。1　2　3　4　5

21. 我似乎比大多数人更擅长结识新朋友。1　2　3　4　5

22. 我是一个学习、工作勤奋的人。1　2　3　4　5

情商与社会适应调查问卷

请在下列题目中，填入相关信息或最符合您情况的答案在后面划"√"

1. 不断提高自己的能力

A. 经常想（　　　）　　B. 有时候想（　　　）　　C. 根本不想（　　　）

2. 运用知识、技能胜任工作解决实际问题

A. 能（　　　）　　　　B. 有时能（　　　）　　　C. 不能（　　　）

3. 能即时体察到自己的需求和愿望

A. 是的（　　　）　　　B. 不好说（　　　）　　　C. 不是（　　　）

4. 乐于接受新的经验和新事物

A. 是（　　　）　　　B. 无法肯定（　　　）　　　C. 不是（　　　）

5. 敢于接受挑战性的工作或事情

A. 是（　　　）　　　B. 无法肯定（　　　）　　　C. 不是（　　　）

6. 按照自己的选择与意图去谋求成功

A. 是（　　　）　　　B. 无法肯定（　　　）　　　C. 不是（　　　）

7. 接受目前所处的境遇

A. 是（　　　）　　　B. 无法肯定（　　　）　　　C. 不是（　　　）

8. 争取他人的支持和帮助

A. 是（　　　）　　　B. 无法肯定（　　　）　　　C. 不是（　　　）

9. 善于化解矛盾

A. 是（　　　）　　　B. 无法肯定（　　　）　　　C. 不是（　　　）

10. 我墨守成规

A. 是（　　　）　　　B. 无法肯定（　　　）　　　C. 不是（　　　）

11. 当你选择衣服时，你

A. 总是固定在一种款式上（　　　）

B. 跟随新潮流，希望适合自己（　　　）

C. 在选定之前，先听取陪同的朋友或售货员的意见（　　　）

12. 具有豁达的胸怀

A. 是（　　　）　　　B. 无法肯定（　　　）　　　C. 不是（　　　）

13. 真诚地赞美和欣赏他人的优点

A. 是（　　　）　　　B. 无法肯定（　　　）　　　C. 不是（　　　）

14. 能在生活中时时寻求美好与快乐

A. 是（　　　）　　　B. 无法肯定（　　　）　　　C. 不是（　　　）

15. 面对生活中的冲突事件

A. 善于控制自己的情绪和行为（　　　）

B. 控制自己的情绪和行为的能力一般（　　　）

C. 无法控制自己的情绪和行为（　　　）

16. 平时我的心态，大多时候是

A. 乐观的（　　　）　　　B. 平和的（　　　）　　　C. 悲观的（　　　）

17. 我很喜欢参加社交活动，认为这是交朋友的好机会

A. 是（　　　）　　　　B. 无法肯定（　　　）　　C. 不是（　　　）

18. 每到一个新的地方，我很容易同别人接近

A. 是（　　　）　　　　B. 无法肯定（　　　）　　C. 不是（　　　）

19. （　　　）与不同性格的人和睦相处

A. 完全能（　　　）　　B. 有可能（　　　）　　　C. 绝对不能（　　　）

20. 受到别人的批评，我

A. 想找机会来批评他（　　　）

B. 想查明受批评的原因（　　　）

C. 想直接了解一下批评的理由（　　　）

21. 我

A. 对他人表现无条件的关爱和同情（　　　）

B. 在他人需要帮助时无动于衷（　　　）

22. 我是个（　　　）的人

A. 意志力顽强（　　　）

B. 意志力一般（　　　）

C. 意志力薄弱（　　　）

23. 生活中遇到重大变故时

A. 我每次都乐观应对，具备出色的压力管理能力（　　　）

B. 我觉得犹如世界末日一样，无所适从（　　　）

24. 你骑自行车到一个比较远的地方去参加社交活动，中途找不到路标时，你

A. 赶快查自带的地图（　　　）

B. 大声埋怨，不知道何时才能到达目的地（　　　）

C. 耐心等待过路车或等人走过时，问个清楚（　　　）

25. 对所承担的事情

A. 能承担到底（　　　）　　B. 半途而废（　　　）

26. 我

A. 是一个社会适应性良好的人（　　　）

B. 觉得自己与这个社会格格不入，很困惑（　　　）

27. 当情况紧迫时，你

A. 仍然能够注意到该注意的细节（　　　）

B. 就粗心大意，丢三落四（　　　）

C. 就慌慌张张（　　　）

28. 不管生活条件有多大变化，我也能习惯

A. 是（　　　）　　　B. 无法肯定（　　　）　　　C. 不是（　　　）

29. 能够有条不紊地安排生活

A. 是（　　　）　　　B. 无法肯定（　　　）　　　C. 不是（　　　）

30. 注意调整自己的行为方式

A. 是（　　　）　　　B. 无法肯定（　　　）　　　C. 不是（　　　）

31. 身处不良环境，我会

A. 积极改变（　　　）　　　B. 经常抱怨（　　　）　　　C. 听之任之（　　　）

32. 在社交礼仪方面，我

A. 很优雅（　　　）　　　B. 感觉一般（　　　）　　　C. 有点差（　　　）

33. 您参加过社交礼仪方面的培训吗

A. 参加过（　　　）　　　B. 没有但看过少量这方面的书（　　　）

C. 没有（　　　）

34. 在团队中，我（　　　）

A. 善于交流与合作，团队意识浓厚（　　　）

B. 觉得团队合作可有可无（　　　）

C. 认为自己最重要（　　　）

35. 对团体或社会性的集会，我

A. 总是想领导讨论（　　　）

B. 只有在知道讨论题目时才参加（　　　）

C. 讨厌在集会上说话，所以不参加（　　　）

36. 老师是否给你做过心理疏导（学生填）

A. 经常参加（　　　）　　　B. 很少参加过（　　　）　　　C. 没有（　　　）

37. 作为教师，您是否能出色地对学生进行学习、生活上的疏导

A. 能（　　　）　　　B. 无法肯定（　　　）　　　C. 不能（　　　）

访谈提纲

1. 您认为当前该校教师身心素养现状如何？存在哪些问题？

2. 您认为作为中职学校教师身心健康与成长方面应具备哪些素养？学校是否在这方面进行过相关学习和培训？

3. 您认为学校应该通过什么方式来提高教师身心素养？

4. 您认为现在中职学校学生的身心素养如何？表现最不好的方面有哪些？

5. 学校当前采取什么途径和方式来提高学生身心素养？

6. 教师在教学中通过什么方式来影响学生的身心素养？

7. 学校是否针对学生身心素养培养开设专门的课程？如果开设，都有哪些？

8. 学校如果开设了有关身心素养方面的课程，是否有完善的教学大纲？教学大纲具体的体例是什么样？

9. 学校是否开发过有关学生身心素养培养的教材？如果有，请列出书目。

10. 学校是否有专门的心理健康咨询室？是否配备专门的心理健康老师？

图书在版编目（CIP）数据

职业教育师资素养标准 / 张鹏，董鹏中，王伟著
. --北京：社会科学文献出版社，2018.3
ISBN 978 - 7 - 5201 - 2416 - 4

Ⅰ.①职⋯　Ⅱ.①张⋯ ②董⋯ ③王⋯　Ⅲ.①高等职
业教育 - 师资培养 - 标准 - 中国　Ⅳ.①G718.5 - 65

中国版本图书馆 CIP 数据核字（2018）第 047710 号

职业教育师资素养标准

著　　者／张　鹏　董鹏中　王　伟

出 版 人／谢寿光
项目统筹／陈　颖
责任编辑／陈　颖　桂　芳　薛铭洁　陈晴钰

出　　版／社会科学文献出版社·皮书出版分社（010）59367127
　　　　　地址：北京市北三环中路甲 29 号院华龙大厦　邮编：100029
　　　　　网址：www.ssap.com.cn
发　　行／市场营销中心（010）59367081　59367018
印　　装／三河市尚艺印装有限公司

规　　格／开　本：787mm × 1092mm　1/16
　　　　　印　张：25　字　数：420 千字
版　　次／2018 年 3 月第 1 版　2018 年 3 月第 1 次印刷
书　　号／ISBN 978 - 7 - 5201 - 2416 - 4
定　　价／98.00 元